旅游新业态经典译丛
Tourist Industry Trends Collection of Translations

住宿业的可持续发展：
运营原则

[英] **Philip Sloan，Willy Legrand and Joseph S. Chen** /著

宋 瑞 /译

SUSTAINABILITY IN THE HOSPITALITY INDUSTRY:
Principles of Sustainable Operations (Second Edition)

中国旅游出版社

前　言

　　过去 10 年中，整个住宿业，特别是酒店公司越来越多地参与到可持续发展问题之中。由于能源成本提高、公共安全和监管限制等原因，大、中、小型酒店都期望做一些有益于地球环境的事情来提升它们的形象。

　　过去 30 年中，石油和化工产业明显的、经常性的污染环境的形象一直处于聚光灯之下，备受关注。虽然住宿业在环境污染和不可再生资源消费方面并不靠前，但其资源使用却经常被认为是服务业中最多的。对于酒店而言，尽管与废物产生和水的使用量等相关的管理问题是所有环境管理项目的重要特征，但是二氧化碳排放问题已经被放在减缓环境影响的核心位置。国际旅游伙伴关系（ITP）、世界旅游旅行理事会以及诸如雅高国际酒店集团、洲际酒店集团、米高梅国际度假集团、慕温匹克酒店、红色康乃馨酒店、喜达屋国际酒店、韦博得集团和温德姆酒店集团等酒店经营者建立了伙伴关系来制定碳足迹标准（Carbon Footprint Standards），这是一个新的尝试，目的在于使得碳排放衡量变成可能。酒店在能源、水、消耗品的使用上是资源密集型的，意识到这一点非常重要。酒店所带来的环境污染比大小类似的其他建筑物要大得多。部分原因是因为酒店运营是由各种小的业务部门组成的，如从餐厅、宴会到客房管理和水疗。每一个小的业务部门在能源和水的消耗、食物、废物及其他资源方面所带来的环境污染所占比例都不大，但是作为整体，所带来的环境污染要比各部分的总和要多。

　　本书很有新意，原因有三。

　　第一，私人部门有非常大的压力去独善其身。目前，所有的利益相关者，包括投资者、员工、消费者、环保主义和伦理组织及普通大众，都期待公司做出表率，来解决与社会、环境、经济管理"三重底线"相关的所有维度的问题，而且在这个系统中，将依据公开的信息对越来越多的公司进行评价。虽然餐饮部门并不像冶金和石化工业那样排在高污染行业的前列，但是以其目前的规模和增长的速度来看，显然有必要采取环保性的可持续行动。本书回顾了住宿业最佳案例中关于水和能源的消费、原料和食物采购情况，并分析环境保护

1

和社会公平的发展趋势。

第二，法律实施正在延展并变得越来越重要，对于污染物排放以及污染的控制比以前任何时候都更为严格。整体而言，旅游业是世界上最大的产业之一。对于企业而言，它们的挑战是要走在法律法规的前面一步，而不是在法律之后被强推着去贯彻实施既定的要求。本书研究了酒店和餐厅如何实施环保管理系统，并利用认证或者生态标识使企业运营得更有效率，且大幅提高其竞争地位。

第三，通过将负责任的市场营销和企业社会责任相结合，住宿业企业能提高它们的声望并吸引投资。这本书仔细分析了负责任的消费者行为并讨论考虑哪种营销方法可能会吸引这些消费者。

本书试图就以上问题提供一些答案，尝试完成挑战并给出指导意见。最后，这本书提供了一个后人能从中受益的新颖的知识结构，这种知识结构对于商业运营的讨论将会起到促进作用。

本书结构安排

第1章 可持续发展的基本原理——环境、人口和经济

本书开始回顾了各国目前所面临的全球性挑战。第1章介绍了气候变化的概念和根源。之后深入讨论了自然资源管理及其对经济发展的影响。本章结尾阐明了这些全球性问题和经济、人类以及环境间的关系。

第2章 住宿业的可持续发展

第2章介绍可持续问题和可持续发展的一般概念，提出这样一个观念，即经济上有利可图的住宿业能够与环境管理、社会参与相结合。本章还描述了过去20年里住宿业可持续性管理中的各种不同行为。

第3章 能源效率

第3章描述了与住宿业能源消耗有关的问题，并对碳足迹进行了定义，也包括碳排放的计算和抵消选项。本章解释了可再生与不可再生能源资源的概念，随之详细分析了酒店中不同种类的能源的应用以及发展的可能性，如太阳能、风能、地热、潮汐、水电和生物质能。本章还讨论了酒店中节能技术的使用以及安装能源管理系统和能源使用自我评估工具的过程。

第4章 垃圾管理

第4章开头描述了不同种类的垃圾并阐明垃圾对环境和社区的影响，接着讨论了垃圾管理策略，包括住宿业的垃圾避免、垃圾减少、垃圾循环以及垃圾处置方法。

第 5 章　水资源保护

第 5 章聚焦于水资源的使用、水质、水资源的可利用性以及水资源保护等相关的问题。本章讨论了水资源保护和用水管理的技术，包括热水供暖以及雨水采集。

第 6 章　酒店建筑中的生态设计

第 6 章开头部分阐明了酒店建筑物对自然环境和社会环境的影响，此后继续讨论建筑设计和选址的基本原则，解释了关于建筑材料的物化能并讨论垃圾的产生以及资源在住宿业运营建设中的使用。最后，本章评估了现有的一流建筑认证系统。

第 7 章　食品安全

第 7 章开始分析了现代食品所面临的危机和挑战及其对传统农业和食品安全的影响。食品采购系统和食品恐慌问题在本章中也有讨论，本章还分析了农业投入和西式饮食的关系。最后评价了动物福利的相关问题。

第 8 章　可持续的食品问题与食品来源

延续第 7 章的内容，主要介绍了餐厅运营投入方面的来源问题。对农业的简明洞见，为更深入地理解食品采购做了铺垫，这种理解被界定为如下术语：传统农业、一体化农业、有机农业和生物动力农业。本章也定义了"食品英里"、"可持续食品"的概念并对区域性食物供给系统进行了综合分析。

第 9 章　可持续餐饮管理

接着第 8 章的内容，第 9 章进一步探讨可持续食品的机遇和局限性，将诸如地域性、季节性、肉类和鱼类、蔬菜以及有机食品等各方面因素纳入考虑范围。本章讨论了相关遗传工程方面的问题，并提出可持续食品的种类，还讨论了营养和人类健康的关系。

第 10 章　绿色营销与品牌化

参考了之前几章的讨论，第 10 章明确了用什么可以建立一个持续性的营销策略。为此，本章明确了酒店绿色营销的原则，并检验了与外部社区和绿色营销有关的可持续发展概念。本章将负责任的营销作为公司伦理战略的一部分进行研究，并讨论了"新 4P"的绿色营销。

第 11 章　消费者类型与行为

第 11 章研究了与可持续发展有关的消费者行为的变化。本章分析了旅游企业识别负责任旅游者的动机的重要性，也讨论了住宿业运营管理所采用的让消费者参与到可持续管理实践之中的相关技术。本章结尾讨论了消费行为的差异。

第 12 章　法人社会企业

第 12 章明确了可持续企业管理的基本原则，并讨论了企业社会责任以及社会企业家的概念。本章探讨了和住宿业相关的每一个策略。

第 13 章　住宿业环境管理体系

第 13 章首先对环境管理系统的概念进行了界定，而后讨论了在住宿业实施这样一个系统的方法，并审视了与环境管理系统相关的挑战和机会。最后提出了一系列成功实施环境管理系统的建议。

第 14 章　认证过程和生态标识

第 14 章对何谓"认证"进行了界定，并评估了各种类型的认证方案对于住宿业管理者的可用性。本章还讨论了与认证相关的主要收益和成本，然后介绍了一系列完善的标准并讨论了酒店如何就绩效进行沟通。

第 15 章　可持续住宿业中的融资、投资、计量和会计

第 15 章探索了满足酒店与新能源技术或绿色更新有关的金融投资需求的可能性。本章介绍了一些案例，回顾了绿色融资方案。本章也讨论了绿色会计，对外部性的概念进行了界定，提出了一系列环境绩效指标和可持续绩效指标。此外，还提出了可持续性绩效框架并讨论了在线环境自我审计工具。

后记：住宿业的可持续性教育——住宿业课程中对提供可持续性所面临的问题和挑战，探讨了在大学里开设住宿业可持续发展课程的问题和挑战。

词汇表

本书最后还提供了一些术语的词汇表。

相关网络资源

与本书配套的网站请见 http：//www.routledge.com/cw/sloan，其中包括了针对师生的其他资源，分别为：

学生资源

● 每章都附有测试题，以考核学生的理解程度；

● 相关视频和网站的链接，以便于学生拓展行业知识。

教师资源

● 每章所有表格、图形的 PPT；

● 其他案例，以便于提供更多住宿业将理论应用于实践的例子。

致　谢

首先应该对我们的家人和朋友们的支持表示感谢。著书过程中，他们不断鼓励并分担我们的努力。

感谢安娜·博克、迈克尔·博希、内丁·拉赫曼、科尼利厄斯·基舍尔和加布里埃尔·莱丝。他们为这本书提供了持续的帮助和大量的案例研究。

还要对我们所隶属的机构——德国波恩·巴特霍夫涅国际应用科技大学和美国印第安纳大学游憩、公园与旅游研究系表示感谢。它们为我们的住宿业可持续管理相关研究提供了资助。同时也非常感谢我们的同事，他们引导我们进入一个新的研究天地。

我们向那些为本书提供许多有价值素材的酒店表示感谢。这些酒店一直致力于以可持续的方式改善其经营。

最后，我们向全球所有住宿业的学生致以最诚挚的谢意。他们在过去的这些年中，为住宿业的可持续发展这一主题提供了有价值的研究、思想和讨论。

目录 CONTENTS

第1章
可持续发展的基本原理
——环境、人口和经济

目标

本章将：

- 解释人类行为正在影响地球的方式；
- 描述不同形式的环境恶化；
- 分析水资源、煤矿以及石油过度开采的原因；
- 描述人口过剩的影响；
- 分析经济、人口和环境之间的关系；
- 定义"可持续经济学"的概念。

一、地球面临的新挑战

（一）对地球的影响

人类消费需要自然界提供资源，作为交换，人类却制造垃圾并消耗着地球的自然资源。人类的所有行为对于地球的生态系统都有影响，但是只有维持在低水平的消耗量，生态系统才能自我更新。在过去几千年时间里，人类对于环境的影响都是微不足道的。然而，工业革命序幕的拉开改变了这一切。人类现在消耗的资源比地球自身所能再生的资源更多，因此我们说地球正处于"生态超载"的状态。我们现在的消费水平简直太高了，因此在地球上的不可再生资源被消耗殆尽之前需要采取行动。伴随着世界人口的持续增长和人类消费模式的不断变化，这个消耗的过程会是一个加速的过程。

（二）气候变化

毋庸置疑，近年来的科学证据已经证明，在过去 150 年中，由于一系列人类活动的影响，气候已经发生变化。在对流层（10～15 千米高，位于大气层较低的部分）中存在温室气体。当太阳光照射到地球，一部分阳光将转变为热量。温室气体吸收部分热量并使一些热量留存于地球表面，导致地球变暖。主要的温室气体是二氧化碳、氯氟烃、氮氧化物、甲烷。这个变暖的过程一般被称为温室效应。正如我们所知，生命之所以存在，是因为自然温室效应能够保持地球的温度。如果没有这些气体，地球表面温度将会降低接近 30℃。然而，这些气体的浓度显然已经增高到远远超过生物体、海洋以及其他洼地可以吸收的程度，从而导致众所周知的全球变暖。地球表面的空气温度从 1880 年的 −0.26℃ 上升到 2011 年的 0.63℃（美国国家航空航天局）。人们怀疑气候变暖可能会引起风暴增多，两极冰川融化将导致洼地被淹没并带来其他环境问题。科学家们预测，到 2100 年，海平面将会上升 10～90 厘米，海洋温度也会升高。对于所有国家而言，都是一个非常严峻的问题，但是世界上的发展中国家对于这种形式的环境恶化一般都缺少应对办法。例如，海平面上升 50 厘米，就会导致孟加拉国接近 600 万人口遭受洪灾。二氧化碳是温室气体的一种，对于人体内部呼吸也非常必要。它能够调节血液的 pH 值（酸碱值），这对于生存非常必要。二氧化碳是人体系统中必要的缓冲物，而且当其浓度超过一定限度时，会对健康造成影响。

1997 年 12 月，世界各国领导人会聚日本京都，商议一个温室气体排放限制法案（《京都议定书》），主要是针对引起全球变暖的二氧化碳。不幸的是，《京都议定书》已经实施了一段时间，而美国作为世界上最大的污染国，仍然没有签署。2011 年 12 月，联合国气候变化第 7 次缔约方会议在南非德班举行，议定书主要解决加拿大表态决定退出的问题。俄罗斯和日本也反对对其承诺进行任何延伸。《京都议定书》的第一个承诺期已于 2012 年到期，在发展中国家同意 2020 年之前新的减排方案后，发达国家才在最后一天同意继续执行该议定书。

（三）对生态多样性的破坏

全球气候变暖是全球生物多样性灾难性损失和退化的原因之一（根据 2011 年欧盟提供的数据，有 60% 以上的地球生态系统已经退化或者正被不可持续地利用着）。如同生态系统的分布和植被带（生物群落）一样，物种的分布（生物地理学）在很大程度上是由气候决定的。气候变化有时会改变这些分布，但是由于一些其他原因，植物和动物并不能总是进行调整。

过度狩猎是导致成千上万个物种灭绝甚至可能导致更多物种濒危的重要原因，例如 19 世纪的水牛和许多非洲大型哺乳动物。在过去几百年中，除了环境恶化外，大多数物种灭绝主要是基于食物、服装、赢利的过度狩猎。

最知名的商业开发模式之一就是鲸加工业。鲸被宰杀用作鱼油和肉。这方面的消费造成许多鲸物种濒临灭绝。一个世纪以前，由于捕鲸技术比较落后，人类还不能威胁到鲸物种的安全。那时，一个长达 3 年的捕鲸之旅也不会捕杀超过 100 头鲸。然而，到 1967 年，每年大约有 6 万头鲸被捕杀，生产大约 150 万桶鱼油。不仅捕鲸业，连捕鱼业也呈指数增长。更大、更快的船舶，更好的渔网以及其他类似技术的提升，提高了商业化的渔民捕鱼能力，使其能够捕到更多的鱼，也导致幸存的物种处于危险境地。

1966～1970 年，世界青鱼的捕捉量从 170 万吨下降到 2 万吨。事实上，海洋渔业已经走到了尽头，因为他们的捕捞不再有利可图。1936～1937 年，加利福尼亚沙丁鱼捕鱼公司（The California Sardine Fishery）一季度大约能捕捞 75 万吨鱼，21 年后，则仅仅能捕获 17 吨。时至今日，当地的渔业依然没有恢复。此外，当一种特殊鱼类变得更加稀有时，其价值和价格就会增加。结果导致渔民有更大的动力捕获这种鱼，从而使其变得更加难以生存。

过度捕捞给海洋生物带来的最大的威胁是整体的环境退化。大多数海洋水生生物集中在接近陆地的浅水区，浅水区中的海洋生物一般都会被捕捞利用，而且浅水区会成为重污染区（因为许多污染物被直接排放在近海岸的水域）。此外，许多微生物生存在河口中，因为小河、溪水岔口是淡水和盐水的混合处。一些地区工业化和人类活动所带来的垃圾以及农业用地肥料的流失，影响了环境脆弱的自然平衡，使这些水域遭到威胁。由于人类活动导致栖息地的减少和退化，从而导致植物和动物的濒危。可以预见的是，当热带雨林遭到乱砍滥伐，生物多样性会减少得更多。所有的物种对食物和栖息地都有特殊需求，对食物和栖息地的需求越特殊越区域化，因为农业用地、畜牧业发展以及造城铺路导致其栖息地逐渐遭到破坏。以 2011 年人口规模超过 70 亿为标志，全球大约一半的森林和自然栖息地都已经被改变、退化或者遭到破坏。由于热带雨林提供了至少 50% 甚至更多的栖息地，所以它对于地球的生物多样性非常重要。热带雨林就像海绵一样，释放大量水分到大气层，然后降雨到别的地方，并在吸收大气层里的二氧化碳方面发挥重要作用。热带雨林最初面积约有 1500 万 km^2，现在仅存 750 万～800 万 km^2。尽管热带雨林减少的比例以及未来将变成什么样子，都是不确定的，不过到 21 世纪后期热带雨林可能会减少到最初面积的 10% ~ 25%。栖息地碎片化是栖息地破坏的进一步表现，通常都未被人们认识到。森林、草地、荒地以及其他栖息地已经被人类活动分割得支离破碎，以至于只能维持较少数量动物群落的生存。像灰熊这样需要较大活动范围的物种，如果活动的地方过于狭小就没法生存。

二、水资源、矿产和石油资源的过度开采

在大部分人所期待的生活标准持续提升的过程中，需要从地球获取所必需的原料为人类提供食物、衣服以及住房。其中一些必需的原料是可再生资源，例如农业和林业产品，而另外一些则是不可再生资源，如矿产和石油。美国地质调查局（The United States Geological Survey）在《原料流和可持续性》报告中指出，人类对于不可再生资源的需求越来越多。主要是由于新兴的"金砖四国"（巴西、俄罗斯、印度和中国）的经济发展的需要，大宗商品的价格被不断地越推越高，因为像铜和铝这些重要的矿石逐渐被消耗殆尽。欧盟能源专员京特·奥汀格在 2011 年就曾提醒，油价将一直维持在高位。3 年前价格较低，主要是由于金融危机和萧条所致，但是逐渐回暖的需求将推动油价上涨。欧盟首席环境专员亚内兹·波托奇尼克也在 2011 年发出警告，过度使用和浪费自然资源正在酝酿新的环境危机。他提到：

> "很难想象没有增长（来让欧洲摆脱衰退），也很难想象没有竞争性的增长，更加难以想象没有资源效率的竞争性。除非消费者和企业家们采取一些行动能更加高效地使用资源（从能源、水到食物和垃圾以及原材料，如贵金属），否则资源会越来越稀缺。价格上升以及如今挥霍的使用方法将推升成本，也会使欧洲的生活标准进一步降低。"

这位专员严厉地强调，"包括能源和水等在内的重要资源将越来越稀有，价格越来越高，而且也包括食物和金属、矿石等原材料。"

一些重要的矿石，如磷、钾、氮等都可以再循环，但是即使是最高效的再循环，所供给资源满足的人口数量也远低于现在地球上的人口。1997 年加拿大地理学家瓦茨拉夫·哈维尔估算，若不是得益于工业固氮，地球上的人口可能不会超过 40 亿，甚至可能少于 30 亿。有机农业可能供给比现在更多的人，但

是很难满足如今70亿人口对营养的需求，更别提今后的100亿人，这对气候中性的农业系统能够给予人类的食物供给提出了挑战。自从先前用于生产食物的宝贵土地被用来为燃料汽车种植作物之后，一些经济学家做出了幸运的预测——廉价的生物燃料将会带来出人意料的结果。2009年，美国收获了4.16亿吨谷物，其中1.19亿吨被运往乙醇蒸馏室用于生产汽车燃料，这些燃料足够3.5亿人使用一年。这导致了全球食品价格的大幅度上涨。美国大量投资于乙醇蒸馏，导致出现汽车与人类争夺地球上所生产的谷物这一现象。在欧洲，大多数汽车使用的是柴油燃料，而且对于植物性柴油的需求正在增长，这种柴油主要是用菜籽油和棕榈油生产的。对于含油植物的需求不仅减少了欧洲生产粮食作物用地，也使得印度尼西亚和马来西亚为种植棕榈树而减少热带雨林的面积。从需求方面来看，导致食品价格大幅上涨的其他原因是21世纪早期人口的增长以及"金砖四国"3亿居民的日渐富裕。从供给方面来看，含水土层的枯竭、耕地的非农业化使用、灌溉用水被用于城市生活、农业大国进入粮食产量的稳定期以及气候变化、使农作物枯萎的热浪、冰川融化、冰原和水土流失等这些相关气候变化，注定在将来造成更大面积的粮食减产。估计全球1/3的耕地表层土壤流失，要比自然过程形成新土壤的速度要快，因此土地将丧失其固有的生产力。两个巨大的沙尘侵蚀区也正在形成：其中一个贯穿中国西北地区、蒙古西部以及中亚地区；另一个在非洲中部。其中任何一个都使美国20世纪30年代所形成的沙尘侵蚀区相形见绌。

　　2002年联合国曾邀请1500名专家研究发展中国家水资源稀缺所带来的社会影响问题。2003年来自全球最大的水、石油和化工集团的高管研究团队试图预测未来水资源的稀缺对他们自身以及国家经济的影响。两个研究队伍报告传达的内容惊人地一致，他们预测：如果在水资源的使用方式上没有根本性的改善，那么水供给、健康和经济方面的危机将会很快来临，而不是很久以后才会到来。水资源短缺可以从冰川的迅速融化中找到原因。冰川过去是一个稳定的水源供给，夏季可以为社区提供源源不断的水，但是现在冰川过快地融化导致非季节性的洪涝和泥石流。如果所有的极地冰川都融化，海平面预计将会上升70米。即使现在这种低速的融化也影响了沿海生物以及珊瑚礁的生存，导致沿海生物和珊瑚礁正在消失。干旱越来越频繁，而且持续时间更长，雨水也越来越不规律。但是真正的水资源匮乏是由于蓄水层的过度开采和浪费性的灌溉技术造成的。在印度，世界银行成员指出，1.75亿人口是由过度灌溉的粮食在供养。在中国，大约有1.3亿人口是由过度灌溉的粮食在供养。美国是世界上主要粮食生产国，在诸如加利福尼亚州和田纳西州这样重要的农业生产区，灌溉面积正在缩减。当水资源越来越匮乏，一些国家可能就必须停止种植一些作物和饲养牲畜。生产一个 113 克的汉堡包大约需要 11000 升水，生产一件纯棉 T 恤大约需要 7000 升水，生产 1000 克大米大约需要 5000 升水。为了使作物成长，需要从地下百米深的地方抽水，使得超市橱柜中食物的真实成本更加透明。未来，水资源的再循环将会大行其道，而不是挖更深地方的水、运输更远地方的水。厨房、花园和浴室的污水越来越多地被收集、处理和再利用。这项技术久经考验，使用极为广泛，从西班牙南部的高尔夫球场到约旦的沙漠农场再到加纳的啤酒厂。新加坡市是一个位于赤道上的城市，但是看起来却并不缺乏淡水，因为它在各行业和大部分住房中都利用了废水。那些对居民节水没有要求的城市正迅速发展海水淡化技术。加利福尼亚州和以迪拜为首的中东地区，正越来越多地依赖这项技术。地球上的许多沿海城市甚至是伦敦，可能都很快将建设一个淡水处理厂，这正在成为一个年产值千亿美元的产业。然而在许多案例中，淡水处理技术是最昂贵，同时也是最不明智的选择。其缺点是需要大量的电力，并且提取出来大量的盐必须要被处理掉。然而在未来的 10 年中，随着技术的成熟，其成本有望降低，并且淡水处理厂将会越来越多地和工厂或者太阳能发电站的废热联成网。

三、人口过剩

一些专家对人口统计学中一个被公认的观点产生质疑，到 2050 年，地球将会容纳 90 亿人口，在 21 世纪末期将会稳定在 100 亿人口。人口统计学家也预测，除非居住在地球上的人口数量稳定在 100 亿左右，否则在人口超过 100 亿时，人类的平均寿命会随着出生率的下降而延长。令人惊奇的是，有 20 亿人口患有肥胖病，而相反，另外还有 10 亿人每天晚餐都吃不饱。看起来很难使预计人口增长和生态限制保持一致，这种限制是我们将要遇到并且可能超越的。关于全球的气候正在变暖、供水供电越来越不可靠、生态系统越来越不完整、海水变酸、具有自然生产力的土壤变少等问题，在科学上几乎没有太多争议。从康奈尔大学的科学家大卫·皮门特尔到金融顾问和慈善家杰里米·格兰瑟姆，一些分析者敢于强调未来可能是一个更加糟糕的时代，并指出，人类数量很久以前就已经超过真正意义上可持续发展的人口数量。

大多数环境和人口方面的科学评论家并没有在意这些预测。然而应该问一问，这些可能性是否真实到能够调和在未来人口预测方面对人口问题通常都有的自信。

气候变化、含水层枯竭以及自然资源耗尽对现代人提出了令人畏惧的挑战。自 1960 年始，全球净耕地几乎不再增加，当数百万公顷的耕地被城市化所吞噬的时候，大约只有等量的较为贫瘠的土地在犁头下被开垦。人口数量的倍增使得人均耕地数量减少。由于持续性的产出耗尽了对人类健康有益的营养成分，许多重要物质的品质正在不断降低。肥料能够帮助土地恢复肥沃（不过需要稀有的微量营养素），但是需要较高的成本并投入大量的不可再生资源，如石油、天然气和重要的矿产等。

尽管未来 10 年人类会面临许多困难，但是通过独创性、弹性化和高效化的政府行为来管理这些困难仍将是可能的，而且人类生活期望值仍会不断提高。严格遵循人均能源和资源消费量，将对提高生活期望起到一定的作用。如果社会中也提倡女性自主权和避孕，这意味着她们能够避免意外怀孕，那么可持续性人口规模将更容易维持。然而，预测到 21 世纪末会有 100 亿人口，并且能和谐发展，看起来还是挺愚蠢的。在一个充满不确定性和威胁性的时代，保护、正确地管理以及政治上的领导力从来没有如此重要过，这样的时代需要更加保守的人口增长。

四、经济、现在和未来

经济、人口和地球生态系统都不可避免地相互联系。其中一个影响第二个，再影响第三个，这三者中的其中一个有所变化都会影响其他两个。现在的经济发展模式形成了一个促进经济增长按照特定程序实现的冲量。然而，经济发展还受到更广泛的生态系统承载能力的约束，所以经济发展模式不可能是无限制的增长。当经济的增长开始影响到生态系统，即接近于生态系统的承载力的时候，生态和经济会开始拖累人口的增长进入下行区间。因为人口的增长需要依靠经济和生态来维持和供养。生态承载能力不再仅仅由有限的自然资源所限制。实际上，正是一个物种获取必要资源的能力成为限制性因素。在很大程度上，要让事物正常运作，合作是必要的，因为达到极限时，物种功能发挥的社会效率就会受到影响。就人类而言，就是指我们的经济模式、政府和基础设施需要改变。这就会形成增长受到限制但资源并不会被耗尽的机制。

西方的资本主义制度被描绘为"经济上有利可图但却偏离人类发展可持续正轨"，但是没有一个人可以否认其惊人的生产力。如果资本主义没有出现，今天几乎每一个生活在西欧的人都不会有如此高的收入。麻烦的是，破坏现在资本主义生产力的因素之一恰恰是资本主义过去所依赖的生活方式。

资本主义的捍卫者认为资本主义为每个人提供了福利，在150年前卡尔·马克思的时代，这种福利只有资产阶级才能享受到，拥有资本的中产阶级享受着相对安全和自由的生活。在19世纪，大多数人几乎没有什么福利。当工厂或者农场减产使得人们面临困境时，人们多半是通过出卖劳动力谋生。但是随着资本主义的发展，其捍卫者认为越来越多的人会从中受益。能实现个人抱负的职业不再只是少数人的特权。人们不会月复一月在没有安全感的微薄的工资中挣扎。得到经济、房屋产权以及体面的退休金等的保障，人们将会无忧无虑地规划他们的生活。随着民主化和财富的积累，没有人会放弃对美好生活的渴望和追求。每个人都能够成为中产阶级。

但事实上，在许多发达国家，过去二三十年的情形却恰恰相反。很少人有工作保障，长期稳定的职业几乎成为记忆，工会和过去许多的职业也一去不返。

如今信贷逐渐收紧，加上就业不稳定，使购置房产成为许多人遥远的梦想，然而以前的人可以通过勤俭节约以及财产所有权来自我安慰。在欧洲和北美的许多地方，由于价格滞涨以及砖泥价值降低，房屋所有权已经变成负权益的浩劫。能指望退休金安逸生活的人越来越少，所以许多人考虑延长他们的工作年限，而最近所延长的工作年限被认为是工作的黄金时期。未来具有不确定性，每日的生活艺术对很多人来说都成为必需品。

对于有工作的幸运人来说，虽然经常受限，但是他们的可支配收入要远高于第二次世界大战后福利国家所能提供的保健、基础设施和医疗。英国的安奈林·比万提出的全面免费的福利模型仅仅是一个遥远的回忆。

就业难和就业不稳定正在成为一个普遍问题，对于许多年轻人来说就业形势越来越严峻。高等教育不再是一种与生俱来的权利，而是越来越多地成为一种商业交易。获取知识和技能已经变成财富和金融负债。每当利率降低的时候储蓄都会减少，节俭会使这种情况变得更加糟糕。没有顾忌、不担心破产清算的企业家会大量借贷，他们最终生存下来并走上了繁荣之路。在一个市场中，变动是值得期待的，谁可以经常做出新的尝试，谁就能够拥有光明的未来。谁固执地坚持老方法，就可能半途而废。

2008年西方经济体经济泡沫破裂，2012年全球经济处于再平衡阶段。只有当全球化可能使资本主义经济走出泥潭的时候，美国和欧洲才积极提倡全球化。当全球性的危机蔓延开来，人类的行为不太可能出现任何改变。人类的习惯性思维是向政府寻求庇护，然而政府往往只关心它们自己的生存问题。迄今为止，银行救助已经阻止了金融系统的崩溃，扩张性的货币政策试图刺激经济增长。泡沫经济带来的增长不具有可持续性，而且会导致经济危机，再次尝试通过这种方式刺激经济增长很可能会弄巧成拙。许多这种暂时性的繁荣是建立在消耗稀缺资源的基础之上的，资源的稀缺对地球而言会更明显、更致命。

上一代的全球化模式正在遭遇不可逆转的瓦解。只有在全球市场可以自我调节这一前提下，市场才是稳定的，但是现在经济体之间的联系非常紧密，整个系统已经被分割为不同的部分，因此变得非常脆弱。过去一个经济体的不稳定不会像病毒一样传播到另一个经济体。而今在这个相互协调的系统中，各个国家或者经济体是彼此依靠的，其中一个部分运转出现故障，整个系统就可能崩溃。美国次贷危机对整个金融系统形成重创，危机波及全球，随后使实体经济陷入衰退，并影响了贸易伙伴国。

我们需要一种新的经济可持续发展的模式。现在的自由市场只是让人类受益，而且仅仅是小众利益，并没有考虑到对环境的影响，这一点值得争辩。在全球自由市场中，社会和单个政府对过去常用的经济工具不再有太多控制。新的通信技术在世界范围内的传播，并没有使得西方价值观普世化以及推行单一经济文明变得更加可能。相反，它使得富有文化多样性的世界成为遥远的记忆。

五、迈向可持续发展经济学

一些环境学家和经济学家支持可持续发展经济，这种经济模式意味着将所有为人类持续性活动做出贡献的资源都包括进来。在现在的市场经济分配体系中，对于人类福祉和地球福祉做出重要贡献的大多数非市场化的自然的与社会的资本资产和服务都被排除在外。自然资本和社会资本在可持续发展经济中的贡献与真实的经济效率相关。在可持续发展经济中会最大限度地使用可再生能源，如风能、水能、太阳能和其他可再生能源来发电，而不是利用化石燃料这种供应量受到限制的能源。

这意味着社会将可能实现更具有发展持续性的国民生产总值（GNP），其中一些部门增长而其他部门以相等的速度反方向下降。可再生能源或者生产耐用品的这些部门应该被鼓励发展，它们可以使环境的可持续性得到延续。新技术的应用使得经济的增长不再需要以牺牲发展的可持续性为代价，经济增长也会刺激技术进步。同样，经济增长会促进服务业的发展，服务业需要较多的人力资本投入。可持续发展经济尝试使用过去获得的东西，而不会消耗自然资源和生物多样性，仅仅把自然资源作为后备供应。生物资本被视为和金融资本同等重要。

为了刺激经济的可持续发展，激励制度将对那些环境压力小、被人类使用的环境友好型项目提供回报。今天西方国家存在的"消费者至上"主义是不具有可持续性的。"金砖四国"如果想长期以当今西方国家这种水平的消费至上主义为发展目标，地球将无法提供足够的资源。大家都需要做出让步，人类应该被鼓励使用能带来舒适感和幸福感的物品和服务，而不是以拥有车子的数量以及房子的大小来衡量幸福。最后，可持续发展经济将尝试建立一个更加平等的社会。在试图将人们使用物品数量最小化的同时，可持续发展经济也会尝试使人们拥有的物品均等化。

练习题

小组讨论题和辩论题

阅读肯尼斯·鲍尔丁写的《未来地球太空船经济学》。然后阅读加勒特·哈丁写的名为《救生艇伦理学：反对救助贫困人口》的案例。哈丁的救生艇和鲍尔丁的地球太空船，其中哪个比喻更准确地描述了现在地球上人类文明的现状？提供一些论据并准备在课堂上讨论。

参考文献

1. Boulding, K. E. （1966）'The economics of the coming spaceship Earth', in H. Jarrett (ed.), Envft; onmental Quafity in a Growing Economy. Baltimore, MD: Johns Hopkins University Press, 3 – 14. Available at: http://www. eoearth. org/article/The_ Economics_of_the_Coming_ Spaceship_ Earth_ %28historical%29.

2. European Commission (2011) . Our Life Insurance, our Natural Capital: An EU Biodiversity Strategy to 2020. Available at: http://ec. europa. eu/environment/nature/biodiversity/comm2006/ pdf/2020/1 EN ACT_ part1 v7%5B1%5D. pdf.

3. Hardin, G. （1974）'Lifeboat ethics: the case against helping the poor', Psychology Today. 8: 38 – 43. Available at: http://www. garretthardinsociety. org/articles/art lifeboat ethics case against_ helping_ poor. html.

4. National Aeronautics and Space Administration (2011) Global Climate Change: Vital Signs of the Planet. Available at: http://climate. nasa. gov/news/? FuseAction = ShowNews & NewsID =

467.

5. USGS. （n. d. ）Material Flow and Sustainabifity Available at：http：//pubs. usgs. gov/fs/
fs - 0068 - 98/fs - O068 - 98. pdf.

资料来源

1. Earth Policy Institute：http：//www. earth - policy. org/.

2. Gray，J. （2009）False Dawn：The Delusions of Global Capitalism. Revised edn, London：
Granta Books.

3. Greenpeace：http：//www. greenpeace. org.

4. GRIST：http：//www. grist. org/.

5. Lovelock，J. （2009）The Vanishing Face of Gala：A Final Warning：Enjoy It While You
Can London：Allen Lane.

6. Sustainable Economics：http：//www. sustainableeconomics. org/.

7. The Guardian：Guardian Environment Network. Available at：http：//www. guardian. co.
uk/：environment/series/guardian - environment - network.

8. The Ecologist：http：//www. theecologist. org/.

9. U. S. Department of Energy Efficiency and Renewable Energy （US DOE EERE）：http：//
www. eere. energy. gov/.

10. World Business Council on Sustainable Development （WBCSD）：www. wbcsd. ch

11. World Economic Forum （WEF）：http：//www. weforum. org/en/index. htm.

12. Yale Environment：http：//e360. yale. edu/.

附加材料

请到 http：//www. routeledge. com/cw/sloan 查阅书的所有图表、附加案例、问题和可用
视频的外部链接。

第 2 章
住宿业的可持续发展

目标

本章将：

- 解释人类行为影响地球的方式；
- 描述不同类型的环境恶化；
- 定义可持续发展并解释其历史；
- 解释可持续发展的三大支柱；
- 列举住宿业需要变得更具有可持续性的原因；
- 列举住宿业可持续实践的一些案例；
- 解释"生态优势"的概念。

一、地球面临的新挑战

人类活动已经影响了地球生态系统数千年。如今人类活动所带来的消极影响随处可见。住宿业是世界上较大的产业之一，所以住宿业对于这些问题的影响不容忽视。本章解释为什么住宿业需要管理其自身对环境的影响，以及如何在遵循环境管护原则、让社区受益的同时，运营一个有利可图的生意，也就是说可持续性的住宿业管理。

二、问题界定

旅游和住宿业的蓬勃发展为全球提供了数以百万计的新工作岗位，并促进了各国经济的繁荣。作为全球最大的服务业，旅游和住宿业对全球国内生产总值（GDP）的贡献约为5%，并解决了2.34亿人口的就业问题，相当于全球劳动力市场总和的8.7%，这意味着旅游和住宿业对社会和环境的影响很大。因此，旅游和住宿业面临着一系列越来越多的压力和挑战。

虽然2009年国际游客数量下降了4%，但是2011年国际游客增长了4.4%，根据联合国世界旅游组织（UNWTO）统计，2012年国际游客数量已增长到10亿人次。2008年旅游和住宿业仅在美国出口收入中就创造了9460亿美元。因此，旅游和住宿业在企业发展与创造就业方面潜力越来越大，反过来这又会进一步刺激更多的投资，并促进当地服务业的发展。同样，旅游和住宿业能够赚取大量外汇，并对国际收支平衡做出极大贡献。

当描述类似住宿业这样的现象时，很难定义其规模和行为，也很难定义它在社会中的角色。住宿业产品和服务各种各样，从豪华酒店到游艇、赌场、餐饮公司，甚至是运动场外的热狗货架，这就颠覆了"产业是一系列公司都生产相同产品"这一传统的定义。自然地，酒店的供给是在住宿业的大环境之下，后者是人类行为的其中一个方面，具有重要的社会维度，同时满足住宿和舒适等社会心理需求。从国际视角来看，酒店的概念被理解为一种文化绑定现象，代表了一系列特定的假设。在21世纪管理一个酒店是很具有挑战性的任务。迎接和照顾来自不同背景的客人，为客人提供食物和住所，这些都是亘古不变的，但是对酒店经营者的需求已经发生了巨大改变。现代的酒店经营者需要深入了解传统领域的运营、金融、市场营销、客户关系、品牌、媒体和公关，也需要深入了解利益相关者关系、环境管理、伦理以及社会责任。如今许多酒店由多个部门组成，其中包括餐厅、酒吧、俱乐部、娱乐设施、温泉以及休闲设施，而且是全年365天每天24小时不间断营业，相应地，这对环境有较大的影响，并可能导致与当地人或者全球市场中的人之间的关系紧张。实际上，酒店业的扩张是很引人注目的，伴随着每周许多新的房地产项目的开发而进行。这种扩张是对经济繁荣、出行欲望增强的直接反映。结果是给不可再生资源带来了直接的压力，包括酒店房地产的"设计和施工阶段"与"运营和使用阶段"。现在新的可持续建筑和管理系统需要缓解自然环境方面的压力，这种压力已经达到自然环境自身的承载力极限。

三、酒店要变得更具有持续性的原因

酒店、汽车旅馆和所有其他形式的住宿组成了旅行和旅游业的最大的部分，而且在所有商业设施中对环境的负面影响最大。当提到住宿和旅游业的时候，污染、垃圾、温室气体和环境危害不一定会被想到。人们一般更容易习惯性地把环境恶化与制造业、能源生产、钢铁工业、石油开采或者化工业联系在一起。但是据估算，一个普通的酒店每平方米建筑面积每年释放160~200千克二氧化碳，五星级酒店平均每晚使用170~440升水。平均来看，酒店中每位顾客每晚会产生1千克的废水。根据美国环境保护署（The US Environmental Protection Agency）的计算，在一个普通的酒店房间逗留一晚上，会产生29.53千克二氧化碳。对于更高档的酒店，一个房间每晚会产生33.38千克二氧化碳。2007年洲际酒店对酒店中的26个具有代表性的房间进行了调查。根据这些数据，通过公司完整的酒店体系推断出碳足迹的概念：

- 估算碳足迹总计约为900万吨，大概等同于4777个帝国大厦的排放量；
- 大约460万吨是来自于能源使用，其余440万吨来源于消费其他资源，包括原料和垃圾；
- 每晚产生59千克二氧化碳，洲际酒店普通房间的碳足迹大致等同于普通美国家庭。

根据这份报告，一个消费者在管理最好的酒店中的碳足迹要明显低于他们在家中的碳足迹。这份研究也证明，供暖、通风和空调系统等酒店活动的环境问题可以被有效地加以管理，从而降低酒店的碳足迹。此外，研究发现，人类有可能去减少酒店中的碳排放。根据美国环境保护署的计算，平均每人每年的饮食要向大气层贡献2920千克二氧化碳。按365天计算，就可以推算出平均每人每天由于饮食释放8千克二氧化碳。这还不包括准备食物时的碳排放量。

对于没有专门知识的旁观者而言，环境保护似乎看起来对那些造成可见污染的产业而言更加必要。然而，一旦服务产品出现，由于其必要的组合过程可能是无形的、易毁坏的并具有及时消费性的，因此它们通常都会涉及一系列物质成分，并依赖于自然资源。由于酒店被认为是服务业中污染最大、资源消耗最多的行业，因此需要减少其对环境的影响。全球范围内拥有很多客房的大型连锁酒店在降低其对环境的影响方面具有很大潜力。而且，大型酒店品牌具有投资于新技术的财务能力。连锁酒店也有机会在公司战略层面推广环境政策，从而大规模减少对环境的影响。

在过去的一些年里，酒店企业已经在减少其商业活动对环境的影响方面做出了坚定的努力，尤其是通过测量和减少其碳足迹和水足迹。大型国际住宿业公司和小型企业都认识到，这么做能带来实实在在的收益，包括获得真实的效益、提高企业的信誉。另外一个和企业紧密相关的挑战是如何管理企业的伦理价值观。伦理问题主要发生在 4 个领域：供应链、当地社区（旅游目的地）、劳动力市场和消费者。人们可能会对供应链中剥削劳动力或者在酒店和餐厅剥削移民劳动力表示担忧。当地居民可能通常会明显地察觉到，他们在忍受了不合理的环境恶化带来的负担后，自身从旅游发展所带来的经济利益中享受的份额很小，甚至没有。旅游目的地的发展产生了对低工资收入酒店人员的需求，但冲击了诸如渔业和农业等传统行业的就业机会。当地生活物价上涨，导致许多原住人口被迫离开。1999 年联合国世界旅游组织（UNWTO）建立并采用了一个全球旅游伦理规范，旨在将旅游活动对旅游目的地和当地社区的不利影响降到最低。该规范于 2001 年得到联合国官方认可。2011 年，联合国世界旅游组织（UNWTO）举办了首次旅游和伦理国际大会（International Congress on Ethics and Tourism），可能这是第一次有机会评估住宿业是否仅是止步于象征性的说法，并就可带来切实行动的行为规范达成共识。令人鼓舞的是，有证据表明，酒店行业就人类权利和商业伦理问题正在采取一种前瞻、集体的方式，已将人类权利风险地图、针对负责任的企业和可持续性当地受益的员工培训等内容吸收进来。在过去 10 年中，大型酒店企业已迈出坚实步伐，将人权问题纳入既有的商业行为和伦理政策之中。

万豪国际酒店就是一个例子。2010 年它们重新启动了自己的"商业伦理意识"项目来为员工提供一些相关信息，这些信息涉及如何定义潜在的道德和履约问题，以及如何通过组织来自我提升等。这个项目还包括给雇用新员工提供新的培训视频，以及附有预防问题小贴士的季度性公告。在公司全球性运营方面，近期该公司为其保安人员制定了人权和特殊的儿童保护政策。

制定了预见性伦理政策的另一家公司是总部位于香港的酒店集团——香格里拉酒店和度假村，虽然其一半资产是在中国，但却是一家全球运营的企业。它们在 2009 年为供应商制定了一个外部审计的行为规范，引导前 150 位供应商去实地考察雇用员工的工资、工作环境、健康和安全情况、管理系统和环境实践。它们在集团范围内有一个项目，将酒店与一个当地学校或者收留 5~10 岁孩子的孤儿院联系起来，为其提供酒店技能培训。万豪国际酒店和香格里拉酒店的案例凸显的是住宿业的行业现实，在这个行业还需要做更多。仅仅一则伦理规范、一个员工章程和人权政策还不够，企业需要展示一些实践案例来体现它们已经通过供应链、当地社区、劳动力市场使得消费者行为发生了改变。与酒店展示环境管护政策的例子相类似，消费者会把企业的伦理政策视为一个吸引人的卖点。可持续发展核心企业战略是有着很好的商业意义的，因为它可以潜在地提升一个公司的利润、管理效率、公共形象和雇佣关系。在快速变化的住宿业中，最后的胜利者很可能是那些长期采取"三重底线"方法的公司。

（一）旅游业排放

住宿业是旅游业中非常大的一个组成部分。在旅游业中，符合伦理的行为和环境排放问题也被列入公司议程。不过，作者不打算通过本书来解决由往返于目的地的旅行所引起的旅游业排放问题，而仅仅为如何减少个人旅行对环境的影响提出尝试性的建议。

到达酒店的路途上一般要消耗大量的一种或多种化石燃料。因为温室气体一般都是不可见的，大多数旅游者并不会将其乘坐飞机与被洪水淹没的坦桑尼亚村庄直接联系起来。遗憾的是，从喷气式飞机引擎中排出的二氧化碳确实与气候变化有联系。

据英国一个碳抵消公司——气候保护公司（Climate Care）计算，一名乘客乘坐邮轮每千米里程所释放的二氧化碳量是乘坐飞机的两倍。贾斯汀·弗朗西斯是"负责任旅游"网站（responsibletravel. com）的共同创始人之一，该网站是气候保护公司的伙伴，为其提供环境友好型度假产品目录。他说，"不仅如此，许多乘客乘坐邮轮前需要先飞到邮轮出发的港口，这会产生两倍的二氧化碳。"该组织还宣称，当谈及豪华邮轮的环保问题时，其二氧化碳排放量仅仅只是沧海一粟。大多数船只运行是靠燃烧最廉价最脏的船用燃料油，这种油不仅用于驱动船只，也用于船只上的基础设施：餐厅、游泳池和夜总会。2011年，皇家加勒比邮轮公司迄今为止最大的邮轮——能够容纳5400人的"海洋绿洲"号（Oasis of the Seas）起航了。邮轮上的设施包括一个由微气候控制的、带有灌溉和排水系统的中央公园，以及比两个半甲板还高的树林。环保组织"地球之友"称，如此巨大的船只航行一周将会产生80万升的污水、380万升的废水（来自水槽、浴室、淋浴、洗衣房和厨房）、9.4万升含油舱底水、4.3万升排污水以及多于0.5立方米的有害垃圾。地球之友的清洁船只运动（Clean Vessels）的主任梅茜·基弗提到，"这些邮轮就像漂浮的城市穿梭于水上，倾倒大量的垃圾和有害物。"她补充说，邮轮会影响海洋生物、海岸和珊瑚礁从而污染海岸线和污染空气（巨大的引擎会排放二氧化硫和氮氧化物）。由于乘客数量非常多，当邮轮抵达时，经常是一次好几个邮轮抵达亚得里亚海的杜布罗夫尼克这样的度假小城，邮轮乘客倾向于把全部风景都尽收眼底。这种形式的移动旅游目的地对当地社会和环境的影响和酒店集群一样。然而，由于来自美国环境保护署和各种环保运动组织与日俱增的压力，以及通过的更严格的规章，一些积极的环境新闻开始出现。邮轮慢慢开始使用硫含量较低的燃料代替廉价的燃料，船只开始志愿在远离海滨的地方排放污水、灰水和含油底舱水。

旅游业中另外一个令人担忧的部分是航空业，目前航空业大约产生全球温室气体的 1.6%，但是如果其增长不受抑制，航空业将成为发达国家最大的温室气体制造行业。英国政府的顾问团——气候变化委员会（the Committee on Climate Change）在 2010 年警告部长们，即使航空业以本世纪初的增长率发展，到 2050 年，发达国家航空业产生的排放物仍将会占到污染物总量的 25%。

相比邮轮产业，航空业每名乘客每千米里程排放更少，但是仍然不可能接近无污染。2009 年，英国航空公司（British Airways）首席执行官威利·沃尔什将一份协议公之于众。协议中要求航空公司、机场以及航空器制造公司到 2050 年将污染物的排放量削减到低于 2005 年一半的水平。这个雄心勃勃的目标是基于飞机引擎效率的小幅提高以及飞机使用 1:1 混合生物燃料的基础上提出的。来自普渡大学研究团队的报告显示，要实现 2050 年相比 2005 年降低 50% 的减排目标，航空业仅仅靠使用生物燃料（drop - in bio - jet）（美国原料生产）是不能完成这一目标的。生物燃料的生产主要依据两个因素：油价和土地的可获得性。当油价高的时候，以生物为原料的生物燃料才可行。当油价低的时候，产油的原料（亚麻荠和藻类）才能提供有竞争力的生产，但这要求有肥沃的土地，而这些土地之前可能是为人类提供食物的。

（二）旅行碳抵消

对于那些减少旅行距离的旅行者，去度假的旅途往往包含从家里出发的距离。有一些简单易行的方法能够减少个人对全球变暖的影响。火车相比其他机械化运输工具使用较少的化石燃料，除了步行和自行车外，火车出行是一种越来越流行、健康和环保的选择。拼车也是减少碳足迹的一种方法，许多城市现在都将目的地的供给集中在一起，同时渴望旅行的旅行者也能够降低其旅行成本。朝着可再生能源经济的转型面临挑战，要应对这一挑战还需要持续不懈地努力很多年。目前，所有直接减少个人碳排放的方法都是最好的解决方案。然而，对于那些不可避免地要保持排放量的领域而言，通过可靠的项目来进行碳抵消，是投资于全球高质量审查的可再生能源、能源效率和与森林相关项目的一种相对容易的方式。

类似国际可持续旅行（Sustainable Travel International）这样的组织，会提供综合的碳管理和减排服务来帮助个人和企业减少对环境的影响。

四、定义可持续性和可持续发展：历史回顾

（一）希腊人、罗马人和冯·路威治

希腊和罗马的哲学家经常思考人类之间多样的、有时是复杂的关系，特别是有关人类行为以及人类行为得以发生于其中的生态系统。柏拉图（公元前400年）研究了人口规模与肥沃土地和自然资源可获得性的关系问题。亚里士多德讨论了自然的角色和作用。公元1世纪的罗马军队指挥官、自然哲学家和作家圣加伊乌斯·普林尼，在他的出版物《自然历史》中指出，原材料使用不当、乱砍滥伐造成森林消失会带来诸如土壤腐蚀、洪灾以及土壤流失等诸多负面后果。但是，直到18世纪，类似的哲学论题才出现在农业、管理、商业领域。在1713年出版的一本名为《森林经济学》的书中，德国税务师和矿产管理员汉斯·卡尔·冯·路威治为可持续发展的现代解释奠定了基础（Grober，2010）。他反对在管理原始资源特别是木材时只注重获取短期利益。身处萨克森州弗莱贝格的冯·路威治进一步推断，伴随着谨慎的木材砍伐，必须制订一个森林恢复计划。冯·路威治提倡增强建筑的保温效果，提高火炉和烤箱的能源利用效率。《森林经济学》被公认为是第一本关于林业的科学出版物。冯·路威治创造了"可持续性"一词。

（二）从弗莱贝格到里约

19世纪德国可持续性林业科学获得了国际上的称赞。然而，可持续性以及可持续发展的概念是在20世纪后半叶随着经济的快速增长才开始被检验的。这种快速增长在很大程度上是依靠自然资源的消耗获得的。可持续发展的概念大约经过一个世纪才逐渐成型，并在1950～1960年迅速发展。1951年国际自

然保护联盟（IUCN）发布了第一份关于世界环境问题的报告。这份报告在追求经济和生态和谐发展方面具有开创性。1966 年，经济学家芭芭拉·玛丽沃德出版了《地球太空船》，肯尼斯·鲍尔丁发表了一篇名为《未来地球太空船经济学》的文章（1966）。两份出版物的共同前提是：地球是"一个单独的空间体系，不存在任何无限制的蓄水池可以用于提取或者排污，因此人类必须在地球的循环生态系统中谋取一席之地"。

成立于 20 世纪 60 年代后期的国际智库罗马俱乐部（the Club of Rome）受委托撰写一份名为《增长的极限》的报告。该报告于 1972 年出版。报告将快速的人口增长与有限的初级资源供应联系起来（Meadows, et al., 1972）。同年，联合国组织了斯德哥尔摩人类环境联合国会议，审视了环境与发展之间的关系。联合国环境署（the United Nations Environment Programme, UNEP）诞生于 1972 年斯德哥尔摩会议。不过，可持续发展定义的现代版本是 1983 年世界环境与发展委员会（the World Commission on Environment and Development）总结的一句简单的话，这句话出现在 1987 年的最终报告《我们共同的未来》之中，这份报告更为人所知的名字是《布伦特兰报告》。报告中对可持续发展做了如下界定："可持续发展是一种既满足当代人的需要，又不对后代人满足其需要的能力构成危害的发展。"在此定义之上，将可持续发展的焦点从人类对下一代的责任转到地球生态系统的平衡，联合国环境署（UNEP）、国际自然保护联盟（IUCN）和世界自然基金会（WWF）在 1991 年出版的《保护地球：关于可持续地生活的策略》中将"可持续发展"定义为"在供应生态系统的承载力之内提高人类生活质量"。从经济以及社会文化方面对可持续发展概念做出补充的是 1992 年 6 月联合国环境发展大会在全球峰会提出的《21 世纪议程》（Agenda 21）。而且，这个会议还特别关注了教育的作用，特别强调鼓励尊重环境的价值观和态度的教育活动。在《21 世纪议程》之下，参与可持续发展，需要按照以下 5 个原则采纳、改变或者提升行为：

- 预防原则：阻止任何可能发生的风险；
- 责任原则：对所有的行为和决定承担社会和环境责任；
- 透明原则：向所有利益相关者公开所有相关信息；
- 社会和技术创新原则：以对人类和地球有益的方向进行技术改革；
- 公民责任原则：为当地、全国和全球任务做贡献。

（三）后里约时代以及当前的情况

可持续发展领域中各种主题的会议接踵而至。1997 年在日本京都，气候变化的主题成为可持续发展领域的前沿话题。38 个工业国达成了一个减排协议，目标是到 2012 年温室气体排放量相比 1990 年减少 5.2%（《联合国气候变化框架公约》）。协议于 2005 年生效。同年，作家兼企业家约翰·埃尔金顿出版了名为《带叉的食人族：21 世纪的三重底线》一书。书中提到 21 世纪商业发展的三重底线，或者被称为"三重底线 TBL"（2005）。埃尔金顿提到，衡量一个组织的成功，除了其财务表现外，还需要获取、分析和汇报其在生态和社会方面的表现。

2000 年，世界主要领导人聚集并通过了千年发展目标（Millennium Development Goals，MDGs）。目标是到 2015 年实现消灭极端贫穷、降低儿童死亡率、与艾滋病等传染性疾病斗争、建立全球性的发展伙伴关系。在里约峰会 10 年之后，2002 年在南非约翰内斯堡举办了可持续发展全球峰会，又称 + 10 地球峰会。约翰内斯堡峰会进一步扩大了可持续发展的定义范围，把社会正义、反贫困都包括在内。此外，2002 年约翰内斯堡峰会提议加强对可持续性和教育的关注，随后，联合国大会宣布 2005~2014 年是"可持续发展教育的十年"。环境专家、政府代表以及非政府组织齐聚一堂，讨论气候变化事宜，更加激发了媒体和大众的兴趣。2009 年在丹麦哥本哈根举行了联合国气候变化大会。此次峰会对于各国领导人来说原本是一个难得的机会，来协商 2012 年《京都议定书》到期后减缓气候变化的框架。根据现在的经济学说，目前地球上财富分配不均衡，为了满足地球上人口持续增长的需要，要求现有的全球经济持续快速地增长。如果地球要避免灾难性的后果出现，将不得不越来越多地使用可持续性原则。被划分为贫困国家的那些国家，需要依靠增长来提升国内人民的生活标准，根据世界贸易组织的统计数据，到 2050 年稀缺资源会在全球 90 亿人口中分配，那时候的人口比现在额外增加了 20 亿。那些生活水平较低的国家，其基础设施才刚刚发展，仍然有机会在开始阶段来贯彻可持续发展原则。在不停止发展的前提下，它们有可能摸索出既对当代人具有可持续性又能造福后代的发展方式。为了到 2015 年恢复全球耗尽的渔业并探究如何最好地实现千年发展目标，目前已经达成了一致协议。

五、可持续性的其他定义

（一）全球可持续发展企业理事会

根据全球可持续发展企业理事会（World Business Council on Sustainable Development，WBCSD）2006 年的定义，可持续发展是"满足当下需求而又不会对满足后代需求造成危害的发展方式。考虑到当今大规模的贫困，满足当下需求的挑战非常严峻。但是我们必须长远地看待问题，并尽力保证我们今天为日益增长的人口而做出的所作所为不会危害到环境、社会以及我们子孙后代的需求"。

（二）联合国世界旅游组织

根据联合国世界旅游组织（2004）的定义，"可持续原则涉及旅游发展的环境、经济以及社会文化方面，而且在这三者之间必须建立一个合适的平衡点来保证旅游的长期可持续性"。

六、定义持续性住宿业运营

以《布伦特兰报告》中的定义为出发点，可持续住宿业的运营可以被定义为："为了满足当代人的需求并保证未来人类的发展，可持续住宿业以经济、社会和环境利益最大化的方式来管理其资源。"为了更加清晰，这个叙述要求通过如下的问题检验：

- 酒店使用的哪些资源会直接影响经济、社会以及环境利益？
- 可持续性原则如何融入住宿业管理系统？
- 酒店既要满足当代人的需求又要保证未来人类的发展意味着什么？

可持续住宿业运营或者"绿色酒店"旨在减少对于环境和社会的影响。美国绿色酒店协会——"绿色酒店"（Greenhotels）提出了一个更具有资源导向的定义："绿色酒店是环保的可持续性财产，酒店的经营者渴望通过一些项目来节水、节能、减少固体垃圾，同时降低成本从而保护我们唯一的地球。"

（一）对于可持续性的批评

虽然对于可持续性发展的兴趣和支持在不断增加，但是对于这项运动的质疑和批评依然存在。尽管众多"可持续性"定义被提出并且被媒体报道，但是许多概念很难理解。对于一些人来说，这个概念模糊不清，能够获得的可持续性模式极为有限。可持续不是万能的灵丹妙药，有些人仅仅将其视作权宜之计。

（二）环境可持续性发展的障碍

可持续住宿业运营方面的投资往往会因为对底线的错误理解而受到限制。许多经理人和酒店的所有者仅仅考虑初始的投资成本，相比不可持续性的解决方案，可持续性方案的初始投资成本会较高。然而，可持续性方案的运营成本要远低于那些装置了低效装备的财产。即使不考虑环境、社会以及经济的三重底线，类似这种投资的长期回报从财务角度也是非常有利的。

另外一个阻碍是内部沟通和酒店供应链控制。一些酒店公司已经有环境管理项目，其中一些酒店的项目甚至还被包括在道琼斯可持续发展指数之内。但是决定这些项目效率的一个重要因素，是将共同的环境政策落实到每个酒店，即转化为酒店工作人员的现实行动。直到如今，许多酒店在清晰地表达内部的或者企业环保管理行为方面仍然存在一些问题。大多数酒店经理拥有自主权，去选择适合自己酒店的策略和程序。因此当公司治理架构给予经理自主权时，他们对于特别主题的态度很大程度上决定了酒店在这个问题上的行为。而且，公司直营连锁和管理酒店之间存在着差异。特许协议中参与程度不同，相伴随的实施过程也不同。对于经理的特许权要求越少，他自己在设计关于可持续性策略时的自由度便会越多。

七、旅游和住宿业的可持续发展

20 世纪 90 年代起，住宿业开始采纳可持续性的观念。随着关于旅行和旅游业的《21 世纪议程》的出版，首次鼓励个体企业和住宿业都采用提倡可持续旅游最佳实践的行为规范。逐步志愿性的原则以及最佳实践的案例，都来自于那些引进了生态标识和认证程序的产业之中。越来越多的酒店和餐厅正在采取许多各种不同的方法设计，用于减少其对环境的影响，因此它们正变得更具可持续性。大约80%的欧洲酒店经营者会参与一些面向环境的活动，最关注的领域包括以下几个：

- 节能措施；
- 节水措施；
- 绿色采购；
- 垃圾最少化措施。

酒店管理协会正在越来越多地关注行业内的最佳实践案例和指导原则。其中一个案例是国际旅游合作伙伴（International Tourism Partnership）制定了一系列可持续酒店选址、设计和建设原则。另外一个案例是餐饮业中的美国国家餐饮协会（American National Restaurant Association）创立了一系列指导原则，使餐饮业朝着对环境无污染和可持续发展的方向迈进。国际酒店和餐饮协会（IH&RA）最近认识到需要可持续实践，并建立了一系列生态的、商业性的解决方案。该协会提倡的节约能源、水以及其他自然资源的一些方法包括：增加回收、鼓励使用可持续原料和替代能源。国际酒店和餐饮协会成立于 1919 年，是餐饮业龙头性的商业协会。协会包括 945000 家餐饮公司和食品批发商，这些企业拥有 1310 万名员工。

绿色餐饮协会（the Green Restaurant Association）是美国的一个非营利性、咨询教育性组织，协会的使命是"创造一个具有生态可持续性的餐饮业"，同时也指导不同环保领域的各种研究。为了促进完成环境可持续性推广最佳实践，协会已经制定了一些餐厅环保指导原则，一个例子是《产品担保指南》（*Guide of Endorsed Products*），这个指南是餐饮业环保责任产品的纲要，提供了有关有机认证、再生纸、无氯纸和其他有益于环境的产品选择信息。以上案例说明，住宿业的可持续性意识在不断增强，但仍处于起步阶段。

图 2-1 呈现了一个一体化的可持续性理论框架。按照可持续住宿业运营的定义，当要确认影响可持续性的关键问题时，会考虑整个价值链和运营的生命周期。从建筑到家具，从食品饮料采购、生产、垃圾管理到各种不同的日常运营，每个环节都必须与环境、社会以及运营赢利能力保持和谐发展。

（一）环境维度

除了人类呼吸的空气、喝的水以及所热爱的土地以外，环境维度主要关注一个组织对于生态系统中植物和动物的影响。这牵涉到考虑一个公司与所有运营、设施以及产成品相关的环境足迹。因此，必须对所有垃圾和排放物处理细节进行审查。争取实现产出最大化和所有资产效率化。总的目标是尽可能减少所有可能对现在地球和未来人类享用资源的不利影响。环境维度的主要目的是避免短期和长期的环境破坏，并维持和提高自然多样性。

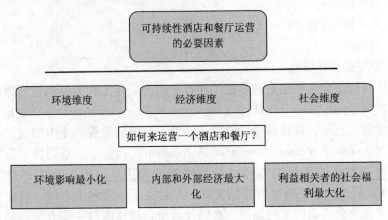

图 2 - 1 住宿业的可持续性维度

住宿业运营在楼宇建设、制造使用设备和配件、生产食物、使用能源和水，以及制造垃圾的时候，都会对环境产生影响。在住宿业运营前和运营中进行环境影响的检验被称为环境生命周期分析。

（二）经济维度

所有组织机构的主要目的都是赢利。当然它们也有其他的目的，但是如果其主要的目的没有实现，那么它们迟早会停止经营。利润最大化对于所有的商业组织来说是必要的，因为没有利润这些组织将无法经营下去，但是利润最大化是否作为最主要的目标尚无定论。显然，近年来一些与环境可持续性有益的做法带来了明显的长期和短期的商业利益。通过安装节能和节水的设备来节约成本，使用高效能设备并确保高效和公正的员工操作能增加内部效益。另外，通过可持续管理系统能提高利益相关者的商业利润，提高员工士气和动机，提高公众信誉，增加市场份额。

住宿业公司承担着遵守可持续性商业政策的义务，它们参与和支持当地经济的发展，并计划通过拉动就业、建立商业连锁和增加其他创收机会为当地人民带来经济利益。

（三）社会维度

社会维度涉及一个组织对其运营于其中的社会的影响。社会维度主要考虑的是如何运营住宿业才能对当地居民的现在和将来做出积极贡献。一个承担可持续发展义务的企业就会考虑如下问题：公共健康，社会公平，人权，劳动权利，社区问题，机会平等，技术和教育，生产场所安全和工作环境，维护和提高社会与文化的多样性（包括社区的多样性），向利益相关者和公众提供咨询，就可持续性实践培训员工。

为了提升个人和社区的幸福感，住宿业运营需要评估自身行为的社会影响。诸如采购产品和食品中涉及的公平交易和价格公正等问题都需要考虑。应该考虑采购当地的食物和饮料。在考虑餐饮供给时，应该充分关注食品安全、人身健康问题。

为了使以上三个维度付诸实践，应该让各方利益相关者达成一致，来确保采用一般的、一体化的方法实现可持续发展（图 2-2）。可持续住宿业并不意味着一个公司需要在既有的市场环境中做到最好，而是在如图 2-2 所示的框架体系中，必须同其他与旅游有关的机构一起合作，来建立伙伴关系，确保分担责任，实施落实，这些机构包括监管者、当地政府、教育机构、非政府组织和其他市民团体，落实责任保证以及贯彻连锁合作实践。必须在利益相关者之间建立起合作关系，以便于解决冲突、协调计划，并带来环境改善行动。在宽泛的旅游服务业中，各部门（包括交通、旅行社、住宿业、旅行社代理商以及休闲部门）内部及其之间组成的产业网络很重要，因为它们将提供经验和专业知识的共享，开展能够使双方受益的可持续性项目。需要设立环境提升和可持续发展方面的现实指标，从而对整体进展进行监控和评估。

住宿业必须担当起环境和社会责任，并且将可持续性管理纳入日常运营和商业实践之中。责任担当要求企业领导和管理者反思 7 个传统原则：

- 公司在市场中的定位；
- 消费者、供应商以及其他利益相关者所感知到的公司形象；
- 公司环境定位的合法性；
- 对于消费者来说，可持续性产品和服务的可接受度；
- 供应商加入一个可持续供应链的适用性；
- 中介商是否做好支持可持续方案的准备；
- 消费者期待并察觉到可持续性产品和服务将会提供的利益。

通过可持续管理系统节约成本和增加收入，能够反过来持续性改善环境。此外，环境方面的培训和信息传播对于中、小型企业而言是特别重要的。最后，整个沟通策略必须加以改进，来反映企业所采取的可持续性方案和项目。方案可能涉及从自愿的自律项目（如环境认证项目和环保标识），到环境投资退税以及针对清洁和节约型技术的低利率融资项目。

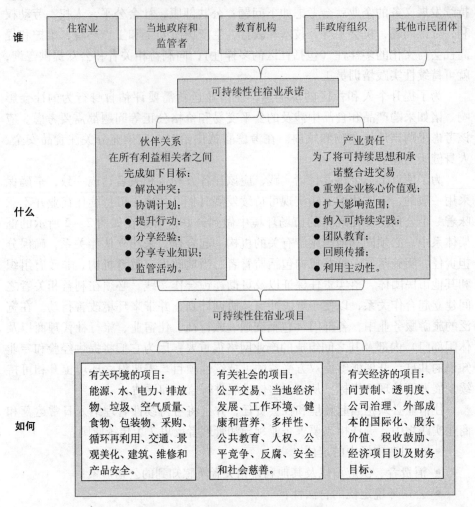

图 2-2 　住宿业可持续性理论框架

　　建立起产业责任方面的合伙关系，住宿业可持续项目可围绕环境、社会、经济项目三大支柱得以发展起来。每个项目应该包括一个被酒店管理者和所有者所采纳的广泛方案，从核算和减少酒店产生的排放物的具体计划，到如何最大限度地从当地社区获取并反馈，同时形成一个商业体系，在该体系中运营的外部成本被完全计入内部运营模型之中。住宿业的龙头企业认为可持续性商业模式不仅仅是改善今天的商业运营，应该具有更深远的意义。

八、住宿业的可持续竞争优势

住宿业企业实施可持续商业方案的强烈动机是其能够获得的竞争性优势。虽然竞争性优势看起来是必要的，但是在快速变化的宏观经济背景下，竞争性优势不会持续很长时间。而且，由于住宿业存在着超强的竞争，所以在住宿业获得持续性的竞争优势是很难的。因为在所有超强竞争的行业里，对抗异常之强，竞争非常激烈。在这种情况下，企业会密切关注竞争对手和行业领导者的行为，只要对手宣布成功的策略就会被迅速复制。

仅仅通过一个改善并不能获得竞争优势，这就要求一个企业不断地质疑自己的策略定位。因此，只有不断筛选竞争对手、持续创新，才能实现可持续性的竞争优势。必须强调的是，在这方面，技术对于一个酒店企业提高其竞争力起着至关重要的作用。

（一）竞争优势和技术

在过去几十年时间里，专利技术的数量大幅增长，技术已经成为许多企业增长的动力。更好的技术带来更高的效率并且往往会缩短产品的生命周期。这迫使企业谨慎评估其已经付诸实践的技术。另外，新技术一般需要大量的资本投资，并委托一些公司长期使用这项新技术。在此过程中，住宿业消费者变得更加了解技术方面的知识，随之消费者的需求也发生变化。酒店客人要求他们所住的酒店房间和他们在家的技术标准一样。

技术创新是竞争优势的最大动力源，高级技术的应用已经帮助许多公司在住宿业中达到更好的竞争位置。

案例分析 2.1　Inkaterra 组织的真正自然之旅：住宿业之外——引领秘鲁的生态旅游

37 年中，Inkaterra 组织在秘鲁发展和提倡可持续旅游方面始终扮演着积极的角色。每年，酒店招待超过 65000 名旅行者，为他们提供体验秘鲁真正的自然体验。位于安第斯山脉森林中心的马丘比丘 Pueblo 酒店、位于亚马孙雨林马德雷德迪奥斯河堤上的 Reserva Amazonica 热带雨林小

屋（图 2-3），以及库斯科的 La Casona 度假村，都是 Inkaterra 组织在拯救、保护和展示秘鲁独特文化和自然资源方面所做的努力。

Inkaterra 组织的任务是：

"在生态旅游和保护、重新评价真正的文化、社会和自然价值、创造原汁原味的体验等方面追求卓越。"

图 2-3　Inkaterra 组织的 Reserva Amazonica 热带雨林小屋、Pueblo 酒店和 La Casona 度假村

Inkaterra 组织广泛的可持续性政策建立在如下 14 点之上：

- 定义和尊重原汁原味的文化、社会和环境的价值；
- 创造职业发展机会，并鼓励人才招聘和当地员工培训；
- 提供比《劳动法》更优越的生活条件，营造一个理想的工作环境；
- 开展一些与现行立法例如企业、税收、劳工以及可持续发展的概念相一致的活动；
- 提供制定标准的经验并建立保护区；
- 制定自然、社会和金融危机的应急预案；
- 持续更新分析金融报表，以促进决策的制定以及行政行为分权化，提高合作伙伴、旅行者以及当地人保护环境的意识；

- 鼓励当地社区居民的发展，并考虑他们的环境和文化因素；
- 使用环境友好型产品，并与供应商保持交流畅通；
- 高效地使用能源和水，并提供完善的垃圾处理系统；
- 通过将消极影响降到最低，从而在管理和过程控制中实施持续性的改善；
- 识别人类行为带来的积极影响和消极影响；
- 为了实现碳平衡，抵消由组织运营产生的温室气体排放物；
- 建立一个可复制的商业模式，初始投资成本低，且对当地居民的积极影响高。

Inkaterra 组织的可持续性政策正变为负责任旅行方法的七大主题。

1. 嵌入式可持续性

Inkaterra 组织（ITA）每年投资超过 30 万美元用于生态自然保护区的保护，主要是保护动物和管理自然保护区。另外，所有 Inkaterra 组织的员工都会接受有关社会和环保问题的深入培训。员工会参与和环保日相关的活动，例如地球日、节水日、负责任旅游日和环境保护日（图 2-4 和图 2-5）。

图 2-4　大型鸟类保护日

图 2-5　环境保护日清理河岸垃圾

2. 长期项目

Inkaterra 组织已经建立了研究和保护计划。这些项目包括蝴蝶、鸟类、蜂鸟、兰花、两栖动物、蚂蚁以及眼镜熊保护计划。这些保护计划包括对生态系统的研究，列出植物区系和动物区系的清单，进行生物及其内部关系的行为分析，保护濒危物种，学习社会学问题，环境教育和社区培训项目。

3. 当地影响

自 1975 年以来，Inkaterra 组织已经培训了超过 2000 名当地居民，并在坦波帕塔（Tambopata）、马达马（Madama）和拉塔门塔（La Tormenta）地区开设了社区工作坊。Inkaterra 组织保证当地机构（市政当局、学校、向导协会、社区委员会、非营利性志愿服务机构等）的安全，并给予当地供应商优先权。知识通过文化的渗透实现共享和传递。Inkaterra 组织尽最大可能地雇用当地人（平均80%的 Inkaterra 组织员工都是当地人），并尊重当地和全国的就业福利法律（图2-6和图2-7）。

图2-6　和当地机构一起制订计划　　　　图2-7　为当地人提供就业

4. 积极的碳足迹

自1975年至今，Inkaterra 组织一直保持着碳平衡。超过17000公顷封禁林每年对碳抵消做出贡献。能源、燃料和水的节约以及纸、塑料、玻璃和有机残留物的再循环就是 Inkaterra 组织所承担活动的例子。它们还优先使用当地材料和当地承包者（图2-8）。

图2-8　监察野生动物的志愿者项目

5. 地方感

为了提供一个真实的原汁原味的经历，Inkaterra 组织充分尊重当地文化和特色，并且使用由当地传统灵感设计的物品使客人能够入乡随俗，最小化并逐渐减少可见的影响（图2-9）。

图 2 – 9　受当地传统启发的设计

6. 参与体验

Inkaterra 组织提供的是变革性的体验。旅行者可以通过所有 Inkaterra 组织的产品获取保护和可持续性信息。

7. 营利性

Inkaterra 组织努力从酒店和旅行体验、"路遇树冠和水獭"项目、"眼镜熊"捐赠项目以及"本土农场马丘比丘"项目的收入中获取稳定的经济来源。

Inkaterra 组织的宣传口号恰当且充分地描绘了其商业哲学："我们提供的不仅仅是膳宿，我们定义可持续旅游。"

资料来源：Inkaterra，http：//www. Inkaterra. com/。

案例分析 2.2　Farnek Avireal 公司鼓励饭店经营者基于产业特点和网络技术最优化其可持续目标

关于 Farnek Avireal 公司

Farnek Avireal 公司在 1980 年成立于阿拉伯联合首长国。它是由 The Khalifa Juma Al Nabooda 集团和总部位于苏黎世的国际设施管理公司 Avireal AG Switzerland 合资承办。Farnek Avireal 公司在可持续领域是一个领导者，而且是美国绿色建筑理事会的会员，与一些国际组织如绿色环球（Green Globe）、myclimate 组织等有联系，并已获得著名的阿联首航空能源奖（Emirates Energy Award）。Farnek Avireal 公司管理着 1000 项资产，并负责运营和维护世界上最高建筑——迪拜塔。

Farnek Avireal 公司开展了酒店优化项目，来帮助该地区的酒店经营者通过便于使用的、基于网络的标杆软件去高效地管理并减少能源、水和废物处理等方面的成本和消费。

Farnek Avireal 公司最近的一项研究表明，迪拜的五星级酒店使用的能源比欧洲相应级别酒店多 2.25 倍。Farnek Avireal 公司的总经理马库斯·欧柏林说："能源的节约直接关系到成本的减少，这些发现凸显了迪拜乃至全地区的酒店节约能源的重要性，因此会潜在地提高基准的绩效。"

研究中对迪拜酒店平均能源消费和欧洲可比资产进行了对标比较，结果显示：在阿联酋平均每名顾客使用 1250 升的水，而相比在德国平均每名顾客使用 350 升，电力使用方面为平均每平方米使用 275 ~ 325 千瓦时，而在德国的酒店则是 100 千瓦时。

欧柏林强调："作为可持续领域的市场领导者，我们已经通过与绿色环球专门的联系促进酒店和度假村减少碳足迹，绿色环球是旅游和住宿业方面国际性的可持续认证项目，而'酒店最优化'软件是一个补充性的产品，能够帮助关注环境的客户通过关键领域的运营在其经营的核心领域现住地节约 15% ~ 20% 的成本。"

他补充说："使用我们的先进技术，消费者能够计算出他们的二氧化碳排放量以及所消费的能源和水的真实成本，也包括不可回收的水。"

"酒店最优化"软件功能能够使酒店更容易发现成本节约的机会，并通过点击按钮来设置实际的年度目标，还可下载有关运营中水和能源成本的客观数据。

Farnek Avireal 公司即将发行下一版本的"酒店最优化"运营软件，该软件附带有项目升级，包括详细的分析和成本节约指示，从跨度四年的环比图表中可以追踪计划的进展情况，而且可以增加专门资产的评论。欧柏林说，"我们也通过改善实际图像展示来增强软件的功能，并使其使用起来更人性化。"

资料来源：FarnekAvireal, http://www.Inkaterra.com/home.php。

练习题

1. 小组讨论、小组作业或书面作业

（1）描述当今世界面临的主要环境威胁和社会挑战概况。

（2）以上问题如何影响你所在的国家或地区？

（3）批判性地分析环境和社会的改变如何影响你所在国家或地区的旅游和住宿业。

2. 小组讨论或小组作业

缓解环境挑战

（1）你所在国家或地区所面临的主要环境威胁是什么？

（2）什么控制措施可以应对这些威胁？

（3）你感觉这些控制措施能够改善环境吗？

（4）就你的分析结果做一个 10～15 分钟的介绍。

3. 小组作业

媒体上的环境和社会问题

（1）回顾在过去数月内引起你们当地和国内媒体关注的环境相关问题。

（2）这些问题如何影响你所在城市或者地区的旅游业发展？

（3）就你的分析结果做一个 10～15 分钟的介绍。

4. 小组作业或书面作业

住宿业和可持续性挑战

（1）在你们国家，住宿业面临的最大的环境和社会问题是什么？

（2）这些问题如何影响旅游和住宿业发展？

（3）旅游和住宿业对这些问题贡献到何种程度？

（4）为当地报纸写一篇专题文章回应此类问题。

5. 小组作业

制定一个电视广播计划框架，通过这个计划提升公众环境问题意识以及你所在国家的相关管制活动。

6. 书面（研究）作业

选择一个旅游和住宿业案例。分析旅游和住宿业对气候变化、臭氧层枯竭、生物多样性丧失、土地退化、酸雨和空气污染的影响。

致谢

本章中所提出的练习题是由国际酒店管理协会（EUHOFA）、国际酒店和餐饮协会（IH&RA）和联合国环境署（UNEP）在一个名为《播下改变的种子：住宿业环境教育包》的文件中提到的，该文件于 2001 年出版并在 2008 年更新。感谢国际酒店管理协会（http：//www. euhofa. org）、国际酒店和餐饮协会（http：//ih - ra. com）、联合国环境署（http：//www. unep. org）以及弗朗索瓦旅游咨询公司（http：//www. francoistourismeconsul - tants. com）。

参考文献

1. Boulding, K. E. (1966) 'The economics of the coming spaceship Earth', in H. Jarrett (ed.) Environmental Quality in a Growing Economy. Baltimore, MD: Johns Hopkins University Press, 3 – 14. Available at: http: //www. eoearth. org/article/The_ Economics_ of_ the_ Coming_ Spaceship_ Earth_ %28historical% 29.

2. Elkington, J. (2005) Cannibals with Forks: The Triple Bottom Line of 21st Century Business, Oxford: Capstone Publishing.

3. Grober, U. (2010) Die Entdeckung der Nachhaltigkeit, Munich: Antje Kunstmann.

4. IUCN (International Union for Conservation of Nature) (1951; 2011) First Report on the Condition of the Environment, Gland: IUCN. Available at: http: //www. iucn. org/.

5. IUCN, UNEP and WWF (1991) Caring for the Earth: A Strategy for Sustainable Living, Bern: Union Internationale pour la Conservation de la Nature et de ses Ressources.

6. Meadows, D. H. , Meadows, D. L. , Randers, J. and Behrens, W. (1972) The Limits to Growth, New York: Signet Books.

7. Nemeth, E. and Neurath, P. (1994) Otto Neurath oder Die Einheit von Wissenschaftund Gesellschaft, Wien: BOhlau.

8. United Nations (2012) Millennium Development Goals. Available at: http: //www. un . org/ millenniumgoals.

9. United Nations Framework Convention on Climate Change (n. d.) Uniting on Climate: A Guide to the Climate Change Convention and the Kyoto Protocol. Available at: http: //unfcc. int/ resource/docs/publications/unitingonclimate_ eng. pdf.

10. United Nations World Tourism Organization (UNWTO) (2004) Sustainable Development of Tourism: Definition. Available at: http: //sdt. unwto. org/en/content/about – us – 5.

11. UNWTO (2012) Press Release No. PR12002. Available at: http: //www. unwto. org/facts/ menu. html.

12. Ward, B. W. (1966) Spaceship Earth, New York: Columbia University Press.

13. World Business Council on Sustainable Development (WBCSD): http: //www. wbcsd. ch.

14. World Commission on Environment and DevelopmentWCED) (1987) Our Common Future. Available at: httP: //www. un – documents. net/wced – ocf. htm.

资料来源

1. American Hotel and Lodging Association (AHLA): http: //www. ahla. com.

2. Conservation International (CI): http: //www. conservation. org/Pages/default. aspx.

3. Convention on Biological Diversity (CBD): Text of the CBD. Available at: http: //www. cbd. int/convention/text/.

4. Greenhotels：http：//www. greenhotels. com.

5. Greenpeace：http：//www. greenpeace. org.

6. International Hotel & Restaurant Association (IH&RA)：http：//www. ih － ra. com.

7. National Restaurant Association (NRA)：http：//www. restaurant. org.

8. United Nations (UN)：Millennium Development Goals. Available at：http：//www. un. org/millenniumgoals/.

9. United Nations Environment Programme (UNEP) GEO Yearbook Series. Available at：http：//www. unep. org/yearbook/2012/uyb_ series. asp.

10. United Nations Environment Programme (UNEP) Making Tourism More Sustainable：A Guide for Policy Makers. Available at：http：//www. unep. fr/scp/publications/details. asp? id = DTI/0592/PA.

11. United Nations Environment Programme (UNEP) Sowing the Seeds of Change：An Environmental and Sustainability Tourism Teaching Pack for the Hospitality Industry. Available at：http：//www. unep. fr/sowingtheseeds/.

12. United Nations World Tourism Organization (UNWTO)：http：//www. unwto. org/facts/menu. html.

13. World Business Council on Sustainable Development (WBCSD)：http：//www. wbcsd. ch.

14. World Commission on Environment and Development (WCED) (1987) Our Common Future. Available at：http：//www. un － documents. net/wced － ocf, htm.

15. World Economic Forum (WEF)：http：//www. weforum. org/en/index. htm.

16. World Wildlife Fund (WWF)：Climate Change. Available at：http：//wwf. panda. org/about our earth/aboutcc/.

17. World Wildlife Fund (WWF)：http：//www. worldwildlife. org/who/index. html.

附加材料

请到 http：//www. routeledge. com/cw/sloan 查阅书的所有图表、附加案例、问题和可用视频的外部链接。

第3章
能源效率

目标

本章将：

- 描述住宿业运营中相关的能源消费问题并定义"碳足迹"这一术语；
- 区分可再生能源和不可再生能源；
- 描述太阳能、风能、地热、潮汐、水电和生物质能；
- 解释碳抵消和碳中和；
- 描述能源管理项目的过程；
- 描述高效能源技术案例。

一、住宿业中的能源使用

酒店能为客人提供高水平、多方面舒适而且丰富的娱乐和理疗设施，不仅在建筑设计方面，而且在一些复杂的设备安装方面，都是最大的能源消费者。为酒店顾客提供的许多与能源、水、原材料相关的服务，都是高度资源密集型。大量的能源都被浪费了，使用能源效率和能源节约等智能措施的空间很大。应用那些在酒店中节约能源、水和原材料的技术，可以改善环境并为酒店超越竞争对手提供竞争性优势，所以在过去的几年中，伴随着技术进步，酒店行业已经引进了许多新的节能设施。

在全球范围内，酒店使用的能源主要是化石燃料，往往是由核反应堆产生的。一个真正的可持续性酒店，不仅要精细化地使用能源，也要考虑提高可再生能源的使用比例。人们通常不会从可再生和不可再生能源替代品的整个生命周期的影响和成本角度对其进行比较。更多地使用可再生能源和节能技术，对环境、生物多样性、人类健康以及提升总体生活质量都会大有裨益。然而，除了少数例外，能源生产和使用对环境、生物多样性、人类健康以及总体生活质量的这种连锁影响受到的重视还不够，甚至完全被忽视了。

碳足迹用于衡量个人或者企业活动给环境特别是气候变化所带来的影响。它与我们日常生活中用于发电、取暖和交通等所燃烧的化石燃料释放出的温室气体有关。碳足迹也被用于计算我们个人所产生的所有的温室气体，并以吨或者千克计量二氧化碳。在一些案例中，碳足迹可以通过一些措施得以减少或者中和。首要的是，要减少对不可再生能源的依赖，并代之以可再生能源。

二、不可再生能源

如今，全球大约有85%的能量是由不可再生的能源所生产的。除非出现巨大的变革，例如大量颁布法律、实现能源技术的突破或者开发储量丰富廉价的新能源，否则可以预计，这一比例将维持到2030年。不可再生燃料一般也称为化石燃料，因为它们是由3亿年前被埋在地表和海底的动植物死后的残留物石化形成的。经过时间、压力和热力的作用，将这些原材料转变为碳氢化合物用于提取能源。

关于能源的公开辩论经常把对环境的影响和低价对立起来，显然，可持续性的解决方案在于同时解决这两方面的问题。然而，关于价格和对地球影响的讨论经常会忽略一些重要的方面。例如，消费者支付核能发电的价格，往往排除了和电力生产相关的两大经济因素：补贴和外部性。

补贴是直接给予电力生产者的直接经济激励，通常采取减税的形式。在一些国家，例如法国，电价比其他大多数欧洲地区的国家都要便宜，因为国家长期补贴核能发电。法国的正常补贴不包括核电站拆除和重建的成本、废料管理、事故风险和各种运营成本。在美国，停运一个旧的核电厂估计至少需要1000亿美元。可以合理预期的是，任何希望建设一个新核电站的人都应该在这些运营成本的总和中再加入一个预付清理资金；遗憾的是，显然没有人会这么做，核电是不可予以保险的。从20世纪80年代开始，核电项目成本已经大幅度增加。科学杂志《能源政策》上刊发的一篇文章提到，过去25年中，在法国投资核电厂的成本已经增长了3.4倍。核电始终是一个昂贵的物品，在英国，每年纳税人补贴核电的金额多达10亿英镑。在西欧和北欧，也仅仅只有两个核电站在建：一个在法国，一个在芬兰。

芬兰的反应堆应该是第一个安全的和可负担得起的新一代反应堆，得到了法国核产业的资助；它作为一个为招徕顾客而削价出售的商品，希望借此激起一次新的核建设热潮。这个项目是在芬兰核安全监管机构监管下建设的，但是由于成本超支，项目进度已经有所拖延。考虑到巨额的价格补贴需要纳税人支付，以及核辐射具有其固有的危险，如长岛、切尔诺贝利、福岛等有目共睹的核事故，和无限期地储存高危险性的核废料，所以不难理解，为什么建设新的核电厂是一个备受争议的话题。

不仅核电可以获得大量的财政补贴。2009 年一份来自环境法研究所（the Environmental Law Institute）的独立调查详细研究了美国可再生能源和不可再生能源获得财政补贴的情况。在整个研究期（2002 ~ 2008 年），可再生能源补贴共计 290 亿美元，其中用玉米生产乙醇的补贴大约占了一半。整个研究期间，不可再生能源补贴额超过 720 亿美元，其中大部分补贴用于交通燃料的消费补贴。研究表明，大部分可再生能源补贴是暂时性的或者有期限的，然而不可再生能源补贴在美国的税收编码中却是永久性的条款。不可再生能源的全部成本如煤炭可能会很高，但是核电的全部成本从任何角度来看，都是不可计算的。投资者面对的成本超支足以让其倾家荡产。核废料处置的真实成本现在仍然未知。甚至在一些案例中，几十年后的核电退出成本仍然未知。而且核电灾难性失败的成本远远超出任何私人公司能够承受的范围。投资者如何计算带有巨大不确定性的投资回报呢？

外部性或者外部环境成本，是对社会有益而不包括在市场价格中的一项，但是会在某一时刻被偿付，因此形成了真实成本的概念。空气、地下水被污染或者美丽风景被破坏是消极外部性的常见情况，因为污染性消费的购买者或售卖者都不直接承担清洁的成本。

加拿大从页岩气和沥青砂中提炼油气是一个很好的案例。由于其本身资源密集且提炼难度大，在便利和廉价的石油将要耗尽之时，化石燃料工业被当作是一个缓冲。无论是矿石还是沥青砂炼油，都会对环境产生显著的影响，包括大量的温室效应气体排放，对野生栖息地的破坏，以及对水、空气质量的影响。另外，产生温室气体排放的化石燃料、沥青砂相比传统的油气工程明显更加消耗资源。《全球能源展望》杂志认为，按照目前的能源消费水平，非传统能源如页岩气和传统能源天然气可以提供全球 250 年左右的燃气需求。现在，大多数页岩气产出是在美国，但是一份公告显示，英国可能成为一个重要的能源供应国，因为这儿可能有大量的页岩气储备。

　　页岩气的快速开发可能主要受益于水压断裂法（更为人所知的名字可能是水力压裂技术）的最新发展。这种方法基本上是使用电力击打岩石，钻入地下岩石层，然后使用液体（超过 99% 的水和沙）保持岩石的裂缝并使气体释放出来。因为氢碳比例相对较高，所以页岩气相比煤炭和石油释放的温室气体排放物较少。天然气虽不是可再生能源或者是像核电这样的低碳能源，但是它的碳含量确实也很低。然而，根据 2011 年美国康奈尔大学出版的一份研究表明，页岩气和煤炭一样都会污染环境。在美国中东地区和宾夕法尼亚州的乡村社区，有明显证据表明，水力压裂技术使用给这些地方的社区健康带来了影响。一些报告显示，在页岩气钻孔和水力压裂施工地的社区中，水井被污染、空气污浊、相关的人类疾病和牧场动物的疾病和死亡时有发生。另外，证明水力压裂地点下游的城市饮用水被污染风险的证据正越来越多。这些风险，特别是在水源方面，当然也包括空气、泥土、健康和乡村环境方面，已经将使用水力压裂法的美国、加拿大、南非和欧洲推向舆论的风口浪尖。

　　当考虑到补贴和外部性因素，不可再生能源，特别是煤炭，相比其他大多数可再生能源明显更加昂贵。在美国，煤炭提供大约一半的电力，并且占财政补贴中的最大一部分。来自哈佛的研究者最近发表了一项名为"基于煤炭生命周期的全成本账户"的研究，研究中计算了美国每年使用煤炭发电的全部健康和环境成本，为 1750 亿~5230 亿美元。减少煤炭的使用，可能是我们能做的减少空气污染和保护气候的唯一重要方法。

　　只有两种类型的能源：可再生能源是无限的，不可再生能源最终是会被耗尽的。1995~2005 年，世界范围内的能源消费以平均每年 2.4% 的速度增长。1995~2005 年，世界能源生产量从 34.5 万亿千瓦时增长到 43.6 万亿千瓦时。2005 年，石油和石油衍生物使用占全部初级能源的 36.8%，虽然某种程度上已经比 1995 年（39%）的数量要低了，但仍然是最重要的能源来源。同期，如乙醇、太阳能、风能以及生物质能等形式的可再生能源在 2005 年的发电量增加到 3700 亿千瓦时，约占世界能源生产总量的 0.93%。在 1995 年占比大约为 0.6%（国际能源署，2005）。

　　经历了 2009 年的小幅下降后，2010 年世界能源消费增长率超过 5%。世界经合组织（OECD，由 34 个国家组成的国际经济组织）成员国的能源消费增长3.5%，虽然其消费水平仍然与大约 10 年前一致，但这是自 1984 年以来最强劲的增长率。非经合组织的国家能源消费增长了 7.5%，并且大约 63% 的国家超过了 2000 年的水平。2010 年所有地区的能源消费水平都加速增长，而且在所有地区都均衡增长。这种强劲的增长主要是两个方面趋势融合的结果。一是受金融危机的影响，2009 年工业化国家经历了能源需求的急剧减少，而 2010 年恢复稳定。二是中国和印度在 2009 年并没有显示出能源需求放缓的迹象，仍然继续保持着对所有能源的旺盛需求。中国能源消费增长 11.2%，而且超越美国成为世界最大的能源消费国。石油仍然是世界上主导性的燃料，占全球能源消费 33.6%，但是石油在能源市场的份额已经连续 11 年降低了。国际能源署的数据显示，2000 年中国使用了 11.07 亿吨石油当量的能源，到 2008 年使用了 21.31 亿吨，预计 2009 年使用 22.65 亿吨。同时，美国 2008 年能源消费量（22.81 亿吨油当量）仅仅比 2000 年（22.7 亿吨油当量）略高，而且其能源消费量正在持续下降（国际能源署，2010）。

尽管经历了金融危机，2011 年全球在可再生、清洁能源方面的投资达到了 2600 亿美元的新高。这一数字包括生物燃料和智能技术等可再生能源方面的投资，并不包括天然气、核能以及精煤。彭博新能源财经（Bloomberg New Energy Finance, BNEF）致力于跟踪可再生能源投资，在 2010 年可再生能源投资增加了 5%，主要是由于大量增加了在太阳能产业方面的投资，其增长率为 36%，超过了以往的任何一年，总计投资额为 1366 亿美元。自 2008 年以来，美国在清洁能源的投资为 560 亿美元，首次超过中国 474 亿美元，美国有 29 个州要求公共设施用电接入风电、太阳能、地热能和生物质能发电。然而，清洁能源在 2010 年成为大输家。风电投资下降了 17%，投资额为 749 亿美元。同时，由于原材料价格的下降以及过度供给，风力涡轮机和太阳能板制造业也被挤压。

可再生能源不仅在发达经济体中已经得到很好的发展，而且发展中国家同样也保持着浓厚兴趣，新兴经济体如印度和巴西都需要更多的能源。2011 年印度向可再生能源领域投入了 103 亿美元，使其清洁能源技术发电厂蓬勃兴起，每年以 52% 的年均增长率增长，逐渐甩开了世界上其他重要经济体。彭博新能源财经分析师提供的数据显示，太阳能投资基金从 2010 年的 6 亿美元到 2011 年的 42 亿美元，增长了 7 倍，仅仅低于同年风能的 46 亿美元投资。2011 年风能装载量增加了 2827 兆瓦特，使得印度在新能源装备投资方面紧随中美之后。

根据彭博新能源财经估算，若一切照旧，到 2020 年全球清洁可再生能源投资将达到 1.7 万亿美元；但是这个投资额仍然比预防危险的气候变化所需要的投资低 5460 亿美元。

三、可再生能源的形式

主流的可再生能源形式包括木材和其他生物质、风能、太阳能和水力发电。不可再生能源包括化石燃料、煤炭、地热能和核能。一些核能的支持者认为，应该将核能划分为可再生能源，因为核能是一种低碳能源。然而，传统核能使用铀作为燃料。铀是一种不可再生资源，如果以目前的速度去发电最终也将会被耗尽。

（一）太阳能

太阳能可以通过不同的形式应用于建筑物中来提供电力、机械能、供暖和照明。自人类起源之初，所选择的定居地就是要能在寒冷的气候中最大化地利用阳光，而在炎热的气候中尽量减少阳光照射。用于供暖和降温的被动式太阳能设计可以减少大量电费，因此，如何安装被动式太阳能对于一个建筑的设计非常重要：

1. 被动式太阳能供暖

安装高质量和高保温双层或者三层玻璃的窗户能够获取热能的净收益。一旦热量进入建筑物内部，可以采用各种技术手段来储存和传播热能。复杂的保温方法确保建筑能够在额外采暖非常少的条件下，留住足够的自然光用以住户保暖。被动式能源建筑事实上不需要任何不可再生能源。通过安装光伏电池以及风力涡轮机的发电量往往超过其用电需求。

2. 被动式制冷

建筑物是通过合理地设置通风口以及最大化的凉风把太阳和空气的热量带走。最好的形式之一是种植一些阔叶树来阻止夏日中的热辐射穿透建筑物，但是在冬天里当树木落叶后，太阳的热量就可以进入建筑物。通过好的隔热层、减小窗户的尺寸以及在墙体和屋顶使用反射性材料，也可以将外部热量的获取最小化。

3. 日光

一个商业楼宇可以通过全天候地使用天空为背景的整体光来减少电费支出。传统的日光采集手段包括屋顶天窗、高窗和天井。用于传输光线的现代替代品包括光线监测设施、反光镜或者光导纤维。

被动式太阳能设计充分利用阳光和气流。被动式设计的建筑物考虑到一天中太阳的变化以及对人造光的需求。当创造一个舒适的室内环境时，制冷和采暖所消耗的能源将会大量减少。最大化使用日光的建筑设计相比传统建筑能够降低 40%~60% 的能源消费。被动式的太阳能基础设施建筑是由墙体、地板、屋顶、窗户、外部建筑元素以及控制太阳所产生热量的外部风景等组成。太阳能采暖设计尝试直接留住并储存来自阳光的热能。被动式制冷通过遮挡和制造通风对流的气流使太阳热辐射影响最小化。

主动式太阳能设计可以发电也可以用于家庭和工业用水加热。太阳能热水是具有持续性的热水供应。太阳能集热板一般安装在屋顶能够充分吸收阳光。太阳能并不具有持续性，像阴天、冬天昼短夜长等都会限制太阳能的采集。

（二）光伏电池系统

光伏太阳能采集板包含能将日光转化为电力的光伏电池，可以安装在屋顶或镶嵌在屋顶或者在建筑物周边作为遮光镜使用，这能够减少空调的使用。当阳光被这些采集板吸收时，太阳能冲击自身原子的电子，电子剥离后流入采集板并产生电。将光（光子）转变为电（电压）的过程称为光伏（PV）效应。典型的太阳能电池是由 40 个电池组成的电池组，大量的这种电池组装成几米大小的光伏阵列。这些光伏阵列一般按照朝南 30° 的固定角度安装。几个相连的光伏阵列可提供足够的日常用电，建筑物屋顶则能够更有利于获取太阳能。太阳能发电可以被直接用于建筑物，也可以出售给当地公共设施服务公司。

（三）太阳炉

太阳炉已经存在了若干世纪。公元前 3 世纪，阿基米德说他可以用一个镜子将围攻锡拉库扎的整个罗马舰队烧尽。所依据的手段就是利用太阳光产生难以置信的高温。在发展中国家，居民通过太阳能炉具每天利用太阳的热能做饭。在法国的奥德罗，太阳炉能够达到 3000℃ 的高温。这种热能够被用来发电、熔化钢铁或者制造氢燃料。毗邻西班牙城市塞维利亚的桑路卡拉马尤，正在兴建热电太阳能厂，装机容量为 11 兆瓦，是欧洲最大的太阳能发电站，比德国建设的 10 兆瓦的太阳能发电站略高一些。西班牙计划在未来的几年建设 8 个总计装机容量为 302 兆瓦的反应堆。如果 8 个发电站正常运行，将会为 18 万个家庭提供足够的电力，这相当于塞维利亚城市本身的用电量。

（四）风电

风力并不是新鲜事物。帆船已经出现几千年，风车在中世纪的欧洲已经被用来碾磨谷物。早在 4000 年前，巴比伦人和中国人已经使用风车汲水灌溉农作物。风力涡轮机获取风力动能并将其转化为电力。风力发电厂一般建在山谷的风口。风电是环保的，不过具有间歇性。生产大量的电力需要发电厂中安装大量的风车，因此会影响风景。在海上建设风电场已经在一定程度上解决了这个问题。2012 年耗资 12 亿英镑的世界上最大的近海风电场在英格兰西北部的坎布里亚开始运营，100 多个涡轮机足以为 32 万户家庭提供电力。伦敦阵列风力发电厂在 2012 年已装载 630 个涡轮。

（五）水力发电和潮汐发电

水电是通过利用水流冲击带有发电机的涡轮实现的，水流一般源于河流或者人工装置。和风能相类似，早在几千年前，水力就作为一种动力主要运用于碾磨谷物。第一个大型风力发电厂于 1882 年建于美国的福克斯河，所产水电足以为两个造纸厂和一个家庭使用。目前水力发电站供电量占世界电量的 20%。具有冒险精神的餐馆老板和酒店老板会在水流湍急的河边选址，建设一个小型的水力发电系统解决能源方面的自给自足问题。对于建在海边的酒店，潮汐发电可能会成为未来的能源来源。

当风吹过海面会产生海浪。和海中的风力涡轮机可以发电一样，海浪也可以发电。大规模地利用海浪并转化为电能并不是件容易的事，但是建设波浪发电站和潮汐发电站（例如布列塔尼的兰斯发电站）可以大量利用潮汐的能量。最普通的游泳池造波机和水力发电的原理恰恰相反。在一个游泳池中，从侧面的一个空间内鼓入空气使游泳池内的水上下翻滚从而产生波浪。在一个波浪发电站中，波浪到达一个密闭的空间内并引起水的升降，这意味着密闭空间内的气体从顶部的气孔被压迫进出。在这种密闭空间内，都有一个涡轮用于转化空气的动能发电。世界上第一个波浪发电站目前仍然是最具生产力的发电站之一，在 2000 年建于苏格兰的海岸。艾拉岛的波力发电设备是由威福根（Wavegen）公司以及贝尔法斯特皇后大学（Queens University in Belfast）的研究人员设计并建设的。知名的 Limpet 500 岸式波能装置可以为艾拉岛电力网提供 500 千瓦的电量。

（六）地热能和热泵

地热能是收集地表下面储藏的热能。这种热能源于地球自身的熔岩中心，可以转化为电能。熔岩中心持续的极度高温可以使岩石液化为岩浆。地热能可以在岩石中循环或者转移到地下水库的水中，也可以在地壳下循环。

在人类文明萌芽时，地热资源已经被作为一种能源加以利用，人们首先用温泉煮饭和洗浴。从我们脚下抽出的热能，可以直接用来为酒店和其他建筑物供暖，或者作为一种能源驱动蒸汽涡轮机来发电。在一些地方，这种热能贴近地表，所以能相对廉价而高效地提供热能。不过，在大多数地区，必须钻孔到非常深的深度才能带来热能，这样并不经济。建设一个地热发电厂比建设一个大型的火力发电厂或者新天然汽轮机技术成本要高得多。但是地热发电厂运营维护成本相对合理，而且没有燃料成本。虽然在大多数案例中，地热发电厂要比风力发电厂造价更昂贵，但是能利用化石燃料的新地热发电厂生产设备越来越具有竞争力。

地热技术被广泛应用于冰岛和北加利福尼亚，在这些地区，蒸汽技术被用于位于盖塞斯的世界最大的地热发电厂。在这个例子中，高压的地热水蒸气被直接用于驱动涡轮电机。

（七）热泵系统

热泵对于私人住所和酒店这样的建筑特别有用。在一个需要调节冷热的气候条件下，热泵为使用天然气和固体燃料的采暖锅炉和空调提供一种节能替代方式。地热泵从地面或者接近的水源处将热能转移到建筑物的内外。虽然这要花费比传统供暖系统更多的建造成本，但是地热泵的使用成本低，因为地热泵是利用比较持久的地热或者水温。

地热泵和冰箱的工作原理相似，其使用的技术更为简单，即利用不同温度的空气进出建筑物。热泵从热源到冷源将电力转化为热能。冬天，热泵将地下热能抽入空调房间，夏天，则正好相反。由于热泵是移动热量而不是产生热量，所以热泵能够提供相当于自身所消耗量 4 倍的热能。

（八）生物质能

木材曾经是人类的主要燃料，多个世纪以来燃烧用于加热和煮饭，在过去的一个世纪里，直到 20 世纪 70 年代爆发石油危机，发达国家中木材的使用量才直线下降。即使现在，在世界其他地区，仍然有 10 亿多人没有足够的电力供应，有 30 亿人仍然依靠牛粪、木头以及其他生物燃料用于煮饭和取暖。生物发电站释放的温室气体主要是二氧化碳。然而，在生长周期内，加工和燃烧生物质可以再循环大气层中的二氧化碳。如果这个周期是可持续的，那么大气层中的二氧化碳净收益是很少或者是没有的。当化石燃料价格上升时，对木材成为可再生能源替代品的兴趣又重新显露。最近，颗粒燃料被越来越多地应用于商业楼宇和酒店。这种新生产的木头和颗粒燃烧技术应用是清洁节能的。燃烧的颗粒大约几厘米长，像兔子饲料的大小。颗粒燃料是由压缩的锯末或者木屑制成。其他种类的固体垃圾可以燃烧用于供暖或者为发电站制造蒸汽。甘蔗渣就是一个例子，是压榨甘蔗后剩下的纤维原料。因为生物质技术是通过燃烧处理来发电，它们能够在任何时候发电，不像风力和大多数太阳能技术，仅仅在有风吹动和有太阳照射的条件下才能发电。现在生物能发电站为美国提供11000 兆瓦特的电量，是其第二大可再生能源。

生物能转换是利用植物和动物粪便去生产甲醇、天然气和石油这样的生物质燃料。这些可再生能源可以利用酒店、超市、农场和市政避难所的餐厨垃圾来生产。在这个过程中，厌氧处理池被广泛应用于一些国家，如在德国会抽取甲烷、二氧化碳以及其他污染气体的沼气。沼气可以被直接用于煮饭或者热电燃气发电机，或者提升天然气品质。厌氧产生的沼渣和沼液同样可以作为肥料使用。

在欧洲，生产生物质能源已经成为处理有机垃圾的基本技术，德国、丹麦和澳大利亚都处于领先地位。对于拥有大量车辆进出的酒店来说，生物燃料乙醇可以成为汽油的替代物。巴西已经宣称能源独立，它们从玉米和甘蔗中生产大量的其他生物沼气和乙醇。一个令人不快的影响是，生产乙醇的玉米价格在2009～2012 年三年间已提高了两倍多。因为玉米是饲养食用牛和奶牛的主要原料，所以使用乙醇作为车辆的燃料会推升牛肉和牛奶的价格。在美国，超过1/3 的玉米被运往乙醇酒厂生产生物气用于汽车燃料。即使有如此多前景光明的可再生能源可以替代使用，不过酒店管理者还是不应该忘记，无论对于哪种能源，保护是能源节约的关键。

四、购买绿色电力

正如已经解释过的，绿色能源意味着能源是以更具有可持续性的方式被生产的。在一些案例中，公共事业公司开始使用可再生能源技术，例如风能、生物质能、地热能、水力和太阳能发电。绿色电力可以销售给私人使用者或者公司。住宿业运营者希望购买参考欧洲绿色电力网标准生产的绿色电力，以确保其所购买的电力是真正的绿色电力。这个独立的欧洲生态标签可以保证电力是来自于如下的可持续能源：

- 太阳能、风能或者地热能；

- 绿色生物能（农业或者林业废物、其他有机垃圾、沼气）；
- 绿色水力发电（发电厂必须达到当地的生态标准，这样可以保护河流的主要生态功能；如果水力发电设备引领当地经济可持续提高并提升地区生态质量，这已经超过了法律要求，新的或者扩建的发电厂会被标记为绿色电力）；
- 基于天然气的高效率的热电联产（在一些国家其份额最大，超过50%）。

只有当进口的电力是由合格的资源生产并且符合进口国和出口国定义的标准时，进口绿色电力才被许可。

五、碳抵消

通过购买碳抵消项目来减少碳足迹，正在成为全球流行的潮流，而且在旅游业中的应用也越来越广泛。然而，碳抵消系统是有争议的，虽然一些人觉得这是一个好的解决方案，但是另一部分人认为，碳抵消哄骗人们获得一种有关他们对于地球生态影响的幸福假象。碳抵消项目实质上允许公司和个人对于他们活动（从生产产品或服务、驾车，到住一个酒店房间所需要的能源）所产生的二氧化碳做出补偿。住宿业的许多碳排放是不可避免的。客人需要乘飞机、驾车或者坐火车去酒店。虽然客人在有些时候产生的碳排放较少，但是在客人住宿的各个环节，包括他们休息的房间、吃的食物、使用的设施以及用于娱乐活动的各种准备，都会产生大量的碳排放。即使是最好的能源消费减少项目也不可能完全限制碳排放。为了对这些碳排放做出补偿，住宿业经营主管和客人可以参加碳抵消项目购买碳额来做出补偿。碳抵消组织会对酒店客人所产生的二氧化碳做出估算并定价。这可以以部门为基础，也可以根据平均客流量为基础来核算。因为能够精确计算二氧化碳排放的工具仍在研发之中，所以在此过程中，一定程度的估算是难免的。从碳抵消付费者那里收集的资金会直接用于生产清洁能源，例如建设太阳能阵列和风电厂，这些反过来可以应用于酒店电力运营。

目前碳抵消项目非常之多，它们采用不同的方法对碳排放进行测量和分类；问题包括：应该支付多少费用，或者多少千克碳排放组成合理的碳抵消。一些项目向实际抵消项目捐献很大比例的税收，而其他项目则更多地用于企业日常支出。

对这些碳抵消计划感兴趣的住宿业运营者和客人需要达成如下要求：
- 了解碳抵消项目是如何选择计算碳排放和碳抵消的；
- 考虑碳抵消项目的认证：对于碳含量计算器或者碳抵消计划没有一个通用的标准，但是非营利性组织"清洁空气/冷却地球"（Clean Air/Cool Planet）已经拟定了一个消费者指南。

（一）采取措施实现碳中和

根据"清洁空气/冷却地球"组织的指南，完成碳中和需要 6 步：
- 评估碳足迹；
- 扣除购买的零排放电力；
- 实施减排措施；
- 计算残留的碳排放；
- 购买抵消额；
- 交流碳中和效果。

完成碳中和 6 步骤的第一步，是评估住宿业运营的碳足迹，如果没有这个数据，完成碳抵消或者碳中和是不可能的。第二步是满足包含绿色元素提案的要求。例如，如果是从一个风电场购买电力通常是碳中和的，那么就会从碳足迹中扣除这部分。第三步是建立总的碳足迹。第四步是与碳抵消组织谈判签署合同。第五步是购买碳抵消额。第六步包括测量碳抵消政策的效率，并与所有股东交流结果。

（二）二氧化碳的量化

当做如下事情时会产生 1 吨的二氧化碳：
- 飞机飞行 3000 千米；
- 驾驶一辆大的运动型交通工具行驶 2170 千米；
- 驾驶一辆中型车行驶 3057 千米；
- 驾驶一辆混合动力汽车行驶 9600 千米；
- 普通美国家庭生活 60 天；
- 牧养奶牛 8 个月。

根据"清洁空气/冷却地球"组织的指南，需要做如下事情才能抵消 1000 吨二氧化碳：
- 将 145 位驾驶大型 SUV 的人转变为驾驶混合动力汽车一年；
- 运营一个 600 千瓦的风力发电机一年；

- 将 500 个 100 瓦的灯泡换成 18 瓦的节能灯；
- 将 2000 个冰箱换成一级节能的冰箱；
- 安装 125 个家用太阳能板；
- 种植 0.4 公顷花旗松。

从住宿业企业的角度看，参加碳抵消项目颇有意义，因为越来越多的消费者对于被证明是参与环境保护的公司往往印象深刻。这种形式的生态优势，在快速变化的经济中是不可忽视的。由于许多碳抵消项目在发展中国家实施，这项行动提升了住宿业的道德形象。最后，没有一个碳抵消项目能够拥有解决所有环境恶化问题的所有方法。虽然碳抵消可能不是完美的解决方案，但是它允许个人和公司以探索试验和创新的方式去解决这些问题。

六、酒店中能源的使用

根据大小、等级、房间数、客户类别（商务/度假）、地点（乡村/城市，气候带）而区分的不同种类的酒店，在能源使用方面有很大的区别，另外也可以根据为顾客提供的服务/活动以及娱乐设施等因素对酒店类型加以区分。

一个酒店可以看作是由三个不同的区域组成的建筑，所有服务都带有明显不同的目的：

- 客房区（卧室，浴室/淋浴，厕所）：客房区为个人空间，一般都装配有许多玻璃、异步利用率和不同的能量负荷；
- 公共区域（接待大厅、休息室、酒吧、餐厅、会议室、游泳池、健身馆、桑拿浴等）：这些区域与户外的环境（热量损耗）有很高比例的热交换和高的内部负载（居住者、家用电器、装备、灯光）；
- 服务区（厨房、办公室、储物间、洗衣房、员工设备、机房和其他技术区域）：这些区域往往是能源密集型的，要求安装高级的空气调节系统（通风、空调、供暖）。

一般约有一半的电力能源用于空气调节。根据美国环境保护署提供的数据，在 47000 个酒店中，部分酒店每年在每个房间花费 2196 美元的能源费用，约占所有运营成本的 6%。

根据酒店种类的不同，灯光可能占能源消耗的 20% 或者更多。家用热水的需求，根据酒店的种类不同而不同，从 90 升到 150 升，或者更多。供应家用热水占总能源需求的 15%。对于一个中等类型的酒店来说，平均每年入住率达到

70%，这相当于每个房间消耗 1500～2300 千瓦电力。提供餐饮服务以及其他的设备也会占用很大一部分的能源。相比之下，电梯运营、水泵以及其他辅助设备仅占能源支出的很小一部分。通过能源管理这样谨慎的管理策略可以实现能源节约，能源消费降低 10% 带来的财务效益与提高平均房价效果相当，对于有限服务酒店，相当于提高 0.62 美元；而对于全方位服务型酒店，相当于提高 1.35 美元（能源之星，2009）。

对住宿业一般都存在着这样的误解，即大量减少能源的使用只能通过安装先进的、需要高保养费用、非常昂贵的技术设备来实现。虽然在一些案例中确实存在这种情况，但在大多数案例中，大部分能源节约可以通过采用一般的方法来实现，既不需要先进的专门技术，也不要求过多的投资。当开始从事能源管理计划时，第一步是精确地确定使用多少能源，并用于哪些方面。这可以通过能源审计来完成。

七、能源审计

能源审计是对设施中所使用的每种燃料和能源消费系统进行系统性的审查。它从收集和分析所有信息着手，这些信息可能影响能源消费、检查现有系统的状况和绩效、设施、现存的管理技术和物业账单。然后，比较分析结果与其他类似的机构和提案中所发布的标准（基准点）。能源审计并不是消减能源消费的理由，而是为了更好地管理维护使用能源，并提高酒店顾客和员工的舒适度。年度的能源审计更像是年度的会计检查，说明过去和现在的能源平衡情况。

（一）能源消费目标设置

一旦一幅清晰的能源消费蓝图绘制完成，提升能源消费的目标也就可以随之设置。可测量性是衡量一个能源管理计划成功与否的关键，而且可以帮助公司识别运营中的得失。一个清晰的能源计划包括可实现的目标，展示减少对环境影响的承诺，而且对员工和顾客具有激励效应。

能源管理团队应该建立部门目标，并建立一个跟踪系统监督其进展情况。这个系统应该包括行动的截止时间，以及用个人例会的形式来讨论完成日期、时间表和预期结果。

（二） 明确和实施行动计划

应该确定哪些员工应该参与其中，并确定他们相应的责任是什么。为确保能源管理项目的成功，需要全体员工和领导层从上至下的支持。具体而言，一些部门要有明确的责任：财务部门负责资本投资和预算计划；人力资源部门负责培训和制定绩效标准；供应管理部门负责采购程序、能源、设备以及原材料。对于行动计划的每个部分，都要按照人力资源和资本花费两个方面，估计每个科目的成本。要形成企业案例，针对行动计划项目和所需资源进行评估，并获得资金支持。

当已经出现成果时，如果保证员工可以意识到这种成果，那么成就也会受到关注。追踪表、记分卡、奖金和奖品都可以成为激励性的工具。良好的沟通可以激起相关利益者兴趣，并使员工承担义务。所有能源使用、环境影响和能源节约选择方面的信息，都应该通过建立网站和当地的新闻媒体向大众公开。

八、能源高效技术

（一） 空气调节系统 （HVAC）

根据酒店地理位置的不同，空气调节系统一般占酒店所有效应成本的50%，这些效应成本包括电力、水、燃气和燃料。最新一代的空调耗能比20年前制造的空调节约30%。现代制冷机组不仅节约能源，甚至还可以重新获取它们运行时所产生的热量。这些热量正常情况下都排放到大气层中，现在可以用于预热洗衣房或者游泳池的水，因此会节约能源。

在过去几十年中，不仅空调技术得以提高，供暖系统也变得更加高效，所需要的保养费用更少了。空气调节系统也称为热泵，现在可以为酒店提供暖风和冷风。地热泵和普通的热泵类似，但是使用地下的空气替代外面的空气来提供热能，在许多案例中，空调和热水都是通过地热泵实现的。因为地热泵使用地球的自然热量，所以是目前可行的最高效、舒适的供暖和制冷技术。

可能最划算的供暖系统是燃气冷凝锅炉。它们能够将88%的燃料热能用于加热，而旧的锅炉只能利用80%。这些新的锅炉通过二次热交换，将往常从烟囱中散发的热能利用起来。正在寻找非常复杂和高效能源解决方案的酒店，可能会选择投资于新式供暖和电力组合系统，这个系统像一个小型的发电站一样工作，将燃气转化为电力、供暖和热水。这些系统非常先进，因为它们的燃烧效率仅仅比火力发电站低 10% ~ 20%，而且由于它们使用燃气，所以产生的二氧化碳和硫化物也会更少。

案例分析 3.1　穆奥塔斯穆拉佑的罗曼蒂克酒店：富余能源概念

2010 年 12 月 18 日，第一个富余能源酒店在阿尔卑斯山脉穆奥塔斯穆拉佑开业。酒店坐落于瑞士山脉的阳面，能够俯瞰圣莫里茨（图 3-1）。酒店的建设基于一个开创性的能源概念：在一整年里，山脉和光伏系统共同产生的能源比穆奥塔斯穆拉佑的罗曼蒂克酒店自身运营所需的能量更多。

尽管地热供暖会消耗 50% 的能源，但是整个酒店消耗的能源不超过其所产生能源的 2/3。酒店的所有能源消费都是由太阳能提供，因此每年二氧化碳的排放量只有 144 吨。太阳能板（平板和管式太阳能收集器，图 3-2 和图 3-3）发电用于供暖和水的加热。

图 3-1　从穆奥塔斯穆拉佑的罗曼蒂克酒店俯瞰瑞士圣莫里茨的景观
资料来源：christof sonderegger。

另外，剩余的太阳能可以储存在地下的热量回路环中，而且当需要的时候可以通过热泵供暖。能量的供应是基于五级能效的使用，对储存能量、使用能量和富余能量建筑解释如下。据统计，穆奥塔斯穆拉佑的罗曼蒂克酒店的修建工程耗时 10 个月，花费 2000 万瑞士法郎。

图 3 - 2　太阳能板收集器

资料来源：kmu - fotografie. ch。

图 3 - 3　管式太阳能收集器

资料来源：kmu - fotografie. ch。

1. 能量储存

能量储存是指将照射在窗户表面的太阳光收集起来，并储存在建筑结构中。太阳能通过平板和管式收集器利用起来，直接用于加热房间和水。富余的太阳能储存在热回路中。制冷机组和机车牵引中产生的废热将用于供暖、预热水和热对流重建。光伏太阳能板产生的电量直接导入系统；富余的能源会储存在电网中（图 3 - 4）。

图 3 - 4　中央热回路和热泵发电站

资料来源：kmu - fotografie. ch。

2. 能源使用

能源使用指借助于热泵收集地热，并使地热达到可利用的水平。来自制冷机组和机车牵引的废热用于增加热泵的流动温度。从太阳能板获取的低温（漫辐射）用于增加热泵的流动温度。储存在电力网的电量也被使用于热泵、运营和家庭用电。

3. **富余能量建筑**

由于 1973 年石油危机的原因，第一个低能耗建筑在 20 世纪 80 年代初次登台亮相。10 年后零排放建筑问世。现在，焦点聚集到富余能量建筑。富余能量建筑能产生比其自身实际所需更多的可再生能源，用于供暖、加热水和空气补给。不可将富余能量的概念和自给自足的概念相混淆；出于安全原因，酒店也与当地的电力网相连。事实已经证明，富余能量概念是可行的，甚至可以应用在高山地区，所以这个项目值得称赞。最终，穆奥塔斯穆拉佑的罗曼蒂克酒店提供了一个可持续能源应用的完美范例。

穆奥塔斯穆拉佑的罗曼蒂克酒店不仅获得了建筑改造中的 2011 年瑞士太阳能奖，也获得了 Plus Energie Bau（PEB）太阳能奖 2011，这是世界上富余能量建筑的唯一奖项。自 2000 年开始，著名旅游专业杂志 *htr hotelrevue* 向瑞士旅游业中非常杰出的项目和人颁发"里程碑"（MILESTONE）奖。

2011 年穆奥塔斯穆拉佑的罗曼蒂克酒店，与旅游目的地 Engadin Scuol Samnaun 一起获得环保类奖项。多年来，圣莫里茨公司已经采取不同措施来谨慎地、可持续地利用周围的自然环境——实际上，该公司就是一位山区铁路的"雇主"（图 3-5 和图 3-6）。

图 3-5　酒店的一间景观房
资料来源：Daniel Gerber。

图 3-6　房间设计中可持续地利用了当地资源
资料来源：Daniel Gerber。

酒店赢得这些荣誉是对企业在利用相关可持续能源方面所做出的长期努力的肯定。

资料来源：穆奥塔斯穆拉佑的罗曼蒂克酒店，http://www.muottasmuragl.ch/en/。

（二）智能房间功能

多亏新技术的应用才使得合理利用能源成为可能，住宿业公司能够减少每晚的电力消耗。使用所谓的智能酒店房间系统，可以根据客人在房间时的需求调节空调、供暖和灯光系统，从而节约用电。一些酒店正将酒店的能源管理系统和自身的物品管理系统连接起来，从而寻找利润点，确保当房间没人时可以减少能源消耗。能源的使用和房间入住率，在节约能源中呈现一个自然的协同效应。客人结账时，客房中所有非关键的设备都可以被自动调节或者关闭。像报警器和冰箱这些东西不会受到影响，而恒温控制、电视机、房间照明以及相关设备则处于休眠状态。

根据能源之星组织的调查，空气调节系统其他的能源节约创意包括：

- 限制客房和公共区域的恒温控制；
- 尽可能地使用户外空气制冷；
- 确保不同时使用供暖和制冷；
- 定期维修来确保维持在最佳能效；
- 安装窗帘减少所获取太阳的热量；
- 在阳面的窗户上安装遮阳篷；
- 对冷热水箱、管线和通风管进行绝热处理；
- 对所有建筑物进行合理的隔热处理；
- 根据客房入住情况进行分区并关闭空置层的供暖和制冷系统。

（三）日光和灯光

有效提高窗户建筑蓄热项目的一个方法是安装低辐射的镀膜玻璃，这种玻璃表面会镀上一层非常薄的透明金属层或者金属氧化层，这层物质能反射红外线的热能。

灯光是酒店客人体验中的另外一种元素，会在许多不同的方面受到影响。然而，灯光所花费的支出占所有能源成本的20%或者更多，节能灯有助于降低能源消耗成本。节能灯有时以低质量的照明为特征，而且提供的颜色较为单一。近来照明技术正在发生着根本性的改变。节能荧光灯比普通白炽灯使用少75%的能源，却可以多照明10倍的时间。节能荧光灯应该安装在每天需要长时间照明的地方，这样可以实现最大限度的节约。出于这个原因，节能灯一般应用于客房、走廊和房屋的背后。由于近几年节能灯可选择的颜色增添了许多，所以现在使用节能荧光灯作为白炽灯的替代物是可行的。

如果想要不同的颜色或者效果，LED灯现在是一个不错的选择。LED灯管在使用更少能源的同时，可以提供明亮的灯光和越来越多的颜色。当技术不断迅速发展时，LED灯的典型应用包括凹圆形顶棚灯、展示照明以及其他越来越多的可替代品。LED灯的寿命从10万小时到100万小时不等，比正常荧光灯最长3万小时的寿命要长许多，另外LED灯没有荧光灯包含的一些有害水银。

其他的灯光能源节约创意包括：

- 根据需求调节灯光亮度；
- 在合适的地方使用时间和运动传感器关闭灯光；
- 在餐厅和公共区域使用调光控制器；
- 定期清理灯泡及其表面，使灯光效率最大化。

案例分析 3.2　德国慕尼黑的德拉格花园生活酒店：零能建筑

德拉格花园生活酒店的第一个零能建筑从其建设阶段就已经引起公众的兴趣（图 3-7）。对德拉格花园生活酒店能源改革概念感兴趣的原因是它可以通过优化各种创意的相互作用来实现零能平衡。2011 年 9 月刚刚开业，德拉格花园生活酒店就获得了欧盟委员会的绿色建筑证书。

图 3-7　德国慕尼黑的德拉格花园生活酒店前视图

欧盟委员会的绿色建筑证书是对建筑物的生态、经济、社会以及功能质量进行认定。获得该认证必须做到：保护自然资源，降低生命周期成本，维护生态和社会价值，建立便利的工作环境。

整个建筑的目的是利用自身产生的可再生能源满足供暖、制冷、热水和照明所需的能源需求。例如蒸汽淋浴这项创新性的技术，不仅拉近了酒店客人与可持续性体验的距离，也提升了舒适度。

全部投资达 430 万欧元的零能建筑，其成本比传统的建筑要高出 20%。然而，这些额外的投资将会通过合理的能源成本节约得到回报。家族企业德拉格集团的董事会成员迈克尔·施莱雷思说："这个项目证明了，可以将住宿业部门高效能建筑的生态方面和经济方面有机结合。"

通过一系列相互关联的措施的支持，可以实现建筑物高水平的能源效率。可再生能源主要是由太阳能和光伏发电系统产生，但是也利用了私人空调、盥洗水再利用设备以及制冷和冷冻设施的废热生产。此外，酒店拥有缓冲存储器来尽可能多地储存能源。在能源效率方面，好的绝热玻璃一般镀上三层涂层，而且在能源效率建筑中起到关键作用。

零能建筑通过地板和天花板中的温水和冷水循环来供暖和制冷。创新系统中的气候表面反应，类似于普通空调系统，但所能提供的舒适程度更高，因为会直接产生感热效果。

每个房间里饮用水的加热都是独立的，这节约了相当多的能源。水作为一种宝贵的资源，运营在独立的系统中。例如，在淋浴水变为污水前，经过净水厂的处理后变清洁，可用于冲洗厕所。

酒店提供 43 个顶级的房间，房间面积为 22～43 平方米。所有房间包括一个设备齐全的厨房，其中配有小冰箱、电磁炉、微波炉、咖啡机或者电热水壶、餐具，生活和工作区，免费无线网络接入，平板电视。其中一个亮点是每个房间的床都是创新的"油力床"（Oil–Vital bed），它是将空气床的外形和一般床垫相结合；在客人躺下几分钟之内，床心就可以根据个人的偏好改变其硬度（图 3－8）。

图 3－8　配有"油力床"的大床房

带有银线的高质量、可清洗的床单可以预防螨虫和细菌。低能耗的蒸汽淋浴可以提供最舒适的淋浴体验。此外，为了达到最高的清洁等级，每个房间还配备蒸汽清洁系统，因此不再使用过于刺激的清洗剂。

基于德拉格花园生活酒店的成功，德拉格集团已经决定在德国的所有酒店使用绿色能源。

资料来源：Derag Livinghotel，http：//www.deraghotels.com/。

案例分析 3.3　苏尼瓦度假村：使企业脱碳

苏尼瓦度假村意识到气候变化对于其商业存在和地球都是严重的隐患。气候变化的核心问题是过多的含碳污染物排放到地球中。苏尼瓦度假村认为需要通过果断、有力的行为来改变这一切。出于这个原因，整个公司已经设置了到2020年的脱碳目标。

苏尼瓦度假村计划到2020年移除其所有涉及碳排放的业务，也就是"脱碳化"。足量的清洁能源将从源头上实现能源效率（也就是说，从可再生资源中生产"过剩能源"），并抵消不可避免的碳排放（例如通过清洁能源技术或者植树吸收二氧化碳产生氧气）。

通过经营和能源效率，苏尼瓦的度假村和温泉将改善其生态足迹。苏尼瓦度假村除了抵消不可避免的碳排放之外，还提供足量清洁能源来实现脱碳化。这些努力的范围冲抵了度假村的全部生态和碳足迹，包括客人交通、供应链、能源、水、垃圾和生物多样性。

我们相信，企业的高标准和创新实践以及热爱生物的做法，可能意味着一些度假村将变成一个"碳吸收汇"。这个愿景是公司最迫切且最具优先性的愿景之一，实现愿景的原因对于社会极为重要。

1. 碳核算

什么事物，如果不能测量，就无法管理。这非常适用于负责任的企业行为。在这方面，苏尼瓦度假村已经形成了基于温室气体核算的草案用于监督自身的碳足迹，其覆盖范围不仅包括能源排放，也包括航空旅行、地面旅行、货运、食品、纸、垃圾和水。

碳核算使得苏尼瓦度假村能够比其他大多数公司以更深入的视角来看待碳排放问题。例如，2010年7月到2011年6月，三个苏尼瓦度假村共计有59335吨碳排放，仅仅有16%，也就是9493.6吨碳排放是由度假村的能源使用所产生的。

能源消费产生的碳排放在《温室气体协议》（*Greenhouse Gas Protocol*）中被称为范围1和范围2排放物，是许多公司在核算碳足迹的时候都会考虑使用的常见衡量单位。主要原因是公司可以直接改变和提升这些。苏尼瓦度假村认为，一个企业除了考虑范围1和范围2的排放物之外，还应当考虑范围3中的排放物，如航空旅行、地面旅行、货运、食品、纸、垃圾和水。苏尼瓦度假村76%的排放物都是源于客人的航空旅行，而这些排放物是公司所无法掌控的。

苏尼瓦度假村的关注点是通过提高能源使用效率和增加清洁能源的使用来改善能源管理。为减少像航空旅行、货运这样的碳排放，已经成立了一个碳意识基金（Carbon Sense Fund）。

2. 可再生替代能源

改善碳足迹最好的方法是提升使用能源的效率。苏尼瓦度假村认识到这一点，并将这一哲学理念纳入其所有新的和翻新的设计之中。能源管理可以采取多种形式，且需要不同的方法去解决这些问题。不过，苏尼瓦公司感觉到，它们必须致力于转向可再生能源的使用，并敢于尝试和探索新的技术方法和系统来尽可能完成它们的脱碳目标。苏尼瓦度假村试验过海洋深水层制冷项目，遗憾的是失败了，而且花费了大量时间和金钱。然而，承担探索性风险的目的是实现既定的目标。公司 2009 年在苏尼瓦富士酒店已经成功实施了 70 千瓦时光伏太阳能发电技术，并且会继续投资清洁能源。

集团在马尔代夫的苏尼瓦富士酒店所面临的主要挑战之一是能源储存，因为酒店没有连接输电网。然而，当价格降低时，酒店希望在 2012 年大幅增加太阳能光伏发电装机容量并投资其他的清洁能源，因为这才是脱碳目标的核心（图 3-9）。最大的挑战是最后的 20%～30%，特别是在荒岛上，我们的度假村没有接入电网。伴随着生态技术的显著提高，目标是可以实现的，未来无论是生物燃料还是电池储存都需要考虑到夜间的需求。

图 3-9　苏尼瓦富士酒店的太阳能板

3. 需求放缓

通过清洁能源的投资和实践的提升，苏尼瓦集团能够实现脱碳化，但是一些碳排放仍是不可避免的。由于必要的航空旅行来运输顾客、主人、物资，所以集团已经成立一个碳意识基金来实施碳减排项目。

必须要承认，现实中所产生的这些碳排放是不可避免的，但是可以减少。这些排放物的来源可能与所在地有关，也可能与产业所依赖的行为有关，例如航空运输。苏尼瓦集团当然意识到这些问题，积极地将这些问题与它们的工作目标结合起来。清楚地了解这些事实，真诚地推动任何实践方面的变化或者能够进一步消除不可避免碳排放的新技术，这一点非常重要。而且，也不得不考虑旅游业的积极影响，旅游如何得以负责任地经营，所带来的积极影响远大于来自航空旅行的碳排放所带来的消极影响。

4. 碳意识基金

由于苏尼瓦集团考虑到碳范围超出了它们的经营承载力，即度假村的能源使用仅占其所有碳排放的16%。因此，建立了一个碳意识基金用于减少所不能控制的碳排放，例如客人飞行中的碳排放，根据房价2%的比例征收费用。然后这些资本通过苏尼瓦"慢生活"信托基金投资于它们的碳减排项目，并不直接用于苏尼瓦度假村。这个基金使集团能够减少不能控制的碳排放，例如通过航空旅行所产生的碳排放。通过苏尼瓦"慢生活"信托基金，集团聚焦于清洁能源、生物多样性和社会影响，尝试发现最有效的方式来平衡不可避免的碳排放。

5. 达尔富尔太阳炉项目

苏尼瓦"慢生活"信托基金将提供66万美元的发展基金用于非政府组织的达尔富尔太阳炉项目，这个项目主要是为苏丹达尔富尔地区女性煮饭提供太阳炉。

达尔富尔太阳炉项目旨在完成如下事情：

- 7年内向国内流离失所者营地的居民分配15万个节能煮饭炉子；
- 显著减少未受保护地区女性所必须花费在捡拾柴火上的时间，她们每周花费在这件事上的时间大概是25小时；
- 在7年时间内减少30万吨来自煮饭烧火产生的碳排放；
- 通过减少对木材燃料的需求减少对当地生物圈和森林砍伐带来的压力；
- 减少烹饪火灾所引起的室内空气污染，这是导致非洲乡村妇女和孩子早逝的主要原因。

6. 泰国的森林恢复计划

2011年是国际森林年，"慢生活"信托基金与防止青少年犯罪项目基金会合作来响应森林年。这个计划旨在为现存的森林区域建立一个大型的森林恢复项目。首次选址在泰国北部的斯里兰卡国家公园，计划在80公顷花园内种植20万棵树，每年种植一些。这些树木每年可以减少16万吨碳排放，而且可以帮助生物廊道防止泥沙流失、恢复生态多样性以及创造就业岗位。

在这里将会种植20~30种不同种类的树木。这主要依据森林恢复计划的生物多样性框架，研究结果表明这些树木会吸引鸟类和哺乳动物，鸟类和哺乳动物的活动有利于其他树木种子的传播从而有利于重建一个物种多于90种的森林，这与原始森林类似。这个计划的结果是建立极具多样性的生态森林，而不是单一树种的种植。新种植的森林将会为濒危保护动物提供避难所，森林由当地居民来管理，为其提供收入并支持社区的发展。

苏尼瓦"慢生活"信托基金计划认识到要担负起其他项目的长期成功就需要将社区吸纳进来。森林的持续管理遵循种子自然传播的原则，需要当地居民的投入。20~30种本土的树木将被种植，它们的种子会被当地居民收集、催芽和再种植。随着时间的逝去和当地的支持，本土的鸟类将开始传播种子，这会造就一个由90多种树木所构成的巨大且富有的生态系统。保护和继续这个项目将会依赖于当地居民的支持。

7. 风力涡轮发电项目

苏尼瓦"慢生活"信托基金的第一个碳减排项目是风力涡轮发电项目，这个项目的建设是为印度南部的泰米尔纳德邦提供清洁能源。一个1.5兆瓦的苏司兰风力涡轮机已经建成。这个项目不仅制造了8万兆瓦的清洁能源，同时将在未来的20年里减少7万吨碳排放，这还会鼓励建设其他的风力发电厂来支持社区的发展并减少额外的3万吨碳排放量。一部分电力销售的收入将会用于投资建设其他风力发电厂，另外一部分收入将会捐献给当地社区用于支持适应气候变化项目和有助于打破贫困恶循环的项目。风力涡轮发电项目是由一个英国的慈善组织旗下的注册会员"汇聚世界"经营的。在当地社区的项目里，它们与一个印度非政府组织的注册会员SCAD合作。

8. 有关苏尼瓦的智能奢华

苏尼瓦承诺提供带有本土设计风格的、最高标准的奢侈环境、建筑和服务。简洁精巧的苏尼瓦度假村通过持续不断的创新来提升品质，这为顾客提供了非常独特的体验。传统习俗被重估以便于地方的概念被根植进所有人的意识中。烹饪是使用度假村的有机菜园中的食材并融入国际潮流和本地特色。苏尼瓦度假村住宿数量有限，所以能够提供独特的和有灵感的服务。家具和抛光剂都是由可再生以及可持续材料制成，宽敞的个人空间以及融合了顾客体验而打造的目的地能够更深刻地解释苏尼瓦主题——智能奢华。

资料来源：Soneva Resorts, http://www.soneva.com/。

练习题

1. 小组讨论、小组作业或书面作业

私人电力需求与酒店电力需求

（1）基于你自身的一天考虑，估计什么时候电力需求最多，什么时候最少。

（2）酒店的电力需求是否都依据一个相似的模式？

2. 小组讨论

可再生能源与化石燃料

（1）你是否认为到 2020 年可再生能源可以替代所有化石燃料的使用？

（2）解释你对上一问题的答案。

3. 小组计划

碳抵消

当你驾车或者飞行的时候，你可以通过购买"碳抵消"来减少碳排放，也被称为绿色抵消、绿色标签或者可再生能源认证。你所支付的钱将会用于开发可替代能源项目（风能或者太阳能），或者投资于植树计划。一些环境学家认为碳抵消达不到预期的效果，更支持环境保护论。请研究这个问题并讨论为什么如此，以及你是否同意此观点。

4. 小组计划和书面作业

住宿业排放和碳抵消

整个旅游业（包括交通、住宿和烹饪）二氧化碳排放量大约占全球的5%。酒店部门的排放量占整个旅游业的20%，也就是说，占到全球二氧化碳排放量的1%。

（1）酒店是否对其自身的二氧化碳排放量有清晰的了解？

（2）酒店如何减少二氧化碳排放？

（3）住宿业通过购买碳抵消的方式来实现减排是否简单易行？

5. 书面作业

酒店中的能源使用很大程度上会直接影响环境，但是对于酒店客人是不可见，他们似乎认为能源的供应是无限制的，例如他们常开着电灯和电视机。酒店随处都在使用能源，包括空气通风系统，在客房、厨房、洗衣房、游泳池内、乘坐升降梯以及手扶梯时等。

（1）对于酒店的老板来说，相比传统化石燃料，有什么可替代的能源对于环境的影响更小？

（2）如果一个酒店要减少所有的能源消耗需要去做些什么来落实？如果贯彻这些措施需要多少投资？

参考文献

1. Bloomberg New Energy Finance （BNEF）（2010）Press & Publications. Available at：http：//www. bnef. com/bnef/press – piblications/.

2. Energy Star （2009）Hotels：An Overview of Energy Use and Energy Efficiency Opportunities. Available at：http：//www. energystar. gov/ia/business/challenge/learn ＿ more/hotel. pdf.

3. Epstein, P. R. , Buonocore, J. J. , Eckerle, K. , Hendryx, M. , Stout III, B. M. , Heinberg, R. , Clapp, R. W. , May, B. , Reinhart, N. L. , Ahern, M. M. , Doschi, S. K. and Glustsom, L. （2011）Full cost accounting for the life cycle of coal, Annals of the New York Academy of Sciences, 1219：73 – 98.

4. International Energy Agency （2005）Publications & Paper. Available at：http：//www. iea. org/publications/free＿ all. asp.

5. International Energy Agency （2010）Publications & Paper. Available at：http：//www. iea. org/publications/free＿ all. asp.

资料来源

1. Clean Air/Cool Planet：http：//www. cleanir – coolplanet. org/.

2. Energy Star：http：//www. energystar. gov/.

3. European Green Electricity Network：http：//www. naturemade. ch.

4. Green Energy Standard EUGENE. http：//www. eugenstandard. org/.

5. International Energy Agency：http：//www. iea. org/.

6. U. S. Energy Information Administration （EIA）：International Energy Outlook. Available at：http：//www. eia. gov/forecasts/ieo. index. cfm.

7. US Environmental Protection Agency：http：//www. epa. gov.

附加材料

请到 http：//www. routeledge. com/cw/sloan 查阅书的所有图表、附加案例、问题和可用视频的外部链接。

第 4 章
垃圾管理

目标

本章将：

- 解释垃圾对环境的影响；
- 描述不同形式的垃圾；
- 解释如何减少垃圾；
- 解释如何设计产品来减少垃圾；
- 解释垃圾再利用的策略方法；
- 列举回收再循环垃圾的案例。

一、垃圾与环境

40 年前，《生态学家》杂志撰稿人罗伯特·艾伦写了一则简洁且实用的减少垃圾的行为规范。艾伦倡导再循环，保留堆肥堆，不购买一次性物品，不乱扔垃圾，并且在人离开的时候关闭加热器、灯以及分线开关等不必要的用电设备。这些看似熟悉的建议清单，对于任何具有环保意识的人来说，都是耳熟能详的。

在过去 40 年里，垃圾产量大幅增加。包括所有住宿业企业在内的每个企业，已经看到再循环的经济收益。人们不再笑话厨房垃圾分类以及重复使用超市购物袋。经济现实意味着，由于能源价格的攀升，更多的人为冷却水箱配备自动调温器，并且比以往更多地乘坐火车出行。一些酒店吹嘘它们减少毛巾和床单洗涤的举措，这固然值得称赞；但是它们却忽略了：在相同的房间，可以通过简单的生态设计提供与空调制冷一样的温度，而且不会对环境造成影响。

媒体促使公众更多地意识到，当今的环境问题与生活垃圾以及过度使用能源密切相关。总体来看，在这方面媒体已经做得非常出色。看起来《生态学家》在使公众关注许多方面的浪费方面做了较好的工作。从我们房屋的保温层到绿色垃圾罐和玻璃回收瓶，每一件事都表明，这些建议已经受到关注，并渗透到了当下社会的方方面面。

垃圾残留和填埋承载力问题仍然没有得到有效解决。20世纪70年代，环保人士被视为社会的边缘部分，《生态学家》在回复他们的信件时埋怨道："对于浪费成风我们必须有所作为。"但这仅仅只是一小部分人的感受。有趣的是，时至今日，这种情况仍然和过去是一样的，可能更多的是由于意识到全球变暖愈发严重。尽管有关垃圾管理的信息出现在每个报纸和杂志的首页，还是要思考，为什么40年来还一直在向公众重复相同的建议？难道我们至今依然没有掌握这些简单的行为？虽然看起来现代公众实际上更具有环保意识并且在面对选择时更倾向于选择绿色环保，但是有证据表明，公众对环保主义的态度与自己的行动意愿之间仍然存在矛盾，很多人仍是踌躇不定。发达经济体中的大多数人继续着他们贪得无厌式的消费习惯，产生了大量的垃圾包装物，并一点点浪费掉宝贵的能源。

社会不可能让时光倒流，尽管"只做自己所关心的事情"的观念已被我们的祖辈所接受，但人类的天性使然，加之资本主义几十年的影响，意味着消费主义仍将存在很长一段时间。以政府推动的方式只能做到以下这么多：资源再利用、征税以及鼓励一小部分人自愿减少资源的使用。如今比以往任何时候都更应该鼓励各种形式的更具可持续性的消费主义。大的生产商和零售商，如玛氏（Mars）、沃尔玛（Walmart）、乐购（Tesco）或者餐饮业与酒店住宿业的麦当劳、必胜客、雅高酒店集团等，都倾向于跨国发展，因此相对而言，它们不受个别国家的法律影响。可以通过鼓励具有更清晰认识和个人动机的消费者，将它们的偏好转向包装更简单或者可持续性生产和采购的产品和服务，从而减少垃圾。把宏观经济放在一边不言，仅仅通过领导力和教育，目前社会所面临的垃圾问题就能够得到扭转。幸运的是，许多正在实践和宣传其垃圾管理理念和绿色认证的企业，正在将其策略转化为利润。在住宿业，同样存在很多类似的例子。

在发达国家和相对落后的国家，当局越来越倾向于将垃圾管理委托给私人部门。由于市政府意识到他们无法应付越来越严格的垃圾处理规范，垃圾管理公司便赚到了地球上丰厚的外快。法国威立雅环境集团是一个全球性的垃圾管理公司，它所处理的垃圾越复杂，利润就越高。在美国，倾倒垃圾的价格在过去 20 年里已经翻了 3 倍，商业垃圾倾倒费用现在大约是 1 吨 38 美元。欧盟可能是最热心的监督者：已经在法律约束指令上区分各种垃圾政策，包括普通垃圾和危险垃圾、交通垃圾、污染控制、垃圾填埋、焚烧包括从汽车到电子商品的包装物等在内的许多特别种类的垃圾。这样的立法导致欧盟的垃圾倾倒费用远高于美国：在法国 1 吨 74 欧元，在意大利 1 吨 50 欧元（法国威立雅环境集团，2010）。

案例分析 4.1　垃圾的增长

　　根据经济合作与发展组织（2010）预测，富裕国家的市政垃圾将以平均每年 1.3% 的速度增长；到 2030 年，共计大约增长 38%。在新兴经济体，实际的垃圾增长是可以预料的，到 2030 年，印度城市居民制造的垃圾将会多于现在的 1.3 倍，中国将会超过 2 倍。这些增量，部分是由于个人所产生的垃圾量增多，但主要是因为城市化人口的增加。总之，世界垃圾总量到 2030 年将会翻倍。

　　在许多国家，由于能够减少污染排放，因此垃圾填埋所产生的沼气和垃圾焚烧发电（例如维也纳郊区 Spittelau 垃圾处理厂）所产生的电力都能获得一种或者多种补贴。在发展经济体中，这些电厂能够赚取联合国支持的"碳信用"额度。这代表着外汇收入，因为碳信用额度可以销售给《京都议定书》框架下必须削减碳排放的外国政府或者公司。例如印度的城市孟买，计划在 Gorai 的垃圾填埋气体项目投入产出后，出售一些碳信用额度。许多废物处理公司将公众所关心的气候变化问题视作废物转化能源项目的一种鞭策。如果广泛采用大规模焚烧垃圾方法，那么就可减少多达数千兆吨的废气排放。这大约是目前全球废气排放量的 1/7。早先许多电力是由广泛分布在全球的 700 多个大大小小的垃圾焚烧发电厂产生的，这些发电厂比世界上所有的风力发电和太阳能发电加起来还要多。在美国，越来越多的垃圾焚烧发电厂可以提供大约 4% 的用电量。在许多欧洲国家，垃圾焚烧较为流行。日本和新加坡会焚烧超过 50% 的市政垃圾，但是在中国，目前仅焚烧 2% 的垃圾。中国投资成本达 63 亿美元的项目，设定目标是到 2030 年实现投资的 30%（卡万塔能源公司，2012）。

　　在这方面，英国居世界前列，目前为垃圾管理公司提供最大的激励，使其努力达到欧盟设置的目标。英国政府对垃圾填埋厂处以重税，结果导致市政和企业拼命寻找其他方法去处理其垃圾。

二、垃圾对环境的影响

垃圾处理可能产生严重的环境影响。在垃圾填埋厂的地面会挖出许多坑，在其中焚烧垃圾是一件又脏又污染环境的事。一些垃圾需要用几个世纪时间才能腐烂降解，在此过程中，垃圾可能变臭或者产生甲烷并且扩散造成温室效应。污染的水和有毒的物质浸出到环境中是另外一个问题。被污染的地表水、含水土层、土壤和空气会引起人类、其他物种和生态系统更多的问题。垃圾填埋厂管理不完善的话，可能招致寄生虫。

焚烧垃圾也会引起很多问题，因为塑料会在燃烧时产生一些有毒物质，如二噁英。焚烧时产生的气体可能会引起空气污染，并导致酸雨，而焚烧时产生的烟灰可能包含重金属和其他有毒物质。暴露的有害垃圾，特别是当焚烧这些垃圾时，可以引起各种其他疾病，包括癌症。

因此，恰当的垃圾管理是最重要的，而且在人类公正方面也变成一个颇具争议的话题。许多由垃圾填埋厂带来的沉重负担，往往是由贫穷人来承受的，他们有的被迫居住在紧挨一些垃圾堆积管理很差的地方。现在国际垃圾跨境运输市场正在增长，然而这个市场本身就会产生更多的能源浪费。虽然大部分垃圾是在发达国家之间流动运输，但是还有很大一部分垃圾正在从发达国家转向发展中国家。

近些年，将欧洲消费者制造的垃圾通过集装箱货运船运到中国已经上了新闻头条，并且遭到了众多环境保护人士的谴责。研究表明，将塑料瓶和再循环用纸运输到中国实际上减少了碳排放。运输这些原料的路程超过16000公里，而其产生的二氧化碳比运到欧洲的垃圾填埋厂并使用全新的材料要少。根据英国政府资助的基金协会——废物和资源行动基金协会（Waste & Resources Action Programme）称，在大约83%的情况下，回收再利用纸、硬纸板、玻璃、塑料和金属比采用其他方式都更加可取。仅仅在英国，每年回收利用这些物品大概就会减少1800万吨温室气体的排放。

扔掉任何东西，无论是一个用过的塑料袋或者是一包超过保质期的香肠，都是资源的浪费，如果处理不当，都会带来严重的环境问题。用于制造这些物品的原材料和能源会永远消失。减少垃圾，意味着更少的环境影响，更少地使用资源和更少地消费能源和水，以及节约金钱。

三、住宿业的垃圾

住宿业可以成为垃圾最少化行动中重要的参与者，目前住宿业通过垃圾填埋厂来处理垃圾。在创建回收利用中心和项目时，住宿业可以更加主动，使用环境友好型的清洁用品和技术，并且采购当地生产的物品和服务来减少运输费用。

案例分析4.2　住宿业垃圾报告显示，可以节约数百万英镑

提高住宿业垃圾管理水平不仅可以减少资源需求从而使环境受益，而且通常还会提高目的地吸引力。运营中可以节约金钱，而且绿色环保的形象对企业而言也是有益的。

每年，英国的住宿业可处理超过340万吨垃圾。酒店、酒吧、餐厅以及快餐店通常生产食物、玻璃、纸和硬纸板垃圾。这些垃圾里有160万吨（大约48%）被再循环、重复利用或者堆肥，而150万吨（43%）被扔掉，主要是被填埋。令人震惊的是，60万吨食品垃圾会被填埋，其中的2/3（40万吨）仍然是可以食用的。

近些年，住宿业的再利用率已经提高了，但是在现有市场上，仍然有70%需要填埋的混合垃圾可以被再循环使用。通过单独处理食物垃圾，英国住宿业部门每年可节约7.24亿英镑。

如果住宿业处理的垃圾可以做到再循环利用的话，每年可以减少大约100万吨二氧化碳等价排放物。这大约相当于30万辆汽车一整年所排放的二氧化碳量。当然，也可以通过避免食物浪费来减少等量的二氧化碳排放物。

作为废物和资源行动计划的设计兼预防浪费主管，理查德·斯瓦奈尔认为这个发现对于住宿业部门而言，是一个真正的机会，可以进一步减少垃圾和成本：

"从我们的成果中可以清楚地发现，住宿业部门在再循环利用方面做了许多工作来减少垃圾填埋，但是还可以更进一步。企业一般热衷于再循环，但是经常会遇到一些困难，例如缺乏空间。

如果携手合作的话，就有真正的机会能够减少垃圾并更多地再循环利用垃圾，减少二氧化碳排放，也会节约成本。"

将运送的需要处理的混合垃圾中的关键原料分解，其中能够再利用的列在表4-1中。

表 4-1　各种垃圾原料总量及其比例

原料	吨	(%)
食物	600000	40
玻璃	213000	14
纸	196000	13
硬纸板	134000	9

资料来源：Working Together for a World Without Waste，2011 年 7 月。

资料来源：http：//www. wrap. org. uk/media＿ centre/press＿ releases/hospitallity＿ waste. htm。

和其他行业一样，在住宿业中最优先的事情就是维护顾客满意度。因此，值得关心的是，任何环境改善或者保护方法的贯彻都不会对消费者的舒适度和满意度造成负面影响。大多数人比较熟悉传统意义上的垃圾管理，主要是将私人住所或者商业楼宇中的垃圾集中运走。在住宿业，因为运营者开始奉行"3R原则"（即再利用、再循环和减少垃圾），所以垃圾管理的定义范围也在拓展。在"3R原则"中，最新的组成部分可能就是减少垃圾，也就是说，首先减少垃圾运营数量。

欧盟每年会制造出 13 亿吨垃圾。换句话说，每个欧洲市民制造3.5 吨固体或者液体的垃圾，接近 1/3 的垃圾是食品垃圾，这方面餐饮服务业要负一定责任。其他 4000 万~4500 万吨堆积如山的垃圾被分类为有毒的或者特别危险的。除此之外，还可能有以下其他的垃圾：

- 在很长一段时间内仍存在危险性的不可降解垃圾，如塑料瓶和镀锡白铁罐；
- 沿着食物链传递的生物累积物，如一些化学杀虫剂和除草剂；
- 生态毒害效应会引起环境恶化，如不合理地使用发动机机油；
- 可以引发癌症的致癌物质，如石棉。

住宿业运营产生的每千克垃圾就是资源使用的浪费，另外，处理垃圾一般直接使用支付倾倒费的形式。在一些案例中，公司必须支付将垃圾运送到市政垃圾填埋场、垃圾站或者再循环中心的运输费。

虽然成本已经包含在再循环过程之中，但是每个纸板箱或者塑料瓶再循环所节约的能源，就是一种节约，否则需要使用原材料去生产它。处理垃圾并不是一个高效、干净的工作。即使行业标准正在提高，但是垃圾管理设备仍然是重要的污染源。除了非法倾倒垃圾的问题之外，管理不当的垃圾填埋场也是一个污染源；不可生物降解垃圾在将来会释放一些温室效应气体甲烷进入大气层，并且破坏大地景观。如果处理垃圾不当，将其燃烧会造成空气污染，同样地，再循环和植物原料堆肥如果操作不当，也会造成污染。

垃圾可分为可生物降解（植物和动物有机残留物）和不可生物降解（无机物：塑料、玻璃、金属）两大类。此外，如果酒店使用焚烧炉，就会制造所谓生物废弃物（人类粪便）和烟灰。有毒垃圾一般与重工业、制造业有关，在酒店和餐厅也存在。涂料和底板装修使用的溶剂中包含有毒物质，一些清洁用品和电池中也包含汞这样的重金属。必须尽可能努力去避免使用这些含有有毒物质的物品，如果不得不用的话，这些东西也应该妥善处理。

（一）食物垃圾

在住宿业中，食品和饮料会产生大量的垃圾。这些垃圾可以定义为：

- 消费前和消费后的食品垃圾，包装和生产供给品。厨房里的所有边角料、变质食品以及其他东西被定义为消费前的垃圾，这些在成品菜呈现在消费者之前就成为垃圾了。
- 消费后垃圾，也就消费者消费用餐完之后留下的垃圾。
- 包装垃圾，特别是各种塑料的包装垃圾不能自然降解，因为这些包装通常用于保存食物以便厨房使用。包含其他每一种原材料的生产供给品在餐饮服务经营中都会成为垃圾，如食用油和白炽灯。

无论是在发达国家还是落后国家，都有 30%～50% 的食物没有食用而是腐烂扔掉。根据联合国粮食与农业组织的调查，在发展中国家，糟糕的道路和电网导致大量的粮食被浪费，主要是因为不能储存和运输不便。在落后国家，大多数粮食在田地里或者附近就被浪费了。老鼠和蝗虫在田地里或者仓库里偷吃庄稼和粮食。牛奶和蔬菜在运输过程中变质。这些应当被认定为相当大的损失，而不是浪费，但是改善基础设施可以有效提高粮食产出。和发达国家不同，许多落后地区的浪费是由于缺少投资，而不是因为本身的浪费行为。

发达国家浪费的食品数量和落后国家相当，大约是其所生产数量的一半，但却是以完全不同的形式浪费的。在美国和英国的研究发现，商店里 25% 的食品直接扔进垃圾箱或者被餐厅直接扔掉。列于榜首的是沙拉——大约 50% 的沙拉会被扔掉。1/3 的面包、1/4 的水果以及 1/5 的蔬菜都没有被食用而是被直接扔掉。通过采取措施处理越来越多的食物垃圾问题，英国的一个家庭每月可以节约 70 欧元，整个英国一年可以节约 150 亿欧元。然而接近一半（46%）

的人承认，他们不知道怎样正确地安全储存食品。多于 2/3（67%）的消费者称，一般他们不会通过制订一个清单或者用餐计划来安排他们的购物，而是在商店随机决定买什么东西。

大约来说，平均每个居住在地球上的居民，每年大约会扔掉 100 千克的食物，累加起来每年所扔掉的食物大概有 1 亿吨。全球供应的 1/3 肉类包含在其中。如果西方国家的食物浪费可以减半，并且食物可以发放到需要的人那里的话，供养 90 亿人口的难题将会迎刃而解。英国消费者协会发现，人们乱扔食物的两个主要原因：要么是准备得太多了，要么就是剩下的食物变质了，完全没碰或者打开过包装但是没有用完。但是超市则由于扔掉大量可以食用的食物而遭到环境保护团体的谴责。在西方，食物浪费源于个人习惯和法律，也部分地反映了价格：食品非常便宜，便宜到消费者不会担心浪费它，至少在短期内是不可能通过提升食物的价格来改变消费者的态度（废物和资源行动计划，2011）。

每年数百万吨没有吃的食物被扔在垃圾桶里，等同于这些堆积如山垃圾的隐性成本。平均每年没有食用的食物中所浪费的水，大约是我们洗涤和饮用水量的两倍。如果考虑到食物的来源，则这一情形会更严重。水资源贫乏的国家越来越多，这意味着我们所扔掉的食物对水资源贫乏的国家消耗宝贵的水资源具有隐性影响。当更多的国家遭受水源短缺，这些出口产品会进一步耗尽自然资源，并且使得水的价格对于贫困的消费者而言越来越高。食物浪费还会带来另外一个环境成本：每年大约产生 3% 的温室气体排放（世界野生动物基金会，2012）。

像在英国这样的西方国家，餐厅每年丢弃 40 万吨食物，价值 8 亿欧元。这些浪费的食物足够为全英国每个餐厅建造两个中等规模的房屋。餐厅里超过50% 的浪费是在准备阶段产生的，"眼大肚子小"的用餐者要对餐厅浪费负很大的责任。大多数浪费的是有机食品，都是可以被回收利用的，但其中的一半会在市政垃圾焚烧厂或者填埋场处理掉（联合利华，2012）。老一代的餐厅老板会记得知名的"猪桶"，就是所有的剩菜剩饭都扔进去，包括蔬菜果皮、骨头和肉渣，以及盘中的剩饭。欧盟的规定终止了这种形式的再循环利用，这被认为是不卫生的。自 20 世纪 80 年代起，餐厅老板就需要考虑寻找经济卫生的方式去回收利用垃圾。当然，第一步是减少厨房和餐厅中的垃圾。

除垃圾对环境的影响外，餐厅面临着比以往更紧张的边际利润。今天的餐饮服务经理们正不断寻找削减成本的办法。为了实现这个目的，他们不断地选择提高生产率和浪费最小化的方法，增加产出。根据订单烹饪而不是大锅式的烹饪能够减少浪费，虽然人工成本可能会增加。一般食堂用餐都是"大锅饭"

式的烹饪，例如汤、热的主食、意大利面以及其他食物，放置一段时间后，如果没有卖掉就会扔掉。跟踪食物浪费能够有效遏制其浪费。培训厨房的员工权衡食物配料使用量以及其他消费前垃圾，在厨房食物准备的不同阶段使用不同的分量，被视为浪费管理系统的一部分，如此餐饮服务经理就能够指出哪个阶段食物浪费最多。对这种细节的关注可以使员工对诸如他们所切的食物以及过剩的配料扔进垃圾桶这样的事情更加留心。管理体系还可以为那些制造垃圾最少的员工引入激励机制。

　　许多餐饮服务经理对于盘中所剩余的食物数量之多感到震惊。美国和欧洲城市已经为多余食物的浪费问题争论了 10 多年，但是在中国香港，人们却关注日益萎缩的垃圾填埋空间，香港老一辈人正在推动居民去适应一种新的消费观念。根据环境保护署（Environmental Protection Department，EPD）的调查，过去 5 年中，香港的餐厅、酒店以及食品制造商所浪费的食物数量增加了 1 倍多。香港的一家火锅店正在尝试着改变人们浪费性的用餐习惯，这家店对于顾客"全部吃完"的食物收取固定的价格，但是对于剩余的食物每盎司额外收取 5 港币（64 美分）。另外一家寿司店的老板对剩余的寿司每盎司额外收取 10 港币（1.28 美元）。餐厅老板一般不喜欢减少食物分量，因为担心会失去顾客，然而通过提供"几秒钟后再回来"选项，一些餐厅从实际管理上减少了食物浪费的总量。

案例分析 4.3　联合利华：了解垃圾工具包

　　"联合利华食物解决方案"发明了一个垃圾工具包来满足餐饮服务组织的需要，帮助餐饮服务经营者更好地控制成本。工具包能够精确估算浪费食物的成本，并就如何实施垃圾审计以及使用经常浪费掉的原材料来生产菜单上的菜品为餐厅经营者提供一些指导。工具包中的其他建议包括：基于消费者的类型匹配菜品的分量，精确地测量配料，使用下脚料制作开胃菜并利用削掉的菜叶做汤等。联合利华将这个工具包写入最新的《世界菜单报告》中，这份报告强调了消费者在外就餐时日益严重的食物浪费问题。大约 81% 的澳大利亚消费者认为，餐饮服务经营者利用环保方式处理食物垃圾问题是非常重要的。联合利华的调查发现，大约一半的人在餐厅就餐时会习惯性地多点。"当考虑食物浪费的时候许多人只考虑处置费用，然而，我们知道事实上当我们评估处理食物浪费的支出时还会有许多其他的费用支出需要考虑。"

　　资料来源：联合利华食品解决方案，http：//www.unileverfood - solutions.co.uk/our - services/your - kitchen/wiseuponfoodwaste/tools。

　　厌氧分解作为一种可行性方案越来越多地应用于处理食物垃圾。这个过程产生甲烷并最终释放到大气层中。甲烷作为温室效应的危害是二氧化碳的21倍，但是可以在热电混合引擎（Combined Heat & Power, CHP）中使用甲烷来生产"当地的"电力和热水。而且，最后分解的残留物可以被剥离出来用于施肥，因为和土壤更容易结合，所以这比化肥更有助于提升土壤品质。这些残留物并不会流入河流和含水层产生硝酸盐和磷酸盐。动物粪肥也可以用于厌氧分解。这为减少农场附近的异味和地方的污水处理提供了一个好方法。酒店和餐厅时常会产生一些食品废弃物，并用其饲养动物，通过厌氧分解厂处理粪便和残留物，沼渣可以用来施肥获取更多的食物，这样就可以确保可持续性循环。

案例分析4.4　格拉斯哥酒店实施厌氧分解计划

　　威廉·特雷西集团已经与奢华的五星级酒店雷迪森格拉斯哥酒店合作，履行酒店实现零垃圾的下一步主要计划——循环利用食物垃圾来发电！

　　新项目将会把来自雷迪森布鲁酒店的所有食物垃圾用于再循环，并转化为可再生能源，这贯彻于雷迪森布鲁的最新环保创新项目之中，并成为格拉斯哥实现其生态友好型酒店领导者抱负的一部分。

　　威廉·特雷西集团经营格拉斯哥以及苏格兰的再循环和垃圾运营业务，通过厌氧分解过程将食物垃圾处理为生物沼气，从而产生可再生能源和有机肥料（有机肥料更清洁、廉价，而且对于垃圾填埋厂更环保），并为消费者提供了再循环食物垃圾的机会。

　　项目的创新主要由酒店的总经理格雷姆·吉布森推动，落实起来不容易，虽然他们每天都会面临挑战，但他们从中所获取的益处使得这些努力都很值得：

　　格雷姆·吉布森评价道：

　　"酒店团队对有关再循环利用的最新数字感到非常兴奋。我们非常自豪地说，每个员工都理解和支持负责任的商业创新，从再循环利用硬纸板和废纸，到食品垃圾管理、水管理和碳效率。我们的合作伙伴和威廉·特雷西集团已经推动再循环项目的不断前进。来自他们团队的支持和持续的反馈对于我们的企业而言非常关键，而且他们会非常灵活地应对我们的需求和挑战。

　　除了我们新的再循环项目之外，2010年第一季度的报告显示，用水节约了32.3%的成本，用电节约了6%，天然气节约了35.5%，而且我们致力于使用当地供应商，如马修斯·阿尔吉，他为酒店以及威廉·特雷西集团的消费者提供高品质的咖啡，并承诺改善环境。"

　　资料来源：威廉·特雷西再循环和资源管理集团，http：//www.williamtraceygroup.com/who_we_are/latest_news/glasgow_hotel_begin_food_recycling_。

（二）可再使用的食物

欧盟和美国有数百个项目接收餐厅和酒店不再使用的食物，如包装好的、新鲜的、冷冻的或者烘焙的。捐赠者项目将食物运送到施舍处、流浪人庇护所、老年人计划、日间托儿所中心和食品储藏间。如果可能的话，会收集不可再使用食物配料，并安排打包将其运送到当地养猪场用作猪饲料。首先与当地的健康部门或者社区办协商，因为一些国家和政府不允许用食物废料喂养动物。用过的煎油已经被成功利用，这种廉价的燃料供那些改装汽车引擎的驾车者使用。

（三）堆制肥料

堆肥是一种已经腐烂和再循环的有机肥，可以用于改良土壤。很多餐厅将厨房和花园的垃圾转化为堆肥，并把堆肥用于改善花坛和植物园。可降解的东西，也就是说那些不能用于捐赠的食物，其形式各种各样，包括腐烂的水果和蔬菜等在内的无脂垃圾、变质的面包、厨房准备中的配料以及盘中的剩菜剩饭。剩下的鱼、肉分解堆肥的过程会吸引一些害虫，因此最好避免。分解过程需要辅之以打碎、添水、确保合适的通风等手段，而有规律地搅拌混合物有助于通风。蠕虫和真菌以及有氧细菌可进一步分解这些原料。

另外一种堆肥的形式是蚯蚓养殖。在此过程中，使用一系列罐子，公司积极的合作伙伴是蚯蚓或者比蠕虫小一点的红色软体动物，在花园中每周 7 天经常会发现这些生物，能一天 24 小时不间断地将厨房垃圾转变为黑色肥沃的土壤（腐殖质）。培养蚯蚓堆肥的另一个优点是不会像倾倒垃圾那样，使有机物的分解过程产生甲烷等温室气体；利用蠕虫堆肥是将垃圾转变为稳定的有机物，有效预防了温室气体的产生。

案例分析4.5　利用蚯蚓减少酒店垃圾

纳尔逊山酒店是开普敦一家豪华酒店。这个酒店作为一个城市避所，坐落在郁郁葱葱的花园之中，位于充满生机的城市中心，而且毗邻码头和海滩。

纳尔逊山酒店认识到这样的经营在社区中起到关键作用。因此酒店致力于保护南非自然资源，并教育员工让别人的生活变得不同。纳尔逊山酒店有许多绿色倡议，包括建立一个就地的"蚯蚓农场"（蚯蚓培养中心）将剩余的饭菜和其他的有机物处理成堆肥，这些堆肥会用于酒店的花园。

蚯蚓粪组合物是分解的蔬菜或者食物垃圾的不均匀混合物，可以直接与土壤混合作为肥料。蚯蚓培养的好处很多：
- 土壤：带有微生物的蚯蚓粪提升土壤肥沃度；
- 植物生长：改善根部生长和结构；
- 经济：减少垃圾填埋，对于资本投资要求低而且技术相对简单；
- 环境方面：就地再循环利用垃圾。

资料来源：纳尔逊山酒店，http://www.mountnelson.co.za/web/ocap/in_house_conservation.jsp。

此外，新出现的而且令人担忧的垃圾，是所谓的电子垃圾，这些垃圾主要来源于计算机、手机、传真机、复印机等。虽然在使用时是无害的，但是这些设备包含一些重金属的混合物，如铅、汞和砷，都难以分离。当再循环利用难以实现而且比较耗时时，这种垃圾一般会由发展中国家的工人在不安全的工作条件下以牺牲自身健康为代价进行挑选分类。剩余的垃圾最终会由市政填埋，而且大约占市政填埋场重金属比例的40%。

制造商正面临来自立法者和消费者越来越大的压力，他们希望将其对环境的影响最小化，导向环境概念的设计。这包含各方面的问题，如减少能源使用、交通、包装、再循环、垃圾减少和处置。自从环境设计的概念出现以来，制造商正尝试实施可拆卸技术的原则。可拆卸技术是指设计的产品在生命周期结束时可以方便拆卸，因此可以最大化地再利用，重新组装或者再循环利用原料、配件以及部件装配。

（四）生态采购使垃圾最少化

生态采购，即选择那些对环境影响最小、产生垃圾最少的产品和服务。为了达到生态采购的标准，所有产品和服务必须经过从开始到结束完整的环境影响分析。这意味着要跟踪所有原材料的来源、影响，如果有的话，还要跟踪制造过程、有毒物质、包装、运送方式、储存以及使用产品对环境的影响。最后，生态采购或者生态购置需要考虑的不仅是传统规格的质量、价格、运输、实用性和便利性等，也要考虑这些物品和包装的处理。

生态采购结合了可拆卸设计的原则，而且提前设计好再利用处置产品或者产品部件的方法。为一次性塑料餐具和塑料盘寻找替代物可以作为一个例子，塑料在可持续食物服务中没有任何作用。在塑料餐具和聚苯乙烯泡沫塑料外卖盒之间，取个折中的方法，生产一种新的可堆肥的包装投入市场。由生物纤维（像甘蔗纤维浆）和可生物降解塑料（由不同的植物秸秆制成）制成中间产品，用来替代一般用纸和聚苯乙烯外卖包装盒。这些产品中有些还可以在洗碗机和微波炉中使用，而且都是可生物降解的。

生态采购餐饮服务的原则是：

- 不使用进口食材或者从远方运输的食物，而是从供应地区或者国家精心挑选当地食物，使其满足经营品质、数量以及价格约束的要求。合适地使用季节性食材应该受到重视。
- 避免采购国内外那些我们已知的生产过程对环境和人类健康有害的产品。
- 支持生产者使用天然的或者负责任的农产品。
- 食物来源以及食物可持续性信息应该供消费者使用并做出理性的选择。
- 确保使用节约型设备生产食物（即承诺减少能源消费，最少化处理垃圾并减少水消费）。
- 鼓励使用集中采购系统满足较小地方或者地区的供应商。
- 支持交通系统，有助于提高采购和分配从生产到消费食物过程中的燃油效率。
- 确保动物食品源于畜牧业生产体系，遵守国内的监管标准和世界动物卫生组织制定的国际标准。

另外，易腐烂食品应该考虑到变质和脱水等因素，并根据浪费最小化的要求调整库存水平。如果需要不断扔掉乳制品和脱水的莴苣，可能是因为存货水平太高，或者运转不合理造成的。应该检查使用水平，如果必要就根据数量或者订单的频率来调整使用量。制作和使用每小时或者每天生产图表，用以使准备前和非必要的浪费最小化。只要可能，就为最少化垃圾做准备。

四、住宿业减少垃圾的方法

管理部门应该与供应商一起采购产品以防止浪费。一些供应商可以改变产品和包装来减少酒店的垃圾。例如，要求食品服务商通过可再利用的集装箱运输。考虑购买或者租赁旧的或者改装的家具、固定装置和设备。典型的供应商改造计划是替代破旧的部分，对金属和木质表面进行再抛光，修复划痕凹痕和洞孔，为靠椅装上垫子。为了延长家具的寿命，可以通过改装固定装置和设备降低丢弃率。在合适的地方大宗采购、使用再循环产品和从供应商采购都有一个特别的环境政策，所有的这些策略都有助于减少产生垃圾的数量。而且，采购更长寿命的产品也可以减少垃圾。越少制造垃圾或者在垃圾产生之前消除掉，意味着垃圾污染少，而且节约了自然资源。这方面的工作可以与供应商共同实施，并鼓励它们减少包装、重复利用包装或者尽可能使用重复利用的包装。大宗采购一些物品是减少垃圾的另一种选择。例如可以集中采购清洁的原料并在酒店中使用。现在许多酒店在浴室中使用可二次填充的瓷质器皿为顾客供应液体肥皂和香波。外包采购有时可以帮助酒店减少垃圾和降低成本。像干洗这种服务要求有大量的资本支出，如果管理不善，所产生的有害垃圾就应谨慎考虑。例如使用当地的公司就是一个替代性的选择，可以更节约成本并降低污染。

（一）减少：一个战略方法

我们都入住过一些酒店，这些酒店会询问客人是否愿意每天换洗毛巾和床单，或者是否愿意通过重复使用毛巾和床单来参加"保护环境"。在很多方面，这是早期酒店希望实现绿色运营的典型做法。尽管已有许多其他方法来"保护环境"，但是减少要洗的衣物仍然是一项值得做的工作。除了节水和节能外，减少洗烫衣物也可以减少清洁剂和漂白剂的使用。根据美国机构亚麻管理协会的调查，平均每个酒店房间洗涤成本为 3 ~ 4 美元。如果顾客每天都待在这个房间，通过提醒顾客可以选择不更换新洗涤的床单和毛巾，每天每间客房就能够节约 1.5 美元的费用。

案例分析 4.6　吸管之战：伦敦餐厅选择禁止使用饮用吸管

这个想法很简单，即完全禁止吸管的使用，或者仅仅当消费者提出使用吸管的时候才提供。为什么？因为每年都会扔掉数十亿吸管，丢在垃圾填埋场或者散落在海洋中。这对环境非常有害，因为塑料不能降解，它们无限地存在着，分解为非常小的碎片，进入食物链，最终可能会进入我们的餐桌。更令人担忧的是，塑料正在成为一种主要的海洋污染物。"吸管之战"的发起人声称，仅仅在英国，平均每天就有 350 万份带吸管的麦当劳饮品被售出。

普遍认为，有 60% ~ 80% 的海洋杂物都是塑料垃圾。科学家估计，每年至少有 100 万只海鸟、10 万只海洋哺乳动物和海龟由于被塑料垃圾缠绕或者摄入塑料而死亡。

资料来源：Straw Wars, http：//strawwars. org/。

（二）再利用：战略方法

另外一个策略是尽可能多地再利用已经产生出来的垃圾。这意味着要找到利用垃圾的方法，将垃圾作为另一种产品的原材料。相比再循环、焚烧或者填埋而言，再利用原材料是一个更好的选择。再利用不同于再循环，再循环是将物品分解成基本的组成部分，并制造新的产品，但是再利用是保持其原有的形式，并且为了相同或者不同的目的一次又一次地使用。在住宿业有许多再利用的例子，这里仅仅是一些同时适应于各种类型和大小的餐厅及酒店的例子：

第一，纺织品再利用：将损坏的织物转变成有用的东西，如制服和亚麻制品。可以通过酒店自身或者慈善机构，将被单、毛巾和亚麻织物撕成可再利用的客房衣物袋、婴儿围嘴、婴儿坐垫填充物、围裙、抹布和吧台罩。另外一个可能是缝补破旧的亚麻床单或者把它剪小后用在婴儿床上。用可再利用的东西替代一次性的东西，如餐巾纸、桌布和手巾。当这些用旧了，可以当作抹布使用。再利用的毛巾染成更深的颜色可以用于游泳池和海滩，或者当作抹布。还可以翻转窗帘将其不同的部分暴露在阳光下延长使用寿命。

第二，集装箱再利用：对集装箱需求越少，需要的材料就越少，而且需要再循环和处置的材料也越少。包装的再利用也能够为公司节约成本，这些公司或者使用船运或者接受减少包装成本的产品，从而减少船运和处理中的产品损耗。另外，公司声称自身正通过实施集装箱再利用系统节约额外的长期成本，包括减少货物、劳工、处理和储藏成本。

第三，瓶子和玻璃的再利用：酒店和餐厅经营者采购和配发饮料时往往会有很多选择。啤酒可以是桶装、罐装或者是瓶装的。瓶子要么被再利用，要么就只用一次，在这之后会被处理或者再循环。在一些国家，如德国，使用再利用瓶子是一种生活方式。在另外一些国家，将塑料瓶或者玻璃瓶扔掉是很正常的。一个瓶子被使用 20 次就可以减少生产 19 个瓶子的需要，不仅避免了处理额外 19 个器皿的麻烦，也免去了原料剥离、处理、制造、配送和再循环对环境的影响。

（三）再循环：战略方法

物品的再循环是完全或者部分使用废物中再次获得的二手材料来制造一个物品。部分物品会分解为其原始状态，并再制造成某种类似于其原始状态的东西。在纸张再循环的例子中，从客人卧室中收集的报纸和酒店复印店中已使用的便笺纸，被还原成它们原始的状态——纸浆，被用于生产更多的纸张。遗憾的是，许多物品以这种方式再循环利用，只能生产较次的产品。废纸可以重新制成包装材料或者纸巾。这个过程被称为下降性循环。塑料是另一种类似的物品。当使用过的塑料熔化后，由于塑料的聚合物长分子链被破坏，所以塑料会丧失弹性。这种再利用的塑料可以用来制造建筑用砖，一般被用于发展中国家，但是如果塑料被再利用制造塑料袋，那么所制造的塑料袋相比原来的就会更脆弱。对于另外一部分物品，则不存在下降性循环这样的问题，如金属和食物垃圾。铝可以被多次重复利用，而不会丧失其原有任何特性。像所有金属一样，再回收利用铝，可以节约相当大的成本，而且没有额外的破坏。

再利用还有其他优势。当废料替代了初级原材料时，可以节约自然资源、节约能源，并减少温室气体及污染。如果再回收的材料都能利用起来，就不必再熔化矿石，也不需要砍伐这么多的树，同样无须开采石油。从矿石中提炼金属，是典型的能源密集型产业，特别是铝的提炼。使用再循环铝，可以减少大约95%的能源消耗。再利用其他材料，节约的能源相对较少，但是仍然是相当可观的：再利用塑料可以节约70%的能源，再利用钢可以节约60%的能源，再利用纸可以节约40%的能源，再利用玻璃可以节约30%的能源。再循环同样也可以减少污染物排放，这些污染物可能会引起光化学污染、酸雨以及水污染等问题。

遗憾的是，大宗商品价格下降成为再利用的威胁，在市场经济中两者之间有着必然的联系。虽然将环保和市场价格联系在一起看起来并不公平，然而，从2009年开始，大宗商品价格呈现普涨态势，即使在目前的经济环境下，市场仍然是脆弱的。部分可回收再利用物品，如玻璃，虽然对玻璃的需求仍然很大，但几乎不能通过降价来吸引人。使用再循环的玻璃可以节约25%的能源，如此做还能用新原材料制造产品；使用再循环的铝，可以节约95%的能源。现在只有极少数的人不支持再循环，而且大家都乐于参加这些再循环计划。大多数人都接受这样的观念，即我们生活在一个资源有限的世界里，人类需要努力保护尚未掠夺的资源，并避免资源耗尽。

当建立一个再循环计划时，酒店运营的部门组织面临挑战。公司必须提供组织资源，最重要的就是热情。应引导正确的人担起责任，或者使这个人成为成功的关键。下面的指导原则将有助于任何决定实施再循环计划的住宿业企业：

第一，决定领导层中的谁成为再循环计划的经理，谁是团队的成员？这个人可能已经在管理运营中有一定的地位，必要时这个人必须是一个能够赢得整个企业支持的组织者和热情的交流者。

第二，分析垃圾流向，进行垃圾审计。计数和测量工作虽然乏味，但是需要集中精神。许多住宿业专业人士都经历过这样的情形——检查垃圾箱，取出被误丢的可用餐具、陶器等。决定垃圾如何分离，并与当地市政或者垃圾再循环利用企业建立垃圾处理系统，并不局限于纸、玻璃、铝等原材料的再利用，也适用于设备和配件。慈善组织很高兴能获得家居用品。

第三，建立一个账户系统反映每月的垃圾管理成本。月度报告用于跟踪垃圾处置和再循环利用信息。制定部门的再循环和垃圾减少目标。组织涉及个人的项目和活动，顺便带来对公司有利的正面宣传。

第四，通过各个层级的员工参与建立所有权。将目标张贴在公告栏，保证所有的员工都被通知到。

第五，封闭回路，也就是说，购买再循环产品。如果目标没有实现，再循环项目需要定期地和细化地评估。许多再循环项目需要从关心员工来激励。

案例分析4.7 苏尼瓦度假村：变废为宝

遵循减少垃圾、重复使用和再循环的原则是消除垃圾最好的方法，如此做是伦理诚信重要的一部分。人类在浪费能源、资源和食物方面很在行，不节制的生活方式对环境有非常大的负面影响。通过精细化管理，垃圾可以被看作一种资源，而不是废物。考虑到这一观点，苏尼瓦度假村利用变废为宝的理念，努力向实现零垃圾的目标迈进。

1. 垃圾管理策略

管理垃圾最好的方法是避免产生垃圾。通过停止进口所有的塑料瓶装水，并且用国内品牌的玻璃瓶装水替代会减少垃圾和碳足迹。另外一个例子是客房用品，如洗发露、护发素、肥皂和身体乳。不再使用个人小塑料包装的容器，而是使用可以多次填充的陶瓷器皿。不仅减少了塑料垃圾，还提升了审美。

2. 不使用塑料

大多数塑料是用石油制成，而且从一般的观点来看，塑料很难大规模地再循环利用。大多数再循环使用的塑料实际上是被焚烧了，向空气释放化学毒素。塑料是地球上最普通的人造材料之一，因为不能生物降解，所以会存在很长时间。苏尼瓦度假村使用的塑料极少，它们使用玻璃瓶就地取水，在客房用品中使用瓷质器皿，在需要使用垃圾袋和类似物品的地方使用羧基可生物降解物品替代之。减少塑料，严肃认真地减少自己制造的垃圾。

3. 再利用和再循环

发现废旧物品的新用途是一种创新。在苏尼瓦度假村，可以看到融入这种理念的实例，但更有可能的是，客人察觉不到大多数再循环项目。纸和硬纸板作为再循环的对象为人熟知，但是发现新颖、有趣的方法处理其他废弃物，则更具有挑战性。玻璃一般熔化成砂石，木材可以成为花园的生物碳或者煮饭的木炭，食物垃圾可以成为蔬菜和植物的养料。考虑到伦理价值观，变废为宝的理念是一种常识。

4. 变废为宝生态中心

"苏尼瓦富士岛变废为宝"项目是一个如何全面而有效管理垃圾的案例。按照永续性设计原则，苏尼瓦公司建立了一个复杂的垃圾再循环中心，利用种种新老技术使网络效率最大化。

垃圾分离和堆肥是这个过程的第一步，它是将废弃木料高温分解成生物碳，将衰残的植物转化为沼气用于发电和煮饭是变废为宝的重要手段。尽管已经做出了如此多的努力，但是苏尼瓦公司认为它们仍然可以做得更多。苏尼瓦富士岛生态中心一般对废物进行脱碳处理。从2010年7月到2011年6月，苏尼瓦富士岛生态中心从自身处理的废物中产生了17吨二氧化碳。

5. 生态木炭和生物碳

在世界大多数文化中，制作木炭被视为很普通的一件事。木炭有许多用途，包括供暖、煮饭、改善土壤甚至画画。就其本身而言，生产生态木炭对于许多群体而言都是非常重要的，而且每个地方都有自己的技术。这个生产过程被称为高温分解，要求燃烧的木材处于零氧的环境之中。这很难实现，在苏尼瓦富士岛生态中心，为特殊目的建造的亚当斯度假胜地烘炉，可以最大效率地生产生态木炭。

原始的玛雅人发现，在木炭制作的过程中会产生微粒状的副产品，就是所谓的生物碳，当与泥土混合时会有令人惊奇的效果。木炭多孔和吸附的特性，在微粒状的形式下会增强许多倍，能够有效锁定和保持水分及营养物。这对于玛雅人贫瘠、低产的热带雨林土壤而言非常有用。在苏尼瓦富士岛生态中心，土壤一样很贫瘠，但是利用生物碳和堆肥就可以种植许多种庄稼。

6. 永续农业

"永续农业"（permaculture）是永久性和农业（agriculture）两个词的缩写，它意味着一个强调可持续性和利用自然资源的设计系统。这个系统一般在可持续性人类聚集区应用于食物生产。这是个真正有机的方法，利用生态和自然的方式，建立人与自然和谐的关系。

7. 堆肥

平均50%的垃圾是有机物，当有机物变质后，不能分离这些垃圾也不利于其他原料的再循环。而且，如果将垃圾运送到焚烧厂，焚烧的效率会受到相当大的约束。就地生产食物是减少进口并且尽可能提供新鲜食物真正的好方法，任何改善土壤的方法都是非常有用的（图4-1）。

图4-1 苏尼瓦富士堆肥

堆肥是利用有机垃圾提升土壤肥沃程度的好方法。在苏尼瓦富士岛生态中心，餐厨垃圾和花园垃圾的碎片混合物可以制成高质量的堆肥用于草本植物和蔬菜园。

8. 蠕虫堆肥

苏尼瓦基里度假村有一种特别的劳动力——非洲夜间爬虫，它可用于就地堆肥。这种蠕虫是在带有家畜粪便的盒子里、椰树纤维和沙质土壤表层中，使用酒店中吃剩的食物来喂养。蠕虫可以排泄富含矿物质和营养物非常肥沃的蠕虫粪，是高品质的植物养分，可用于草本植物和蔬菜园。

9. 草本植物和蔬菜园

由于堆肥土壤和苏尼瓦富士岛生态中心生产的生物碳使土壤得到改善，建成了草本植物和蔬菜园大网络，为厨房提供新鲜食材。这个系统是在永续农业和有机原则上建立的。雇用了一个园艺家来支持永续农业，全部的香草需求以及30%的沙拉是由蔬菜园提供，这样可以减少进口造成的碳排放。

苏尼瓦公司已经建成一个蘑菇房可以生产各种蘑菇。对于厨师来说，能使用新鲜食材是一件非常棒的事，大部分客人的评价都是"芝麻菜沙拉的味道太美味了"。这当然要归功于这些直接取自于当地，没有经过几天时间运输的新鲜食材。苏尼瓦度假村的其中一个餐厅——新鲜蔬菜园，甚至是建在蔬菜园中的（图4-2）。

图4-2　苏尼瓦度假村的有机蔬菜园

10. 玻璃

低成本的玻璃再循环利用是不经济的，往往运输成本远比玻璃本身的价值要高。考虑到这个原因，苏尼瓦富士岛生态中心发现了再利用玻璃垃圾的新方式。玻璃通过与其他的一些材料混合熔化压制成有用的形态，可用于制作桌面。不仅能够减少玻璃垃圾，也能够减少水泥的进口。其结果是制成了非常漂亮的桌面。

11. 浮木

对许多人来说，海洋中和海滩上的浮木被视为垃圾和麻烦。苏尼瓦度假村却把浮木看作美丽的艺术，并广泛应用在度假村的装饰上。苏尼瓦基里度假村就是捡拾浮木，并将其转变为惊艳装饰的绝佳案例。

12. 电缆盘

电缆被用完后剩下的电缆盘一般被当作垃圾。苏尼瓦度假村将电缆盘利用起来当作大桌子。在部分的偏远岛屿度假村，如苏尼瓦富士岛度假村，这对于处理电缆盘和制作新桌子而言，简直是一举两得。

资料来源：苏尼瓦度假村，http：//www. soneva. com/。

练习题

1. 小组讨论、小组计划和书面作业

简单的垃圾管理清单

制作一个适用于酒店基于垃圾管理层级的行动清单

最低要求是：

- 两项避免垃圾的行动；
- 五项减少垃圾的行动；
- 三项垃圾回收使用的行动；
- 四项垃圾再循环利用的清单。

2. 小组讨论和小组计划

减少垃圾影响

- 在住宿业设施中，固体垃圾大部分是在施工阶段产生的。当经营酒店的时候，食物垃圾、纸以及硬纸板占所有固体垃圾的绝大部分。
- 一个酒店如何管理垃圾流向并合理实施垃圾管理策略？

3. 小组讨论和书面作业

零垃圾

- 什么是零垃圾？
- 零垃圾可以通过某种方式在住宿业实施吗？
- 能或者不能，为什么？

4. 小组研究和讨论

浪费的问题

认真讨论下面的问题并提出答案：

- 为什么浪费对于环境是个大问题？
- 讨论可拆卸设计的概念。
- 什么是生态采购？可以通过什么方法来减少垃圾？
- 讨论重复使用那些正常在酒店被认为是垃圾的方法。
- 讨论废物再循环的方法。
- 你认为在餐厅中堆肥是处理蔬菜垃圾时的一个可能替代的选择吗？

参考文献

1. Covanta Energy (2012) Covanta News Issue 12. Available at：http：//www. covantaenergy. co. uk/.

2. OECD (2010) OECD Environmental Outlook to 2030. Available at：http：//www. oecd. org/document/2010, 3746, en_ 2649_ 37465_ 39676628 I 1 1 37465, 00. html.

3. Unilever (2012) Wise up on Waste Toolkit. Available at：http：//www. unileverfood – solutions. co. uk/our – services/your – kitchen/wiseuponfoodwaste/toois.

4. Veolia Environnement Our Publications (2010)：http：//www. veoila, com/en/medias/ publications/.

5. World Wildlife Fund CWWF）（2012）：http：//www. panda. org.

6. WRAP（Waste & Resources Action Programme）（2011）LCA of Management Options for Mixed Waste Plastics. Available at：http：//www. wrap. org. uk/downloads/LCA_ of_ Management_ Options for Mixed_ Waste_ Plastics. 54c64a6f. 5497. pdf.

资料来源

1. Association for Linen Management：http：//www. almnet. org/.

2. Environment Green：http：//www. environment – green. com.

3. Hong Kong Environmental Protection Department：http：//www. epd. gov. hk/epd/eindex. html.

4. How to compost：http：//www. howtocompost. org.

5. Stern Review：http：//www. sternreview. org. uk.

6. US National Association of Institutional Linen Management：http：//www. osha. gov/dcsp/ alliances/nailm/nailm.

7. Waste & Resources Action Programme（WRAP）LCA of Management Options for Mixed Waste Plastics. Available at：http：//www. wrap. org. uk/downloads/LCA of Management_ Options for Mixed_ Waste_ Plastics. 54c64a6f. 5497. pdf.

8. World Wildlife Fund（WWF）：http：//www. panda. org.

附加材料

请到 http：//www. routeledge. com/cw/sloan 查阅书的所有图表、附加案例、问题和可用视频的外部链接。

第 5 章
水资源保护

目标

本章将：

- 阐述节水系统的主要问题；
- 探讨住宿业发展过程中对可用水的需求；
- 描述酒店业节水的相关技术；
- 现代节水技术的举例；
- 列举具有开创性的节水途径。

一、水资源保护：问题阐述

都说全球减少碳足迹迫在眉睫，但社会的生态失衡问题同样亟待解决。当前全球有 1/3 的人口处于水资源严重短缺的困境中，2/3 的人口无法获得干净的水资源。全球气温上升了 4℃，这意味着到 2100 年，将有 30 亿人面临严峻的水资源短缺问题（联合国环境规划署，2009）。水资源短缺加之管理不善，会影响食品供给、卫生、教育、自然与经济发展。这预示着落后地区的妇女将花费更多的时间收集水，家庭用水将花费一个家庭近一半的日常收入，农民将失去土地，婴儿会因脱水而死。

非洲的大部分地区、中东、东南亚、美国西部、南美洲、中国和几乎整个澳大利亚已经陷入这种困境。在新兴发展中国家的贫民窟中，妥善处理水资源和卫生问题已是当务之急。每年有多达 300 万人死于可通过水传播的疾病，而事实上，这类疾病完全是可以预防的。全球淡水资源消耗每 20 年翻一番，与之相反的是，新能源变得越来越稀有，新能源的开发利用变得无比昂贵。许多西方国家在积极挽救蓄水层耗尽局面的同时还要应对现代化的生活方式带来的对水的需求的增加。世界人口的激增只是需求增加的原因之一，人们日益增长的对游泳、消耗品和饮食的需要同样刺激了水资源需求的增长。一些旅游城市，如马洛卡和阿尔梅里亚、加利福尼亚半岛、塞浦路斯、新加坡城、安提瓜和巴巴多斯，水资源严重短缺。从全球来看，水是宝贵且日渐稀少的商品，工业企业普遍将它折算成费用进行平摊。鲜有激励手段能刺激相关企业保护水资源，因为它的价格是微不足道的，即使它以一种恒定的速度在消耗。

土地并不是妨碍农业扩张的问题所在，水资源短缺才是。水看似含量丰沛，但它并不总是出现在最需要它的地方。全球有 1/4 的水是通过蓄水层、地下水进行补给的。令人担忧的是，它的消耗速度是自然补给速度的 10 倍。在中国的部分地区，地下水位正以每年约 1.5 米的速度下降；在中国的北部，每 600 个城市中有 400 个城市严重缺水。过度抽取地下水又会带来其他问题。抽去大量的水会使水污染物的浓度进一步放大，并且，在许多情况下，受污染的地表水或海水取代地下水进入蓄水层，除非种植携带耐盐基因的作物，否则土地将颗粒无收。农药、硝酸盐、石油化工产品、氟化物、重金属和开矿废物等危害人体健康的工业产物会污染蓄水层，因此，从那里抽取的水要经处理后才可以使用，人类为此要付出极为高昂的代价。在地中海地区，为了满足旅游业发展的需要，人们过度开发地表水和地下水资源，使地下水位下降。海水入侵，即海水污染，可能导致沿海地区地下水位低于海平面。这又会破坏动物和植物的栖息地，继而降低一个生态观光区的吸引力。

深度蓄水层是水循环中的一个重要环节，因为在干旱的季节，它润物细无声地将水补给河流、湖泊和湿地；同时，能及时储藏水分以防止暴雨洪涝灾害的发生。世界上许多大河，如尼日尔和尼罗河能一年到头无断流就是地下水在起作用。太多的消耗带来的是干涸的湿地与河床。

世界上的主要河流，如恒河、黄河、科罗拉多河和尼罗河都修筑了水利工程，为农田灌溉或工业生产调水，最终能汇入大海的所剩无几。这可能导致严重的后果。在墨西哥的加利福尼亚半岛，曾经科罗拉多河流经的地区在修建胡佛水坝后，大片土地现在几乎不能进行耕作。印度盛产红树林，但当地的三角洲灌溉方案彻底破坏了红树林，随之破坏的还有历代当地人赖以生存的养鱼业。

2012 年，荷兰屯特大学发布了全球范围内水资源消耗的研究结果。调查显示，每天，全球人均用水量仅为 127 升。这个数据与各国的人均水平并没有太大可比性：美国公民每人使用 295 升。而在迪拜，这个数字甚至上升到惊人的 500 升。

2011 年，屯特大学的另一项研究重点关注了所谓的虚拟水的使用。我们使用的所有日常物品的生产都需要水。我们购买的每一种产品和服务，不管是苹果、皮鞋、牛排、电视还是周末在威尼斯的旅游和酒店消费，都包含了水。2005 年全球总水足迹为 9.087 万亿立方米。这是德国南部的康斯坦斯湖容量的 190 倍。

农业占用了 92% 的全球水足迹，工业生产占用了 4.4%。中国、印度和美国三国占用了 38% 的水足迹。由于大部分的农业和工业的产成品是全球交易的，出口产品的过程也间接出口了大量的水。无论是西红柿、牛肉或汽车，水都是生产产品或服务的必需品，水流经一个国家或地区，继续在另一个国家被消耗。

我们不妨用制作一杯咖啡所要用到的水来研究水的足迹：农民需要水灌溉豆子。种植园的工人们要用水洗衣做饭，人们还需要水进行清理。当然，咖啡的提炼、运输都需要水。因此，屯特大学得出如下结论：生产一杯咖啡要消耗 200 升水，这比装满一个浴缸的水量还大。牛排又是另一个好例子。一头牛一般要饲养一段时间之后才会被屠宰，牛没有水当然不能生存。另外，饲养过程中用的玉米，都是使用密集的耕作方法，这又与水有关。不要忘记，我们还需要用水打扫，需要不少于 15500 升虚拟水。世界野生动物基金会称集约化养殖过程中的水污染并没有被计算在内。根据美国环境保护局的统计，做一个汉堡大约需要 4 升水，生产一辆车平均需要 14700 升的水。对农业大国来说，吃肉只能是偶尔为之而并非必须要做的事情，而像中国和印度这样正走在转型道路上的国家，正处于水资源日益减少的转变中。吃素食每天会消耗 2000 升水，而吃一顿肉所需要的水也是 2000 升。

较好地进行水资源管理对保护人类生命和社会繁荣而言至关重要。可持续发展不仅需要技术解决方案，还要求观念上的改变，如倾向节约用水、水资源再利用和水资源管理等可持续的做法。这意味着要将水湖流域看作一个整体。一些费水的、水蒸气蒸发、水管泄漏的大型灌溉项目必须得到解决。在污染物污染水资源之前便遏制它，全面反思工业全过程——它的生产行业和服务行业。

案例分析 5.1   笼罩在水资源危机阴影下的巴厘岛住宿业

巴厘岛因白色沙滩、蓝色海洋和如画的稻田而闻名于世，每年吸引了大约 250 万名外国游客慕名而来，入住当地的 1250 多家酒店。巴厘岛的旅游业支撑着当地 55% 的人口和 30% 的国民生产总值。难以置信的是，在这样一个郁郁葱葱的热带岛屿，全年雨季长达 6 个月，同样面临缺水的问题。旅游业，尤其是岛上的住宿业，是这场潜在危机爆发的主要导火索。

巴厘岛水资源危机爆发的主要原因是基础设施的缺乏。随着一座座酒店拔地而起，蓄水层枯竭了。人们眼睁睁地看着雨水直接流入大海却别无他法。为了实现城市化，森林消失了，取而代之的是覆盖了大型城市区域的混凝土和停机坪，完全无法发挥储藏水源的功能。许多废水渗透水道、稻田和沙滩，危害当地居民和外来游客的健康。婴儿死亡案例中有超过50%的比例是由恶劣的卫生条件、不洁净的水和环境引发的疾病造成的。巴厘岛卫生部称，自来水处理不当会滋生细菌，又会使问题进一步恶化。

获得安全、纯净的水是一项基本人权。水是人能活得有尊严、保障粮食安全的基础。然而，在巴厘岛，繁荣的旅游业意味着大量的水从肥沃的稻田转移到酒店经营中去。当地村民告诉旅游事业协会的工作人员，缺水已经是一种常态。水在巴厘岛还有独特的宗教意义：历史上的稻田一直都是建立在水庙周边。因此，从稻田到混凝土的转变也是对巴厘岛传统的社会文化结构的侵蚀。

值得庆幸的是，巴厘岛的警钟已经敲响。政府宣布新建一个水资源净化中心和污水处理网络。巴厘岛环境署对那些处理废水污水不合规范的酒店和餐厅发出撤销其营业执照的警告。

旅游问题，尤其是水资源在旅游计划中的公平问题的解决，帮助那些缺水的旅游目的地建立起水资源管理体系。然而，保护水资源并确保当地社区的人权同样也是国际旅游业和每个酒店的责任。

资料来源：Tourism Concern, September 2011, http://www.tourismconcern.org.uk/news。

二、住宿业中的水资源消耗

酒店运营过程消耗用水的精确值是难以获取的。不同顾客每晚直接用水量为100~2000升，且目前的趋势是大型旅游观光酒店使用的水远比客人和膳食之类的部门要多。高尔夫球场、花园、游泳池、水疗、健康设施和客房是最大的用户。2003年，联合国环境规划署估计，美国所有的旅游和娱乐产业，每年消耗9.46亿立方米的水，其中60%是住宿业耗用的，另外13%用于食品服务。整个欧洲旅游业每年总用水量约为8.43亿立方米，每位游客平均每天消耗300升水。出入豪华酒店的游客每天消耗量多达880升。从人均基础上看，酒店客人和旅游活动比当地居民需要更多的水。相比之下，欧洲的人均住宅消费水量约为每天241升。在欧洲和美国，每位顾客的用水量在650~1230升，而迪拜五星级酒店的顾客消耗的是同行的 2.25 倍。许多酒店现在都注意到了这一问题，并开始积极落实各项环境保护的具体策略，包括认证、降低资源的使用总量等。

酒店业和旅游业在管理水资源过程中面临诸多挑战。在旅游目的地和景区，通常按目的地维度供水。最受热捧的旅游目的地位于气候温和、降雨量少的区域，尤其是在旅游旺季。地中海气候在这方面受影响最深。这些国家往往有变干旱的趋势。每年涌入的游客对水的需求远远超出当地居民的需求和当地水源的承载能力。因此，水资源的供给和需求从季节上看通常是不匹配的，而且在地理上也是分散的。

旅游用水，在全球范围看，其重要性远低于农业、工业或城市使用。在一些国家和地区，酒店运营是用水大户。这个行业的行为也会直接影响水质好坏，如排放未经处理的污水。在地中海地区，沿海地区只有 30% 的城市污水在排放之前进行了处理。世界其他沿海旅游目的地也并没有表现得更令人满意。

创新的而不是完全可持续的解决水资源短缺的措施是从很远的地方调水，或用海水生产饮用水，即进行海水淡化。因为缺水，许多地中海岛屿不得不由大陆供水。油轮每天往返为希腊群岛供应淡水。西班牙的马略卡岛曾经一度从西班牙东北部的如泰罗尼亚的埃布罗河调水。这一计划在几年后被迫叫停，费用问题只是其一，还有来自西班牙东北部的反对声。埃布罗河流域的居民抗议政府调用当地的水以满足其他地区的需求，并表达了对可能带来的埃布罗河三角洲湿地环境破坏的担忧。

淡水资源主要来自河流和地下水，海水淡化需要消耗大量的能源（通常是化石燃料）以及专业而昂贵的设备。和其他中东国家一样，迪拜同样用海水淡化的方式来满足大部分地区对水资源的需求。当下，因为本国廉价化石燃料的供给，阿拉伯联合酋长国的快速发展已经使海水淡化成为可能。但生产过程中产生的大量的盐水又会重新排向大海。评论员指出，海水淡化过程能耗高，以及大量高温盐水排入大海带来了海洋污染，且海水淡化的成本之高昂是毋庸置疑的。

案例分析 5.2　约旦：酒店建设过程的地下水循环再利用

2012 年 2 月，英国政府称英格兰西南部正遭遇干旱，然而，一些国家，像约旦，几十年来一直在与干旱抗衡。直到 2009 年，每年的旅游旺季，四星级死海温泉酒店都会私下给酒店的水箱进行数十次的补给，这带来了经济和环境的双重压力。像这样的温泉酒店，每个房间每天产生的 80% 的废水可以进行再利用。这些水是泡澡、淋浴和洗脸后的废水，在经过处理后能二次使用。

在过去的几年里，为增加业绩，要求酒店老板引进更科学的水资源管理方法。死海温泉酒店第一个进行整改，很快成为行业的领头羊。它是阿拉伯国家中第一个安装现代中水循环系统的酒店，在特定的区域二次利用水。在安装了 Pontos GrmbH AquaCycle 系统后，死海温泉酒店的中水被认为是高质量的工业服务水，完全符合欧盟对沐浴水的卫生要求。酒店 8 万美元的投资换来总用水量减少 17%。整个处理过程中没有使用任何化学添加剂，可以用来冲洗 170 间客房的卫生间。

在约旦水资源监管部门和德国 GT2 技术合作有限公司的支持下成立一个合营机构来管理这个项目。在第一阶段，Pontos 公司考虑到当地的高温，温泉中使用的清洁产品和护肤品，重新评估了生物降解废水的能力，调整了它们的设备。

在第二阶段，公司对酒店的技术人员和当地的水管工进行培训，使系统维持其最佳效率。建筑新安装的水平衡能够更准确地确定水的库存量，由此可以判断蓄水的潜力。约旦当局现在利用这个信息作为制定中水管理指导方针的基础。未来德国 GT2 技术合作有限公司和 Pontos 公司将在约旦的亚喀巴地区继续开发类似废水二次利用的系统。

三、酒店中的节水问题

在制订管理计划时，节水问题也许从来不是酒店经理优先考虑的问题。他们总会优先考虑收入、营销和员工管理问题。然而，从顾客的角度看，水的使用是用户体验中不可分割的一部分。限制用水会是一次不愉快的经历。因此，必须将保障充足的水资源供给视为水资源战略管理的核心。水和污水处理越来越昂贵。缺水问题的出现不断抬高着水价，使住宿行业的利润相对减少，一个有眼光的经理这时候就应该把注意力放在这个问题上。

对管理者、所有者和公众而言，最重要的信息是房间、设备以及节水技术在投入后的用水效率和项目管理都能带来成本的减少，帮助缓解资源递减的趋势。酒店花园景观的选择，中水的使用可以大量减少酒店外部的成本。重新测量土壤含水量，在落日后再进行浇灌，花园灌溉便可以得到优化。高尔夫球场、酒店的水疗和健康中心也可以采取一系列节水措施。新酒店在建设过程中可以尽量避免游泳池的景观设计及其他费水的设计。

任何减少用水的计划都必须获得员工的全力支持。一些酒店估计，实际上只有一小部分的水是被顾客使用的，其余都是清洁员在清洁过程中耗用的。水是住宿业的一个关键资源，如图 5 - 1 所示，与能源和废弃物一样，减少用水量的有效方法就是定期培训员工如何用简单的措施减少用水量。相反地，韦伯斯特（2000）曾警告说，水政策不应该影响酒店的卫生和清洁。

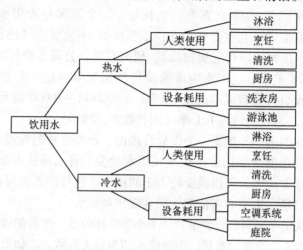

图 5 - 1　建筑用水系统及使用

　　所有员工的注意力都应放在水资源消耗上，随时修复小泄漏以期产生即时效益。如果马桶水箱不能正常运行，每周会浪费数千升水。大部分的水资源是在客房消耗的（客房淋浴，水槽和马桶），厨房的运作、酒店的洗衣房和公共区域耗用近一半的水量。一般认为，恰当的员工培训、每层水供应的计量，能够给员工一个关于他们与同事具体耗用多少水量的概念，从而帮助酒店建立一套明确的基准体系。引入废水管理后有助于从酒店运营过程中节约用水，做到降低消耗、二次利用和循环使用。当然，水资源管理系统不应该影响顾客满意度。

四、住宿业运营中的节水

　　酒店用水与家庭消费相比，拥有更大的规模。酒店的运营就像家庭运作，包括洗衣房、厨房、客房卫生间到花园灌溉各个环节。据估计，使用简单的储存方法可以节约 50% 的家庭用水量，酒店同理。
　　费尔蒙酒店的绿色伙伴计划包含酒店绿化的实用指南，如安装节水的水龙头、阀门、水管，维护和升级改造卫生间，使用水流小的淋浴喷头，中水再利用等节水措施，且节水过程涉及顾客。

酒店及其他公司应用的许多节水技术投资回收期较短，在经济上有吸引力。雨林联盟称，节水系统的投资、中水再利用以及雨水的收集和管理系统可以帮助企业每年降低 1045 立方米的消耗量，每个顾客每天用水量降低 27%（2010）。雨林联盟的研究主要集中在拉丁美洲的 14 家酒店（巴西、哥斯达黎加、厄瓜多尔、瓜地马拉和尼加拉瓜），研究发现，公司水费每减少 31%，每年可以节省 2718 美元，这对水电非常廉价的国家来说是一个非常大的数字。公司每年所需投资为运营成本的 1% ~ 3%（合 2884 ~ 10000 美元）。平均每年节省 2718 美元，回收期约为 1.1 年（雨林联盟，2010）。

水资源管理的第一步是要一个设计合理的、定期维护的管道系统。重力供给冷热水系统输送低压水比常压热水耗用水量少。将水压从 100 磅/平方英寸降低到 50 磅/平方英寸，可以减少约 1/3 的用水。这样的系统可能更适用于郊区的旅馆和招待所，大型酒店依旧为顾客提供高压水。

一个水龙头的小漏洞每分钟浪费一个小咖啡杯的量，这看似微不足道，但一整天就会浪费近 1 立方米的水量，折合成本约为每天几欧元。如果这是一个供应热水的水龙头，考虑到加热水要消耗的能源，成本将增加一倍。修理一个漏水的水龙头跟更换垫圈（洗涤器）一样简单。所以，定期维护总是有回报的。

（一）接收器和淋浴

用传统的螺钉型水龙头洗手大概耗用 4 升水，安装节水设备可以使之降低到 2 升以下。可以在管道安装流量控制器或低流量装置，在一般的食品准备区域和公共厕所，水压不如水流重要。如果管理者愿意的话，这种技术也可以应用到浴室喷头。安装通风装置可以进一步降低通用水量。这些装置创造良好的水射流，将空气和水流量减少到每分钟 5 升。公共区域，如温泉、游泳池的淋浴设备都应配备按钮，限制一定时间的水流量。一个鼓励客人缩短淋浴时间的新方法是将一个鸡蛋形状的定时器放在浴室来提醒顾客的沐浴时间。最新的水槽水龙头配有红外传感器，在顾客走开或设定的一次流量走完时，水龙头将自动关闭。再次说明，这个系统更适合公共区域，但并不适用于客房，这会使顾客不得不频繁地伸手以保持水流通。

（二）卫生间和便池

酒店卧室另一个密集用水的设施便是卫生间与便池。传统的冲水马桶耗用了 40% 的生活用水。安装位移测量仪器或水箱限制器不失为减少用水的好方法，但更为行之有效的解决方案是安装低冲马桶，它使每次冲洗所需水量少于

4 升，用水量直接减半。解决方案还有很多：节水马桶、小流量冲洗液体、标准量冲洗固体；重力卫生间，顾名思义是借助重力作用；压力马桶则是重力与压缩空气的结合体。

美国华盛顿的威拉德洲际酒店在 2005 年 9 月使用无水小便池后，每年可节省约 40 万升水。环保友好型的解决方案也同样适用于洗衣房，使水资源免受化学物质的污染。

（三）堆肥式马桶

堆肥式马桶和小便池是市场上最节水的设施——它根本不需要水。它们用生物手段来处理人类的粪便，并把它加工成有机堆肥材料。在重力作用下，排泄物会被运送到马桶下面的堆肥室；它的真空系统可以水平或向上运作。市场上还有一些节水系统只需少量水，"微冲"马桶通常每次仅需 0.5 升水。这些节水系统的工作原理都是一样的：排泄物在一个单独的空间被制成堆肥，全程无中断，没有异味，也看不到小的未经加工的材料。堆肥式马桶开始与传统马桶竞争，并在公共设施中逐渐取代了后者。其中一个例子便是加拿大英属哥伦比亚大学的亚洲研究院蔡章阁楼，整座建筑包含 5 间堆肥室、12 间卫生间。它们生产的营养丰富的堆肥被用于花园建设。

现代的便池都配有红外传感器，确保每次冲洗便池的水没有浪费。当然，不需要冲洗的小便器更好。小便池的底部有一个盒子充当一个漏斗将液体引入密封胶，防止任何气味外泄。这个盒子是用来收集沉淀物的，其他废物则通过它继续接下来的步骤。

那些计划设立洗衣房的酒店可以采取以下手段减少水的消耗。首先是安装前置型设备，相比顶置式设备可以节省不少的水和洗涤剂。前置式加载器转速高、脱水能力强，因此能有效减少干燥时间。减少洗衣用水的另一大法宝是毛巾和亚麻项目，客人可以选择至少一天不更换床单和毛巾。尽管一些五星级豪华酒店的经理说部分顾客不愿意延长单次使用时间，但大多数客人还是欣然接受。

多伦多的费尔蒙特约克皇家酒店在洗衣房安装了一台水质软化器后每天可节省 476000 升水。日本东京的大谷酒店建造了一个废水回收工厂，每天可以从厨房污水中获得 1000 立方米的再生水，用于花园灌溉或员工洗手间。

（四）游泳池与水疗区

温水比冷水更易蒸发，游泳池因此透着微凉。然而，值得注意的是这一措施的确会影响顾客舒适度和满意度。在游泳池表面覆盖材料也能减少水分蒸发，减少热量的损耗，尤其在天气渐凉的时节。

（五）天然游泳池

天然游泳池供给洁净的水的原理和池塘、湖泊并无差别。天然游泳池是模拟自然的净化过程，借助植物和微生物，生产洁净的游泳水。天然游泳池和传统游泳池的基本区别是后者使用化学物质如氯来杀灭细菌。植物和微生物的应用可谓一举两得，在减少化学物品的同时还能彻底消除杂质和细菌。天然游泳池优化了酒店的庭院水景。

（六）花园和庭院水景

花园维护中节水的重要性早已是众所周知的。为了打造一组奢华的花园景观，人们选择栽上需要不断浇水的品种。节水主张第一条：种植最能适应气候和土壤条件的本土品种。这些品种也会节省不少化肥和杀虫剂。草就是一个例子。许多区域的草都过度浇灌只是因为员工不了解植物的需求。应该选择在清晨或傍晚浇水，以减少水分在炎热的白天被快速蒸发。水景喷泉等设备最好在晚上关闭，开发商也可以考虑使用中水。

（七）废水循环

中水和污水是酒店运营过程中产生的两种废水。中水主要来自于浴室、水槽和厨房，经回收处理后可用于浇灌花园、冲洗卫生间。污水主要来源于卫生间，它携带有害的病原体，必须经过严格的处理才能排入环境。用中水冲洗卫生间可以节省最多50%的生活用水，但它需要特定的处理，如过滤和消毒以除去细菌和其他微生物。如果只是用于浇灌花园，中水也可以不处理，但中水中不能含有可降解的无毒清洁剂和化妆产品以外的物质。对于来源于厨房的、可能有额外的脂肪和添加剂的水，在使用过程中应该格外小心，因为它需要更复杂的处理。酒店的人工湿地和芦苇床系统能有效回收中水和污水。

（八）雨水收集系统

屋顶、车道和其他相对平坦的区域都可以收集雨水。雨水在渗透之后可以流向水箱被储存起来。储存起来的雨水可以在花园、卫生间使用，也可以用于空调的冷却蒸发设备（同海水一样）或是用于消防系统。安装点数制热水器能确保冷水在加热过程中不被浪费。安装防冻保暖层、合理安装管道也有助于保持水温。节水的实现靠的就是专业化的设计和规范化节水设备的安装。

案例分析5.3　马尔代夫苏尼瓦度假村：一切只为干净的水

　　水资源管理是马尔代夫苏尼瓦度假村的重点关注领域。水资源看似蕴藏丰富，但事实上全球只有2%是淡水，只有1%是可获取的。

　　苏尼瓦度假村通常位于水资源稀缺的偏远地区，水资源稀缺。因此，度假村一直在寻找水源，如果可以的话，最好是通过雨水收集，但在特定情况下海水淡化还是必要的。

　　苏尼瓦度假村的零排放政策是指污水在经处理设备处理后再利用，如花园灌溉。废水处理设备的位置取决于有氧砾石过滤设备、厌氧STP设备和湿地的位置（图5-2）。

1. 健康水计划

　　健康水计划在2008年启动，当时正值马尔代夫禁止进口水之际。度假村自主供水——静水、气泡水或当地的水。这一开创性的计划是在考虑了远距离的航运饮用水的碳排放量之大和不必要（通常通过空气）的基础上，为了支持苏尼瓦酒店更好地利用本土资源，减少碳足迹，从而为全体合伙人谋福利（图5-3）。

　　饮用水是严格按照国际最高的饮用水标准EPA生产的，每个度假村各自生产。在经过严格的过滤后，再用碳和树脂过滤、反渗透、紫外线净化。水经过矿化处理后才会被装进矿泉水瓶。气泡水还会有充气的步骤。水只能用玻璃瓶装，用密闭陶瓷瓶塞密封，用齿颌牵引。虽然玻璃瓶更贵，但一些塑料瓶最近刚检测出存在交叉污染，玻璃瓶的使用可以避免潜在的伤害。

　　为了更好地将健康水计划继续下去，人们将水倒入插有 Vita Juwel 棒的杯子中。Vita Juwel 棒是有宝石的水晶棒，它可以提高水分子结构。它改善了水的口感，也有利于身体吸收。

图5-2　苏尼瓦令人惊奇的零排放潜水项目

图5-3　苏尼瓦富士度假村的饮用水

2. 清洁水项目

苏尼瓦度假村的管理者认为只减少进口水是远不能解决问题的。他们寻求其他解决水资源问题的捷径。其中，最主要的问题有：

- 联合国千年发展目标的第 7 条：到 2015 年，将无法持续获得安全饮用水和基础卫生设施的人口比例减半；
- 全球有 10 亿人无法获得安全饮用水；
- 25 亿人无法享受基本的卫生服务；
- 每一分钟就有 4 个孩子死于与水有关的疾病。

资料来源：联合国世界卫生组织。

矛盾的是，地球政策研究所的研究结果显示，150 亿美元的年度开支远不能实现这一目标，至少要翻倍。这和每年花费 1000 亿美元生产瓶装水相比，不免有小巫见大巫之嫌。

苏尼瓦度假村决定做好它们应该做的。自 2009 年 10 月以来，因为无法直接获得水资源，购买水的费用中有 50% 是为了向顾客提供纯净的水。正在执行的提供安全饮用水和基本卫生设施服务的两大计划将持续至少 10 年。苏尼瓦"慢生活"信托基金是主要的资金来源，资助合作伙伴。世界慈善水资源基金会和"热望援助"计划是主要的合作伙伴。

截至 2012 年 1 月：

- 562787 人因为计划而受益；
- 在 51 个国家发起了 432 个计划（其中 402 个已完成）。

这一计划的初衷是通过苏尼瓦慢生活的理念，使影响最大化。目前，已经有两个顾问参与住宿业水活动中，以期能通过禁止进口淡水、使用塑料瓶的形式带动其他酒店企业，能通过这个计划为无法获得洁净的淡水的人们尽一点绵薄之力。2012 年推出"酒店水资源运动"，希望得到一些大型连锁酒店的支持。这将在帮助人们的同时，使这个行业呈现全新的面貌。

3. 水慈善

水慈善是一个在美国注册的慈善机构，目前在全球 60 多个国家（亚洲、非洲、中美洲、欧洲等）运行。基金会借助非政府组织的平台吸引了 8000 名志愿者，绝大多数是和平队志愿者。志愿者对当地居民的定期培训可以确保计划的可持续，因为组织培训可以创造就业机会。组织根据需求提供系统，包括完整系统、集水、蓄水池、滤水池和现有系统的修复等。

水慈善之所以会被选中，是因为它的影响力，它能有效推进清洁水计划的执行。基金会把计划分为两大类：

一个是水慈善项目。该项目提供了一些切实可行的解决方案，长期为人们提供安全饮用水、卫生设施和健康教育。

另一个是适当的计划。这些计划的目标是未来在全球范围进行发展小型供水系统和卫生建设，它的成本小于 550 美元，技术成熟，且能在 30 天内完成。

截至 2012 年 1 月，306 个项目已完成，28 个项目正在进行中；486291 人受益。地点包括：

- 亚洲：泰国、柬埔寨、菲律宾、蒙古、越南、日本；
- 中美洲：危地马拉、萨尔瓦多、巴拿马；
- 加勒比地区：牙买加、多米尼加、多哥；
- 南美洲：巴拉圭、秘鲁、玻利维亚、厄瓜多尔、巴西、苏里南；
- 非洲：塞内加尔、马拉维、卢旺达、冈比亚、摩洛哥、马里、斯威士兰、坦桑尼亚、布基纳法索、喀麦隆、利比里亚、博茨瓦纳、加纳、贝宁、赞比亚、肯尼亚、南非、纳米比亚、埃塞俄比亚、马达加斯加、多哥、乌干达；
- 欧洲：格鲁吉亚、摩尔多瓦、乌克兰、亚美尼亚；
- 大洋洲：密克罗尼西亚、斐济、萨摩亚、西萨摩亚。

热望援助

热望援助是一个在美国注册的慈善机构，主要在缅甸运作。它们已经在缅甸建立了 5 个陶瓷滤水器工厂，雇用 143 名工人，另有 3 家私人工厂也开始运作。它们与其他非政府组织合作，比如联合国儿童基金会，它资助了这些陶瓷滤水器工厂、质量控制和提供教育项目。此外，它们还提供地区战略伙伴项目和教育项目。在缅甸，有 1600 万人只能用池塘、湖泊和河流水作为饮用水，他们从来无从知道水体是否污染。为了获得安全的淡水，教育和陶瓷滤水器是必要的。

截至 2012 年 1 月，缅甸：

- 已完成 79 个项目，正在进行中的有 2 个；
- 46440 人受益；
- 拥有共计 5000 台陶瓷过滤器。

资料来源：苏尼瓦度假村。

练习题

1. 小组讨论、小组计划或书面任务

水资源简要管理清单

写下一个活动清单，要求能在住宿业水资源管理中使用。

最低要求：

- 一个关于水资源储存的管理活动；
- 一个有关水资源的分销网络的管理活动；
- 三个家务劳作是关于节约用水的技巧；
- 三个通过改造节约用水的窍门；
- 三个减少用水量的翻新手段；
- 一个关于中水再利用的活动；
- 一个使用雨水的活动。

2. 小组讨论或小组计划

水资源的浪费

在你的家乡或国家找一些水资源浪费的例子。研究的焦点可以是农业、工业或当地水资源的使用情况。总结你的发现并讨论。

3. 小组计划或书面研究

水资源的管理

联合国预测，到 2030 年，世界上将有 50% 的人口生活在缺水的地区。

（1）酒店是否需要了解什么时候、什么地方会受到水资源短缺的影响，且是如何受到影响的？

（2）酒店的水资源管理战略应该包含什么？

4. 小组研究与讨论

关于水的问题

讨论以下问题：

（1）旅游业和住宿业发展过程中可用水的问题有哪些？

（2）当水资源变得稀缺，是什么导致的环境问题影响旅游和社会发展？

（3）描述海水淡化的过程。

（4）介绍酒店管理者通过技术减少水资源消耗的方法。

参考文献

1. Rainforest Alliance (2010) Allies in Sustainability. Available at：http：//www. rainforest + – alliance. org/sites/default/files/publication/pdf/AR10_ web. pdf.

2. UNEP（2009）'New UN report warns of increasing pressure on water', press relese, 16 March 2009. Available at：http：//www. unep. org/ecosystemmanagement/News/PressRelease/tabid/426/language/en – US/Default. aspx？DocumentlD = 573&ArticlelD = 6101&Lang = en7.

3. Webster, K.（2000）Environmental Management in the Hospitality Industry, New York：Cassell.

资料来源

1. Energy Saving Trust：http：//energysavingtrust. org. uk.

2. International Tourism Partnership：http：//www. tourismpartnership. org/

3. Saving Water：http：//savingwater. org/business hotets. htm.

4. US Environmental Protection Agency：http：//www. epa. gov/.

附加材料

请到 http：//www. routeledge. com/cw/sloan 查阅书的所有图表、附加案例、问题和可用视频的外部链接。

第6章
酒店建筑中的生态设计

目标

本章将：

- 简述酒店对环境的影响；
- 描述酒店建设中产生的建筑垃圾和耗用的资源；
- 简述可持续性建筑设计的原则；
- 解释可持续设计的要点；
- 解释内涵能理论；
- 描述可持续建筑认证和评估体系。

住宿业是旅游产业中的一个分支，属于劳动—资源密集型行业。与其他建筑相比，同等规模的酒店，建设过程中的能源使用效率较低，对环境的影响更大。住宿业对环境的负面影响主要源于施工阶段大量耗用不可再生资源，如水、电、燃料的过度消耗，以及将废弃物排放到空气、水和土壤之中。

酒店顾客对酒店设施有自己的需求。他们渴望有一个水准高、服务好且比较舒适的住宿和餐饮条件，他们希望酒店能满足自己的需求。此外，现在的顾客希望他们的行为是环保的，他们想要获得的是有保护地球意识的体验，这个体验将确保其在酒店的逗留不仅能够满足自身的需求，而且也能满足他们身处社会中的需求。在住宿业，服务和生态的概念一度被当成对立面。消费者和业主共有的传统观念认为，引入更具有可持续、更加环境友好的替代品，酒店就得在氛围、舒适度和客人的愉快体验等方面付出代价。由于技术的进步和对环境更深入的认识，事实已经不再是这样的了。在大多数情况下，采用常识性的方法便可实现大部分节能，既不需要先进技术，也不需要过度投资，尤其是在能源效率和节约资源的观念早已渗透到酒店规划和设计的今天。近年来，这一过程也被称为生态建筑、生态设计、绿色设计或可持续设计。

一、房屋建筑对环境的影响

　　建筑业是经济活动中最为显著的一个组成部分，对环境有着极大的影响。它通过一系列与人类活动和自然过程相关的环节，影响着当地甚至全球的环境。在早期阶段，地区建设与发展影响着当地的生态和景观，而建筑材料的采购和制造影响着全球环境。建筑材料的生产与供给，主要通过开采、砍伐森林等方式进行，具有极大的破坏性。由于建筑过程中对资源爆炸式的需求，如果技术没有重大突破，在 21 世纪的某个时候，我们就会耗用完主要建筑资源。对资源的消耗速度远远超出了地球所能承受的速度。随着经济地位的提高，社会对建筑资源的需求，尤其是土地资源、房屋建筑、能源及其他资源的需求也同时增加，这反过来又加重了建筑对全球生态系统的综合影响。生态系统主要由无机化合物、生命有机体和人类构成。而房屋一旦建成，它对环境的影响是长期的。例如，居民使用能源和水的同时会排放有毒气体和污水；建筑资源的提炼和运输对环境也有颇多影响。从气候角度来看，建筑物排放出的温室气体十分可观，且依然处于快速增长阶段。当前很多可持续建设项目着力提高能源效率，但其实可持续发展远不止于此。另一个明显的趋势是，人们常常在施工的最后阶段才开始思考如何使新建筑变得更"绿色"。绝大多数成功的建设项目，都是在最初的设计阶段就加入了可持续性的元素。翻新的做法和旧建筑相关，而不应该对新建筑也采取这种做法。

　　建筑业是能源密集型产业。它排放了大量的二氧化碳与污染物、垃圾，并使用了大部分非能源相关性资源。英国环境意识培育协会（2009）估计，英国的建筑贡献了英国本土近 50% 的二氧化碳，而建筑行业额外贡献了约 7 个百分点。英国环境意识培育协会证实，政府对房屋节能性能的评估数据严重低估了通过建造节能建筑和改造现有建筑起到的减少二氧化碳排放的作用。

二、建筑垃圾

　　来自英国环境、食品和农村事务部（2011）的数据显示，2009 年英国共产生建筑垃圾约 1.2 亿吨，是生活垃圾的 3 倍以上。这其中，有超过 2500 万吨的建筑垃圾被直接送至垃圾填埋场，不经过任何形式的回收或再利用处理。在很多情况下，这相当于每30栋建好的房子下面就埋着一座房子。这是评估内涵能源建筑的一个重要的考虑因素。通常，这类评估并不考虑额外的25%的能源浪费。相比低能耗产品，高能耗产品的形势更为严峻。

废弃物处理相关法规出台后，越来越多的产品，包括普通产品，如石膏板和矿棉绝热制品，被认为是有害的，需要特殊处置。此外，废旧建筑材料又有了新的用途（如通过英国政府下辖的机构——废物和资源行动基金协会）。废弃物处理，越是经简单处理的、低毒害的资源，重复使用、回收利用或环保处理的可能性就越大（如堆肥）。

三、资源的使用

建筑业消耗了近90%的非燃料矿物和大量的木材。许多材料来自那些对环境控制力弱或几乎不存在劳动力管理的国家。不管是从生存还是从公平的角度来看，早在20世纪80年代中期，全球建筑材料的消耗就超过了可持续发展的程度。按照当前建筑业的资源消耗速度发展下去，显然是不可行的。可再生能源等工业材料的应用是可持续的，尤其是生长周期较短的，如一些木材、黏土、滑石粉和砂。而那些可以被无限制重复使用或容易回收的材料，在一定程度上也是可持续的，铜丝和铅皮就属于这一类，尽管它们的供应正在迅速减少。在建筑领域，某种材料的可持续性是一个相对的概念。那些使用可持续材料，如砖、软木地板和瓷砖的建设项目，由于通常需要长途运输将材料从生产厂地运到建筑工地，这一过程势必要产生大量的碳足迹。不可持续的资源是指全球供应总量有限的资源，如石油和一些特别的、缓慢生长的木材。学习传统建筑技术也是一件很有趣的事情，那时，修建工程的材料只能靠马、搬运车或船只运输。

现在，许多重要的材料都供不应求，像铜主要在南美洲开采，为了找寻日渐稀缺的资源，山体早已面目全非。还有钛，主要用于生产钛白粉（涂料的主要成分），它的产地更稀少，马达加斯加是其中之一，但这种矿物的开采不可避免地对生态造成危害。

当然，从栖息地开采、提炼材料而又不破坏栖息地还是有可能的。不过，这种良性的提取方式又会在成本、速度和数量方面产生后果。因此，我们必须从根本上减少对这种材料的需求，才能开启一个良性的过程。遗憾的是，当前，全世界都朝着相反的方向发展，如果我们不改变我们的消耗方式，未来我们将永远失去大量的栖息地。这些关于建筑业的思考都是现实问题。这要求人类通过相对简单的设计减少使用这些不可再生资源，更多使用当地的、丰富的（即可持续和可再生）的资源，减少浪费。

人类文明面临的三大威胁分别是全球变暖、石油峰值（能源供给和需求之间的差距日益扩大）和资源枯竭。栖息地的破坏可能对某些局部地区和物种有着更为直接的、更具毁灭性的影响。有时甚至会有全球性的影响（如亚马孙森林砍伐的全球影响）。

我们无法确定每年有多少物种灭绝，多少生物多样性和栖息地遭破坏。我们同样无法简单地将这些破坏与英国房屋的使用联系在一起。然而，事实上，建筑业消耗了大量的资源，特别是进口的化学品、矿物、金属和有机材料，如木材。它对栖息地侵蚀和全球性破坏的影响，显然比英国任何一个部门的影响都要大。

混凝土基本可以被认为是可持续的资源，因为它的大多数成分可以在本地获得。波特兰水泥是混凝土众多成分中的一种，是将其他材料凝固在一起的胶状物。混凝土由水泥，辅助材料如胶凝材料、水、细砂石（砂），粗砂石（碎石或砾石）构成，可以自由选择添加或者不加纤维或颜料。由于其普遍性、功能性和灵活性，成为目前最流行、使用最广泛的建筑材料。全世界每年生产水泥 16 亿吨，向大气层排放了 7% 的二氧化碳。波特兰水泥不仅是能源密集型资源，也是带来大量温室气体的元凶之一。每生产 1 吨波特兰水泥需要约 4 千兆焦耳的能量（约为燃烧 3/4 桶油）。

通常，混凝土中有 12% 是水泥和沙子、碎石，每年消耗量为 100 亿 ~ 110 亿吨。大规模开采原材料，比如集料，往往会导致过度砍伐、表层土壤流失以及河床、海岸线的永久性损害。建筑行业对淡水的需求也是无限大的。它每年要消耗约 1 万亿升水。混凝土中含有的许多化学物质和矿物质意味着最终产品的产出所需的巨大的能源和材料投入。我们需要明确的是，混凝土结构设计通常只有 50 年的使用寿命。因此，在未来 20 年或 30 年以后，城市及沿海地区的建筑大量老化的情况会数不胜数。

最后，污染是建筑业带给环境的另一大负面影响。污染并不是发生在原料采集环节，而是施工材料的处理阶段。再次声明，考虑到建筑业所需的材料总消耗，不出意料的话，它应该是所有部门中对环境影响最大的。过去，在原料消耗和污染之间有一个简单的比例关系。概括来讲，所需的能耗越多，产生的废弃物、污染也越多。

许多塑料等产品的加工、二氧化钛和电镀金属的生产过程都是潜在的污染源。在西方，这些流程很多都要受到法律的制约。基础材料和部件都是单独生产的。因此，制造过程的失控对环境有相当大的负面影响。一旦栖息地遭到破坏，是很难追踪或控制的。在有一个清楚的全球性的立法或认证出台之前，建筑业需要自觉使用那些不会带来污染的材料。

四、可持续性建筑设计

可持续建筑设计的目的是找到能够保证福祉以及社会、环境、营利性共存的建筑解决方案。可持续建筑设计不仅试图减少对人类和环境的负面影响，更尝试着创造出比传统建筑材料更高效的建筑材料。高效率意味着，这些建筑材料在生产同质产品时可以节省大量的能源和水。可持续的建筑从可持续的规划开始。这意味着在动工之前，建筑的规划者、设计师必须考虑环境和社会因素。社会方面的影响主要包含健康、安全、舒适、生产力以及生活质量。为了评估这类影响，所谓的社会影响评估应运而生。为了评估环境影响，人类又建立了环境影响评估。进行环境影响评估包括识别直接影响和间接影响，评估这些影响的重要性，确定手段以避免或减少负面影响，并建立监控策略。

（一）可持续建筑设计原则

可持续建筑设计原则有 7 个：
- 保护本土植被；
- 保持能源和资源的独立性；
- 太阳能的应用；
- 自然采光的最大化；
- 烟囱效应；
- 可持续的建筑材料；
- 内涵能源。

每一个原则都会在下文作详细描述。

（二）保护本土植被

树木，尤其是成年树，对保持生物多样性起着重要作用，因为整个生态系统都依存于它们。它们像海绵一样吸收雨水，再将雨水在干燥的环境缓慢释放；它们是天然的二氧化碳吸收者。所有植被都能借助太阳的能量，通过光合作用将二氧化碳转化为能量。但施工项目经理仍然常常选择为了建筑工地而清除树木和植被。通常，这些树木的二次生长需要很长时间，而鸟儿等动物却逐渐减少，甚至永久地失去了它们的栖息地。保留树木并使之适应当前的建筑设计意义重大。遗憾的是，当前成功保存、融合建筑周围树木和构造的经验是少之又少。可持续性建筑意味着至少是替代或移植树木，而不是简单地砍伐。

自然美景的所在地、生物多样性的生长地或原始森林的地形都很重要，因为它们往往是首选的开发胜地。度假村开发项目应该致力于种植大量的新树木、新植物。创建生物栖地建筑不是一种幻想，建筑工程师应该尽可能广泛地将成熟的技术广泛应用于屋顶绿化和垂直绿化。

（三）保持能源和资源的独立性

大多数地区仍然依靠化石燃料在寒冷天气供暖。使用给环境带来很大负担的不可再生的能源供应来建造可持续的建筑，这不符合逻辑。现在我们可以选择构建"离线型"的建设项目，主要依赖于可再生能源，如太阳能、风能和地热能。好的设计可以产生比实际需求更多的能量。"独立性"的概念同样也适用于其他资源。事实上，任何所谓的可持续建筑现在都应该认真判断采取什么方式，通过现在被证明是可行的和有利可图的项目以及如下的方式来形成资源闭环：

- 收集和过滤雨水，多余部分进行再分配；
- 利用可再生能源发电，多余部分进行再分配；
- 收集废弃物并评估它，主要通过某一闭环模型的二次使用、转售多余物品进行分配，这些在许多情况下会是其他企业眼中有价值的资源。

随着这一概念的逐渐推广，一些酒店和餐馆开始探索在场所及周边地区供应食物的方法。垂直农场和减少外部资源的依赖性是未来可持续建筑的关键。

（四）太阳能的应用

太阳能设计的一个基本原则是：太阳光的采暖效应应该在冬天最大化，在夏季最小化。这可以通过三个方面来实现：玻璃、方向和热质量。

控制玻璃采光是环境设计的重要组成部分。虽然玻璃能透过90%甚至更多的太阳光，但是它在绝缘方面却不理想。双层玻璃会使优点翻倍（或使缺点减半），因为小片玻璃之间的气隙是很好的绝缘体。即便如此，双层玻璃的绝缘能力也只相当于一层砖体。

使用玻璃的过程必须伴随着预防措施，要有足够的玻璃可以透过太阳光热，但又不会使房子在炎炎夏日过热而在寒冬冻冰。

这个问题有两种解决方法：朝向和热质量。

1. 朝向

建筑坐落的方向决定了它接受的太阳光的数量，因为在一年当中，太阳在北半球高纬度地区和南半球低纬度地区的方向和高度的变化是巨大的。

第一，只有朝南的一面能全年接收太阳光。因此，为了能在冬天最大化地利用太阳能，太阳能电池板和窗户应尽可能朝南。

第二，朝北的一面全年都处于阴面。因此，太阳能设计应该把绝缘部分安装在朝北一侧，这一面的玻璃也应该最少。

第三，冬天太阳低，夏天太阳高。垂直的朝南窗户能最大化地接收太阳能，因为在冬天时它接收的是冬日低角度的太阳。

第四，盛夏的太阳高，利用垂直窗户进行阴影的设计变得容易。夏天，只要少许太阳便能完全遮盖住朝南的垂直窗户。这是朝南玻璃窗有效利用的又一例证。

2. 热质量

建筑物存储和管理内部热量的方式被称为热质量。热质量高的建筑需要更长时间加热和冷却。因此，其内部温度更为恒定。

热质量低的建筑物却能迅速做出反应：它们加热快，降温也快。通常，其内部温度是很不稳定的。

砖块、混凝土和石子具有较高的热质量，它们是建筑物高热质量的主要贡献者。水同样具有高热质量的特性，因此非常适合中央供暖系统。空气的热质量能力较低，升温高却不易维持。只有在建筑的墙体与地板均已加热的情况下，空气才能保持变热。

可持续建筑设计具有较高热质量的原因如下：

第一，白天储存太阳能以实现夜晚的持续加热。

第二，炎炎夏天保持室内凉爽。

第三，强化中央供暖系统的工作效率。小锅炉高效运作能以润物细无声的方式，缓慢而稳定地提高高热质量建筑物的温度。低热质量的建筑物温度波动更为频繁，锅炉需要不断调节以适应变化的环境。外墙的隔热层会影响房子的热质量。

（五） 自然采光的最大化

最大化地利用自然光不仅节省了耗电，也营造了一个更高效、更放松的内部环境。实现这一目标的最佳方法同样是通过好的设计，充分考虑建筑物朝向、开放式概念、材料类型等要素，尽可能多地利用自然光照亮室内空间，减少对人工照明的需要。大多数的建筑物在白天使用人工照明，仅仅是因为没有人在设计过程中考虑自然光照明这一因素。

（六） 烟囱效应

在温暖气候条件下，在设计阶段最大化地利用自然的空气流动和冷却意义重大。这同样可以通过一系列的方法来实现：从建筑物朝向的确定到最大化利用空气的构思。现代科技已能有效利用风能，借助烟囱效应或抽吸效应在室内形成气流。

空气受热会膨胀上升，这一过程被称为对流。通过这种方式，暖空气温热了整个房间、整座建筑。通风设备与新鲜空气在对流过程中起着主导作用。热空气上升，通过房子顶部的小缝隙消散出去；类似地，冷空气通过房子底部的缝隙填补进来，因为它与烟囱有着相同的工作原理，因此叫作烟囱效应或者抽吸效应。如果控制不当，烟囱效应会产生一股冷气。不过当运作合理时，它可以产生缓慢而有效的自然通风的效果。烟囱效应是迄今为止最有效的在夏天保持建筑通风的方法。在过去的 10 年间，可持续建筑设计越来越关注烟囱效应，以设计出自然通风的效果，尤其是酒店等大型建筑。因为差强人意的冷却效果，过度使用空调（气候温暖国家的主要能源耗用途径）绝非最理想的方式。

（七） 可持续的建筑材料

大多数建筑公司使用传统的不可持续的建筑材料，如混凝土。现在人们有了更多的选择，包括改良水泥，它包含了大量可回收材料（如焚烧植物产生的粉煤灰）、更可持续材料（如竹、麻等）、黏土等自然资源（如土坯或泥砖）。此外，一些特定的施工技术可以显著减少钢结构（如钢筋混凝土和复合木梁结构）和材料（线性设计如穹顶和部分地下结构）的使用。可持续的建筑是在项目建设过程中，最大比例地整合再生材料（如拆迁现场废墟，甚至旧汽车轮胎都能在可持续建设中发挥一技之长）。

（八）内涵能源

可持续的设计阐述了内涵能源或隐含能量的原则，即生产和供应产品、材料或服务所需的能源的数量。在可持续建筑案例中，必须对材料的提取、加工、生产和运输过程加以控制。人们应该重视新酒店的内涵能源，因为它的总量超过了酒店在未来 20 年所需的总热量。如果一个酒店是用对其他地方的环境带来主要影响的材料建成的，那么就不能称其为生态酒店。

内涵能源原则将新兴的生态建筑划分为两个不同的群组。第一类酒店遵循可持续的建筑原则，旨在利用最高效的技术使消耗尽可能达到最少，如利用太阳能热水器电池板和光伏电池板发电。这样的建筑就是典型的有高内涵能量的建筑。它们试图证明自己节省了大量的能源消耗，甚至成为生产剩余能源者，为其他建筑供应能源。第二类生态建筑，比如一些节能环保房，旨在利用可回收的建筑材料或当地的原材料（如稻草、羊毛等）（表 6-1）来尽可能降低内涵能源（稻草、压实砖、木纤维板、羊毛，带板条和涂料的木质框架）。这样的建筑每年都有较高的能源消耗且不耐用，但就其整个寿命而言，往往对环境的影响较小。

表 6-1　建筑材料的内涵能源系数（生产单位原材料所需的能源）

建筑材料	系数
木头	1
砖块	2
水泥	3
玻璃	4
玻璃纤维	7
钢铁	8
塑料	30
铝	80

翻新现有的建筑始终比新建一座酒店节省能源。新酒店再节能，也要花费好多年才能付清消耗的内涵能源。而现有建筑只需要对环境影响分析中所列举的翻新过程占用的具体能源材料承担责任即可。翻新现有建筑对强化那些具有文化、历史价值的建筑的保护意义深远。相比修建新建筑，翻修时的再设计技

术往往更具挑战性。特别是一些建筑历史悠久，因为历史地位等原因的限制，常常会使实施环境友好型措施变得更为复杂。不过，现有的"绿色"建筑为减少能源消耗和碳排放提供了一个绝妙的机会。恰当的技术，如更高效的加热、冷却和通风系统，可以改善老建筑的环境绩效。

通过翻修降低内涵能源成本的其他途径还包括：

* 使用本地原料：尽可能使用当地的建筑材料，如石头或是环境管理得当的森林所产出的木头；
* 避免使用高内涵能源的材料，如含甲醛的叠层梁、纸板和硬纸板，尤其要避免使用需要长途采购的材料，因为它们往往包含了交通带来的能源成本；
* 使用回收材料：使用拆迁地或者废品回收站的回收材料就能有效地降低内涵能源，以避免运输带来的能源消耗。

五、优先考虑可持续设计

（一）资源经济

通过控制资源方面的开支，可持续建筑在建设和运营阶段可大大降低不可再生资源的使用率。能源问题是每一家生态酒店优先考虑的要素。因为不可再生资源对环境影响最大，所以，当有限的预算和利益发生冲突时，依然要把能源控制放在首要位置。这样做的额外好处是节省开支。生态酒店力图实现自给自足：自己能满足自己的需求越多，因需求施加给环境的压力就越小。自给自足的技术包括：利用太阳能加热水、使用中水和雨水、储蓄并使用余热、利用风车和太阳能光伏电池板发电。一家低消耗的酒店才是一座高效经济的建筑。当一家酒店开始自力更生、自给自足时，它才是名副其实的生态酒店。

（二）生命周期设计

从传统意义上讲，建筑材料都是可以重复使用的。当一座房子寿终正寝时，它的石头、砖块、木材和一些配件都可用于建造新的房屋建筑。传统的建筑生命周期已经演变成一个线性过程，包括五个主要阶段：设计、施工、运营维护，以及拆除。与环境相关的建筑材料的采购与生产、废弃物管理问题并没有包含在内。"从摇篮到坟墓"的生命周期见证了建筑资源的整个生命周期对环境的影响，始于采购，最终回归自然。生命周期设计的理念是基于建筑材料的回收与重复利用，挖掘其潜在效用。

（三）人本和环境友好型设计

人本型与环境友好型设计致力于为全球生态系统的所有构成（包括人类、动物与植物），提供一个和谐的大环境。人道主义原则使人们相信，人类应该尊重其邻居和这颗星球。保护人类赖以生存的生态系统这一观念根深蒂固。为了改善生活，一座座新建筑拔地而起，前提是不能超过生态资源的蕴藏量和生态系统的承载力。可持续的建筑在为酒店运营提供载体、为客人提供舒适服务的同时，也为员工提供最优条件的工作环境。

在当前可持续发展的大背景下，酒店企业必须努力找寻人与环境之间的最佳平衡。可持续发展要求对当地、区域乃至全球环境的影响降到最低。

（四）管理和领导力

只有当所有在可持续建筑中工作、居住的人秉持一颗可持续发展的心，可持续的建筑才有前景可言。人类依旧在资源使用方面扮演着重要的角色。管理，首先要求有清晰明确的可持续管理系统。在每一次施工完工之前，会有包括建筑师、行政人员、设计师等各个领域的人员参与开发。所有参与其中的人员都需要就环境保护的基本原理进行培训，用更科学的工具设计和构造更可持续的建筑。而消费者、生活方式的选择以及政府的立法与激励政策，将推动这一行动不断发展。

可持续的建筑的终极目标是实现零能耗建筑——能源与碳的零排放。零能耗建筑实现了能源的自给自足，任何盈余能量都被内部系统回收利用。考虑到传统化石燃料的成本持续增长以及它们对地球气候与生态平衡造成的负面影响，零能耗设计原则正越来越贴近于现实。现阶段，许多国家和地区都已建立了建设可持续的建筑的长期目标，以期能在近几年取得成效，部分地区甚至把实现目标的时间确定在2016年。因此，整个建筑业，在加热、通风和空调供应商、房地产开发商、建筑公司以及可再生能源的开发人员的带领下，竭力开发出符合零能耗建筑要求、符合相关法律法规的产品和服务。

六、可持续建筑评级体系

（一）绿色能源和环境设计先锋认证

20 世纪 90 年代末，美国绿色建筑委员会（The United States Green Building Council）首创绿色能源和环境设计先锋认证（LEED）。绿色建筑评级项的设立是为了评价建筑的环境性能。绿色能源和环境设计先锋认证评估了建筑的施工、设计、建筑材料和能源的使用和消耗。在审核的所有可持续性类别中，能源资源所占比重最大。当一个公司或组织申请该认证时，它就必须遵循相应原则。多年来，绿色能源和环境设计先锋奖已经成为接受度最广且最具影响力的国际绿色建筑评估体系，有 2500 多座"绿色建筑"遍布全球 30 多个国家。

案例分析6.1 可可尼精品酒店：获得绿色能源和环境设计先锋认证

可可尼精品酒店，坐落于马尼拉最大最发达的奎松市的中心地段，是菲律宾奎松市第一家真正的绿色酒店（图6-1）。

每位入住酒店的客人在享受奢华设施的同时，都可以体验到酒店一系列符合环境可持续要求的奢侈品。可可尼精品酒店为保护环境所做的努力最终为它赢得了绿色能源和环境设计先锋奖。酒店是一个复杂的场所，它是社区一体化的集大成者，包括雇用身有残疾的青年在场馆工作区工作等各种行为。下文中对可可尼精品酒店可持续发展设施和服务的介绍很好地诠释了为了让可持续发展道路走得更远，酒店还能做什么。

1. 建筑
- 用收集的雨水和地下水冲洗厕所、灌溉植物和清扫屋子；
- 100% 使用 LED 照明；
- 所有木材、金属屋面和钢铁烤架都是从拆迁现场回收并加以重复利用的；
- 施工阶段使用再生材料，重复使用建筑材料以搭建部分框架；
- 借助朝向优势进行自然冷却；
- 使用绝缘的金属屋面。

2. 大厅
- 尽可能多地使用自然或可再生的资源；

- 使用旧的照明灯具；
- 楼梯设计自然采光，并安装通风设备（图6-2和图6-3）。

3. 走廊

- 利用热回收系统制造清新空气；
- 使用旧的照明灯具；
- 使用中央监视系统等可靠的火灾报警系统保障酒店安全；
- 使用射频识别（RFID）感应刷卡系统控制车辆的进入。

图6-1 可可尼精品酒店，菲律宾

图6-2 酒店大厅的可持续设计

图6-3 奢华客房的可持续设计

4. 客房
- 客房的变频空调使用新型环保制冷剂 R410A，不会破坏臭氧层；
- 用零星的木块木屑装扮艺术墙；
- 采用自然采光的大窗户；
- 固定窗户使房间有较好的隔音效果；
- 安装较低的可操作的遮阳篷，允许新鲜空气进出；
- 通过自然循环的正负气压实现房间内部的空气流通；
- 废弃物分离项目；
- 亚麻制品的重复使用项目；
- 客房内部嵌入式的桌子与地板选用回收再利用的硬材。

5. 卫生间
- 重复使用毛巾；
- 经生态认证的 100% 有机洗漱用品；
- 使用玉米淀粉制成的洗漱品包装，主要成分是增塑淀粉、石头、纸张和大豆油墨；
- 独立的中水和饮用水系统；
- 安装带有通风设备的节水龙头以及喷射虹吸式冲水马桶。

6. 舞厅
- 门窗均安装低辐射的安全玻璃和隔热玻璃；
- 整个酒店使用环保清洁的材料。

资料来源：Cocoon Boutique Hotel，http://www.thecocoonhotel.com。

（二）英国绿色建筑评估体系

英国绿色建筑评估体系（the Building Research Establishment Environmental Assessment Method，BREEAM）是英国研究机构设立的、目前世界上应用最为广泛的绿色建筑评估方法。英国绿色建筑评估体系相当于美国的绿色能源和环境设计先锋奖（LEED），澳大利亚的"绿星"评价体系（Green Star），德国的可持续建筑认证标准（DGNB）和法国的高环境品质评价体系（HQE）。迄今已有超过 10 万多栋建筑获得了英国绿色建筑评估体系的认证。

坐落于英国伦敦中心伊斯林顿的天使大厦（Angel Building）最初是一个教练馆，后来先后改成酒吧、餐厅、酒店。该酒店符合可持续特征，包括雨水收集、生物燃料锅炉和低速水流配套设施都被英国绿色建筑评估体系授予优秀评级。翻新后的建筑，每单位面积消耗的能源仅为同类建筑（建筑大小、功能近似）的一半。同时，通过保留天使大厦原来的混凝土结构，少产生了 33000 吨的混凝土建筑垃圾，少排放了大约 7400 吨的二氧化碳。其他实实在在的好处还包括：减少拆迁、降低现场风险、减少粉尘污染、降低传输成本。新的天使大厦比重建节省了近 15% 的开支。

德国的可持续建筑认证标准最为严格，适用于大规模降低能源需求的建筑，与标准相比，这类建筑可以通过放弃供热与冷却系统，节约近 90% 的能源消耗。

七、豪华酒店中的豪华与环境兼容问题

在住宿业范畴中，豪华酒店和环境一度处于对立面。在消费者和房地产开发商的传统观念里，环境友好近似于卧室里闪烁的霓虹灯和餐厅的素食坚果饼。但技术进步和理念创新改变了这一状况。越来越多的酒店品牌已经意识到并接受了奢侈市场需求的演变，即酒店要在提供一流体验的同时兼顾环境。新兴的、品牌特有的、环境友好型的五星级酒店已经出现。喜达屋资本集团发表声明，推出新的酒店品牌，正式宣布增加自然奢华的酒店类型。这类酒店的可持续性首先体现在它的设计和建设上。酒店的建筑师和设计师在他们的设计中融入了环保理念。不管是否通过美国绿色建筑委员会的绿色能源和环境设计先锋认证，不论材料是否经过仔细检验，以及是否采用全盘的设计策略，住宿业一直在朝前迈进。

可持续设计并不会降低客户体验；相反，它能通过自然采光、通风设备等设计营造氛围，提高舒适度。此外，许多环境设计方案忽略了顾客的感受，忽略了感官感知方面的豪华体验。这些幕后的解决方案包括降低能源、能量的消耗，创新中水技术，开发天然颜料和建筑材料。

生态奢华品牌化涉及一些基本的东西：可持续的材料和流程；有意识地将各种已有资源结合在一起；赋予每个人权利，从员工到当地工匠乃至整个企业。绿色建筑的设计与施工，从地毯、外部天花板系统到灯泡、洗衣机都可以用来定义生态奢华。生态奢华不仅仅是一个常识，现在也是人类共同的期望。

案例分析6.2　法国雅高的21世纪地球项目

雅高集团是世界领先的酒店运营商，是欧洲市场的佼佼者，在全球90个国家拥有超过4400家酒店和530000间客房。

雅高集团在全球雇用了145000名员工，对促进可持续发展有深远的影响。2011年，雅高集团启动了一个知识共享平台，宣传住宿业既自由又开放的可持续发展前景（http：//www.accor.com/en/sustainable‐development/planet‐21‐research.html）。2012年，雅高集团启动了一个全新的可持续发展战略——21世纪地球项目。这一项目共制定了21个目标（表6-2），展望2015年。其中一项计划欲向客人和员工宣传可持续理念，鼓励他们改造酒店使之更适应可持续发展。

21世纪地球项目包括鼓励客户以实际行动支持酒店可持续性的行为和成果。从房间预订到入住、餐厅服务，客户会发现一系列丰富多样的有教育意义的信息，鼓励顾客通过几个简单的示意来支持酒店的行动。消息提供的方式非常友好而且周到，能够鼓励客户参与其中，同时消除其内疚心理。

为了保证21世纪项目的可信度，酒店必须要在该项目理念的指导下采取符合可持续发展的举措，并通过65项指标或其他认证标准对酒店的表现进行评估。

资料来源：Accor，http：//www.accor.com/。

表6-2　21世纪地球项目：7大支柱，21项承诺以及2015年目标

21项承诺（7大方面）	量化目标（2015年）
使用健康的产品	85%的酒店使用贴有生态标签的产品
倡导健康饮食	80%的酒店倡导均衡菜肴
预防疾病	95%的酒店组织正对员工进行疾病预防的培训
减少用水量	在2011~2015年将用水量降低15%（旗下酒店、租赁酒店）
推广废弃物回收利用	85%的酒店实施废物回收
保护生物多样性	60%的酒店参加了"为地球种树"再造林项目
减少能源消耗	在2011~2015年将能耗降低10%（旗下酒店、租赁酒店）
减少二氧化碳排放量	在2011~2015年将二氧化碳排放量降低10%（旗下酒店、租赁酒店）
促进可再生能源的使用	10%的酒店使用可再生能源
鼓励环保设计	40%的酒店拥有至少3种生态设计客房用品
推广可持续性建筑	21家新建或翻修的酒店获得了可持续建筑的认证

续表

21 项承诺（7 大方面）	量化目标（2015 年）
采用可持续产品和科技	旗下酒店、租赁酒店中有 20% 可以提供绿色会议服务
保护儿童不受虐待	70% 的酒店承诺保护儿童
支持负责任的采购行为	70% 的酒店购买并倡导购买当地产品
保护生态系统	100% 的酒店禁止餐厅提供濒危海产品
支持员工成长及技能提升	75% 的酒店经理来自内部提升
重视员工多元化	酒店经理中 35% 为女性
改善工作质量	国家机构每两年实施一次员工意见调查
增强业务的公开性和透明性	雅高实施 6 项获全球认可的社会责任投入指标或标准
确保所有特许经营酒店和管理酒店参与进来	所有的酒店中有 40% 获得了 ISO 14001 认证
与供应商分享承诺	采购合同 100% 地符合 21 世纪地球项目采购章程

练习题

1. 小组练习

清单

（1）列一张环保型清单，要求包括如下内容：

- 选址；
- 建筑设计与朝向；
- 可再生能源的使用；
- 建筑材料的选择和使用。

（2）参照清单为如下酒店企业出谋划策：

- 一家有 1000 间客房的城市酒店；
- 一家有 25 间客房的山地酒店；
- 一家有 100 间客房的海边酒店；
- 一家毗邻热带雨林、有 15 间客房的度假村；
- 一个适合 35 人沙漠旅行的沙漠营地，位于距离绿洲约 1 千米的位置。

2. 小组练习或书面作业

绿色技术的现状

- 科技能拯救地球吗？
- "绿色技术的创新"意味着什么？对住宿业有什么影响？
- 酒店可以借助绿色技术实现什么？

3. 书面作业

（1）你所处的国家或地区是否有绿色建筑的实例或是潜在的环保建筑设计项目（不局限于旅游或酒店企业）？安排一次实地访问，与开发人员及管理人员设置问答环节。

（2）书写一份关于可持续设计的 1500 字报告，要求包括可持续设计的特性以及它的好处。

4. 小组练习或书面作业

（1）为下列酒店列一份室内装修和家具的清单：

- 一家拥有 500 间客房的城市酒店；
- 一个拥有 25 间客房的乡村旅馆。

（2）以上清单中的材料要求使用你所在的地区/国家当地生产的材料，并符合你所在地区/国家传统的设计和风格。

5. 小组研究与讨论

生态设计的问题

为以下问题作出解答，并作批判性讨论研究：

- 酒店对环境的影响有哪些？
- 建筑施工过程是如何产生污染的？
- 描述可持续建筑的原则。
- 建筑的翻修为什么比新建对环境产生的影响小？
- 解释一下可持续设计的优先次序。

致谢

第 6 章中的练习（除练习 2 之外）均来源于酒店学校国际协会（the International Association of Hotel Schools，IAHS）、国际酒店和餐饮协会（the International Hotel & Restaurant Association，IH&RA）、联合国环境署（The United Nations Environment Programme，UNEP）2001 年制作、2008 年更新的一份名为《播下变化的种子：住宿业环境教育包》的文件。请参阅 EUHOFA（http：//euhofa. org）、U. EP（http：//www. unep. org）、IH&RA（http：//www. ug - ra. com）和 Francois - Tourisme - Consultants（http：//www. fransoi-stourismeconsultants. com）。

参考文献

1. Association for Environment Conscious Building (AECB) (2009) cited in Natural Buildings, Environmental Impact. Available at：http：//www. natural-building. co. uk/environmental impact. html.

2. Department for Environment, Food and Rural Affairs (DEFRA) (2011) Waste Data Overview. Available at：http：//www. defra. gov. uk/statistics/files/20110617 - waste - data - overview, pdf.

资料来源

1. Association of Environment Conscious Builders (AECB)：http：//www. aecb. net/ index. php.

2. Association pour la Haute Qualite Environnementale (HQE)：http：//www. assohqe. org/.

3. Building Research Establishment Environmental Assessment Method (BREEAM)：http：// www. breeam. org.

4. Department for Environment, Food and Rural Affairs (DEFRA)：http：// www. defra. gov. uk/. Green Building Council of Australia (GBCA)：http：//www. gbca. org. au/.

5. Leadership in Energy and Environmental Design (LEED)：http：//www. usgbc. org/Display Page. aspx? CategorylD = 19.

6. United States Green Building Council (USGBC)：http：//www. usgbc. org/.

7. World Wildlife Fund (WWF)：http：//www. panda. org.

附加材料

请到 http：//www. routeledge. com/cw/sloan 查阅书的所有图表、附加案例、问题和可用视频的外部链接。

第 7 章
食品安全

目标

本章将：

- 分析世界粮食危机；
- 简述传统农业面临的危机；
- 讨论转基因食物；
- 分析食品生产与食物恐慌之间的关系；
- 定义西方饮食；
- 描述维系西方饮食所需的农业投入；
- 讨论动物福利问题。

可持续餐饮管理意味着需要采用一种整体性的方法来平等地尊重地球、生物多样性和全人类。住宿业中不可忽视可持续食物的议题，尽管其含义比较复杂。提供维持健康和积极生命所需的营养食物，同时又尊重环境，这称为食品安全，可持续农业是其核心。通常情况下，传统农业因为大量依赖于化肥、给生物多样性带来负面影响等原因，是不可持续的。在发展中国家，农业是最大的就业市场，有近 70% 人口与土地打交道。可以说，贸易自由化降低了农业就业水平，使得食品安全问题日益突出。西方国家在食物和生活方式的选择上给有限的地球资源带来了压力。原本用来生产谷物的土地栽满了生产生物燃料、饲养动物所需的植物。对那些种植可可、香蕉和咖啡这类经济作物的工人而言，他们的就业状况并不稳定。很多农场在不太人道的环境下养殖动物。购买廉价食物，尤其是在恶劣的环境下生产肉的结果便是，越来越多的西方人严重超重，或是出现与食品相关的健康问题。

世界观察研究所（2009）指出，全球食品生产体系所面临的主要问题是所使用的投入不可持续。而这一问题导致了各种形式的环境退化：水位降低、牧场环境恶化、土壤侵蚀等。对鱼、肉和乳制品有高需求的西式饮食正危害着环境；农田正在消失，海洋中的鱼类正走向灭绝。伴随着这些残酷现象的警钟是：社会对健康、环境治理和动物福利等问题出现某些积极的觉醒的信号。

一、世界粮食危机

2011 年，联合国食品价格指数创历史新高，随着预计产量的下降和全球人口的上升，该指数还会持续上升。食物短缺是公共议程中很重要的问题，世界各国政府对其未来走向倍感焦虑。2011 年，与很多其他谷物一样，小麦价格上涨近 75%。在西方，这不过意味着每个面包要多花费几美分，但对于把小麦当主食的国家，这样的涨价可能就关乎生死了。对全球超过 20 亿的、食品开销占收入近一半的处于绝对贫困的人们而言，这简直就是灾难。

过去，食物涨价大多都是因为气候干旱。恶劣的天气虽然具有破坏性，但总会结束。不幸的是，如今需求增加、增产难度加大，干旱问题更加严峻，同时还面临人口爆炸、导致谷物枯萎的高温天气持续增加、灌溉井枯竭等问题。每天，全世界都要额外解决 22 万人的吃饭问题。

令人担忧的是，全球并不具备消解食物短缺影响的能力。21 世纪初，美国或俄罗斯的粮食剩余还可以填补其他国家的粮食缺口。现在，美国和巴西这样的国家把所有的粮食剩余都转换成了汽车燃料。美国现在将 1/3 的粮食转作生产生物燃料。2010 年美国生产粮食 4 亿吨，有 1.26 亿吨流向了乙醇燃料制造厂。将大量粮食转化为燃料，意味着如今粮食价格与石油价格捆绑，当油价达到每桶 150 美元甚至更高时，粮食价格随之上升，显然将粮食转化为石油替代品更加有利可图。

温度升高会影响粮食产量。2010 年热浪袭击俄罗斯，直接导致该国粮食收成减少 40%。造成粮食产量下降的另一个原因是地下水位下降，灌溉水的减少限制了农业生产。世界银行指出，约有 1.75 亿的印度人和 1.3 亿的中国人目前依赖过度开采地下水生存。水资源减少、温度上升以及土地管理不善等使土壤侵蚀问题日益严重。卫星拍摄的照片显示：全球新形成了两个巨大的沙尘暴区：一个穿过中国北部和西部，延伸至蒙古西部；另一个横穿非洲大陆的中心。人类文明在石油储量减少的情况下尚能幸存，但是失去土地储备的话，人类将在劫难逃。

预料中的农业技术繁荣的景象并没有出现。几十年来，技术进步令土地生产力稳步提高，目前每公顷粮食产量是 1950～1995 年的 3 倍。对水稻产量占全球 1/3 的中国和日本而言，每公顷的产量已趋于稳定，西方三个最大的小麦产地——英国、法国和德国的小麦产量也趋于稳定。

一些国家利用比自己贫穷的国家的资源来保证自己国家的粮食需求。沙特阿拉伯、韩国和中国纷纷采取这种举措：2008 年它们通过购买和租赁土地的形式，在其他国家种植粮食。大多数的出租土地集中在非洲，这些国家一年的土地租赁费甚至不到 1 美元/公顷。埃塞俄比亚和苏丹是主要的土地交易国。颇具讽刺意味的是，那里有成千上万的人民依靠联合国世界粮食计划署所提供的食物生存。根据世界银行发布的报告，在 2010 年，这样的征地面积总计约 5700 万公顷。征地通常还包含用水权的转让，这意味着一些下游国家也会受到影响。埃塞俄比亚与苏丹从尼罗河谷上游抽取河水进行粮食灌溉，致使部分水不能流到埃及。为了解决水资源争端，埃及不得不与第三方国家谈判，由此，尼罗河流域微妙的用水政策被彻底颠覆。当地人很反感土地侵占，因为这绝非特例。2007 年，中国曾计划与菲律宾签署协议，租下 100 万公顷土地。但菲律宾农民的抗议迫使马尼拉政府不得不搁置了协议。粮食国民主义或许可以确保个别富裕国家获得食物供应，但对需要土地租赁或粮食进口的发展中国家而言，粮食环境只会逐渐恶化。

提高全球粮食产量的方法可能会依赖于全球小农场主的双手。从单位粮食产量来看，小户农场是非常高效的，并且还有巨大的提升空间。帮助小农场主有助于国家的经济增长和食品安全。越南有 73% 的人口居住在农村，农业是他们主要的收入来源。现在越南从粮食短缺的国家一跃成为主要的粮食出口国，是世界上第二大水稻出口国。它的成功要归功于提高了土地的单位产量。截至 2007 年，越南的贫困人口比例已经从 1979 年的 58% 降至 15% 以下。

然而在世界绝大部分地区，农民正以每天不到 2 美元的收入勉强支撑着整个家庭的生活开支。大部分农民因为缺乏资产和资本，无法对全球甚至是当地日益增长的食物需求迅速做出反应。他们关注的是如何卖出自己的粮食。当地的交通基础设施较差，因此农产品价格的上涨并不一定能辐射到农民，因为他们往往不得不在家门口就把粮食卖掉。

全球日益增长的粮食需求正逐渐被发达国家和粮食出口国的大型商业农场所满足。扶持农业不仅能促进世界食品安全，还能大幅降低贫困水平。让失衡状态延续下去，则可能造成更大程度的贫困和饥荒，迫使他们搬去城市，继而增加城市贫困人口。为了阻止这一趋势的出现，小农场主需要来自本国政府和国际社会的长期投入，需要更大的投资。

如今，已经没有组织化的努力来保证全球粮食的充足供给。不过，联合国有专门的机构，像世界健康组织（World Health Organization）和联合国粮食及农业组织（Food and Agriculture Organization，FAO），它们仍然有着较大的影响力。虽然联合国粮食及农业组织收集分析了全球农业数据，并提供相应的帮助，但当前全球范围内的食物政策依旧是空白。通常情况下，政府和国际组织乐于浸润在跨国食品巨头短期目标的荣誉之中。

二、传统农业的问题

我们今天所熟知的传统农业仅仅始于 20 世纪 40 年代后期。一系列作物育种的研究方案取得成功，农用化学品得到使用（即人造氮肥、植物保护剂如除草剂、杀菌剂、杀虫剂），带来农业生产力的巨大增长，并在 20 世纪 60 年代达到巅峰，之后逐渐发展成为大家所熟知的"绿色革命"。这次发展的一大主要突破就是人类主食——小麦、水稻和玉米在产量上的突破，单位耕地产出的粮食产量大幅提升成为可能。在这个人口空前激增的时期，人们始终相信，是通过"绿色革命"提高粮食产量拯救了上亿人的生命。但对于它威胁人类财富、危害生态的指责声也随之而来。现代农业系统比其单个部分所受到的批评更多。总体来说，绝大多数的指责是针对传统农业对不可持续的投入的依赖，而不可持续的投入则是由于其对大型的单一栽培的依赖。

三、转基因食物

科学家们试图通过转基因技术提高粮食产量这件事已经广为人知，但是目前鲜有成功者。很多人将转基因食物视为一项令人担忧的技术，而支持者们认为，在降低环境影响、促进人类健康、创造新的能够促进长期健康的产品方面，转基因食物是一个近乎完美的解决方案。他们认为，高产量的作物是这个处于饥荒之中的、营养不良问题恶化的世界所急需的。而反对者则认为，人为使用生物技术干扰自然进化，其后果无法预计，人类尚无法分析转基因技术对环境的长期危害以及对人类健康的影响。反对者还担心，转基因技术会打破生态平衡，威胁生物多样性，甚至产生不受控制的新物种。而人类是否有权利如此大规模地干扰自然也值得商榷。高产量的转基因水稻仍处于研究阶段,而小麦植物产量的提升也是微弱的。环保组织"地球之友"表示,转基因大豆、玉米和棉花的栽种占所有转基因植物种植面积的95%,但并没有证据证实它提升了产量,增强了营养价值、耐旱和耐盐能力。人类改写了它的基因使其拥有抗药性,农民便可以频繁地喷洒农药促进抗药植物生长。地球之友还指出,转基因植物和种子对农药及化学物质的高忍受能力导致农药使用量在1994~2005年增加了15倍。在北美和南美,转基因植物主要是用来喂养动物和生产生物燃料的,而不是解决发展中国家的贫困问题。

四、食品生产问题和食品恐慌

食品经济的当务之急是提高粮食产量,解决逐渐增长的人口吃饭问题并满足发达国家的美食需求。而食品质量、营养价值和健康意义等问题却被忽视了。人们越来越担忧食物的质量和安全。近期的食品恐慌以及对转基因食物的强烈反感说明消费者们对食品质量、安全和来源的关注。美国疾病控制和预防中心指出,每年有30万美国人因为食用新的食品而患上食物传染疾病被送进医院。在美国,每年有7600万人因感染食源性致病菌患病,而这些疾病中有90%是由大家熟知的7种食源性致病菌引起的:沙门氏菌、诺如病毒、弯曲杆菌、弓形虫、大肠杆菌、李斯特菌属和产气荚膜梭状芽孢杆菌。2010年的统计称,诺如病毒是其中最为常见的,约有540万人口因此患病,149人死亡。世界健康组织认为,全球范围的食物传染疾病的发病率很难估计,但在发展中国家,每年有200万人死于腹泻,且绝大多数都可以归咎于食物和饮用水的污染问题。此外,腹泻也是导致婴幼儿营养不良的主要原因。尽管大部分食物传染疾病都是零星发生的,且不向上通报,但是食物传染疾病暴发的比例仍然可能是大规模的。比如1994年被污染的冰激凌导致沙门氏菌病在美国暴发,波及约22.4万美国人。

很多人感染食源性致病菌都是因为卫生条件差,基本与农民或者食品公司无关。由生物技术衍生的食品安全问题需要严格的监管。在为关乎人类健康的决策(生物技术衍生的食品)提供科学依据前,评估的新方法和政策需要获得全世界的认可和支持。为了预防潜在的不良影响,人们关注成本/效益评估,但在过去,潜在风险分析一直被忽视。任何携带抗虫、抗过敏基因或增加基本营养素含量的食物都需要被严格监管。潜在风险和收益之间的权衡,是评估由生物技术衍生而来的食物的一个重要因素，遗憾的是，过去没有受到足够重视。畜牧业监管和评估的不到位，即使是喂养方面细微的变化，都会对食品安全产生严重的影响。20 世纪 90 年代，海绵状脑病（也称疯牛病）和克雅氏病占据头条。这些病都是操纵反刍动物的饮食而引起的。原本只吃草或谷物的反刍动物被强行喂食了动物尸体从而染上了疯牛病。

现代密集型农业提供越来越多人能负担起的食物。低廉的食品添加剂可以提升食品质量、数量和安全性，但必须要谨防人类中毒。食品工业中已经发现了自然产生的毒素、持久性有机化合物和金属。许多主食中黄曲霉素和赭曲霉素 A 等霉菌毒素的含量已达到了可检测的剂量，但是长期暴露在这样的毒素中会对健康产生什么影响，却鲜为人知。

长期暴露在像二噁英类有机化合物中对人体的负面影响很多，包括癌症高发病率、生殖障碍、免疫系统病变、神经行为障碍、内分泌失调、遗传毒性和高的出生缺陷。二噁英是生产除草剂、农药或废物焚烧等工业过程中产生的人们不想要的副产品。尽管其形成是本地化的，但是在全球范围内传播。已经在某些土壤、沉积物和食物（尤指乳制品、肉、鱼和贝类）中都发现了大剂量的该种混合物，在植物、水和空气中则非常少。2008 年末，爱尔兰的猪肉样品中检测出超过食品安全标准 200 倍的二噁英剂量，召回了数以千计的猪肉和猪肉产品。这次食品污染可以追溯到被污染的喂养过程。2011 年，《经济学家》杂志报道称，被二噁英污染的鸡蛋来自德国，那里的母鸡食用了原本用于精炼成生物燃料的油。鸡蛋被运往几百千米外的荷兰后又辗转通过陆路和海路运往康沃尔和加地夫的两家企业，然后供给超市。据说英国食品标准局声称这些鸡蛋上标有"无食品安全隐患"的标识。但是问题是，究竟是从什么时候开始，毒素和污染物对我们有益了？这次鸡蛋二噁英污染跟之前的食品污染事件并没有什么本质区别。2002 年对虾中出现硝基呋喃类抗生素，2003 年出现臭名昭著的苏丹红事件，原本用作地板抛光和溶剂的工业染料却出现在了意大利面酱汁等速食食品中。它们都使用了来自大洋彼岸的原料，而这些原料基本上都是致癌物。

重金属是地壳的自然元素，它不能被降解。在很小的程度上，重金属会通过食物、饮用水和空气进入我们的身体。一些重金属（如铜、硒、锌）是人体新陈代谢所必需的微量元素，但是含量过多则会导致中毒。重金属中毒可能通过被污染的水（例如铅管）、靠近发射源附近高度聚积的空气，或者经过食物链摄入。它们非常危险，因为它们会形成生物累积，也就是说它们会随着时间的推移提高生物有机体中化学物品的聚积程度。重金属会通过工业、生活废水甚至酸雨，将重金属释放进水蒸气、湖泊、河流和地下水，从而进入水循环系统。

最普遍的三大重金属污染物分别是镉、铅和汞。镉是镀锌过程中的副产品（有时也会产生铅），长期接触镉会影响肾功能，而超过一定浓度会患上阻塞性肺病甚至肺癌，虽然肺癌的相关数据并不能直接说明问题。镉还可能会造成骨质缺损。对动物的血压和心肌有不利影响，不过暂时没有出现在人类身上。

环境中的铅的来源有自然与人为两种。人一般通过饮用水、食物、空气、泥土和来自铅喷涂物件的尘土而接触到铅，而对 4 ~ 5 个月大婴儿来说，空气、配方牛奶和水是最主要的来源。高浓度的铅对肾脏、肠道、关节、再生系统的伤害是毁灭性的，同时伴随着对神经系统急性或慢性的危害。据说路易斯·卡罗尔的《爱丽丝梦游仙境》中的"疯帽子"很有可能就是铅中毒，因为铅是帽子制作中制毡过程的必备材料。

世界范围内的汞矿开采将汞释放于空气中，汞是很多工业过程和产品的必备原料。汞中毒表现为身体颤抖、患牙龈炎，影响未成年人的心理，孕妇自然流产和胎儿畸形。科学家在卸货港口附近养殖的浅海鱼体内检测到了汞，这导致了日本婴幼儿的神经损伤。

五、西式饮食

慢性肥胖、与体重相关的疾病（如心脏病、糖尿病）和某些癌症的高发，与西式饮食有着直接的联系。芝士汉堡、炸薯条、大杯的碳酸饮料和大盘比萨都是西方饮食的组成部分，也被称为"肉食—甜食饮食方式"。而且，饮食的无节制和西方人久坐的生活方式使西式饮食带来的不良后果更加严重。如此的饮食习惯可以概括为缺乏时令蔬菜，过度依赖快餐食品、高糖分的饮料、全脂牛奶和碳水化合物。这些食物的适量摄入可视为健康饮食的一部分，但是西式饮食的摄入量远超过正常量，至少可以喂饱 2 个成年人。这些食物里通常还含有果葡糖浆、反式脂肪、氢化油、漂白剂、淀粉、食用染料、人造香料等化学添加剂，夺走了食物部分甚至所有的营养。更令人担心的是，这样的饮食正被印度和中国等国家的 3 亿新型中产阶级所接受。与肉类和高热量食物的消费量持续增加直接相关的是：与体重相关的疾病患病率飙升。

1997 ~ 2007 年，年轻人患食物过敏和消化方面的疾病上升了 18%。美国疾病控制和预防中心在 2010 年指出，相较于 1997 年的 3.3%（0.25 亿），目前有 6% ~ 8% 的 5 岁以下儿童和 3% ~ 4% 的成人受食物过敏困扰。

尽管食物过敏是没有方法治愈的，不过有些儿童随着年龄的增长而不再受过敏的困扰。大家经常会将食物过敏与另一个常见现象——食物不耐症相混淆，食物不耐症相对来说没有那么严重，因为它不涉及免疫系统。

对很多人来说，心脏病和肥胖等健康问题，都是不恰当的饮食或者说是发达国家的过度消费及发展中国家的营养不良所造成的。癌症、心血管疾病（包括心脏病和中风），是扼杀发展中国家人民的罪魁祸首。约有1/3可以归咎于不良的饮食习惯和营养问题。而发达国家不健康的饮食和体育锻炼的缺乏使肥胖率节节攀升。在英国，大约有22%的男性和24%的女性是极度肥胖的，这个数量是20世纪80年代的3倍。2400万成年人中，65%的男性和56%的女性处于肥胖甚至过度肥胖。肥胖问题也同样困扰着年轻人和孩子。2～15岁的孩子中有肥胖问题的约占16%。有趣的是，相较于十年前，现在人们摄取的饱和脂肪、反式脂肪和附加糖分已经有所减少。2009～2010年度，英国有近1/4（24.3%）的成年人表示他们每个月运动11～28天。过度肥胖还伴随着高血压、心脏病和Ⅱ类糖尿病等疾病。英国，每年有9000人因过度肥胖而死亡。据估计，英国国民健康保险制度每年用于不良饮食造成的健康问题的开销约为40亿英镑。不良饮食直接与开支挂钩，仅2007年，美国糖尿病病人的花费就高达1740亿美元。

六、西式饮食的农业投入

为了缓解西式饮食带来的巨大压力，传统的密集型农业大量使用农药、化肥，大面积种植食物。这些化学添加物是用不可再生能源生产而成的，虽然能增加产量，却对生物多样性和农场农民的身体有不利影响。

为了获取动物蛋白，仅美国一年就饲养了超过90亿的动物。这些动物中，家禽只吃谷物，而牛羊等食草动物却需要消耗谷物和饲料。美国每年用于畜牧业的粮食饲料已经足够养活8.4亿素食主义者。西方国家人均每天消耗约77克的动物蛋白和35克的植物蛋白，共计112克。而世界健康组织的建议是每天从混合膳食中获取56克蛋白质。显然，西方人所摄取的蛋白质远超出他们身体需要的，这使他们不得不每天增加1000千卡的锻炼来消耗多余的蛋白质。

最优质的牛肉中，每生产1千克蛋白质含大约需要10千克的谷物和大豆，鸡肉中每生产1千克蛋白质大约需要4千克的谷物。在传统的畜牧业养殖中，肥料、除草剂等都属于化石燃料，即不可再生能源。而化石燃料与动物蛋白质

的投入产出比大概是 25：1。这样的能源投入是植物蛋白投入的近 12 倍，每
2.2 千卡的化石燃料就可以生产 1 千卡的植物蛋白。

许多欧洲超市贩卖的廉价肉类和乳制品是经由发展中国家滥用权利和毁坏
环境换来的。最近，爱荷华大学的莱斯利·丹尼斯教授观察了爱荷华和加利福
尼亚北部的 55000 个喷农药的工人，并要求他们描述在 50 种农药下的工作环
境。他发现，持续接触农药会增加患皮肤癌的概率。研究者们利用这些数据，
比较癌症发病率和某种农药的使用率后发现，一个人暴露在其中 6 种农药中超
过 50 天，癌症发病率就会翻倍。这 6 种农药包括 2 种杀菌剂和 2 种杀虫剂。欧
洲议会进行的另一项针对环境、公共健康和食品安全的研究发现，农场农民的
孩子和在农场生活的孩子中，癌症发病率高于常人。电影制作人弗雷德里克·
葛藤，根据尼加拉瓜香蕉工人因使用二溴氯丙烷（DBCP）危害了健康而向多
尔（Dole）水果公司提起诉讼的故事，拍摄了一部纪录片。二溴氯丙烷因致男
性不育而在 1977 年被禁止在美国使用。但是标准水果公司（Standard Fruit），
也就是多乐（Dole）公司的前身，在 1982 年前依旧在美国境外的其他种植园
使用该农药。据报道，这导致种植园内男性工人不育、女性工人流产。现在工
人们正在美国与多乐（Dole）展开法律斗争，希望能获得补偿。

为了在短时间内获得大量肉、鸡蛋、牛奶，人们大量饲养家禽、猪。大豆
因其生长周期短，可以提供廉价的蛋白来源而受到广泛推崇。全球约 97% 的大
豆粉都被用来饲养动物。发展中国家因其廉价的土地价格、不健全的环境保护
和监测机制，腐败的泛滥和农产品出口的低税率而受到青睐，农业企业在生产
过程中使用被欧洲国家明令禁止的转基因大豆。这些耕地频繁使用强效的除虫
剂及其他农药，农药导致环境退化，对附近居民身体产生不利影响。在巴拉
圭，农药的喷洒已经污染了很多农村地区的重要水源，毒害动物，给植物的生
存带来威胁，危害当地居民的健康，包括腹泻、呕吐、基因突变、头疼、视力
退化甚至死亡。

环保机构绿色和平组织根据巴西、中国、欧洲、越南和美国的政府报告、
公司文件和贸易信息报告，编写了一份关于巴西生产的牛肉、皮革和化妆品原
料的全球运输路径报告。该报告指出，因农业而砍伐的热带森林增加了温室气
体的排放量，这甚至超过了全球运输系统的排放总量。畜牛业已经成为亚马孙
丛林最大的威胁，自 1970 年起，已经有 1/15 的热带雨林消失。

拉杰·帕特尔于 2009 年在他的《价格战争：评估地球价值的新方式》一
书中指出，在美国，每生产一个汉堡的真正花费在 200 美元左右。这个计算结
果来源于印度的一家科学环境中心所做的研究。这份研究基于一个前提：汉堡

中的肉来源于曾是热带雨林的牧场。考虑到热带雨林能提供的生态服务，再综合生物多样性、碳固存、水循环、燃料资源和热带资源等损失后，整个汉堡的成本约为 200 美元。

七、动物福利

美国的集中喂养动物方式（concentrated animal feeding operation，CAFO）是工业化喂养的典范。随着肉类消费的逐渐增长，它已开始走向世界。通过将动物限制在最小的饲养空间，用最少的花费获取最快速的成长，但集中喂养动物方式剥夺了动物作为一个生命体最基础的权利。

- 美国近 2.8 亿只母鸡中，有 5% 是在层架式鸡笼中饲养的，每只鸡生存的空间比一张单页信纸还小。
- 动物权益维护者坦普尔·戈兰汀这样形容圈养怀孕母猪的孕厩："就像你整个人都被塞进一辆拥挤的车辆的中间位置，你连到过道里去都不可能。"
- 小肥牛们被关在小箱子里，限制了它们的活动，这可以抑制肌肉的生长以保证肉质的鲜美。它们还会被喂食缺铁的饲料以保持较浅的肉色以吸引顾客。这些小肥牛每天都是单独被关在狭小的空间里，没有同伴，它们短短 4 个月的生命中大部分时间甚至看不到光明。
- 美国有 50% 的奶牛是在密集的圈养中长大的，在被禁止了社交、剥夺了自然行为的情况下，其身心受到了摧残。奶牛在生产之后的 10 个月内可以产奶，为了获得牛奶，饲养员强迫它们连续受孕。

在很多发达国家的人眼中，食品安全是一个保健因素。因为发达国家食物充足，大家便对食品安全提出了更高的要求。只有到失去了食品安全，人们才会意识到它的重要性。

练习题

1. 小组讨论、小组练习或书面作业

概述当今世界农业面临的主要挑战

（1）农业所面临的挑战是如何影响你所处的国家或地区的？

（2）带有批判性地论述农业产出的变化是如何影响你所处的国家或地区的旅游业和酒店业的。

2. 小组讨论或小组练习

传统农业与有机农业

（1）传统农业的优点和缺点分别是什么？

（2）有机农业的优点和缺点又是什么？

（3）找一家提供有机产品的酒店或餐厅，尝试与经理沟通交流，找到更多提供有机食品的好处。

（4）根据自己的发现做一项 10~15 分钟的报告。

3. 小组项目

转基因食品

（1）研究在当地超市出售的所有转基因食品。向你的同学阐述你的发现。

（2）讨论是否有必要对转基因食物使用特定的标签。

4. 小组项目或写作业

动物福利

选择下列问题中的一题并做出回答：

（1）许多素食者认为工厂化养殖是残酷且不必要的。少吃肉才会更健康。你同意吗？

（2）有人认为“今天有这么多的食品恐慌和食品安全问题，就是因为不善待动物”。你同意吗？

（3）许多国家花大量的钱养家庭宠物。而一些人认为钱应该花费在帮助贫穷和饥饿的人们身上。你同意吗？

（4）酒店和餐馆应该定期参观屠宰场以定期检查和监督供应商，以确认它们提供的肉与最终摆在餐盘上的肉没有差别。你同意吗？

参考文献

1. Department for Environment, Food and Rural Affairs（DEFRA）（2006）Food Industry Sustainability Strategy. Available at：http：//www. defra. gov. uk/publication/files/pb11649 – fiss2006 – 060411. pdf.

2. Department of Health West Midlands（n. d. ）Quality, Innovation, Productivity & Prevention：Food. Available at：http：//www. obesitywm. org. uk/resources/FOOD-MAIN-REPORT- jule retyped. doc.

3. International Foundation for Organic Agriculture Movements（IFOAM）（2008）Organic Standards and Certification. Available at：http：//www. ifoam. org/about_ ifoam/standards/index.

html.

4. Patel, R. (2009) The Value of Nothing, London: Portobello Books.

5. Worldwatch Institute (2009) State of the World: Into a Warming World. Available at: http://www.worldwatch.org/node/5984.

资料来源

1. American Hotel and Lodging Association (AHLA): http://www.ahla.com.

2. Conservation International (CI): http://www.conservation.org/Pages/default.aspx.

3. Convention on Biological Diversity (CBD): http://www.cbd.int/convention/text/.

4. Greenhotels: http://www.greenhotels.com.

5. Greenpeace: http://www.greenpeace.org.

6. International Hotel & Restaurant Association (IH&RA): http://www.ih-ra.com.

7. National Restaurant Association (NRA): http://www.restaurant.org.

8. United Nations (UN): Millennium Development Goals. Available at: http://www.un.org/millenniumgoals.

附加材料

请到 http://www.routledge.com/cw/sloan 查阅本书的所有图表、附加案例、问题和可用视频的外部链接。

第8章
可持续的食品问题与食品来源

目标

本章将：

- 理解食品、饮料经营与农业间的关系；
- 解释传统农业问题；
- 阐述可持续农业的不同形式；
- 揭示有机农业问题与限制；
- 理解"食物里程"概念及其对于可持续酒店运作的影响；
- 进一步理解"地区食品系统"的概念及其应用。

一、有机标识

过去的20年中，已经出现了不少关于有机农业的志愿认证项目与标准。除了世界范围内这些众多的单个有机标准外，还有超过60个政府部门编纂了具有技术规章性质的有机标准（国际有机农业运动联盟，2008）。美国农业部（2008）针对那些售卖有机食品的食品加工组织已经建立了一系列国家标准。在欧盟国家，所有有机产品必须通过相关组织的认证，例如英国土壤协会、瑞典有机食品认证中心，以及澳大利亚有机认证机构。这些国家标准的制定，其目的是确保消费者"所购买的有机食物，其生产、加工及认证的标准是与国家有机标准相一致的"（2008）。

按照欧盟生态环保法规的规定，在有机认证条例当中，产品只要含有转基因植物细胞成分就不可以被认定为"有机产品"。被认定为是"100%有机"的食物必须只含有有机产品原料。被认定为"有机"的食物至少应含有

95%的有机产品原料。如果是"含有有机成分"的食物，其有机成分至少应达到70%。

案例分析8.1　德国餐饮与酒店业的生态标识

自2003年起，德国的酒店与零售商就将其食品、菜品甚至整份菜谱都标记上一种生态标识。它们需要按照"生态调整"条例所规定的步骤对其食品的生产制造，甚至是厨房中的最终环节的各步骤进行严格控制，从而才能够获取这项有机认证。如果一份完整的菜品被标记上生态标识，其成分中至少有95%是通过有机方式生产出来的。酒店厨房的管控是非常复杂的，因为食谱中每一样原料的来源都需要去辨认。为了获取这项有机认证，酒店每年需要根据厨房规模大小的不同支付150~600欧元的费用。

资料来源：德国住宿和餐饮协会，http：//www.dehoga-bundesverband.de。

二、有机农业：主要原则

一位英明的美国农民曾经提出：餐饮从本质上来说就是一项农业活动（布瑞，1990）。但是为什么会提出这样的说法呢？这是由于：好烹调是从好农业开始的。饭店的菜肴之所以好是由于制作菜肴的原材料其农业生产实践良好。如果所提供的牛肉食材是源于一头被精饲料、生长激素和抗生素过度喂养而迅速成长，生长在一大群牛群中但其放养空间很小，在高压环境下被屠杀并且年龄很大的牛；又或者是从距离很远的地方运输过来并且是在真空包装中的，那么就算经验再丰富的大厨也无法将它制作成为一份期望中鲜嫩多汁的美味佳肴。这种情况绝不仅仅适用于肉类。然而，农业活动并不只是影响到产品质量，进一步来说，根据农耕方式的不同，还有大量的环境和社会因素会影响到土壤肥力、生物多样性、地下水质量或者是乡村生活幸福度，这里只是举了其中一个例子。

一份名为《有机农业和全球食物供给》的报告（巴杰利等，2007）指出，即使没有会对地球造成破坏的工厂化农场以及生物燃料，人类也可以通过食用健康少肉的餐饮以及用自产饲料代替进口大豆来满足全世界迅速增长的需求。国际有机农业运动联盟（2008）认为，这些问题都可以通过农业方式向更加可持续方向转化得到解决。根据英国土壤协会的说法，有机农业是多个环境效应的产物，例如生物多样性的提高、农药污染的减少、能源使用于碳排放的降低以及垃圾的减少。有机农业能产生各种社会效益和经济收益。

（一）有机农业标准

有人认为全世界对于有机食品和农业活动已经达成了统一的一系列标准。然而，事实却是相反的。目前用于认证"有机"（或者"可持续"）制造的食品规范众多，所给出的关于"有机"的定义也各不相同。各种社团或机构都可以建立各自的有机食品生产标准；然而，在大多数国家，政府机构会给出一个最低标准。自 20 世纪 90 年代起，很多国家都对其农民和食品加工机的生产、加工及粘贴标签实施全国性的规定和条例。其中最显著的例子是《第 834/2007 号欧盟理事会条例》和美国农业部国家有机计划。例如，欧盟将"有机生产"定义为：

"关于农场管理和食物生产的整体系统，结合了最佳环保实践、高层次的生物多样性、自然资源的保护，以及对动物生活质量的高保障条款与消费者对于用天然物质与自然作用生产出的产品的偏爱倾向相一致的生产方式。这种有机的生产方式扮演着双重的社会角色，一方面为了满足消费者，对于有机产品的需求提供了一个特定市场；另一方面为环境与动物保护以及乡村发展提供公共产品。"

（《第 834/2007 号理事会条例》，第 1 页）

美国与欧盟的规定条例十分相似，适用于 90% 的全球有机食品市场，为有机食品的普遍理解提供了很好的范例。从本质上来说，以下是一些它们对于有机的理解以及有机食品与常规食品生产的不同点：

- 大部分合成植物保护剂和矿质氮化肥都不能使用；
- 严格禁止使用转基因生物和电离辐射；
- 包括固氮植物在内的农作物生产，例如豆类（豌豆、苜蓿、蚕豆等），都应进行合适的谷物轮作；
- 需要依据其对于特定环境条件和农业生产实践的适应性选择植物与动物物种，鼓励生物多样性，种植传统且强壮的物种；
- 在植物与动物生产中，鼓励在采取治疗措施之前实施一些保证动植物健康的预防措施（例如反刍动物的均衡饮食）；
- 畜牧业中不能使用抗生素；

- 所有动物必须用100%的有机饲料喂养，饲料中不应包含任何畜产品或生长激素；
- 动物必须进行室外放养，并且所处环境可以让其有条件释放动物天性并保证动物福祉；
- 加工产品，例如便利食品，必须包含100%有保障的有机原料。

总体来说，我们鼓励有机耕种的农夫们通过保护性种植系统来提高土壤肥力、在其土地上建立物质与养分循环、尽可能少地使用不可再生资源及其产品、利用作物轮作以及生产尽可能多的农场上所必需的动物饲料。进一步来说，农场应该为濒危物种或其他物种提供自然栖息地，并促进总体的生物多样性。

（二）生物动力农业

政府机构设置了最低要求标准，但是一些农业协会将有机农业又向前推进了一步——生物动力农业。农民用一种被称为"生物动力的"方式工作，这可以说是一种最严格的真正的可持续农业实践。国际协会"德米特"代表着其中大部分的农民。该协会把整个农场看作一个有机体，其中的植物、土壤、动物和人类都是相互影响、相互依赖的。事实上，你很难找到一个生物动力农场只生产一种或者两种产品。其产物很可能包含多种牲畜、水果、蔬菜和杂粮。农民们通过运用复杂的农场管理系统、顺势疗法喷雾、中药制剂、月运周期来提高土壤肥力和保护动植物不受害虫和疾病的侵害，并促进其自然弹性。有机葡萄酒公司（2012）将这种方法称为"超有机"，并阐述道："它开始于21世纪初，依据的是社会哲学家鲁道夫·斯坦纳的理论。"采用生物动力的农夫们坚信：植物生长被宇宙能量引导，这些宇宙能量经由月亮、星星和星球辐射出来。

（三）综合农业

综合农业可以与有机农业完美契合。用综合方式运作的农场试图将农场的外部投入降到最低，例如肥料或者饲料，充分利用各种牲畜和植物生产系统的协同作用。例如牛群饲养在不利于农作物生产的草地上，牛棚中的粪便又可以作为养分和有机物质丰富的肥料促进玉米的生长。作为回报，一部分收获的玉米可以作为存贮饲料用于在冬天喂养牛群。然而，在大多数国家，"综合农业"不仅没有基于明确的定义，而且没有像术语"有机的"那样在很多国家有法律上的保护。有一些机构可以根据近期研究来提供最新的指导方针，例如综合农业系统中心。然而，它们当然是不具有约束力的。从这个意义上来说，通过

"综合农业"生产出来的食品，可能其生产过程与有机食品相似，或者只是通过常规方法进行生产。

三、为本地农民提供公平价格

工业化国家中的农产品收购价格应相应减少，其原因在于运输费用大幅度降低、发展中国家廉价的食品生产以及大型食品公司和连锁超市数量增加。本地商店渐渐在消失，这给乡村经济与农村社区带来的影响是有害的。

土壤协会（2008）认为，英国的价格结构如不重新审议，那么其有机肉类生产将面临真正的危险。有机牛肉与羊肉的购买价格低于其生产成本，因此，这些有机生产商们将很有可能降低其中的有机成分投入或者停止有机生产。此外，新的条例规定，有机耕种的农夫们要使用 100% 的有机饲料，这使其压力更大。英国 2006 年平均有机牛肉的价格是每千克 2.88 英镑，与之相比，生产的平均价格达到每千克 3.32 英镑（土壤协会，2008）。提高农产品收购价格似乎是确保有机牛肉短期及长期生产的唯一办法。举例来说，德国农民们如今只能获得食品价格的 20%，然而在 20 世纪 50 年代，他们能够获得的份额达到 75%。本地农民需要一种新的可持续分销系统，来获得能够反映真正生产成本的合理价格。

四、有机农业和食品加工的局限性及当前问题

美国与欧盟条例中几乎没有关于包装、运输或者生产的季节性差异的相关条款。那么，在西班牙的隆冬季节，在高度加热的温室中，靠一些低薪的外来员工种植出来的草莓，也可以看成是完美"有机的"，这些草莓用塑料袋包装起来，运送到世界各地的酒店厨房中。因此，这些规定常常由于仅仅局限于生产导向而受到批评。并且，主管部门在监督有机农业与加工的认证时，会出现对一些特殊情况准予不完全遵循既定条款的情况。总之，现行条款存在一些漏洞，让一些人并不 100% 遵从这种有机可持续范式。

一个更普遍的问题是，有机农业是否能作为真正的可持续的食品生产系统，这种整体观念是存在争议的。举例来说，有机农场只能在具有足够有机物质含量和有效养分的土壤上运作。然而，一旦土壤彻底失去了肥力或者受到侵

蚀，无机氮肥的使用可以帮助土壤从一定程度上恢复肥力与有机物质含量，使得有机系统再次运作起来。仅仅依靠有机实践就能够保障土壤肥力的观点也可能具有误导性。除了氮、钾之外，磷也是植物生长的必要养分之一。它只能在世界上的某些特定区域中被找到，大部分是在岩石中，且并不能由植物本身产生出来。传统农业过分依赖磷输入，但是有机农业也是如此。如果磷酸岩这种自然资源被耗尽，农业将面临巨大的挑战。"营养物循环"已经成了有机农业的重要组成部分，到时整个概念需要达到另一个层次才能够保障农业的未来。

案例分析8.2 农业中的人类排泄物

　　最重要的一点是，可持续农业实践依然具有挑战性的目标是营养物循环的终结。营养物使得农场中的土壤足以维持蔬菜、水果、牛奶及肉类等。营养物流失后可以通过使用固氮植物来补充，或者通过补给粪肥与液体厩肥来保证土壤的稳定。然而，这样的方式只能部分地解决流失的养分问题。尤其是在一些发达国家，一大部分农场中所生产出来的用于消费的食物，最终都会到达厕所和排污系统，但都没有得到回收以达到农业目的。这是主要的问题，因为每人每年所产生的厕卫垃圾大约为529千克，所含有的必要营养物，如氮、磷、钾，足够补给230千克的粮食，这个数额也是每人每年消费的粮食量。也许现代社会是时候去重新考虑人们最轻视但具有很高价值的东西了。

　　资料来源：Wolgast M：《循环系统》，斯德哥尔摩，瑞典：WM – ekologen ab，1993年。

　　根据联合国粮食与农业组织，当今肉类食品消费的全球水平、将来的发展预测与其相关的环境影响是另一个严重的问题。20世纪后50年，全球人口增长近1倍，从27亿到将近60亿。对于肉类的需求增长了5倍，从450亿千克增加到2290亿千克。根据推测，到2050年全球将有91亿人口，所需求的肉类数量达到每年4650亿千克。如今，很多能够提供肉类产品的动物都以谷物（例如大麦和黑小麦）或大豆为食，这种所谓的"浓缩饲料"并不是例如青草或干草一类的天然饲料。事实上，这样的肉类产量和工厂化农场经营方式使浓缩饲料成为必需，正是这种饲料的需求造成了对生态系统、生物多样性、牲畜健康和整体环境的严重影响。总而言之，这种系统是违反有机范式的，人们猜想，如果人类的肉类消费不减少，人们不更加偏爱蔬菜和谷物，有机农业就不可能得到发展。

　　最后一个要点是，有机农业常常被人认为产量低于传统农业，不足以维持日益增长的全球人口。如今，问题产生了：有机农业是否能够喂饱全世界？巴杰利等人（2007）做出了一项开拓性的尝试以解答这样一个大胆的问题，并提出了一个备受争议的答案：可以。有机农业在发达国家的产量也许比传统农业要低，但其在发展中国家的产量将会增加。这样就可以在全球市场中得以平衡，并且同时能够对环境影响产生极大的积极作用。然而，这个答案依然饱受争议，只有不到1%的世界农业用地采取有机经营方式，这样的构想无法得到测试。

可持续农业倡议是 2002 年由大型的食品跨国公司所提出的。尽管它并没有能够保障农业实践，但俨然已经成为可持续农业实践发展的有效平台，这种发展的步伐通过知识构建、意识提升、利益相关者参与以及技术支持等活动与食物链协调一致。可持续农业试图将外部的环境和社会消费以及生物多样性内在化。对于那些无法与大公司竞争的小农来说，可持续农业的推广是一种经济发展的重要反响。

咖啡平台就是可持续农业构想的一部分，其目的在于提高咖啡质量、防止咖啡供给过多以及保护环境，从而改善可持续咖啡制造商的状况。设想打算通过大公司和国际共同体（例如欧共体货币、羿锋、卡夫、雀巢、诺伊曼咖啡集团、莎莉集团、奇堡以及沃尔咖啡）来给予一些经济支持。

五、有机农业是否等于可持续农业

要回答这个问题可能需要一整本书的篇幅。概而言之，即使现代有机农业实践有其缺点，但是它们能够在考虑到环境底线时发挥更好的作用。并且，在转变为有机农业时，负面外部效应的减少可能会产生实际上的净储蓄。普雷蒂等人（2005）的研究表明，2000 年英国传统农业的实际外部性成本每年为15.144 亿英镑。如果整个农业部门转变为有机管理，那么外部成本可以降低为每年 3.849 亿英镑。

由于产品按照公平贸易出售，其他的问题，如社会福利，并没有出现在大多数有机认证条例中。有机原则将上述构成解释为一种对有机农业的理解。事实上，可能会有一些其他成员，甚至可能会使一些传统农夫或者没有得到认证的农夫，也几乎按照有机的方式经营。在大多数国家，政府规定和条例只是体现了一种最低标准，其中有时也会存在漏洞以及不严格按照规定标准实施的方式。此外，很少有条例规定季节性、包装和运输。例如，很多发达国家的肉类生产主要是依靠发展中国家的饲料进口，并非不会对其环境造成损害。相较而言，很多农会，例如英国的土壤协会或者是德国的生态土壤农业协会，都对其各自的规定进行了完善，这些规定更加严格，以尝试建立更加完整的有机食品生产整体方案及相应的认证，包括社会福利和公平贸易。因此，"有机食品是不是可持续的"这个问题的答案，一方面取决于有机农业是何种类型；另一方面取决于所知产品的来源是什么地方、通过何种方式以及什么时间获得。酒店和餐厅的厨师们要是想建立一个真正的可持续的环境，就应该知道这个事实。

六、公平贸易食品

公平贸易系统试图建立一个统一的支付给制造商们的价格，这个价格足以使可持续生产保持一个良好的工作条件和生活条件。全球农业企业的发展意味着发展中国家的小农户们无法纯粹从经济方面参与竞争。公平贸易倡议与当地经济发展相呼应，这种可持续方式能够造福全社会。

2001 年，公平贸易网络的联盟组织 FINE 给出了以下定义：

> "公平贸易是基于对话、透明度以及尊重的一种贸易伙伴，它是为了追求国际贸易中更高层次的平等。特别是在南方，通过为被边缘化的生产者和工人提供更好的贸易条件，保障他们的权利，来对可持续发展做出一定贡献。公平贸易组织（在消费者的支持下）积极参与到支持生产商、提高意识以及倡导传统估计贸易规则与实践的变化中来。"

公平贸易可以被看成是资本主义的一种新方式，而且也绝对是市场经济的一部分。对于公平贸易的一种反对意见是：它并不是在试图增大市场份额，只是用一种更加合理的方式分配利润。生产商和农民并没有从既定价格中获得利润，所得到的只是更加严格的劳动法的执行和一些社会福利。这些福利并不像公平贸易拥护者们所说的那么好。尽管价格是有保证的，购买量却得不到保障。公平贸易依旧是有成本的。批发商们需要交税，生产商们需要交一些认证的费用。2010 年，首年的认证费用是 1570 英镑，这个数额是许多贫穷的发展中国家的生产商们所无法支付的。事实上，公平贸易并不是只关注最贫穷的国家，它更愿意让中等收入国家参与其中。在全球，公平贸易产品的市场份额只占到大约 2%。一些大的农业公司批评公平贸易扰乱市场价格，这虽然有些夸大，但也确实可以看出其如今的渗透力。

公平贸易在消除贫困方面具有积极的潜在作用。FINE 组织声明，它们为更多的社区项目筹措资金，如健康中心、学校、道路、环境卫生，以及其他社会服务。根据国际公平贸易标签组织（FLO）的数据，2009 年，提供给公平贸易生产商及以上那些社区的社会发展金约为 6500 万美元，超出了公平贸易价格。

公平贸易并不是给那些能够保障特定社会或道德标准的产品贴上标签的唯一倡议。从宽泛的定义上来说，道德贸易指的是在供应链上对于道德问题，例如人权、环境、劳动力条件，以及动物生活条件等，具有特殊考虑的产品贸易。营利性的或者非营利性的机构与政府和国际组织一起处理道德贸易问题。这种从本质上来说非经济利益的性质是对消费者不断增长的需求的满足。企业倾向于将这些考虑归为企业社会责任这种总体的类别之中。

"雨林联盟"和"鸟类友善"是主要关注对于环境标准执行的倡议。"鸟类友善"标签是一项在咖啡领域及其严格的环境认证项目，因为它结合了植被覆盖以及物种丰富度方面的有机标准。相比较而言，"雨林联盟"是对于咖啡、可可、蕨类植物、木材、切花、水果和茶叶这些环境和社会问题的一种更为宽松的认证条例。严格来说，这两者都不能够称为提供有机生产保证的"生态标识"，但也都在农业和垃圾管理方面做出了良好实践，并且给出了绿植最低覆盖标准。它们所占市场份额虽然依然不高，但是现正处于快速增长之中，一些跨国公司例如拉瓦扎、卡夫、宝洁、金吉达等国际品牌，近期都为其某些产品链开始购买具有"雨林联盟"认证的咖啡和香蕉。

"上等非洲咖啡"将自己定位为"贸易而不是援助"的道德产品，不接受公平贸易这些机构所提供的慈善帮助。星巴克通过评估咖啡生产中的经济、社会、环境问题，来制定富有社会责任的咖啡购买准则。由第三方来监测星巴克对标准的执行情况，而由生产商们负担这部分费用。参与此项目的生产商们也自然会得到高于市场价格的溢价。

消费者需求也带动农场通过特定认证，来保障动物福利。"动物福利评估项目"、"妥当动物福利评估项目"和美国人道协会都监测与保障农场能够人道地在户外大草原中饲养动物。它们所监测的内容包含各种农场活动：人道的动物饲养与管理、食物和水质量标准，以及畜禽舍的舒适与清洁度。

七、来源

21 世纪，西方人所吃的食物一般都不遵从季节性节律，其特征是没有特定来源地。食品业极大地受到了全球化以及现代供应链管理模式和能力的影响。个人以及组织机构消费者们所购买的食物可以是从距离很远的地方运输过来的。食物里程成了这种食品全球化的代名词。

（一）食物里程

食物里程，或者更准确地说，是关于"食品运输"的讨论，其焦点在于与食物运输有关的环境和社会成本，其过程从其产地到加工地、再到批发商、零售商或者饮食业，最终卖给消费者（英国环境、食品和农村事务部，2005）。英国环境、食品和农村事务部归结了一些导致食物里程增加的文化、结构以及商业原因：

- 本地无法种植的食物消费需求不断增长，例如橙汁；
- 反季节产品进口带来消费者全年食物需求；
- 进口食品价格低廉；
- 休闲旅游的增加以及随之而来对于外来食品的接触与需求；
- 外来购物中心的增加以及购物者们的到访；
- 预制食品与加工食品的增长导致加工的集中化，从而往返于工厂与加工地的行程增加；
- 采购流程的简化、供应商体系的减少，以及人们不选择小型当地生产商产品的倾向；
- 消费者生活方式与人口统计特征上的改变，人们更加愿意购买现成食品或者在外就餐；
- 物流服务供应商数量的增加以及它们对于提供不断增长的服务范围的倾向。

食品里程的热度来源于其对环境、可持续农业发展、当地食品系统以及社会经济发展的影响。

食品里程意义非凡，并且数量在不断增加。2002 年统计显示，全球食品里程共有 330 亿车千米，增加了 200 万吨的二氧化碳。食品航空运费只占车千米数的 0.1%，然而食品航空运费却占食物里程二氧化碳排放量的 10%（英国环境、食品和农村事务部，2005）。食物里程的外部成本在温室气体排放、空气污染、噪声、拥挤与事故方面是相当高的。英国每年在食物里程方面必要的基础设施大约超过 90 亿英镑。

与在英格兰东南部售卖的威尔士牛肉相比，欧洲从阿根廷进口有机牛肉所导致的交通排放量是其 8 倍之多。消费者如果想做到环保，那么购买从很远的地方进口的有机产品就不是必要的选择了。选择邻近地方生产的产品也是一个重要方面。此外，新鲜食物产品在储存期间会流失其营养：由于收获到销售之间的时间间隔加大，营养价值就会下降。例如，菠菜如果储存在室温下，24 小时会流失掉 50% ~ 80% 的维生素 C。

根据一些更加严苛的说法，在可持续性方面，食物里程概念并不像现实那样简单。就像英国环境、食品和农村事务部一项名为《食物里程是否是可持续发展的指标》中所讨论的那样，将整个食物里程的一项单一指标作为可持续性的指标并不合理。食品生产系统中的差异性也应当成为考虑的因素，例如，如果进口食品比当地食品的生产过程更加可持续，那么食品运输的影响可以在一定程度上被抵消。因此，从西班牙进口西红柿比在最终消费者附近地区的加热温室中种植，更加节省能源。由于温室气体排放量也取决于交通方式和交通效率，进一步的研究将有必要涉及这些问题。社会经济问题和除二氧化碳排放以外的环境影响也需要考虑到。在解决可持续食物来源的问题上，单单只考虑食物里程以及相关的碳排放并不科学。由于此话题在公众议程排到了较高的位置，"当地食品"俨然成了食品领域一个主流趋势。

（二）当地食品

相关术语纷繁复杂：当地食品、地区食品、再本地化食物系统、当地生产，这些都指的是在一定地区范围内生产、营销和消费的食品。"从田地到餐桌"是被用于描述当地食品系统的一般词汇，即将初级生产者和最终消费者集合到一起，省去中间人与过长的供应链，以此降低过程（食物里程）中的环境影响，并且能够支持当地经济。食品系统的本土化可以被看成是对全球化不利影响的逆趋势。然而，如果认为这样的地区食品或者地区食物来源内在地是可取的，那就太天真了；尽管人们普遍认为，食品系统的本土化与可持续等同。这样的说法被人们批评为"粉饰"，因为它强调了消费者对于新鲜、安全以及生态产品的需求，但缺少一个全局的、整体性的获取负责任的食物来源的方法。然而，是既定系统的议程而不是其规模，决定可持续的程度。对于可持续（乡村）发展和当地食品系统的连通性的理解已经有所发展，其中的要点有：

- 关闭物质和营养循环；
- 减少交通和碳排放；
- 维持乡村地区经济活动和就业；
- 环境保护和景观维护；
- "软"自然旅游的宣传；

- 提升地区价值链；
- 发展地区文化和乡村生活。

相应地，农民/生产者们可以获得的利益有：

- 由于产品不是由批发商渠道或者其他中间人分销的，从而会得到更高的净价（或农产品收购价格）；
- 销售渠道更广泛且经济自主性更强；
- 能够营销一些可能不符合批发商产品规格或需求量的产品，这对生产者们的一些低产、稀有或者传统物种尤其适用，它们通常不能达到国际市场规定的要求（例如蔬菜必须达到特定的形状和大小以符合运输和储存设备的要求）；
- 可以更灵活地选择售卖的方式、时间、地点和人物，这同时也让生产者们接受了一项挑战，看他们是否精通市场营销。

消费者可以获得的利益有：

- 可以不受到食物里程的不利影响，购买到邻近农场种的新鲜季节性食物；
- 由于农民们可以自主选择种植何种产品，消费者可以购买到更加多样化的食品；
- 季节性产品的价格更合理；
- 能够与食品生产者建立一定的个体间的信任关系，甚至有可能影响或者参与农场活动。

在酒店业中，这一点也受到了广泛关注。美国国家餐饮协会近日发表了对1800位厨师的关于"2012焦点问题"的调查。所提到的前10项趋势说明了确切的问题：

- 当地生产的肉类与海鲜；
- 当地种植的产品；
- 健康的儿童餐；
- 超级本地化来源（例如酒店花园）；
- 可持续性；
- 儿童营养；
- 无麸质/过敏类食物；
- 本地生产的酒精类饮品；
- 可持续的海鲜；
- 儿童餐中的全麦项。

当地食品来源的整体概念已经呈现增长势头。全世界餐饮业中，一些宣传当地可持续食品采购的非营利性组织，鼓励厨师们提高食物采购意识，改变消费者行为习惯。美国有一个显著的例子就是成立于 1993 年、具有 12000 位成员的"厨师合作社"，它建立了如下明确的任务：

> "厨师合作社与厨师们以及良好的美食社一起提倡食用当地食品，建立更可持续的食物链。这种合作激励人们将食物信息转变为一种工具帮助人们做出明智的购买决定。通过这些活动，我们的成员们能够响应季节性、保护多样性与传统实践，并且支持当地经济。"

从本质上看，这是一种为了信息交换、建立商业联系与拓宽意识而在厨师（消费者）与农夫（生产者）之间建立起的网络联结，也是一种通过农夫与厨师间的交流而产生的教育功能，或是通过一项最佳实践范例将其转化为能够被所有合作成员使用的工具。其中一个典型的例子，就是"绿色厨师蓝色海洋计划"。该计划由厨师合作社与绿色海洋组织共同发起。厨师可以学习到如何选择负责任的海鲜产品以及如何寻找其来源，获得很多新食谱，同时获取最新鲜的海产品知识。

案例分析8.3　费尔蒙特酒店与度假村将过去的本地烹饪方法融入到新的超级本地菜单中

关于费尔蒙特酒店与度假村

费尔蒙特酒店与度假村坐落于全球各地的世界级旅游地，是包括了标志性地区的著名酒店集合，例如伦敦萨沃耶酒店、纽约广场酒店和上海和平饭店。费尔蒙特旗下有超过 60 家酒店，以其温暖、具有吸引力的服务和丰富的文化经验而著名，其经典酒店融入了传统、高贵和社会重要性元素，并且凭借自身实力成了人们选择的目的地。作为社区和环境的领导者，费尔蒙特也采取了负责任的旅游实践以及优等的绿色伙伴计划。费尔蒙特由 FRHI 控股有限公司持有，这是一家吸纳了 100 家酒店的全球领先酒店公司，其中包括费尔蒙特酒店、莱佛士酒店和瑞士酒店等品牌。公司还经营费尔蒙特与莱佛士酒店的品牌地产与豪华私人住宅俱乐部（www.fairmont.com）。

在 2009 年的多伦多，费尔蒙特开始走向当地。费尔蒙特酒店采用可持续食物来源，通过采用当地羊肉与鸡肉响应"走向当地"的号召，让用餐者自选食物并且创造一种新方法制作自制豆腐。长期采用绿色、新鲜、健康的烹饪方法，酒店是首个建立自己的草本植物园和蜜蜂蜂房的品牌之一，并且首创了许多项目，使田地到餐桌的距离比以往更近。

　　根据费尔蒙特的整个绿色烹饪法项目需要，迎合特定的当地与地区需求。魁北克市芳提那城堡酒店的厨师长吉恩·索罗德最近多养了5只母鸡，它们是居住在酒店的蜂蜜的新邻居。这些100%在魁北克当地长大的母鸡是由厨师长精心挑选出来的，被饲养在一个与酒店建筑相称的铜顶屋子中，用有机粮食喂养，每只母鸡每天大约能产一枚可以送上酒店餐桌的鸡蛋。

　　加利福尼亚州的费尔蒙特纽波特海滩酒店常常追求的是最好的当地产品，最近它们又饲养了7只山羊。它们与德雷克农场山羊奶制品合作，母山羊们在这里居住，由经验丰富的农场主和工作人员照料，酒店的厨师长也会定期拜访。农场用山羊奶制作有机可持续的干酪，厨师们把这些干酪带到酒店，用来制作酒店以及客房的客人们享用的菜肴。费尔蒙特纽波特海滩酒店参照蒙特利尔的费尔蒙特伊丽莎白酒店的做法，它们2010年饲养了2只山羊，其中一只名叫白雪公主。当这些山羊居住在当地干酪厂时，所生产出的干酪被运送到海狸俱乐部与费尔蒙特商店制作菜肴。

　　在匹兹堡费尔蒙特酒店，除了当地特有的土鸡蛋外，哈比塔特餐厅的行政总厨安德鲁·莫里森还为顾客提供纯草饲养的牛肉。伯恩斯·安格斯农场每星期都会定期向酒店提供纯草饲养牛肉，以便于酒店的厨师们能够有充分的时间进行烹饪准备。厨师们把牛宰杀后，将牛排切块、烧烤，或捣碎牛肉，而牛骨则将用于熬制原汤。从牛肉到牛骨，每一部分都被厨师们充分利用。印有酒店LOGO的自产肥皂则是用椰子油、碱液、自然香料和废弃的牛脂制成的。牛肉是肯尼亚的主食之一。为了帮助当地农民延续美食记忆，厨师休伯特·马拉斯致力于在肯尼亚寻找最优质的牛肉。莫兰达特农场精心选育安格斯农场的杂交公牛，经过180天的特殊工艺饲养，再经过21天的牛肉干燥加工流程提升每块牛肉的味道和质感，产出了所谓的"白金牛肉"。最近，胡贝尔厨师首次展出了来自莫兰达特农场的这种"白金牛肉"。

　　从华盛顿到中国，为了得到新鲜的当地蜂蜜供应厨房，很多商家都开始在自家的植物园养殖蜜蜂或者与当地公园或组织合作养殖蜜蜂。昆山阳澄湖费尔蒙特大酒店在阳澄湖畔开了一个80公顷的有机草本植物园和蔬菜种植园。最近，酒店在植物园中搭建了10个蜂巢并引进了2500只蜜蜂。这些蜜蜂在每年的春季能为酒店提供大约40千克蜂蜜。在西雅图，费尔蒙特奥林比克大酒店计划在酒店的屋顶搭建5个蜂巢。而在附近的费尔蒙特维多利亚女皇大酒店，坐落在酒店世纪花园的10个蜂巢已经搭建完成。目前，近20个分布在世界各地的费尔蒙特酒店正如火如荼地执行着蜜蜂养殖计划，而费尔蒙特碧玉公园酒店、南安普顿费尔蒙特酒店，卡尔加里帕理泽费尔蒙特酒店和加利福尼亚费尔蒙特纽波特海滩度假酒店都在计划着搭建蜂巢。

　　多伦多的费尔蒙特皇家约克大酒店在屋顶养殖蜜蜂已经有些年头了。最近，酒店与米尔街啤酒厂进行合作，制作出了名为"皇家毒刺"的蜂蜜啤酒。为了酿造这种蜂蜜啤酒，酿酒师需要在啤酒出售配送之前的时刻加入费尔蒙特皇家约克酒店的屋顶蜂蜜。费尔蒙特酒店的厨师们则将蜂蜜利用到了极致。在温哥华，费尔蒙特环太平洋大酒店的厨师们，通过自身努力研发出了特色豆腐。这种自产豆腐甚至能够让顾客品尝出大豆风味的细微差别。在烹调萝卜、芥蓝、香菇时，加入酒店的自产豆腐，则另有一番独特的鲜美风味。

一些费尔蒙特酒店甚至在海底寻找当地的特色美食。费尔蒙特电池仓酒店就是这样一家酒店。酒店为顾客提供了龙虾船游览观光的机会。顾客可以乘坐龙虾船进行一次短途旅行，每一艘龙虾船都配备了一名费尔蒙特酒店的厨师。顾客可以在龙虾船中学习如何划船、如何制饵、如何下竿等。经过一天的海上旅行，顾客都满载而归，这些劳动成果经过厨师们的加工后，将变成他们的晚餐。

在多伦多，费尔蒙特皇家约克大酒店的 EPIC 餐厅最近正在引进一项新的计划——龙虾标签计划，这将使得龙虾从捕获到出现在餐桌上的每个环节都被标记并可追溯。当渔夫们将鱼虾送上岸后，他们将每一条鱼或者一批鱼打上一个区别条码，捕捞者、捕捞地、捕捞时间、捕捞方式等信息都将打入条码中，并上传至 http://www. thisfish. info 网站中。用餐者可以通过这个网站了解在整个供应链中，他们盘中的龙虾的处理和加工细节等信息。

案例分析8.4　地区来源与旅游业：一种可持续的合作关系

2008 年，德国的西南部，博登湖在施瓦本附近一个 850 平方千米的丘陵与乡村地区，被联合国教科文组织及其人类与生物圈项目标记为"生物圈保护区"。施瓦本因此被认为是能够协调保护人类与自然间生物及文化的多样性以及经济社会发展的地方，能够测试与展示将可持续发展从地区发展到国际的新方法。然而，这些获得的利益是需要履行职责的：大片的林地不能被人们以任何方式使用或改变。农业生产（耕作、饲养动物以及狩猎）是被允许与鼓励的，但只能以环保并且可持续的方式进行（例如不能使用农药和除草剂），并且只能在之前已被用于农业生产的土地上进行。也就是说：施瓦本已经完全成为可持续地区，具有无限的机会，并且成为具有吸引力的区域性、国家性甚至是国际性旅游目的地。

迄今为止，施瓦本依然努力使自己能够在旅游市场中取得成功，三个公共资金资助的旅游机构宣传推广这个地区，认为它是"一个，并且是唯一一个"通向土地与人类的旅游门户。然而，大部分的旅游焦点都聚焦在其邻近的黑森林地区，其生动的文化遗产、独特的手工艺品以及精美的佳肴（其特点是很多具有德国米其林星级的酒店级餐厅）被国际认可。如今，时代似乎有所转变。2010 年，5 家酒店联合起来以重现"生态圈主办方"联盟。它们的目的是共同推广它们种植的地区性美食，以来自生态圈地区或者至少是来自州内的食品来源为特点，同时加大了施瓦本的旅游吸引力。

成为联盟成员需要履行两项主要职责：

第一，认证后的两年内酒店50%的食品来源都应为生态圈区域。但是来源地可以是标记为"生态圈区域合作伙伴"的生产者。并且超过50%的饮料（酒类、雪碧和果汁）与超过6份菜肴的原料需要来源于巴登符腾堡州内。

第二，酒店（与附近餐厅）需要接受 EMAS 认证（欧盟生态管理与审计条例）。这项认证包含了对企业内所有有可能对环境造成损害的活动/设备进行全面的检查（例如清洁剂的使用、废品管理、能源使用），以及将有危险的活动/物质/设备替换为环保产品，并附有审计方案的介绍。

资料来源：Biosphaeren Gastgeber, http：//www.biosphaerengastgeber.de；Biosphaerengebiet Schwabische Alb, http：//www.biosphaerengebiet-alb.de；EMAS, http：//www.emas.de/meta/English/。

八、区域性来源：酒店的战略方针

食品的地区性来源对酒店的三重底线具有很大的积极影响。然而，酒店老板在看到越来越多地采用当地食品来源的同时也要考虑到其更大的管理问题。

"地区的"或者"当地的"这些表达方法并没有被严格定义。目前还没有一个世界公认的区域性产品标签。关于区域性食品的构成条件可能会因人而异，顾客、从业员工与其他酒店利益相关者都会对这一概念持不同的观点。因此，酒店经理需要认真思考如何才能定义它们的特点地区以及这个定义如何向客户解释以避免出现信誉问题。

第一，定义范围。一旦酒店确定了地区范围，厨师们就应当考虑什么样的食品原料需要来源于当地。一些地区能够给当地来源产品提供更多的选择。这取决于地理与天气条件与可提供的农业基础设施。在一些地区，在酒类产品上采用当地来源可能并不明智，然而在另一些地方可能就是一种必需的选择。此外，一些地区好的产品可能会集中在夏天，而冬天就什么都没有了，厨师就不能一直都采用当地来源，但消费者必须要对此知情。

第二，建立战略合作网络。为了能够成功采用当地来源，酒店需要寻找合适的战略合作伙伴。与主要原料供应商的持续合作关系能够降低风险，防止主要供应被切断。合作伙伴，例如当地农夫或者加工者应该是可信赖的、灵活的、能够提供一定质量的并且具有透明的定价政策的。反过来，酒店可以为农夫或者加工者们提供宣传自己的机会。其他战略合作伙伴可以是厨师联盟和其他利益相关者组织，例如消费者利益组织慢食运动或食品媒界。它们在宣传酒店活动以及提供培训和教育团队成员中扮演着重要的角色。

第三，保持产品质量。仅仅提供当地食品既不意味着对酒店有益，也不能够产生可持续的影响。当地食品应当总是保持高质量。产品的口味在本地化食物中是被人们忽视的。永远选择最佳现有产品并且竭尽全力用其作为食品来源。同时具备好口味与地区来源才能成为真正的酒店独特卖点。

第四，决定交流策略。一些顾客可能想要知道你的食物从哪里来，他们会寻找一个明确售卖当地食品的饭店。服务人员及厨师需要经过良好的培训，能够给出特定食品的具体信息：其方式、地点、来源方以及它的特点是什么。另一些顾客可能并不认为当地来源是他们所需要的酒店类型的重要属性。所以考虑当地因素是否能够对整体酒店策略具有附加价值并且如何相应地进行交流。

案例分析 8.5　活跃在费尔蒙特大酒店屋顶上的小蜜蜂：养蜂场和厨师使得蜂蜜出现在了酒店的菜单上

20 多年来，费尔蒙特度假酒店都坚持着保护环境的理念。而酒店经常用创新性的方法加强"环境友好型绿色合作计划"则被认为是它们遵守保护环境这一承诺的一种举措。随着蜂群崩坏症候群在北美地区越来越受到关注，费尔蒙特酒店敏感地意识到可以通过设置屋顶花园来帮助蜜蜂。这一做法不仅使得有足够多的蜜蜂对区域范围内花园和公园的鲜花进行授粉从而保护环境，也让费尔蒙特酒店收获了大量的蜂蜜。这些蜂蜜经过大厨的加工，摇身一变成了酒吧和餐厅中极具当地特色且美味的蜂蜜美食。这一成功案例使得费尔蒙特酒店将屋顶养蜂这一做法迅速推广到北美以外的其他地区，例如肯尼亚和中国。

下面是已加入屋顶养蜂计划的各区的费尔蒙特酒店清单。访客也可以通过在线访问 http://www.fairmont.com/promotions/fairmontbees 网站来了解费尔蒙特酒店屋顶养蜂计划。

1. 美国

2009 年夏天，数以千计的意大利蜜蜂漂洋过海来到了它们的新家：位于华盛顿费尔蒙特大酒店屋顶的 3 个新建蜂巢。酒店给每个蜂巢都取了一个亲切而有趣的名字，分别是卡萨贝拉、卡萨布兰卡和卡萨比安卡。这些新到来的蜜蜂给费尔蒙特酒店的厨房和能够提供新鲜草本植物、鲜花及其他植物的花园带来了实实在在的好处。2009 年秋天，华盛顿费尔蒙特大酒店第一次收获了它们的蜂蜜。

数据显示：现在，居住在卡萨贝拉、卡萨布兰卡和卡萨比安卡中的意大利蜜蜂有105000只之多，它们每年可以为华盛顿费尔蒙特大酒店贡献45千克的蜂蜜。

为了让厨房产品更加健康、供应稳定且富有当地特色，圣弗朗西斯科费尔蒙特大酒店于2010年的6月份在其90平方米的厨房花园中建造了4个蜂巢，每个蜂巢可供5万只蜜蜂同时居住。这些来自附近元帅农场的蜜蜂以草本植物和薰衣草为食，同时也为酒店提供了美味的蜂蜜。酒店的行政总厨福斯特通常会将收获的蜂蜜用在下午茶、鸡尾酒会和酒店三个餐厅的主菜和甜品当中。

数据显示：居住在圣弗朗西斯科费尔蒙特大酒店4个蜂巢的蜜蜂多达5万只，每年可为酒店贡献54~68千克的蜂蜜。

达拉斯费尔蒙特酒店的金字塔餐厅酒吧名声在外。餐厅酒吧的厨师们钟情于富有季节性和当地特色的食材。餐厅酒吧早在2008年就搭建了一座屋顶花园，并在之后的一年里加盖了温室。2010年酒店又在屋顶花园中架设了蜂巢。酒店行政总厨安德·纳特瑞和得克萨斯州蜜蜂协会在一年里能够收获多次蜂蜜。这些蜂蜜成了安德·纳特瑞制作当地干酪片、克拉夫蒂蓝莓、樱桃萝卜、西瓜布丁等美食的关键风味调料。

在西雅图的费尔蒙特奥林匹克大酒店，厨师们也已在酒店的屋顶花园内搭设蜂巢。在2012年春，蜂巢产出的蜜蜂就已经过厨师们的双手转化为乔治亚餐厅内的美食。行政总厨加文·斯蒂文森是屋顶养蜂计划的带头人，而巴拉德蜜蜂公司的城市养蜂人库克·路斯特尔则是该项计划的顾问。

数据显示：很难估算费尔蒙特奥林匹克大酒店的蜜蜂到底能产多少蜂蜜。但可以明确的是，一窝健康的蜜蜂能够出产14~18千克蜂蜜，而5个蜂巢则能够容纳50万只蜜蜂居住。

2011年，位于加利福尼亚的费尔蒙特纽波海滩大酒店在地面停车场中发现了5个蜂巢。酒店并没有驱逐和剿灭它们，反而对它们进行了妥善安置。酒店打算将这些蜜蜂重新安置在更加安全的屋顶上，在此之前，蜜蜂们将受到酒店"养蜂合伙人"在后院的悉心照顾。酒店行政总厨扎德·布伦斯顿则让这些蜜蜂生产的蜂蜜出现在了凤竹餐厅的自助晚餐、宴会菜单、客房送餐菜单之上。同时，这些蜂蜜还将用于VIP客人的迎宾服务中。

索诺玛州的蜜蜂数量自1980年后锐减了90%。为了保护索诺玛山谷蜜蜂，索诺玛费尔蒙特水疗酒店与马歇尔农场进行了一系列的合作。酒店行政总厨布鲁诺·蒂森在酒店区域范围内搭建了多个蜂巢。而蜂巢中出产的蜂蜜则将用来制作汤、沙拉调料、甜点、冰激凌，并出现在米其林星级餐厅的健康菜单中。一种将模具涂抹蜂蜜并把奶油冻放在上面烘焙的食品一出现在健康菜单上就受到了众多关注。

数据显示：每一个蜂巢能够容纳5万只蜜蜂。当这些蜂巢全部建成后，居住在此的蜜蜂每年能够生产大约113千克的蜂蜜。

2. 加拿大

坐落于多伦多的费尔蒙特约克皇家大酒店在 2009 年的夏天对其设在酒店屋顶上的养蜂场进行了扩建，蜂巢的数量由原本的 3 个变成了 6 个。在 2009 年召开的皇家农业冬季博览会上，费尔蒙特约克皇家大酒店所产的蜂蜜在所有黑蜂蜜中排名第三。而在 2008 年它们甚至取得了第二名的好成绩。2008 年 6 月以来，屋顶的 14 层蜂房总共为酒店带来了共计超过 171 千克的蜂蜜，这些蜂蜜通常都变成了令人垂涎欲滴的美食佳肴。而为了能够持续稳定地向顾客提供新鲜的蜂蜜，酒店选择了与多伦多蜜蜂养殖食品股份公司合作搭建了屋顶蜂房。屋顶蜂房被看作是屋顶花园 10 年来的自然延续。

数据显示：居住在费尔蒙特约克皇家大酒店 6 个屋顶蜂房中的 35 万只蜜蜂每年能够生产出 218 千克蜂蜜。

特产："皇家毒刺"是米尔街啤酒厂选用该酒店出产的蜂蜜制成的特色啤酒。这种啤酒只能在酒店的餐厅和米尔街啤酒厂找到。

两个多世纪以来，新不伦瑞克·圣安德鲁斯的阿冈坤费尔蒙特大酒店接待了许多王室成员。2008 年，阿冈坤费尔蒙特大酒店再次迎来了一位"皇后"，但这次与以往都不相同，这次迎接的是一只蜂后。这只蜂后将要在酒店的浪漫花园中定居下来。此后，酒店附近占地 11 公顷的园艺杰作——Kingsbrae 公园成了蜂后和其子民的游猎场所。酒店出产的蜜蜂有的直接卖给客人，有的则变成酒店行政总厨赖安·邓恩手中的杰作并被展示在酒店 3 个不同的餐厅中，作为阿冈坤费尔蒙特酒店传统下午茶的一部分。

数据显示：阿冈坤费尔蒙特酒店的 4 个蜂巢中一共居住着 20 万只蜜蜂。

这些蜜蜂每年为酒店创造的蜂蜜达 68 千克之多。

特产：游客可以在纪念品商店买到当地的蜂蜜。

温哥华的费尔蒙特海滨大酒店的第三层平台搭建有 6 个蜂巢。对它们来说，能与这 6 个蜂巢共享酒店的草本植物园是件值得高兴和骄傲的事情。2008 年酒店迎来了它们第一次的蜂蜜收获，收获的蜂蜜全部来自其中的 3 个蜂巢。2009 年，第 4 个蜂巢也开始出产蜂蜜了，这个蜂巢的蜜蜂原来是生长在酒店附近的斯坦利公园内的野蜂。2011 年，酒店搭建了第 7 个蜂巢，至此，温哥华费尔蒙特海滨大酒店的蜜蜂数量超过了 50 万只。每到周末，蜜蜂养殖协会的会长格雷姆·伊凡斯就会邀请酒店的顾客参观蜂巢和草本植物园。

数据显示：温哥华费尔蒙特海滨大酒店的 6 个蜂巢中一共居住着 50 万只蜜蜂，这些蜜蜂每年为酒店带来了 270 ~ 360 千克的蜂蜜。

特产：温哥华费尔蒙特海滨酒店与不列颠哥伦比亚省（位于加拿大西部）的著名巧克力制造商进行合作，共同开发了蜂蜜松露和"蜜蜂的膝盖"等特色食品。顾客只需支付 15 加元，就能享受到酒店提供的牛奶、黑巧克力，以及独具特色的咸味奶油糖果、香草和肉桂等风味点心。

最近，坐落于魁北克省的费尔蒙特乐芳提娜城堡酒店的屋顶花园引来了 4 只蜂后。该酒店的每个蜂巢都能容纳 7 万只蜜蜂。这些蜜蜂每年所产的蜂蜜供应整个酒店使用都绰绰有余。而余下的蜂蜜将会在费尔蒙特品牌商店中出售。除了冬季外，酒店每个季节都能收获一次蜂蜜。收获的蜂蜜将用来制作酒店特色的蜂蜜宴会，或是变成了乐芳提娜城堡餐厅中晚餐的原材料。

数据显示：4 个蜂巢的 7 万只蜜蜂每年为酒店提供了 295 千克的蜂蜜。气候将决定蜂蜜的最终产量。

特产：顾客可以在商店买到酒店自产的蜂蜜。

在可持续发展举措与维护保护环境的承诺方面，费尔蒙特温哥华机场酒店总有自己的突发奇想。麦克唐纳海滩公园距离酒店只有 5 分钟的路程，酒店的管理者们选择在这里搭建了 52 个蜂巢。生活在这 52 个蜂巢中的蜜蜂多达 100 万只。目前，费尔蒙特温哥华机场酒店正与蜜蜂养殖中心合作养蜂。预计这 100 万只蜜蜂将给酒店带来 1 吨的蜂蜜收获。酒店的厨师团队正在计划打造一个蜂蜜制品的盛宴，同时不断地开发蜂蜜的新用途，例如适合茶、咖啡、酸乳、华夫薄饼、调味剂、鸡尾酒的蜂蜜甜味剂。

数据显示：居住在 52 个蜂巢中的 100 万只蜜蜂每年为酒店提供了 1 吨的蜂蜜。

特产：在费尔蒙特温哥华机场酒店，游客们花上 16.99 加元就能够获得一瓶（500 克）加拿大 1 号琥珀蜂蜜。

不是每家酒店都能享受接待国王和王后的权利和荣幸，不列颠哥伦比亚的费尔蒙特维多利亚女皇大酒店则享有接待女皇和国王的特权。在 2011 年 5 月 26 日，酒店迎来了一位特殊的"女皇"——蜂后和其 40 万"子民"。蜜蜂们被安置在了酒店的世纪花园的 10 个蜂巢中，它们还将负责在维多利亚女皇酒店其他花园进行授粉工作。这些卡尼鄂拉蜂和意大利蜜蜂预计将出产超过 450 千克的蜂蜜。这些蜂蜜将成为酒店餐厅的食材。酒店世界级的下午茶服务所用的食材就是来自这些蜜蜂的辛勤劳动。酒店的蜂巢全部由卑诗省萨利蜜蜂养殖中心的养殖专家约翰·吉贝乌提供，他同时还管理着温哥华费尔蒙特大酒店的蜂巢。酒店蜜蜂养殖计划的优秀策划者是酒店新来的首席执行官卡马尔·席尔瓦，他还是费尔蒙特温哥华机场大酒店蜜蜂养殖计划的发起者和倡导人。

数据显示：酒店的 10 个蜂巢中居住着大约 8 万只卡尼鄂拉蜂和意大利蜂。这些蜜蜂每年将给酒店带来大约 450 千克的蜂蜜收益。

费尔蒙特碧玉公园度假村的行政副总厨科里·莱德瑞正筹备着在酒店内部搭建蜂巢。如果进展顺利，这些蜂巢将在来年的春季初次亮相。酒店屋顶的蜂巢搭建工程在 5 月末就已开展，科里和他的学徒将担任酒店的蜜蜂养殖工作。酒店甜品制作部门制作的各种美味烘焙食品用到的部分原材料就来自自家生产的蜂蜜，这些烘焙食品将用于供应自助早餐和其他室内休闲娱乐项目。

卡尔加里费尔蒙特帕理泽大酒店的厨师团队在 2011 年 4 月从新西兰引进了两个蜂巢，它们分别被命名为蜜蜂先生的甜蜜旅店和蜜蜂小姐的幸福港湾。两个蜂巢搭建在加拿大萨斯卡通市阿尔伯特地区一个叫 De Winton 的小村庄中。村庄周围的蒲公英和红梅花则成了蜜蜂们的食物和蜂蜜的主要来源。这些蜂蜜被广泛地用于制作厨房和甜品小屋的美食。酒店的管理者希望通过这些美味的蜂蜜制品来提高顾客的味觉体验。

数据显示：两个蜂巢共计居住着 10 万 ~ 12 万只蜜蜂，这些蜜蜂每年能给酒店带来 90 千克的蜂蜜收益。

3. 亚洲

昆山阳澄湖费尔蒙特大酒店最近搭建了 10 个蜂巢，蜂巢中的蜜蜂将为这家和阳澄湖同名的酒店供应优质蜂蜜。酒店聘请了一位有着 15 年蜜蜂养殖经验的专家专职负责照顾酒店的蜜蜂，驯化从苏州西部的山区引进的野蜂。酒店占地 80 公顷的植物园和蔬菜种植园为蜜蜂们提供了理想的清幽环境。在春季的产蜜期，蜜蜂们每天能给酒店带来大约 40 千克的蜂蜜，这使得酒店在制作甜品和菜肴时有充足的蜂蜜供应。

数据显示：阳澄湖费尔蒙塔特大酒店有 10 个蜂巢，共计 25000 只蜜蜂。这些蜜蜂在产蜜旺季时，每天能给酒店带来 40 千克的蜂蜜收益。

北京费尔蒙特大酒店的食材几乎都由本地的食品供应商供应。可是最近，酒店正忙着从中国的各个地方引进优质的蜂蜜（多数蜜蜂来自香格里拉农场）。得益于这项蜜蜂养殖计划，农场的农民将得到免费的技术支持、专业工具和培训机会。

4. 非洲

费尔蒙特肯尼亚狩猎俱乐部酒店正与有着 17 年蜜蜂养殖经验的当地养蜂人斯蒂芬·马查理亚合作，为酒店的客人提供新鲜的蜂蜜和蜂蜜制品。斯蒂芬将从肯尼亚山区中引进并驯化野蜂。到 6 月份，酒店将拥有 6 个蜂巢，酒店附近的肯尼亚山区森林中的花朵将成为蜜蜂们最佳的授粉对象。每个蜂巢能容纳 4000 只蜜蜂，并出产大约 30 千克的高质量蜂蜜。酒店预计在 9 月份就能迎来它们的第一次蜂蜜收获。而在 6 月份，酒店计划让斯蒂芬为顾客提供关于蜜蜂和蜂蜜制品、蜂蜜美食的知识讲座。

数据显示：酒店的 8 个蜂巢中共计居住着 32000 只蜜蜂。

5. 墨西哥和百慕大群岛

利维亚玛雅的费尔蒙特悦榕庄酒店养殖当地蜜蜂从某种程度上来说在所有费尔蒙特酒店中都是独一无二的。2010 年，在联合国基金组织的牵头下，酒店与一个名为 "Flor de Tajonal" 的养蜂协会合作搭建了一个养蜂场。养蜂场中的马里卜那蜂是一种濒临灭绝的特殊的蜜蜂，这些蜜蜂生产的蜂蜜具有特殊的药用价值。这种蜜蜂没有蜂刺，是尤卡坦半岛的"原住民"，和欧洲蜂相比，这种蜜蜂的体形显得略微瘦小，而且所产的蜂蜜也不甜。1000多年来，马里卜那蜂一直就是玛雅文明和玛雅宗教中不可缺失的部分，而在今天，马里卜那蜂产出蜂蜜则被用于消除白内障、预防咽喉感染、松弛母亲在分娩期间的肌肉。除了制作菜品和饮料外，马里卜那蜂蜜还被用于水疗当中。

数据显示：酒店只有1个蜂巢，居住着大约5000只马里卜那蜂。这些蜜蜂每年能为酒店创造大约1千克的蜂蜜产量。酒店的管理者计划在未来几年内搭建第2个蜂巢。

位于百慕大群岛的费尔蒙特南安普顿大酒店正致力于保护百慕大的自然资源。作为保护工作的一部分，酒店在南海度假胜地与当地的养蜂人合作搭建蜂巢。由于近年来百慕大蜜蜂数量的锐减，蜜蜂养殖工程将通过持续的努力增加小岛上健康蜜蜂的数量。同时，酒店还计划将蜜蜂养殖地打造成一个旅游景点，当地居民和游客能够在游览蜂蜜养殖地的过程中了解蜜蜂在小岛农业中的重要作用以及蜜蜂为小岛的可持续发展和食品健康做出的贡献。养殖场出产的蜂蜜供应着酒店的8个餐厅。

练习题

1. 小组讨论、小组项目或书面任务

计算里程

享用一顿有代表性的餐饮（例如假日用餐或者在自助餐厅用餐），了解食物原料、原料来源并且计算一份菜肴的食物里程。与同学交流你的结论并且讨论减少里程额的方法。

2. 小组讨论或小组项目

农业挑战与酒店业

全球农业危机将要出现。这将不可避免地对酒店业日常运作产生影响，酒店业如何应对这样的挑战？

3. 小组活动

拜访超市、有机市场与本地农夫市场

（1）拜访一个本地超级市场并且记录下一些主要的新鲜原料（产品、水果）及其购买价格。再拜访一个有机商店与一个本地农夫市场做相同的记录。在班级中对你的结果进行比较。

（2）对各种原料的口味做出比较（盲测）。找出口味更好的那种原料。

4. 小组研究与讨论

关于食物的问题

对以下问题给出答案并认真讨论：

（1）农业有哪些不同类型以及它们与可持续农业的区别在哪里？

（2）酒店经理为什么要考虑农业实践与食品来源问题？

（3）有机农业的主要原则有哪些？

（4）你认为酒店在采用有机食品来源的同时声称其是一个完全可持续的酒店的问题有哪些？

（5）阐述关于酒店三重底线的地区食品来源的含义与限制。

（6）食物里程概念是什么以及它与全球化的关系是怎样的？

参考文献

1. Badgley, C., Moghtader, J., Quintero, E., Zakem, E., Chappell, M. J., Avilés - Vazquez, K., Samulon, A. and Perfecto, I. (2007) 'Organic agriculture and the global food supply', Renewable Agriculture and Food Systems, 22: 86 - 108.

2. Berry, W. (1990) 'The pleasures of eating', in W. Berry, What Are People For?, New York: North Point Press. Available at: http: //www. ecoliteracy. org/essays/pleasures - eating.

3. Department for Environment, Food and Rural Affairs (DEFRA) (2005) 'The validity of food miles as an indicator for sustainable development'. Available at: archive. defra. gov. uk/ evidence/economics/food/farm/. . . /food m ile. pdf.

4. Department for Environment, Food and Rural Affairs (DEFRA) (2006) 'Food industry sustainability strategy'. Available at: http: //www. defra. gov. uk/publications/files/pb11649 - fiss2006 - 060411 . pdf.

5. International Foundation for Organic Agriculture Movements (IFOAM) (2008) Organic Standards and Certification. Available at: http: //www. ifoam. org/about_ ifoam/standards/index. html.

6. Pretty, J. N., Ball, A. S., Lang, T. and Morison, J. I. L. (2005) 'Farm costs and food miles: an assessment of the full cost of the UK weekly food basket', Food Policy, 1: 1 - 19.

7. Soil Association (2008) Organic Food and Farming Report, Bristol: Soil Association.

8. The Organic Wine Company (2012) Organic Wines 101. Available at: http: //www. the organicwinecom pany. com/owc/pages/organic_ 101 . shtml.

9. United States Department of Agriculture (USDA) (2008) National Organic Program. Available at: http: //www. ams. us. da. gov/AMSv1. 0/getfile? dDocName - STELDEV 3004446.

资料来源

1. Blue Ocean Institute：http：//www. blueocean. org.

2. Center for Integrated Agricultural Systems：http：//www. cias. wisc. edu.

3. Chefs Collaborative：http：//chefscollaborative. org.

4. Department for Environment, Food and Rural Affairs (DEFRA)：http：//www. defra. gov. uk.

5. European Commission on Organic Agriculture：http：//ec. europa. eu/agriculture/organic.

6. International Assessment of Agricultural Knowledge, Science and Technology for Development (IASSTD)：Synthesis Report. Available at：http：//www. agassessment. org/.

7. International Federation of the Organic Movement (IFOAM)：http：//www. ifoam. org.

8. National Restaurant Association：'What's Hot in 20127'. Available at：http：//www. restaurant. org/foodtrends.

9. Soil Association：http：//www. soilassociation. org.

10. United States Department of Agriculture National Organic Programme：http：//www. ams. usda. gov/AMSv1. 0/nop.

附加材料

请到 http：//www. routledge. com/cw/sloan 查阅本书的所有图表、附加案例、问题和可用视频的外部链接。

第 9 章
可持续餐饮管理

目标

本章将：

- 解释什么是可持续食品；
- 阐述食品安全与基因工程问题；
- 定义可持续食品类型；
- 解释营养与健康问题；
- 阐述现代食品生产的挑战有哪些；
- 理解有机食品与有机食品标识；
- 阐述"食物里程"的概念；
- 解释可持续饮品的来源有哪些。

一、可持续食品运动的产生

20 世纪 70 年代，人们开始意识到环境问题对全球经济的影响，于是可持续食品运动得以萌芽。社会中一部分群体意识到，地球的健康以及人类的健康都需要一种能够解决环境问题的新方法来拯救当代人和后代人。当时普遍盛行一种"重返自然"运动，强调食物具有其完整性，应该来源于当地顺应时节的自然农业系统，可持续食品就是在这样的自由思想氛围中生根发芽的。在此之前，新的食品加工技术使得食品业在 19 世纪 50 年代得以发展，欧洲兴起一个组织，该组织致力于寻找更加自然、更加纯正的营养素。作为对这种生活方式的响应，人们很快意识到保护自然与动物福利的重要性，同时发动了"素食运动"，倡导建立健康生活方式。

20 世纪最后 30 年，除了只吃蔬菜与奶制品的素食者外，各种食品运动也开始发展。酒店纷纷开始关注那些连奶制品都不吃的严格的素食主义者、不吃肉类但吃鱼肉和海藻的养生饮食者、只吃未烹饪食物的生食者以及只吃特定当地食物的土食者们。所有这些食物运动都是基于对食品中所含营养的强烈需求。健康饮食的概念很难界定，健康食品餐厅和商店里有很多自然食品、饮品及食物供给。要引领一种健康生活方式的目标已经不是什么新鲜事儿了。然而，19 世纪科学家们发现并分析了食物中的营养成分，人们的观念开始转变为食用特定食物及食物中的提取物。科学家们实现了科学上的突破，例如艾克曼（1896）发现了缺乏硫胺素的原因；波波瑞和费舍尔（1902）发现了人类所需要的蛋白质与氨基酸；伯尔等（1929）发现必要的脂肪酸的重要性。这些发现都促使了"食物营养分析"运动的产生，后来进而演化为"健康食品"运动。

然而"健康食品"却没有其明确的定义，自然食品、有机食品、蔬菜类食品以及一些膳食补充都使用这个名称。不过，有一件事是可以肯定的：健康食品的反义词是垃圾食品。一般的垃圾食品包括含盐零食、口香糖、糖果、甜点、油炸类快餐以及碳酸饮料。所有这些都含有来自于糖分或者脂肪中的高卡路里、低蛋白质、低维生素或者矿物质。

斯克里普斯研究所的约翰逊与克里在 2010 年进行了研究，认为垃圾食品消费与吸食毒品（如可卡因或者海洛因）对大脑活动方式的影响相似。对实验环境下的小白鼠的研究显示，几个星期无限制地向其喂食垃圾食品，大脑中的愉悦中枢变得不敏感，就需要更多的食物来获取愉悦感。2007 年英国营养杂志的研究显示，怀孕的妈妈们如果吃了垃圾食品，更有可能导致宝宝们形成一种不健康的饮食方式。2011 年发表于《美国实验生物学学会联合会杂志》上的报告显示，妈妈们在怀孕或哺乳期间食用过量的高脂肪、高糖分的垃圾食品，宝宝将来生活中也有可能会更加偏爱此类食物。

与垃圾食品或者"快餐食品"文化不同，慢食运动鼓励人们享用代表着文化传统的地区性食物。它是有机运动的守护者，支持建立种子银行，以保护不再耕种的水果与蔬菜物种。其目的是保护农业生物多样性以及反对农业政策问题，例如使用化学除草剂与杀虫剂以及大多数基因工程的构成。这个组织赋予自己一种教育的功能，并且大体上都反对商业化农业综合企业、工厂化农场以及单一系统的组织。

慢食运动可以被很好地总结为是一种道德上的、反对快餐的、反对农业工业化的运动。1986 年，一位意大利记者发起了这一运动。2010 年，全世界已经有 10 万人参与其中，大部分来自讲英语的国家。起初，慢食运动是为了解决意大利食品危机，因为全球快餐链的发展传统生产开始没落。组织的资金来源是依靠成员的捐赠以及公司的赞助，例如拉瓦撒（Lavazza）。

慢食运动组织被人们批评只为高级别餐厅服务，而不考虑大众健康问题。尽管该组织强调，其目的是促进环境的可持续性、经济平等以及社会公平，但他们并没有说明为了达到这些目的的具体策略。的确，慢食运动也因为在为人们服务过程中缺少真正的焦点而受到批评。

由于人们对"慢食"与"健康食品"的健康意识日益增强，远离垃圾食品的运动被看作是避免严重健康问题的一种方式。20 世纪 80 年代，"功能食品"这一词汇出现。人们认为功能食品弥补了食品所缺少的各种能量，其中一个就是承诺能够吃得健康、苗条、任意与具有声望。功能食品可以被定义为一种健康食品，通过加入某种特定成分以促进身体健康并预防疾病。含有促进健康的添加剂的强化食品，例如"丰富的维生素"产品，碘盐或者是加入了脂肪酸欧米茄Ⅲ的人造黄油都是能够预防心脏疾病的功能食品。

二、不可持续的食品消费模式

西方消费者们如今可以获得的食物消费品已经比历史上任何时候都要多得多。自 20 世纪 50 年代开始，人们花在食品上的可支配收入持续降低，这是因为食品已经成为人们能够买得起并且全都能够买得到的产品，食物的季节性在当今消费者身上已经失去意义。长期的食品全球贸易使得消费者们离自己当地的食品生产及食物传统越来越远。尽管近期地区性食品及有机生产开始复兴，但是普通大众消费者对于季节性或者地区性供应的概念已经渐渐消逝。

饮食习惯及偏好是通过文化传统、规范、潮流心理需要，以及个体饮食经历而建立起来的。这样的偏好及品位、经济能力、时间和其他个体限制因素一起影响着食品消费模式。特定国家以及特定家庭特征，例如年龄、收入、教育经历，以及家庭类型都是影响食品消费层次的因素，也会使宣传更加可持续化的食品消费变得更加困难。

在过去 60 年中，消费者变得习惯于消费廉价食品，即使可以选择，他们也宁愿购买其他消费品而不是购买更贵的食物产品。因此，价格成了一个最主要的决策基准。消费者们常常会被一些方便食品、成品食物或者被廉价小饭馆所诱惑。事实上，很多人已经将选择快餐变成一种习惯。花在购买、烹饪食物以及就餐上的时间在过去的几年中大大减少。唯一没有改变的一种习惯就是女性花在购买食物以及烹饪的时间更多。人们一起就餐的活动已经渐渐消失，一家人并不会像以前那样常常坐在一起吃饭。这样的现象是令人遗憾的，因为食物消费具有一定的象征意义以及愉悦性。

因此，可持续食品原理包含各个方面：对自然的尊重、真实性、幸福感、经济与健康。

三、可持续食品概念

至今仍然没有关于"可持续食品"的国际性法定定义，尽管一些词汇，例如"有机"或者"公平贸易"已经有了明确的定义（第8章）。英国政府可持续发展委员会将可持续食品定义为这样的食品：

- 安全、健康、有营养，消费者能够在商店、餐厅、学校、医院获得的，并且可以满足并不富裕的人们的需求；
- 无论在英国还是海外，能够为农夫、加工者和零售商提供舒适的生活，其员工享有健康并且卫生的工作环境；
- 在生产与加工过程中符合生物物理学上以及环境上的限制条件，同时减少能源消费和提供更加广阔的环境；能够达到动物健康与福利的最高标准，能够与社会上所有价格合理的食物生产相兼容；
- 支持乡村经济与乡村文化的多元化，尤其是能够着重在具有最少的食物里程的地方产品上。

所有的一切都表明可持续食品和饮品对于餐厅与酒店的业务是有利的。消费者们需要它，并且其可获得性在过去的几年中得到了很大的提高，此外，它对于环境和社会都有益处。教育与维持客户是好的酒店业管理的本质。能够告知消费者原料来源的确切情况可以获得一定的竞争优势，对吸引更多的新客户以及确保回头客具有一定的帮助作用。培训员工能够告知消费者所用原料的来源与品质也能够使员工获得更高的自尊心和忠诚度。选用当地的季节性食物到菜单中可以通过明确公司提高环境性能的义务使可持续发展成为独特卖点。

零售商方面的数据显示，全球消费者对于"道德食品"的需求不断增加，例如有机和公平贸易生产。最近的调查将欧盟国家的有机食品消费与刺激消费者购买有机食品的国家相比较，进而发现了一定的差异性。购买有机产品的屏障有可能会进一步阻止其中的结构特征，即所提供产品的接近、获得及可承受性。其他的研究表明，不到10%的有机购买是受到环境问题的刺激的，而60%

的案例认为健康是其主要的驱动力。

尽管主要的欧洲与美国的市场发展迅速，但在 2011 年，英国有机产品的销量下降了 3.7%，这是由于当时消费者们处于艰难的经济状况中而不得不减少支出。从全球来看，有机销量在 2011 年增长了 8%，此时的全球销量达到了 445 亿欧元。美国是世界上最大的有机市场，其销量已由 20 亿美元攀升至 267 亿美元，德国紧随其后，销量由 2 亿欧元上升至 60.2 亿欧元。由瑞士有机农业研究所公布的数据显示，法国在有机食品销量上排名世界第三，其销量由 3.4 亿欧元增长到 33.9 亿欧元。根据报告显示，有机产品人均消费量的前三名分别是瑞士、丹麦和卢森堡。公平贸易额产品销量世界各地都在增长中，包括英国在内，其销量在 2011 年增长了 12%。公平贸易基金会的最新数据显示，通过公平贸易售出的商品总价值在 2011 年达到 13.2 亿欧元，而 2010 年的数额是 11.7 亿欧元。

四、可持续食品成分

（一）道德方面

可持续食品运动的基础是思想道德上的可持续食品生产、时间及食品链中的各项条件，例如动物福利、生物多样性，以及公平的工作条件及对农场工作人员与环境的社会公平。值得注意的是，这些都是想要做得更加可持续化的酒店应该追求的。其中的一些要点有：

- 食品卫生：食品不能够危害到消费者健康。所有在营养研究与技术中得到的发展，例如功能食品与转基因食品都应该经过主管部门严格的健康检查。主要的问题是消费者着重关注的"道德可追溯性"。
- 食品安全：食品安全是能够合理、公平地向人们供应食品与饮品，其中包含了很多方面，从食物与水安全到能够满足日益增长的人口需求。
- 自由放养：欧洲法律规定这一条款，但只针对家禽。家禽的自由放养系统规定要让家禽接触到户外环境以及植被，追求更加接近自然的环境。鸟类应该具有的空间以及其所提供的栖息地的类型都有了明确的规定，但是其他的动物，例如猪，常常被冠上"自由放养"或者"户外饲养"的名称，而并没有得到具体的法律上的定义。
- 公平贸易产品：它们是被看作能够提高较贫穷地区农业生产者及其邻近

人员的生活与福利。得到提高的贸易关系能够使工作条件得到改善,公平贸易计划与当地居民一起使人们更加关注健康并且提高人们的生活水平。

- 有机认证:支持建立农业环境标准,保护环境以及限制化学添加剂与抗生素的使用,有机认证试图建立动物福利的更高标准。各种自发的有机农业认证项目及标准在过去的 20 年中得到发展(第 8 章)。

(二) 减少肉食消费

鼓励人们消费更多可持续食品的主要策略是少吃肉食及肉制品,因为含肉类过多的餐饮总是与水、能源与谷物的低利用联系在一起的。少吃肉食能够帮助形成更加健康的饮食习惯,确保提供更多的蔬菜类食物以满足日益增长的人口数量的需求,帮助降低对环境的影响,尤其是温室气体排放。一种可行的解决方案就是促使人们购买更高质量的肉类与奶制品,同时食用量相应减少、食用频率降低。

大量的科学研究表明,所选择的食品(水果、蔬菜、豆类、坚果、种子、谷类)其种植来源更好的话,能够降低严重疾病的风险,例如心脏病与癌症。来源于植物的食物自然会是低脂肪低盐分并且含有大量其他营养素,例如维生素、矿物质、抗氧化剂以及饮食纤维素。研究表明,仅仅英国就有 400 万素食者,这个数字近期相对稳定,越来越多的人寻求少吃肉食的方法。确实,研究表明"少吃肉食者"达到总人口的 45%。即使只是较为少数的群体,但只要外出就餐的人群中有一位素食者就能够影响全体人员的食物选择。

动物福利是素食者食物选择的主要动机;素食协会的数据显示,仅仅在英国每天就有超过 200 万动物被屠宰成为食物。其研究认为,1 公顷的土地所生产出的蔬菜、水果和谷物能够养活 30 个人。同样大小的区域,如果被用于生产肉类,仅仅可以养活 5~10 个人。想要成为一名道德的肉食者已经很难了,因为工厂化农场经营已经成为肉类生产的主要方式,素食协会估计至少 80% 的欧盟农场饲养动物是来自于工厂化农场并且以大量的抗生素为饲料、饲养空间狭窄。

(三) 远离不可持续来源的鱼肉

鱼肉是人们喜爱的一道菜肴,因为它有很多不同的口味与肉质,拥有多种功能,饱和脂肪含量低但是蛋白质、人体必需矿物质以及维生素含量高。富含油脂的鱼,例如马鲛鱼、青鱼、沙丁鱼也都是可持续的,含有一种多元不饱和脂肪酸欧米茄Ⅲ，它能帮助减少血液中的胆固醇，保护心脏并且有可能降低患癌症的概率。这些脂肪酸也能够帮助维持健康的神经组织、强健的骨骼与牙齿以及光亮的皮肤。在古代鱼肉的食用被限制在了海岸区域，由于现代冷却技术、冷冻系统、快速交通的发明，食用鱼肉开始并一直成为一种流行趋势。渔业的工业化在不断发展，人们有更多的途径来购买鱼肉，这也导致了海鱼的过度开发。在全球，85％的鱼类资源是全部或者部分被过度开发的，现如今太平洋上 47 个鱼类资源中只有 8 个是健康的。

还有很多其他与渔业有关的问题，包括海洋生物多样性的减少，这不仅仅表现在鱼类资源的减少上，还有一种"附带捕捞"，例如非目标生物和无法进行贸易的物种例如鲸鱼、鲨鱼、海豚、海鸟以及不小心被打捞装置杀死的小鱼。超过50％的餐厅中的鱼肉产品来自于表面上看是解决方案之一的水产养殖业。水产养殖业近年来发展快速，养殖的物种有鲑鱼、鳟鱼、鲈鱼和明虾。然而水产养殖通常是非常密集的，也会导致一系列的社会和环境问题。鱼类喂养与鱼肉蛋白质转化的比率是很低的。养殖业中的鱼类喂养与消耗的油都来自于鱼类本身，例如玉筋鱼。他们工业捕鱼方式造成的大量迁徙对海洋生态系统也会造成极为严重的影响。其中很多的物种是肉食性的，也有些是通过自然方式迁徙的，例如，每生产 1 千克养殖出的鲑鱼产品就要消耗 3 千克野生鱼。疾病与寄生虫，例如海虱会影响所养鱼类产品，并且海洋环境的污染会由于有毒化学品，例如能够清洗笼子或者渔网中的海藻和藤壶的抗污剂，鱼类的排泄物，以及抗生素而恶化。不幸的是，类似其他为了发展经济而饲养的经济作物，对环境与社会的影响也同样是不可避免的。

2012 年由新经济基金会作的报告指出，恢复健康的鱼类资源会创造新的工作机会，欧洲捕捞船队的收入每年也将增长 30 亿欧元，但是如今渔业政策的短期焦点认为鱼类资源还不能够被恢复。欧洲新型恢复性渔业将会产生 10 万个相关部门的工作机会以及捕获多于当今产量的 350 万吨鱼类资源。

确定一种鱼类资源是否可持续的关键因素有两个方面。第一点是鱼群的健康程度；第二点就是捕捞的方式。有一些捕捞的方式是具有破坏性的（例如海底拖网捕捞，这种做法会犁出海床）或者是随意性的（例如对拖作业，这会捕获到非目标物种，例如海豚）。可持续的渔业很少。在欧洲，最好的产品是网获的马鲛鱼、网获的鲈鱼，以及养殖的贻贝与牡蛎。西班牙与葡萄牙所做出的渔业实践，用棍棒与网子捕获金枪鱼与鲱鱼也被认为是可持续的捕鱼技术。

幸运的是仍然有可持续的选择方案。调查显示，高达77％的欧洲消费者对海产品可持续性感到担忧。如果鱼的捕获方式是绝对没有伤害到目标物种整体数量，并且也不会因为减少其他物种的食物来源、偶然致死或者破坏自然环境而对生态系统内的其他物种产生不良影响，那么这样捕获的海产品就是可持续的。对于某些物种是很难获得的，建议询问供应商以确保它们所提供的鱼类产品是道德的、通过可持续方式捕获的。通过认证的鱼类产品可以通过像海洋管理委员会这样的组织查询到。

案例分析 9.1　香格里拉集团宣布旗下 72 家酒店与度假村实行可持续海产品政策并停止提供鱼翅

香格里拉酒店与度假村宣布其实行一系列"可持续海产品政策"，包括在旗下各酒店停止提供鱼翅以及不再接受宴会中鱼翅产品预订，该政策即时生效。之前已经接受的预订将根据协议承诺进行服务。同时，香格里拉宣布当年内将逐步在各酒店中停止提供金枪鱼与智利海鲈鱼。2010 年 12 月，该公司就开始将鱼翅从酒店菜单中除去。新政策的实行是香格里拉走向环境保护征程的延续。

2005 年该公司发布其首个企业社会责任倡议，并于 2009 年对三个可持续的主要方面进行完善并正式实行，实现一种战略上的企业社会责任承诺。

香格里拉的"自然关怀"计划特别引进保护区项目以确保对生物多样性的维持，并对度假村中的栖息地进行保护。该计划包括支持海洋保护区的发展以保护礁石与水中海洋生命的稳定。2011 年 5 月，公司又运营了其首个可持续度假村，显示出公司在环境、健康与安全、员工、供应链及利益相关者关系方面的进展。

香格里拉精神与核心价值显示出了企业运营的环境承诺。作为企业社会责任的一部分，香格里拉集团多年来一直致力于研究与可持续相关的计划项目。可持续海产品活动将会立即产生效果，是一种走在时代前列的项目。

香格里拉集团将继续审查并精炼所有项目，其中也包括环境与可持续问题。

资料来源：香格里拉酒店与度假村，http：//www，shangri-la.com/en/corporate/press/pressrelease/57020。

（四）将使用当地时令原料作为标准

购买当地食品不仅能支持当地经济以及地区食品生产，也能够节约运输过程中所产生的高能源。成批采购看起来似乎并不需要，那么所储存使用的能源也可以相应减少。原则上，地区分销结构能够收获到新鲜并且成熟的蔬菜与水果，从而提高其口感与营养价值，例如，可溶维生素 C。传统系统中，水果需要在没有成熟的时候采摘，在运送给酒店顾客的过程中使其成熟。尽管没有科学依据，但当地水果与蔬菜的感官质量看起来更加美味可口，当地的草莓无论是闻起来、摸起来、看起来还是尝起来都更棒。当地肉类产品的加工，例如香肠，并不需要磷酸盐等化学防腐剂。巴斯德氏杀菌法在延长保存期限的同时也减少了食物中的营养成分。

时令食物就是当地食品，售卖时令食品可以直接或间接减少能源使用。从南美引进到欧洲的芦笋或者是从肯尼亚引进的绿豆似乎并不能成为售卖的可持续食品。然而，欧洲人认为他们的生活中不能缺少橘子、香蕉、石榴与西番莲。好的做法是在冬天，即欧洲水果相对较少的时候能够适量吃一些这样的水果。

全年 365 天都食用进口食物对于当地食品传统来说是一种破坏，也会损害当地蔬菜与水果的种类。毫不夸张地说，现存胡萝卜的种类有上百种，都是由于不同的气候与土壤条件形成的。斯德哥尔摩的一家酒店如果从西班牙进口胡萝卜，那么对于当地的园艺学家们来说是一种伤害。购买当地时令食品不仅能够节约能源，还能够节约水资源。美国种植咖啡、香蕉以及小麦等经济作物的地区往往是世界上的缺水地区。

季节的变换使酒店厨房中的食物选择变得永无止境。当某个特定时令食物原料过季后，一种新的美味食物就将成为时令食物摆上餐桌诱惑消费者。最终，吃时令食物将成为一种令人快乐的事，而不是一种禁食。想要提供最佳质量的食物以及知道人们最想吃到某种原材料的时间的酒店自然就不会提供过季食物，并很少有半途运输的状况。

本地食物让消费者能够更好地了解其来源，并且获得更低的价格。在农产品收购店和本地市场中消费者们能够完全了解到食物的种植或生产过程。如果人们能够亲眼看见牛群饲养在田间，那么对可持续的真实性就会更容易给予肯定。"可追溯性"和"原产地"是两个如今正流行的、来源于法语的词汇。可追溯性是指对于任何食物、饲料、提供肉食的动物或者其他用于消费的物质，能够追踪其全阶段的过程，包括生产、加工以及分销。可追溯性是对食物或饲料中可能存在的危险做出回应的方式，以确保所有的食物产品是安全的。在对可持续食品供应链的管理中可追溯性日渐成了一种道德上的或者环境上的问题。有意愿保护环境的与具有道德的零售商们可能会让其消费者能够自由获取供应链相关信息，了解他们所售卖的产品是来源于不允许使用未授权的化学添加剂的农场或工厂的，在这些地方工人们享有安全的工作条件，公平的工资收入，使用的生产方法也不会破坏自然环境。

当然，就算食品是时令的，其质量也各不相同。当地生产的食物，例如从农贸市场中购买的食物，很可能比从集中分销渠道中获取的同样的食物要新鲜得多。肉类产品如果是来源于对动物福利有所担忧的地方，其质量一定会比那些生活条件艰苦并且集中饲养的食物来源要好很多。

纯粹计算食物里程，以此作为依据做出购买决定将会被人们认为是过度简单的处理，忽略了环境和社会的其他方面因素对于食物的影响。食物运输的环境影响取决于一系列因素，包括交通方式（例如飞机、火车、轮船或者货车）、装载容量与运输距离。显然，空运一些食物对环境的影响是很大的。生产蔬菜与水果造成的环境影响很小，但运输造成道德环境影响就会很大，肉类视其体积大小，运输的影响也不同。举例来说，欧洲食物的交通运输所产生的温室气体排放中15%是来自于从南非引进新鲜蔬菜，2%是来自于从阿根廷引进牛肉。

地区生产的食物并不总是比从很远的地方运输来的食物更环保。然而，当地食品如果其生产条件严格按照海外标准执行，那么由于节省了运输过程中的温室气体排放，其产品一定是更加具有可持续性的。国际性食品生产更加可持续，因为它能够配备更好的生产条件以弥补由于长距离运输造成的环境影响。例如，冬季种植于西班牙的西红柿并不需要使用化石燃料进行加热，这就比同等条件下荷兰所种植的西红柿更加环保。环境影响由于产品的不同而不同，这取决于很多方面的因素，包括特定生产条件、交通运输方式，以及物流的效率。总体来说，购买当地种植的、时令的、新鲜的水果与蔬菜以及区域性生产的食品与饮品在口味上、道德伦理上以及当地烹饪传统上都会更好，因为它能够促进当地经济与文化的发展。

（五）远离瓶装水

瓶装水是一项大型的商业活动，但是对可持续发展毫无益处。它对于消费者来说是昂贵并且浪费的，对于环境也有很大的影响，同时过于夸张其并不确定的健康功能。全世界瓶装水的预计销量为每年500亿～1000亿美元，全球市场的年增长率在7%左右。瓶装水生产每年会产生15亿吨的塑料垃圾，生产这个数量的塑料每年需要1800亿升的油。塑料垃圾如今在海洋中已经达到一定的数量，以至于它已经成为海洋生命很大的风险，鸟类和鱼类会因为误将它们当作食物吃掉而死亡。塑料垃圾的衰减率仍然很低，所以在很长一段时间内还将持续影响环境。

大体来说，人们没有喝掉足够的水，尽管这对水合作用、消化作用与全面健康来说是有益的。对于健康来说，瓶装水自然要比高卡路里的含糖碳酸饮料要好得多，但是大部分所谓的瓶装水的健康功能还没有被发现。人们尚没有发现任何瓶装水与自来水相比更好的地方。在发达国家，对于自来水具有严格的规定，甚至比瓶装水的规定更加严格，所以饮用起来也是美味健康的。举例来说，在美国，城市用水是在环保机构的监管下的，通常会严格检查其中的细菌物质与有毒化学物。

近期对于酒店顾客的调查研究显示：他们觉得如果他们要求饮用自来水会显得廉价，但也对瓶装水的加价现象表示痛恨。反对饮用瓶装水的一种简单有效的方式就是让酒店的消费者们能够坦然地索要自来水。很多人饮用瓶装水是因为他们不喜欢自来水的味道，或者是因为他们担心安全性。盲测结果显示，如果水是凉的，大部分人都分辨不出自来水与瓶装水的差别。酒店经营者们可以考虑在自来水中含氯多的地方使用活性炭过滤器。一种能够取悦消费者的做法是酒店经营者可以自己碳化饮用水，这样就不会有人使用矿物燃料以运送瓶装水。相似的做法可以应用于随时提供葡萄酒的饭店。

（六）减少加工食品

对于高质量、安全并且有营养的加工食品的需求量在持续增长，这一点对于环境是一种压力。工业化食品加工比农业生产所产生的对食物及人类健康的影响更大，这是因为食品加工不仅会在其中添加各种工业原料，还会在很大程度上从最基础的层面使食物发生变化。加工食品通常是高脂肪、高糖量，但是只含有很低的矿物质与蛋白质。在任何可持续的营养餐中，保持食物的完整性是很重要的，这是为了避免在加工过程中使脂肪酸和氨基酸发生改变。最低限度进行食品加工已经转变成为能源与水源的最低投入。进一步来说，这是对当地食品和农业结构的支持。

为了进一步实现可持续化，食品加工业对包括农场和后期处理在内的整体食物链实行一套综合方法。生命周期评估帮助这整套方案的实施并且能够让消费者了解到环境信息。食品制造商与加工商发现了很多实行环保倡议的机会。热加工食品植物（将其冷冻或降温）可以通过重复使用生产过程中用过的水与废品来实现。降温的水能够通过废热发电或者通过能够转化为电力的剩余蒸汽与热量来重复利用。另一个具有很大潜力的减少用水的方案是用卫生食品加工设备代替低压清洗系统，这种设备配备了更短时间内的高压清洗系统。设计出的热量交换系统是用来获取锅炉烟囱顶部多余的热量，利用冷凝堆节约来获取水蒸气中可能存在的热量，用这些热量来进行加工生产。近日，工程师们发现能够利用蒸汽泵重新设计真空降温设备，最后的结果能够大大减少天然气的使用。最后，米数测量装置能够让人了解从整体上运行到单个生产线、设备和操作器运行需要花费的量是多少。

尽管降低加工食品环境足迹的技术得到了提高，酒店还是越少使用加工食品越好。一个真正意义上的可持续酒店只能够购买含有少量矿物能源输入且没有工业化学成分的加工食品。尽管所有的烹饪都是一种食品加工，但是美味的食物不需要小题大做，越少对其进行加工就越好。

（七）减少包装

购买简单包装的食物产品会更符合可持续。尽管传递食品所用的包装材料、盒子和容器对于价值链环节中食品生产的环境影响仅仅起到了辅助作用，但是任何微量的减少使用都能够保护地球。总体来看，包装中产生的温室气体排放比一些在生产中温室气体排放较低的产品更高（例如蔬菜、水果），但是也比生产过程中产生较高温室气体排放的产品更低，例如肉类。大体上，包装的环境影响不到产品生命周期中的10%。

可持续酒店禁止对食品与饮品进行过度包装。批发商只能够提供最低限度的包装，除非批量购买。相对而言，加大的盒子、纸板箱与袋子比容量较小的所使用的包装材料更少。酒店服务部门应该选用能够重复利用的容器，例如可清洗的容器、餐具和其他物品，能够重复利用始终比只用一次就扔掉更加环保。减少食品垃圾，将它们用于食物购买最需要的地方，并且尽量做到废品的堆肥化。

五、可持续与非可持续厨房

定义"垃圾食品"对于大部分人来说是非常简单的，但是要辨别非可持续食品就有些困难了。为世界各地的人们提供本地的食品在很大程度上就是一种食物旅行，但是在一些地方，当地人可能会不习惯所提供食物的味道与质地；隐瞒食物中所含令人担忧的成分也是一种不道德的行为。下面是一些例子。

（一）鲸鱼肉

尽管禁止买卖鲸鱼已经很多年了，但是在日本、冰岛、挪威人们依旧在吃鲸鱼肉。鲸鱼的很多物种已经濒临灭绝了。捕捞鲸鱼常常是打着科学研究的旗号，但是最终它们还是被放上了餐桌。在美国以及欧盟的大部分国家，售卖鲸鱼是违法的，加利福尼亚的一家三文鱼店 2010 年因为售卖鲸鱼肉给顾客而承受了联邦政府的罚款。

（二）海龟蛋

海龟蛋似乎并不适合西方人的口味，但是美洲中部的一些国家的人们会吃海龟蛋，尤其是在尼加拉瓜和危地马拉。一些偷渡者会从海龟窝中窃取海龟蛋，这个行为对保护例如太平洋丽龟等濒危与脆弱的海龟物种的研究工作来说是有害的。

（三）圃鹋

圃鹋的栖息地在法国的东南部，买卖圃鹋这种濒临灭绝的鸟类是违法的。传统上的吃法是用餐巾遮蔽面部将其整个吃掉，包括骨头与其他部分，这样做是一些美食家们认为能够充分获取美食的味道。欧盟在一些偷猎现象严重的地区，例如马耳他和意大利，禁止大量捕获这种鸟类。弗朗索瓦·密特朗的最后一餐包含有这种特殊的鸟类，尽管在那个时候这样做是违法的。

（四）蓝鳍金枪鱼

蓝鳍金枪鱼是具有价值并且非常昂贵的，寿司中常常能感受到这种肉质的味道。由于 40 年来的过度捕捞，以及大量的商业需求，其数量仅仅是 1960 年的 3%，下降了 97%。根据美国国家海洋与大气管理局的数据显示，大西洋中金枪鱼是"濒危物种"，但其却常常被保护大西洋金枪鱼国际委员会所忽略。

（五）鹅肝酱

很多喜爱鹅肝食物的人们不愿意提起这种美味食品是如何被禁止食用的。鹅被禁闭在黑暗的地方，每天被强制进食很多次。几周之后，它们会变得很重，它们的肝脏也会比正常的大 10 倍。基于鹅的这种待遇，加利福尼亚州决定禁止食用鹅肝酱。然而，欧洲人依然可以自由享受这一美味食物。

六、可持续厨房的建议

饮与食是人类与自然界两项最亲密的行为。"可持续性厨房"这一术语听起来并不足以令人感到兴奋，但其中也包含了以下这些重要原则：

第一，考虑到了味道与口感。西方人的饮食并不只注重蛋白质，多样化的口味也是人们所追求的。使味道富有层次感需要一定的烹饪技巧才能增加深层次的味道。合适的烹饪方式能够赋予食物有趣的味道与口感。烧烤、烟熏以及烘烤类食物集中并且添加了更多蔬菜与蛋白质食物的口味。此外，焦糖化、烘焙、水煮以及慢速蒸煮都是可持续的厨师们常常使用的烹饪方法。已经烹饪完成的菜肴其口味不仅包含丰富的层次还有更多的精妙之处。由于人们总是用眼睛先看到食物，那么富有艺术感的摆盘也使得菜肴能够有好的评价。

第二，使用残留物，更加富有创造性。好喝的炖汤可以用边角料制作。应尽量使用蔬菜边角料与肉类与鱼类的残留物来制作好吃的食物。

第三，不要被水果与蔬菜好看的外表所欺骗。使用具有瑕疵的并且已经成熟的水果与蔬菜，否则就有可能成为一种浪费。

第四，鼓励多样化的食物，但是不能破坏当地生物多样性与当地资源。关于"野生食物"，我们的祖先是那些渔夫、农夫、猎人和采集人员。如今，一些酒店以直接来源于野生的蘑菇、花、坚果和种子作为吸引顾客的工具。

第五，考虑到了营养。准备工作的技巧应当能够做到最大限度的养分保留。将食物暴露于光亮或空气中、高温烹饪、使用过量流体或者长时间烹饪都有可能破坏食物中的营养。传统食物与烹饪方法非常适合健康的饮食。以下是一些案例。

- 没有杀虫剂的野草莓有很高的抗氧化剂成分。加拿大的一项研究显示野生蓝莓能够消除炎症和胰岛素敏感性，如果人体内的该物质含量不正常的话，会引发关节炎与糖尿病。野生桑葚、野生越橘果与野生黑莓都比养殖品种富含更多的抗氧化素。

- 天然蜂蜜富含活跃的类似荷尔蒙的物质，这能够使食物更有价值。它含有大量的抗氧化剂并且常常作为伤口的消毒剂所使用。它含有植物雌激素，希腊对于蜂蜜的研究显示，它们可以让乳癌、前列腺癌和子宫内膜癌的发展减速。蜂蜜的血糖指数也很低，所以在茶或者咖啡中加入蜂蜜不会导致日后消耗能量后血糖的下降。最好的蜂蜜是未加工的、当地邻近农场中的蜂蜜，最好是具有有机标志的。近期食品安全新闻的测试显示美国售卖的超过 75% 的蜂蜜是经过大量加工的，并且蜜蜂原本所放入的花粉已经完全找不到了。购买蜂蜜对生物多样性也有所帮助。在过去的 10 年中，40% 的欧洲蜜蜂由于传统农业操作而消失。

- 数个世纪以来，海藻是中国、日本、韩国以及其他世界上的海岸地区的传统食物。欧洲大西洋沿岸的地区，食用红皮藻、漂积海草、海带和海白菜可能会被视为稀奇的现代烹饪食材，但事实上，海藻是美味的。日本的烤紫菜、蒸羊栖菜或海带以及狐鲣鱼汤、浓汤中海藻与其他日本靓汤的主要食材一起都能够成为美味又营养的食物。海藻富含大量的氨基酸，所以其具有一种咸味，在日本被称为"unami"。作为一种历史文化传统，海藻常常被用作一种药物。它能够降低患癌、糖尿病以及中风的风险，能够延缓由于年迈所造成的脑退化与神经系统的退化。

- 包括脱脂乳、干酪、酸奶等在内的奶制品乳酸发酵食品在人类历史上早已成为一种食物。过去几年中自己动手做的食物也已经重返酒店厨房中。家庭制作的果酱与番茄酱深受人们的喜爱，发酵食品，例如生的德国泡菜、朝鲜泡菜和咸菜，在本地之外的地区也开始流行起来。味噌，一种大豆经过发酵或者益生菌类食品，富含大量能够抗癌的氨基酸。大豆发酵过程中所产生的酶能够溶解导致心脏病、中风和衰老症的血凝块。味噌和纳豆中含有的维生素 K_2 和量子盐酸解毒剂能帮助预防一些疾病，例如骨质疏松症和乳癌，也能够减缓老化进程。

- 数千年来，昆虫一直是人类的食物来源之一，尽管在一些发达国家这种食物还很少见。在美洲中部与南部地区的一些发展中国家，昆虫一直是一种很流行的食物。在一些对牛排与汉堡的需求迅速增长的国家，例如中国与印度，肉类很显然将成为一种十分珍贵的商品。将昆虫作为小型家畜来饲养是一种明智、高效，并且最终能够更加环保的方法，并且能够维持一种健康方便的食物链。世界上非常流行的食用昆虫有蟋蟀、蚱蜢、蚂蚁、毛毛虫中的很多物种，也被称为蠕虫，例如莫帕尼蠕虫、家蚕、蜡虫。每克牛肉与每克蟋蟀相比，后者含有更多的蛋白质和更少的脂肪与卡路里。

- 内脏是指动物的任何内部器官和消化系统。当人们在吃肉肠和肉酱时，他们已经不自觉地在食用内脏了。不浪费动物的任何部位不仅是对动物的尊重，也是更加环保，还能带来一定经济收益的做法。传统英国内脏类食物包括腌肉（一种用猪头做的肉冻）、猪肠（猪肉做的肉肠，通常烹饪之前会将其打褶）与英国肉丸（用猪内脏做成，例如肝脏、胃和脾脏，被一种内脏中的薄膜网膜脂所包裹）。山羊的大脑是法国人的一种特殊食物，日本人吃到烤牛胃、一小片日本牛肉肠（一种大肉肠）、天妇罗（牛的心脏）以及用芝麻油腌制的牛舌头时会感到开心。

案例分析9.2　德米特：一个生物动力农业产品和制造商的品牌

关于德米特

作为一个国际品牌，德米特广泛分布在38个国家当中，目前全世界有3200余个农场为德米特生产产品。每天，德米特的销售额高达2.2亿英镑。想要获得德米特的品牌使用权，就必须通过德米特品牌所有者的严格审查，并且在经营过程中还会受到一定的管控和条约的约束。从生产养殖到产品分销，德米特总公司对农场和分店都有一套持续的控制机制。在每个环节中，德米特加盟商都必须严格执行总公司规定的流程和标准。除了禁止使用人造化肥和杀虫剂之外，德米特也非常关注对自然资源的保护。根据德米特的宣传，"德米特产品的生产者们对未来人们宜居环境的形成和制造别有风味的健康美食上都有着突出的贡献，德米特，是一个能够让人信任的品牌。"除去绿色食品之外，德米特还经营天然化妆品、以棉花和羊毛为原料的纺织品等。

资料来源：德米特国际，http：/www.demeter.net/。

七、酒水采购

当前，有很多被公认可行的有关红酒的绿色可持续发展计划和协会组织，比如法国的 Agriculture Raisonee 协会，新西兰的葡萄酒种植与酿造可持续发展计划，南非的葡萄酒生产合作计划，加利福尼亚的葡萄酒生产合作联盟等。例如，新西兰的葡萄酒种植与酿造可持续发展计划，主要目的在于帮助企业实现葡萄园中的环境、社会与经济的可持续发展。这些组织方案受到其他部门的约束和审查，一些则实行自我管理。每一种方案在鉴定方面都有不同的标准。

可持续的绿色葡萄酒又可分成三种不同的类型：有机葡萄酒、生态动力葡萄酒以及素食葡萄酒。

有机葡萄酒：由于葡萄酒非常容易变质，几个世纪以来，葡萄酒生产者总是会在葡萄酒中加入亚硝酸盐。但是，挂有"有机"标签的葡萄酒只能以有机葡萄做原料，不允许添加亚硝酸盐。目前，普通的葡萄酒大约含有200种不同的化学添加剂。葡萄种植需要健康、生态且充满动力的土壤环境，这就要求生产者们在葡萄种植过程中拒绝使用化肥、除草剂、杀虫剂等化学药品。在有机葡萄种植园中，生产者们更倾向于对土壤精耕细作并种植肥田作物而不是使用除草剂，种植葡萄使用的是用多种动物的粪便合成的粪肥，同时保持生物多样性，调节葡萄园土壤，葡萄园中还种植了许多其他植物。由于有机葡萄在种植过程中需要大量的手工劳动，有机葡萄酒比普通葡萄酒更加昂贵。毫无疑问，有机葡萄酒更加地环保，在葡萄园工作的人们也因此能避免受到化学元素的侵蚀。印有"源自有机葡萄"商标的葡萄酒和只是简单地印有"有机"字样标签的葡萄酒是有区别的。和后者相比，印有"源自有机葡萄"标签的葡萄酒只允许每升含有 100ppm 亚硝酸盐（有机葡萄酒公司，2012）。

生物动力葡萄酒：生态动力农场的农夫们致力于培育健康的土壤并成了此领域的先行者。他们利用天然喷雾剂、草药制剂以及月球周期来增加土壤肥力并保护葡萄藤免受害虫和疾病的侵害（有机葡萄酒商，2002）。有机葡萄酒公司称这一农业举措为"极致有机"。根据社会哲学家鲁道夫·斯坦纳的理论，这一举措从 21 世纪初开始形成并发展。生物动力农场的农夫们认为庄稼的生长源自月亮、星辰与行星产生的化学能。

素食葡萄酒：无论是有机葡萄酒酿造商还是传统葡萄酒酿造商，在醇化澄清葡萄酒的过程中都经常使用动物制品。例如，用蛋白将红葡萄酒的色泽变得更加明亮，用牛奶中的蛋白质使葡萄酒的口感更加地绵软，用动物胶去除葡萄酒中的涩味。与此相反，素食葡萄酒则不使用任何动物制品。

案例分析9.3　费尔蒙特酒店及度假村：绿色烹调计划

2004 年，费尔蒙特酒店及度假村在全品牌范围内做出了一个承诺：除了顾客的需求和喜好之外，推出的菜品更应该考虑生态环境，在日常餐饮服务中尽可能地使用可持续的、有机生产的地方资源。费尔蒙特酒店是第一个做出此承诺的酒店公司，并且成为了绿色烹饪革命的先行者。作为正在进行的绿色烹饪革命的一部分，费尔蒙特酒店对负责任的食品采购以及新鲜、干净的食品供应链带来的影响进行持续性评估。

费尔蒙特酒店的绿色合作计划备受赞誉，它鼓励游客们绿色出行，提供以有机葡萄酒为最大亮点的健康美食清单。本土供应商和草本植物园是该计划的自然延伸。费尔蒙特酒店主动地对食品采购工作进行检查，以此发现那些领域和部门中利于环境保护的选择进行合并。例如，所有费尔蒙特酒店都向它们的顾客供应有机鸡蛋。

今天，消费者越来越关注食品的来源和生产加工过程。费尔蒙特酒店就在其菜单中对当地产的有机食材进行了标注，并标明了食材的生产者。目前，都市茶苑有限公司是费尔蒙特酒店在推广绿色烹饪革命中志同道合的伙伴，也是北美洲第一家加入道德茶叶联盟的公司。在道德茶叶联盟中，所有出品的茶叶都可以通过平等交易组织进行溯源。酒店还提供伯恩特拉葡萄酒庄园（用有机葡萄酿造红酒的世界知名酒庄）生产的有机葡萄酒和生物动力葡萄酒。

费尔蒙特集团全球范围内的环境保护计划使得顾客对独具特色且持续环保食品的选择变得简单。所有在费尔蒙特酒店吃饭的顾客都有机会选择最优质、最新鲜的食材。而且，费尔蒙特酒店的菜单会帮助顾客在选取食物时将食材的环境保护性和可持续性考虑其中。

在食材采购环节，费尔蒙特酒店的厨师们承诺：

- 本土化：食材，特别是应季食材的产地必须离酒店尽可能近。"食物距离"在这里表示食材产地与食材运输目的地之间的距离。
- 有机食材：食材在生产过程中没有使用抗生素、化学制品、化肥和农药，经过美国农业部国家有机项目等第三方组织的严格检查和认证。
- 可持续性：生产食材所需的资源能够得到持续发展，并可被下一代继续利用。可持续产品应当是可以被重复生产的，而且在生产过程中不会给环境带来负面影响，不会造成浪费进而产生污染，不会给社区和工人们的福利带来损害。
- 生物动力性：生物动力农业讲究一体化。除了堆肥和轮作等有机生产方法外，生物动力农业利用特殊植物、动物、土壤以及太阳、月亮和行星之间的运行规律影响构建了一个充满活力的土地生态系统。
- 公平交易：通过公平交易认证的产品表明该产品在生产销售各个环节中执行公平的价格、公平的用工条件，促进社区发展和环境的可持续发展。公平交易使得在市场上具有经营头脑的农民们能够摆脱贫困。

除了在菜单上突出这些选择外，费尔蒙特酒店还提供了许多创新性的顾客体验。例如和葡萄酒制造商一起享用晚餐，和酒店的行政总厨一起购物，游历供应食材的农场并烹饪自己采摘的食材。生态会议是费尔蒙特酒店组织举办的环境友好型会议项目，项目以食材的本土化和有机化为特点，提倡节约粮食，鼓励将那些未使用的剩余食物捐献给避难所。

至今已有28家费尔蒙特酒店在其屋顶或庭院设有草本植物园和蔬菜种植园。植物园中出产的瓜果蔬菜将直接供应给费尔蒙特酒店的厨房。

- 将近20家费尔蒙特酒店养殖蜜蜂，将收获的蜂蜜供应给酒店厨房，费尔蒙特皇家约克大酒店利用蜂蜜酿造的酒备受赞誉。

- 包括魁北克省的费尔蒙特乐芳提娜城堡酒店在内的许多费尔蒙特酒店自己养殖母鸡。费尔蒙特酒店餐厅的老顾客每天都能享用到酒店的自产鸡蛋。
- 包括费尔蒙特纽波特海滩酒店和费尔蒙特伊丽莎白女皇酒店在内的许多费尔蒙特酒店从当地的农场中引进山羊羊奶做成奶酪将供应给厨房。
- 肯尼亚的费尔蒙特酒店选用莫兰达农场精心培养的杂交公牛,第一次推出了"白金牛肉"。
- 另外,在费尔蒙特酒店餐厅把智利鲈鱼、蓝鳍金枪鱼等许多濒危鱼类从餐桌上移除,备受赞誉。这也确保了顾客对可持续海产品的综合选择。费尔蒙特酒店在海产品采购方面选择与当地供应商合作,并且在采买过程中接受具有较高公信力组织的指导。

许多信誉卓著且负责任的海鲜供应商都根据海域鱼类族群的生态状况进行弹性捕捞,并且在捕捞过程中尽可能地减少对水域生态环境的破坏。费尔蒙特集团通过与信誉卓著的供应商合作的方式来践行自己对保护海洋可持续发展的承诺。目前,已经有两种海味被费尔蒙特酒店从餐饮供应清单中移除,它们是:

- 智利鲈鱼。智力鲈鱼又被称为巴塔哥尼亚齿鱼,它们通常有着悠久的生命,这也意味着它们生殖繁衍的速度并不快。由于在世界范围内掀起的智利鲈鱼消费热潮,对智利鲈鱼的非法捕捞和过度捕捞愈演愈烈,最终导致其种群数量的急剧下降。
- 蓝鳍金枪鱼。蓝鳍金枪鱼在国际水域被严重地过度捕捞,这使得这一种群陷入了极大的困境。世界自然保护联盟已经把南方蓝鳍金枪鱼列为最濒危物种。在过去的 40 年里,南方蓝鳍金枪鱼的数量减少了 97%。

基于这些原因,费尔蒙特酒店并不会提供这两种鱼肉品种的食物,并且通过在菜单上标明可持续海产品选择让顾客能够更便捷地获取食物选择的信息。最终的结果是:更加健康的措施能够使供应商受益,然后供应商们再提供给酒店更好的食材选择。此外,通过提升顾客可持续选择的意识,费尔蒙特在影响与塑造关心地球未来的顾客们的口味与偏好上起到了至关重要的作用。

费尔蒙特酒店与度假村投身于环保的实践帮助保护了海洋中居住的物种。在世界范围内,这种享受型的酒店品牌保持了其对于在任何时候购买当地的、有机的、可持续的食材的各种承诺。但是需要注意的一点是:良好的环保实践并不意味着费尔蒙特酒店的顾客会错失世界顶级的料理。反而,酒店能够提供各种保证持续生存来源的鱼肉产品。

练习题

1. 个人项目与讨论

我的饮食习惯

（1）记录一周中你所购买的食物及食物类型。为这些食物建立一个分类系统（例如有机食品、当地食品、加工食品等），与同学们分享并讨论你所得出的结论。

（2）为了确保一种可持续食物来源需要付出多少努力？

2. 小组讨论或小组项目

与酒店从业者一起工作

拜访一家当地酒店，找出食物来源。与酒店经理或酒店业主一起制订一个计划，提高供给食物的可持续性。将所得结果与经理、业主和同学们分享。

3. 小组研究与讨论

食物管理的问题

认真讨论一些问题并得出答案

（1）你是如何定义可持续食物的？

（2）什么类型的食物可以被看成是可持续的？

（3）阐述一些由于不好的饮食习惯造成的普遍的健康问题。

（4）什么是有机农业生产？

（5）如何理解"食物里程"概念？

（6）阐述三种可持续葡萄酒的类型。

参考文献

1. Bayol, S. A. , Farrington, S. J. and Strickland, N. C. （2007）'A maternal "junk food" diet in pregnancy and lactation promotes an exacerbated taste for "junk food" and a greater propensity for obesity in rat offspring', British Journal of Nutrition, 98 （4）：843 – 851.

2. International Foundation for Organic Agriculture Movements （IFOAM） （2008） Organic Standards and Certification. Available at：http：//ww. ifoam. org/about _ ifoam/standards/index. html.

3. Johnson, P. M. and Kenny, P. J. （2010） 'Addiction – like reward dysfunction and compulsive eating in obese rats：role for dopamine D2 receptors', Nature Neuroscience, 13 （5）：

635 – 641.

4. New Economics Foundation （2012） Jobs Lost at Sea. Available at：http：//www. new economics. org/node/1968.

5. Ong, Z. Y. and Mulhausher, B. S. （2011） 'Maternal "junk – food" feeding of rat dams alters food choices and development of the mesolimbic reward pathway in the offspring', The Federation of American Societies for Experimental Biology Journal, published online 22 March 2011. Available at：http：//www. fasebj. org/content/early/2011/03/20/fj. 10 – 1 78392. full. pdf + html.

6. Organic Vintners （2002） Glossary. Available at：http：//www. organicvintners. com/ glossary. htm.

7. The Organic Wine Company （2012） Organic Wines 101. Available at：http：//www. theorganic winecompany. com/owc/pages/organic_ 101 . shtml.

8. United States Department of Agriculture （USDA）：http：//www. usda. gov/wps/portal/usda home.

资料来源

1. Amodio, M. L. , Colelli, G. , Hasey, J. K. and Kader, A. A. A. （2007） 'A comparative study of composition and postharvest performance of organically and conventionally grown food', Journal of the Science of Food and Agriculture, 87 （7）：1228 – 1236.

2. Chef's Collaborative：http：//chefscollaborative. org/.

3. The Co – operative：http：//www. co – operative. coop/.

4. Darden Environmental Trust：http：//www. dardenusa. com/com ff preservation. asp.

5. Department for Environment, Food and Rural Affairs （DEFRA）：www. defra. gov. uk.

6. Global Partnership for Safe and Sustainable Agriculture （EUREGAP）：http：//www. eurepg ap. org/.

7. Fairtrade Labeling Organizations International （FLO）：http：//www. fairtrade. net.

8. Food Standard Agency （FSA）：http：//www. food. gov. uk.

9. The Global Partnership for Good Agricultural Practice （GLOBALGAP）：http：//www. globalgap. org/.

10. Gordon, W. （2002） Brand Green：Mainstream or Forever Niche?, London：SOS Free Stock.

11. Institute of Grocery Distribution （IGD）：http：//www. igd. com/index. asp? id = 0.

12. International Foundation for Organic Agriculture Movements （IFOAM） （2008）：Organic Standards and Certification. Available at：http：//ww. ifoam. org/about _ ifoam/standards/index. html.

13. National Health Service （NHS）：http：//www. nhs. uk/.

14. Organic Trade Association (OTA)：http：//www. ota. com/organic.

15. Organic Wine Company：http：//www. theorganicwinecompany. com.

16. Seafood Choices Alliance：http：//www. seafoodchoices. com/home. php.

17. Shiva, V. (2000) Stolen Harvest：The Hijacking of the Global Food Supply, Cambridge, MA：South End Press.

18. Soil Association (2008) Organic Food and Farming Report, Bristol：Soil Association.

19. Sustainable Development Commission UK (SDC)：http：//www. sd – comission. org. uk/.

20. Sustainable Wine Growing New Zealand：http：//www. nzwine. com.

21. United States Department of Agriculture (USDA)：http：//www. usda. gov/wps/portal/usdahome.

22. U. S. Centers for Disease Control and Prevention (CDC)：http：//www. cdc. gov/.

23. Worldwatch Institute：http：//www. worldwatch. org/.

附加材料

请到 http：//www. routeledge. com/cw/sloan 查阅书的所有图表、附加案例、问题和可用视频的外部链接。

第 10 章
绿色营销与品牌化

目标

本章将：

- 定义可持续营销；
- 确定酒店和餐厅负责任营销的原则；
- 理解公开、诚信、信誉在负责任营销情境中的重要性；
- 理解关于对外沟通和负责任营销方面的可持续发展概念；
- 将负责任营销看作公司伦理战略的一部分；
- 讨论反映绿色概念的"新4P"原则；
- 理解与绿色经营有关的品牌化概念。

一、绿色营销与品牌化

当今服务市场的特点是各种力量的聚合，例如市场的全球化、科学技术进步，以及上升的经济发展趋势。除了这些复杂事物之外，公司还需要展现它们的责任。这并没有什么特别新颖之处。传统意义上，公司无论是对其股东还是对其雇员，都负有不同程度的责任。这些责任大至利润获取，小到为员工提供良好的工作条件。然而，自从 21 世纪以来，公司的责任范围已经拓宽到对当地社区、当地环境，甚至是整个地球的责任。在商业管理中，这些新的责任被包含在一种更大的、被称为"企业社会及环保责任"的概念之中。这些责任反映在酒店管理操作中，体现在亲身实践的运营项目上，可能包括：支持当地慈善机构，参与社区发展项目，或者从当地农民手上购买有机食物。有些商家可能把这些新的责任当成额外的负担，也有一些商家把它们看作是能够提高公司整体形象的机会。可以说，如今激烈的竞争节奏并不允许公司坐以待毙，寄希望于通过那些老生常谈的差异化策略让它们在竞争中保持领先地位。因此，为了避免住宿业与旅游业中某些特定部门的商品化，一些创新型企业正在寻求新方法以建立与顾客间的良好关系。至此，公司进入了绿色营销和品牌化的领域。

每个人对营销的看法和影响都有所不同。在某些情况下，人们认为营销组织的目的是通过社会性的市场营销来服务于那些社会的利益需求。在其他情况下，市场营销人员的活动常常是以消极的方式进行的，并且愿意接受道德层面的批评，尤其是对于那些负责美化消费的活动来说。生产商品和提供服务都会使用资源，同时也会产生垃圾和污染。酒店与客户有直接接触，并且需要保证有源源不断的客户流。市场营销努力的重点就是通过传统的市场理论观点来吸引更多的客户。传统的市场理论包括"4P 概念"，即产品（Product）、价格（Price）、地点（Place）、促销（Promotion），它们对于影响顾客的购买决定发挥着重要的作用。

能够满足顾客除 4P 之外的其他需求以及注重客户体验在市场营销中起着越来越重要的作用。如今的顾客已经不再仅仅是单纯的买家，在信息技术的帮助下，他们已经成长为消息灵通的买手。在大部分情况下，企业在从事一项明确的环保行为或者积极支持社区社会活动过程中，希望能够与顾客有更多的互动与交流。市场营销人员，作为影响者、交流者、文化塑造者，能够确保他们将对顾客、对地球以及对底线有着极大的影响。实际上，它是关于评估并且降低产品或者服务对环境所造成的影响。本章将通过学习酒店业负责任的营销原则来讨论什么是可持续营销。通过道德促销、公开宣传以及品牌技巧，酒店业依靠质量与信任建立起了自己的客户群。影响客户的新可持续发展 4P 概念包括：人（People）、地球（Planet）、利益（Profit）、发展（Progress）。

如今，可持续发展概念已经出现在了全球大多数政府的议事日程上。很多国家的公民已经适应了符合可持续发展观念的消费模式。一些公司也依次适应了这种营销策略以吸引这类新的顾客群体。本书将定义并回顾事业关联营销、绿色营销以及可持续营销，并提出一种新的营销范式——负责任的营销及其一系列的原则。

事业关联营销于 20 世纪 80 年代中期到 20 世纪 90 年代出现于美国。这个时期的美国公司将产品销售归结于一个特定原因，即带来收入来源的增加以及公众认可度的提高。然而，类似这样的项目不断累积，导致某些公司将事业关联营销作为中心策略，从而使得竞标价格更高。在很多年里，产品或者服务售价的一小部分会给予慈善组织，这种做法已经成为事业关联营销的一个边缘性组成部分。公司在事件中的影响也会以多种形式呈现，并且其中包含了给志愿参与活动的员工发放货币礼物、奖金以及一些例如设备、产品或者服务之类的礼品。这些公司可能会与生态慈善组织或者社会福利机构建立战略合作伙伴关系。

事业关联营销与情感品牌化紧密相关，后者旨在在顾客与品牌之间建立一条情感纽带。对事业关联营销战略主要的批评之一是，所有的营销活动，即使与特定事物相关联，其目的都是直接消费，并且其焦点范围偏窄。

二、变化中的品牌属性

在营销的世界里，品牌对于一些人来说就是质量保证、认可度以及声望的代名词，但是对于另一些人来说，却是无所不在的、侵入性的。品牌能激起热情，这也是应该的。21 世纪初，是消费与购买习性的转变时期。消费者变得愈发消息灵通，并且希望公司可以拥抱环境与社会价值。与这一趋势相并行的是，消费者还有新的情感需求。从这种平淡且持续的产品消费涌现而出的，是越来越多的消费者寻求富有形象与情感的品牌。然而，能够给消费者传播狡猾的品牌信息的时期已经接近尾声。消费者对品牌信息变得敏感起来，并且希望能够获得信息的真实性、透明度以及最终责任归属。

在这个充满选择的社会当中，产品间的不同是其基本属性，并且伴随着不断增加的竞争性。这也可以被看成是品牌代替了生产线推广，将企业形象和企业哲学纳入其中。

总体来说，品牌一直连接着两个既有模式：第一种模式是表达，即各种品牌契合的物质方面，例如消费者通过感官知觉所感知到的有形的或实际的品牌维度；第二种模式被称作内容，即品牌所包含的众多的想法与信息。一个品牌就像一枚硬币的两面，各自独立但是又紧密相连。

三、定义绿色营销

为绿色营销下定义的最大挑战是关于语义的问题。大量关于传统营销的定义出现在会议室、大学演讲大厅或者咨询公司所解释的语言之中。其中包括：

伦理营销、负责任的营销、事业关联营销、环境营销、可持续营销、生态营销、社会营销、社交营销，以及绿色营销。我们很容易理解，为什么公司领导与消费者们都把传统营销的定义当作仅仅一时的风尚。

美国市场营销协会（2009）为绿色营销所下的定义被看作是理解绿色品牌营销的基础。其定义包含以下三部分：

- 假定产品的营销从环境角度来看是安全的；
- 产品的形成与营销是为了降低其对自然环境的负面影响，或者提升其质量的；
- 组织在产品生产、推广、包装及回收等方面所做的努力，是对生态问题敏感的或者回应性的。

美国市场营销协会为绿色营销所下的定义并不是为了刺激消费者更少地消费，而是更好地消费。如果能够巧妙地加以运用，市场营销可以是改变消费方式、重新定义质量标准以及维持企业在市场中的品牌地位的最佳途径。

（一）绿色营销应与可持续性协调一致

绿色营销的来源可以追溯到布伦特兰委员会对可持续发展所下的定义中，它发表于委员会具有里程碑意义的报告——《我们共同的未来》（1987）之中。企业实行绿色营销源于它们渴望能够建立、维护、升级与客户间的关系。企业与消费者需要达成一致，承诺不对后代人满足其需求的能力造成损害，不将地球上不可再生能源用尽或者导致环境恶化。

市场营销是日常运行操作的重要方面，并且能为可持续发展服务。事实上，市场营销常常被看作是人们消费模式的发动机。毋庸置疑，它也是改变人们的消费模式的最佳工具，通过重新定义质量标准从而在市场中取得进步。越来越多的专业人士和企业，热衷于从认清伦理责任与可预见到的特定目标（即鼓励消费者进行负责任的消费）开始，重新改造市场营销。这也只能从适当的产品和服务管理工作开始。

然而，这比最初的预期挑战性更大。企业面临着与各种营销形式相符的双重目标：一方面，是为了获取利益而刺激消费的传统任务；另一方面，是能够调节或者重新调整上一代人消费模式中的不平衡性与不稳定性的决心与需求。这种不平衡的状态亟须解决。可持续的经营方式是解决这种不平衡状态的唯一选择。因此，经济收益不应被看作是结束，而是发展的一种方式。绿色营销的本质是以可持续的经营方式为基础的。

近20年来，管理术语已经渐渐蔓延进公司的会议室中。从一时的狂热到形成一种时尚潮流；从一分钟管理到全面质量管理，人们必须认清这些管理方式是否奏效，是否能够对组织的有效性有所帮助。为了防止现在这些绿色行动渐渐消逝，执行人员必须签署协议，使企业承担起实行可持续经营方式的责任。企业的决心与承诺始于其领导阶层。图 10 – 1 显示了企业在实施绿色营销的过程中不同领域间交流的重要性。

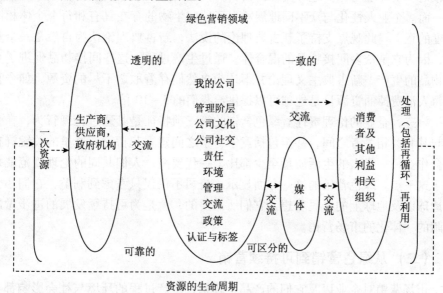

图 10 – 1 绿色营销及企业环境

绿色营销要求企业领导与经理从以下 8 个方面重新思考传统营销原则：

- 公司在市场中的初始定位；
- 消费者、供应商，以及其他利益相关者眼中的公司形象；
- 公司环境定位的合法性；
- 消费者对于绿色产品与服务的接受度；
- 绿色供应链中供应商的适用性；
- 媒体支持绿色环保倡议的意愿；
- 消费者期望度；
- 绿色产品与服务给消费者带来的福利。

绿色营销概念包含以下几项特征：

第一，后代人的短期行为。其中一项特征在于，它是着眼于长期改善的短期行为；也就是说，首先考虑到后代人的需要，不能够用尽现在所有的自然资源。

第二，企业与个人一样是需要负责任的。绿色营销的第二个特征是企业为了维持其关于环保的正面形象而做出的一系列努力。事实上，那些将企业公共形象定位于环境与保护地球资源的公司，其目的是展示它们经营本质中人性化的一面。企业人性化与众不同地展示出了地球生物的存在具有和每个个体相同程度的意义。此观点支持了新古典理论的说法，新古典理论认为自然是一个资本，因为它是众多间接物品的混合体。通过生产过程，这些间接物品促进了直接物品的生产。新古典主义理论并不认为自然储存着取之不尽的资源，如今我们每人消费掉的资源量是地球可以提供给我们的 5 ~ 10 倍。

第三，企业的伦理责任。绿色营销的第三项特征是其通过伦理行为，在企业与其利益相关者之间，甚至包括竞争对手之间建立起桥梁。这里的关键词在于合作。每一代人的生活质量至少都比上一代要高，人们共同的伦理规范就是基于这一点。绿色营销的这一方面显示，公司不仅仅只考虑到利益，它们还会为地球以及地球上的居民着想。它们所需要的，就是为可持续发展的进步做出贡献的一体化的市场营销。

（二）从绿色营销到可持续营销

市场营销对企业以及它们的产品、政策、生产过程的环境与社会影响都具有深远影响。事实上，在大多数企业中，市场营销人员在深化公司策略上起到了重要作用，"公司的"策略与"市场的"策略，在很多人看来是不太容易分清的。这样，市场营销人员就能够较好地帮助企业实现可持续发展。可持续营销利用传统的营销方法，以认清潜在客户的价值观、情绪以及购买偏好，从而建立起一种可持续的、可恢复的关系。可持续营销可以被看成是建立、维持、提升与客户间关系以实现其目的，并且能不损害后代人实现其目的的能力。

因此，可持续营销并不仅仅是对传统营销的简单延伸，它代表了企业理念的断续转变。可持续营销是符合伦理的、生态的并且与可持续发展相协调的。它是对市场的整体分析，所有活动在整个过程中所造成的影响都被包括在内。这恰恰就是企业在 21 世纪开展业务的一种方式——负责任。因此，这种可持续营销也可被称为负责任的营销，它是营销从业者对可持续发展所做出的贡献。

四、再访营销环境

虽然对市场分析进行详尽解释超出了本章的范围，但是我们还是可以来关注一下市场分析中的一个重要方面：营销环境。营销环境构建了所有可以影响市场决策和商业行为的外部要素（科特勒等，2002）。营销环境可以分为两部分，即微观环境和宏观环境。顾客、竞争者、供应商以及经销商对经济日常运行的影响和交互构成了微观环境。而宏观环境则包含广义的影响因素，如政策、经济发展水平、科技发展水平以及社会取向等。这些要素都将长期地、不规律地影响市场。

传统的宏观环境分析有两个方面的遗漏。第一，没有将物理环境当作市场环境的一部分进行考虑，尽管地球基本上能够支持所有商业行为的实现；第二，在进行市场环境分析时，只考虑了当下主流一代的消费者、股东、雇员和其他利益相关者，这样的分析缺乏时代的延续性。

（一）"多 P" 营销理论回顾

如图 10 - 2 所示，建立在社会公平、环境和经济这三条轴线上的可持续发展的范例为营销学的经典理论 "4P" 理论（产品、价格、地点、促销）转化成为可持续发展的 "3P" 理论（新增人口、地球、利益）提供了基础。

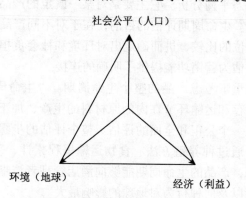

图 10 - 2　关于可持续发展的新 "3P"

这个新增 "3P" 模型的内涵很快被第四个 "P" 发展（Progress）加以丰富。这个包含了 "发展" 这一要素的 "4P" 模型称为一种推动力量，使得企业能够将伦理和对更美好世界的长期承诺纳入企业发展使命之中（图 10 - 3）。所以，负责任营销的概念和可持续发展的三条轴线有着密切的关系。

商业无法在泡沫中运行。公司到底把环境、社会和经济哪一要素放在首位，这在很大程度上取决于竞争者、供应商、经销商和顾客的行为。从内部来审视一个公司的产品、服务、发展进程，致力于减小消极影响和改善社会福利都非常好，但这么做需要有一个整体性的分析。这会对负责任的营销活动产生直接影响。

图 10 - 3 新 "4P" 原则

（二）生命周期评估

生命周期评估（life cycle assessment，ICA）也被称为生命周期分析和"从摇篮到墓地"的生态平衡分析。它主要是对某一既定的产品或服务对环境的影响进行调查和估值。生命周期评估的目的，在于对不同产品和服务对环境和社会的破坏进行全方位的比较，进而确定出对环境和社会负担最小的一种产品或服务。生命周期评估为营销功能提供了明确的连接。

酒店业更加侧重于考虑产品的整个生命周期。"生命周期"一词意味着，只有对包括产品储存和运输环节在内的原材料的生产、加工、分配、利用和处理进行评估，才是一个公正和全面的评估。整个评估的步骤或者说周期，就是产品的生命周期。通过种养殖方法、食物运输里程累计、采购与分配、准备、服务与销售技术等，产品的生命周期能够向酒店管理者清晰地反映出能源、时间、金钱的消耗量以及何种行为对地球的影响最大。

食品与建筑、公路运输一起，被认为是资源破坏和环境污染最严重的三个产业。由于酒店的运行需要依靠稳定的食物供应（采购与可持续供应链管理在第 8 章提及），供应链的可持续管理成为酒店运营可持续性的关键因素。包装与运输选择、传统农业与有机农业的选择、新鲜食物和冷藏食物以及腌制食物的对比、农业环节中运输和处理的对比等问题都是通过食物链生命周期评估能解决的典型问题。农业、能源、水源、养分和土地资源的消耗都是影响食物链的主要因素。

目前，进行全面生命周期评估的酒店少之又少，部分原因在于所谓的酒店产品是一个包含了服务、实体产品、流程的综合体，要对其进行全方位的生命周期评估成本高且难度大。一般而言，与自己的供应链相比，包括酒店业在内的服务产业对环境的影响要小得多。

尽管在工业化国家中，服务业产生的经济效益成为了国内生产总值的重要组成部分，但是对生命周期模型和案例的研究分析只是在近期才出现的。事实上，服务的概念本身就是多元化的、复杂的、多变的、难以界定的，其特性使得针对服务行业进行生命周期评估具有相当大的难度。尽管对酒店业进行生命周期评估并不常见，但仍不缺乏相关的案例研究。意大利好几家酒店利用 GaBi 软件构建生命周期模型系统并进行数据处理，从而完成了对酒店服务业的生命周期评估（http：//www. gabi – software. com）。

五、市场调研

市场决策依赖于系统搜集、分析和理解顾客、竞争对手、市场、产业现状以及其他宏观环境的信息。有许多机构专门致力于消费者的伦理、社会和环境问题研究。可持续动机就是其中的一个例子，它是一个研究消费者对待可持续产品与消费的消费行为与态度的项目，这个项目由代表联合国环境总署（UNEP）的 MPG 国际（MPG International）开展实施。最终，企业所呈现的质量信息越多，就能够越好地调整与规划它所提供的产品。

案例分析 10.1　提倡绿色概念的策略

快乐生活酒店（Joie de Vivre Hospitality）是位于加尼福利亚州旧金山的一家酒店与餐饮公司。它是美国的第二大精品酒店。由于汽油价格不断增长，那些想要开车到达感兴趣的目的地的度假者们就遇到了阻碍，快乐生活酒店推出"保持绿色"（Keep the Green）及"带来绿色"（Give the Green）项目。这两个项目提倡使用大众交通工具，通过给予酒店顾客一定的奖励来宣传绿色意识问题：奖励包括雪佛兰公司 20 美

元的加油卡或者 20 美元的碳抵消信贷。碳抵消信贷指的是碳基金组织（Carbon-fund. org）所支持的二氧化碳使用量的减少。20 美元的信贷将用于支持各种以有效保护环境为目的的碳减排项目。这两个项目使快乐生活酒店成了绿色经营者。

新竹皇家大酒店（Hotel Royal Hsichu）是台湾新竹最早的一家商务酒店，隶属台湾皇家酒店集团，于 1999 年 1 月 15 日正式开业，位于高科技产业较为著名的台湾北部。这个地区被当地人称为台湾的硅谷，位于台湾中心地带，也已经开通了大众交通，新竹皇家大酒店便成为住宿行业的领头羊和旅游者在台湾过夜的首选。该酒店赢得 2008 年全国绿色酒店竞赛大奖。酒店制定了一系列可衡量、可实现的减少能源使用的目标，这也是一项环保实践活动。像其他绿色酒店一样，它实施了各种不同的环保倡议。例如，顾客只要在门把手上挂出"环境卡"，员工就不会提供房间打扫服务。酒店增加一些交通运输以减小交通对生态系统的影响。另外，酒店的循环项目也随处可见。在开始商讨绿色倡议时，酒店尝试通过制定新的价格策略来鼓励顾客实行绿色实践，因为在大多数商业旅行者的心目中，绿色酒店并不是一种熟知的服务模式。客户住宿超过一晚并且没有提出清洁房间的需求，酒店的房价就会更低。总体来说，价格策略提高了商务旅行者们对能源使用和垃圾管理问题的意识。

资料来源：Energy & Ecology Business（2008 年 8 月 4 日），http：//www. vacation-agent magazine. com/Editorial. aspx？n = 43331。

六、负责任营销的原则

负责任的营销改变了只聚焦于产品某一个方面的传统方法，转变成为一种道德的方法，它是针对产品整个过程的全局观念，并且考虑到了产品生产所处的环境。负责任的营销是向消费者提供有关产品、服务和供给者以及有关如何最好地使用产品和服务直至最终处置的各种信息。它涉及产品和服务管理问题。

在个人化的、一对一的市场营销发挥重要作用的时代，"一般消费者"的概念逐渐消逝。负责任的营销在这里找到其合理性。它满足了消费者日益增长的对更高层次消费的需求。一旦这种趋势得到确认，产品成功的关键就是对负责任的消费者进行定位。伴随负责任的营销，市场营销工具也发生了改变，尽管公司必须把环境纳入其政策之中，但是公司管理中会加入一个新的变量：生产。产品或者服务，以及其生产或者转化的过程、使用到的部件，都要与其宣传政策所规定的条款相符合。因此，也能调整分销，产品或者服务都带着专门的生态标识进行分销。价格上也不得不将由于产品或服务可持续生产而可能带来的成本增加或减少考虑其中。显然，营销沟通会集中于产品的生态维度。然而，产品的其他属性，例如质量、耐用性、服务，以及可持续发展，也需要企业给予同等程度的重视。

在营销组合与负责任的营销策略发展之中，有一些需要被提出的重点。

（一）公司社会责任与环境政策

负责任的营销既涉及对组织的营销，也涉及对产品与服务的营销。对于可持续发展义务的承担，并不会停留在产品或服务的层面，而是要从公司层面开始。在做出实际的经营上的变革之前，公司需要制定企业社会责任以及环境政策，使之成为积极的公司文化的基石（图 10-1）。政策制定者制定一个企业使命，规定走生态绿色道路的合理性。其中包括实施计划和时间表，界定与跟踪绿色倡议的实际实施情况。建议应该首先对公司所采用的绿色倡议做出细节上的规定，再对可以提高公司可持续性的行为做出描述。酒店业很快了解到，无论停滞不前还是做出环保行动，都具有一定的危害性。走绿色发展道路是企业不断得到提升的过程，而不是目的本身。形成可持续的改造行为，需要酒店业管理者们做出整体分析，这种全面的行业分析包括：

- 审查物流与供应链活动；
- 与利益相关者建立起关怀的关系；
- 从消费者需要的角度理解市场营销与所做出的改变；
- 分析气候变化与环境退化是如何影响食物供给与服务提供的；
- 采用可以避免对环境造成影响的绿色设计。

（二）产品/服务政策

酒店或餐厅所提供的产品与服务应该尽量减少使用不可再生资源，产品和服务也要设计成可循环使用的。如果产品的生产，或者在某些情况下产品与服务的提供，注定是不可持续、不可循环的，那么这种产品的可信度、其交流传播以及公司都会面临一定的风险。卖出产品的最佳方法是诚实地公开所提供的产品、来源、生产方式以及成分。

（三）包装政策

通常来说，虽然酒店业并不会进行太多的包装，但是酒店与餐厅的包装取决于食物、配置与装备的来源，这些物品反而会用到大量的包装材料。应该对供应商所提供的包装进行仔细检查，要优先考虑那些对环境造成较小破坏或者能够再循环、再利用的材料。一些酒店为了宣传促销目的而对一些宣传册与指南进行过度包装，这种行为是不道德的。

（四）促销政策

酒店企业为了提高其环境与社会信任，常常会与顾客以及其他利益相关者进行沟通，以改善他们对产品及公司的看法。当然，很重要的一点是，酒店老板与管理人员都需要牢记，任何事都要通过沟通解决。所有行动，就算不做什么，都要像那些经过深思熟虑的活动一样进行交流。最终，促销活动就会将公司及其产品与服务的信誉度显现出来。而且，促销应该与教育与活动相结合，为可持续发展做出战略上的行动。

（五）定价政策

如果公司所采取的这些环境与社会措施比其目前现状花费得更多，只要清楚地说明这部分费用是用于可持续发展，这部分额外的费用就可以转嫁到消费者身上。然而，如果公司在履行了环保倡议后，费用反而降低了，例如传统的酒店毛巾方案，那就需要降低最终的消费者价格。

（六）运输与分销

与包装问题相类似，酒店产业并不直接进行运输与分销工作，但是在日常操作与酒店业务过程中，它们又显得十分必要。人与物从一个地方去往其目的地，会产生相当大的碳足迹。在一些特定的城镇中，一些酒店做出决定，一旦顾客登记入住，房费中就包括了在入住期间经过酒店的日常公共交通费用。一些酒店的食材由当地供货，它们与地区供应商合作，以减少销售渠道中的路途距离。

（七）质量与有效性

可持续管理需要从数量到质量的转变。由于高质量的产品耐用性更久，值得维修，并且所用能源更少，因此质量是产品环境概貌的一部分。

（八）教育与人事政策

应该通过培训与教育来提高对企业操作中可持续性的重要性的了解。最终，所有员工都对可持续发展的改进做出贡献。

当实施一项绿色商业计划时，公司需要时刻更新了解绿色环保事项，举办一系列活动来提高其绿色品牌的可信度（图 10 - 4）。这样，公司能够给顾客、供货商以及所有利益相关者们带来在公司影响范围内的资源。通过实行可持续实践，公司建立起一种富有远见的环保组织的品牌定位。企业形象的转变，不仅能够鼓舞员工士气，还可以创造市场营销新机遇。培养绿色倡议的士气与兴趣，花一些时间培养一些绿色商业计划方面的雇员、销售代表、合作伙伴，是一件划算又有效的方法。

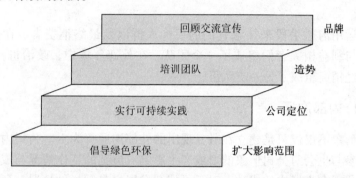

图 10 - 4　实施绿色项目的平行活动

（九）环境信息系统

检测环境管理上的变化是十分必要的，它可以预见到潜在风险和真正的问题，也可以确保供应商能与公司需要和环境政策协调一致。

（十）负责任的沟通策略

沟通是营销组合的一项重要环节，因为它为企业与环境建立起了一种联系。而且，沟通可以识别出企业在外部世界的特定公司形象。负责任的沟通，无论是内部的还是外部的，都一定与所有利益相关者有关。

（十一）商业沟通

商业沟通是一种尤其针对企业客户的沟通形式。它是沟通的经济维度。也就是说，商业沟通的积极影响表现在营业额的增长或者是市场份额的增加等上面。这种沟通将对公司销售其产品和服务起到帮助作用。

然而，针对一般大众的负责任的沟通并不能采用类似的方法，其重点是能够覆盖到整个公司，这时我们就采用公司沟通的方式。公司的行为是经过沟通的，而不仅仅只是一份单独的产品或服务声明。公司通过沟通让消费者获知信息、接受教育。这些产品与服务、品牌与企业都会建立起一个独特的、为可持续发展而努力的公司形象。

七、内部与外部沟通策略

企业运用沟通手段来接触它们的目标人群以及最终消费者。在内部环境中，雇员与利益相关者们组成了一个团队；在外部环境中，政治机构、社团、供应商、经销商组成了另一支队伍。

（一）内部沟通

公司形象不仅仅只是建立在所显现出的外部沟通行为上。公司内部生活及其职员的参与也会对公司形象的形成产生影响。员工的工作情况与成功经验直接关系到公司在市场中的成功。对于可持续发展也是同样的情况。环保倡议是否能成功，也取决于员工的参与。公司针对环保的实施有很多种基于内部沟通的方法。公司的内部报纸、年度报告、张贴的公告、视频资料以及研讨会都是内部沟通的方法。

在大多数情况下，酒店设施都会以各种方式做出不同的改变，例如，增加太阳能电池板和节水装置以促进可持续管理概念的运用。员工与管理者常常会不清楚绿色概念究竟是什么，也不知道如何有效地实施。通过讲座、研讨会、正式会议等形式所做的在职培训变得至关重要，并且成为与酒店员工交流的通道，使他们能够增加与环保有关的相关服务。现在看来，那些在一开始就倡导绿色概念的酒店企业，如果在其任务陈述中对其绿色服务标准和策略做出明确规定，那么它们努力提高各阶层服务人员的可持续发展观念的行动就会进展得更加顺利。

（二）外部沟通

外部沟通是市场营销发展的关键，尤其是在品牌发展的过程当中。为了确保信息的透明度，所有的利益相关者包括消费者必须了解到精确的信息（图10-1）。最主要的信息必须是明确的、清楚的、有意义的、一致的、诚实的。所做的陈述必须是真实的、准确的、清晰的。清晰易懂的凭证，例如经过核准的生态标识，对绿色品牌的建立有所帮助。然而，很多标准，包括由国际标准化组织或欧盟生态管理和审计计划所制定的公共标准都并不能够被大众和潜在消费者们所理解。其中用到的词语有"领先的"、"最健康的"、"环境友好的"等。将一些朗朗上口的措辞与强烈的信任联系起来，可以帮助品牌吸引大众的注意力。虽然真正的品质在消费者心中是至关重要的，但是感知质量扮演着更加重要的角色。如果一家酒店公司决定推出一种完全有机的早餐，那么它所缺少的就是感知质量，除非得到例如德米特（Demeter）这样经过认证的系统的帮助，这些系统代表的是严格的有机农业标准。消费者必须能够对这些绿色品牌进行分类。像德国制造的比奥纳德（Bionade）生态汽水这样的绿色品牌，就在碳酸饮料领域建立起了一个消费者心目中的有机的健康饮品的形象。它的名称、形状、颜色都应该比其他竞争者更加独特出众，才能产生影响。

可持续发展领域中的企业将会与经销商和供应商建立新型合作关系，将要加入环保组织的研究讨论，也将与公共机关建立良好关系。

一个负责任的公司可以签署协议，规定其合作伙伴，无论是供应商还是经销商，都需要保证自己所使用最少的不可再生资源，以及生产线上下游都保证能够有符合道德标准的工作条件。

负责任的公司将会与公共机关商讨环境协议，以此避免与环保有关的可能的罚款与税收，从而可以获得一定的利益。

最后，一个负责任的公司将与非政府组织或其他消费者保护协会进行接触交流，以确保所做出的承诺是诚信的。这些组织与协会可以与媒体建立亲密关系，媒体又对建立公司形象有积极作用，或者如果公司无法履行其对可持续发展所做出的承诺，媒体又能够快速损毁公司的形象。公司如果能够建立起一种环保上的合作关系，就能够在参与中获得一定的公信力和合法性。

案例分析10.2　关于绿色实践的内部交流

中国上海的城市酒店规定：全体职能部门都应该实施绿色概念。因此，酒店各个部门都派代表参加培训课程，向行业专家们学习绿色理念、概念，并进行实践。并且，酒店还要求执行经理们参加关于讨论管理绿色酒店的国际会议。最终，酒店的各个部门都成功地贯彻了绿色倡议。例如，餐饮部提供打包服务，并且可以储存那些没有喝完的酒。在一个被称为"绿色餐巾"的项目中，酒店餐厅为顾客提供布质餐巾代替了纸质餐巾。酒店顾客可以将这种"绿色餐巾"带走留作纪念。这些绿色项目在酒店的客户中引起了很好的反响；同时，酒店计划分发可重复使用的购物袋，以鼓励顾客减少使用塑料袋或纸袋。

八、负责任的营销的竞争优势

负责任的营销策略包括以下几点：

- 区分品牌；
- 降低风险和识别机会；
- 增加客户保留和品牌忠诚度；
- 促进创新和创造性；
- 保护和建立强大的品牌声誉；
- 激励员工；
- 留住最佳员工；
- 得到客户的喜爱；
- 节约成本；
- 吸引投资。

（一）绿色营销与"漂绿"的分界线

企业常常面临的危险处境是被指责为"漂绿"。"漂绿"是指一些公司为了掩盖它们并不环保的行为而采取一些措施来建立环保形象。公司以"有机产品"的名义推广促销某些不具有正规认证的产品，或者是公司对外宣称节能公司但却造成污染，这些公司就被称为"漂绿"。环境保护当今正在流行，股东们与利益相关者都对公司经营施加了很大的压力。一些公司提出了一系列好的广告，但不幸的是，在操作过程中并没有具备可持续价值。其中的一些被揪出，另一些还没有。企业必须要满足消费者的需要，推广正宗的产品和服务以建立持续的正面形象。

"漂绿"对公司的诚信度有着重要的影响。不仅公司客户感到受到了欺骗，而且"漂绿"会损害到与利益相关者们的关系，例如供应商、投资商、政客和媒体。通过实施可持续举措及负责任的市场营销，企业可以获得竞争优势，那么如果企业的确采取了可持续的方式进行操作却没有将这一点对外宣传，它就有可能会被竞争者所取代。企业需要能够顶住不同形式的压力。

压力有的源于推广那些并没有对环境造成负面影响的产品或服务（源自股东和市场营销压力），有的源于需要建立一个积极正面的形象（源自利益相关者和市场营销压力），还有的仅仅只是源自需要占领更大的绿色产品和服务的市场（源自利益相关者压力）（图 10 – 5）。想要进行"漂绿"的诱因是大的。消费者对绿色产品与服务的需求、基本上不受监管的公司社会与环境责任、对环境交流的强制性标准的缺乏，都是"漂绿"的驱动力。这个过程被看作是一种相对简单的逃避策略，以获得直接的短期经济利益（通过建立绿色形象获取更多销售额）。绿色项目的驱动力，包括非政府组织对企业有关环境影响的日常操作的多次审查，要求整个社会与消费者拥有其消费透明度以及更多适当的政府规定，"碳税"就是其中的一个例子。负责任的公司所颁布的应该是经过深思熟虑的长期商业策略。

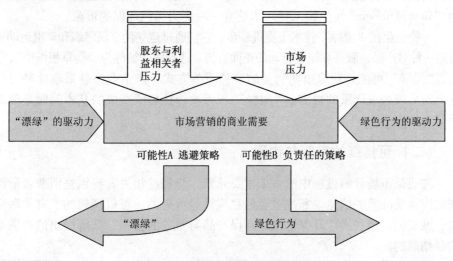

图 10 – 5　压力、驱动力与退出策略

在建立绿色形象的过程中，可以使用很多不同的方法和营销工具，从简单的广告和张贴海报到使用一些绿色术语和与环保协会的合作。有效的"漂绿"活动会误导消费者，建立一个完全扭曲的公司形象。最流行的绿色清洗工具是广告活动。例如，公司使用绿色的、在蓝天下宜人的乡村风景的画面来提倡环境的兼容性和可持续性。关于"漂绿"还有另一个简单的例子。很多酒店都在使用能源管理系统。经过改进的能源管理被称作能源管理系统，它可以减少能源的使用。这个说法是有误导性的，能源管理系统并不能真正地减少能源消耗，它只能通过更精细的方法来处理酒店的能源消耗。如果酒店利用能源管理系统来将自己定位为环保的，那么该酒店就会被称为"漂绿"。"漂绿"酒店一旦公开其行为，它们就会失去竞争优势，甚至在竞争中处于劣势。有关环保的市场营销交流应该是协调一致并且真实的。

企业利用其社会报告和可持续发展报告对公司形象造成误导。虽然在本质上，对可持续活动的报告是值得称道的，但是一些公司却会毫不犹豫地将报告当作展示公司绿色形象的唯一工具。这些报告与会计或财务报告明显不同，它们并没有被任何具有国际纲领的组织所认证。公司公布的都是一些积极行为，同时将有问题的实践行为隐藏了起来。

目前所广泛使用的一些生态术语稀释了单词本身的真正含义，例如可持续性、环境友好以及生态责任等。德国有一起众所周知的案例。在化学产业中，一款交换机首先使用单词"Gentechnologie"（基因技术或工程），后来又发展为"Biotechnologie"（生物工程）来建立一种更为绿色环保的形象。

一些企业在"漂绿"技术上更进一步，它们通过建立伪市民组织和草根运动来营造一种对产品、服务和绿色行动的正面宣传。这种做法被称为"伪草根舆论"。

"漂绿"可能是获取短期利益的一种简单方式，但企业一旦采取这种策略就会对品牌造成严重的损害。"漂绿"行为被传播后所造成的基本问题是消费者信心的丧失。

（二）可持续的声明与沟通

沟通是市场营销过程中的一个重要元素。与利益相关者特别是消费者所沟通的应该是准确的信息。那些重要信息应该是可见的、可以理解的、有关联性的、诚实的。那些推广环保形象、环保产品与服务的公司，其所做出的声明必须是精确的。

简单来说，其声明必须包括以下几项特征：

- 真实性和准确性：尽管目前还并没有要求证实的消息传出，但是许多酒店企业都与各种机构合作发展其可持续标准和认证项目。
- 关联度：对所提供的产品与服务及与其相关的潜在影响进行说明是十分重要的。
- 清晰度：供应方需要对其声明所关联的环保问题与产品方面问题作出清楚的陈述。一家酒店可以被称为环保的，因为其厨房只料理有机食物。然而，如果为了只料理有机食物，而那些食物必须从其他国家空运过来，那么这种陈述也可能是缺乏关联度的。
- 明确性：在声明中加入一些有关绿色符号的背景信息，这种做法是明智的，并且那些符号应是被法律所要求的，或者是规章标准所支持的，又或者是一项独立认证方案中的一部分。

（三）负责任的市场营销：忠诚的驱动力

创建具有忠诚度的客户是企业的其中一个目标，同时，企业的主要目标是通过推广负责任的消费者行为，让这些消费者在环境保护、社会公平，以及经济效益等方面都能感受到关心。因此，已经实施环保措施和可持续发展策略的公司，要求其顾客能够是平等的、负责任的行为者，以便这些策略能够奏效。从逻辑上来说，这种关系并不仅仅是买家和卖家的关系，而是在为大众和更好的产品建立合作伙伴关系。

（四）绿色服务品牌商标

1. 旅游业中的品牌概念

正如本章之前所提到的那样，在一般大众的观念中，品牌就是市场中与商品和服务有关的名称、符号、标志、商标。从更宽泛的意义上来说，品牌可能涉及那些与消费无关的人工制品、物种、人或者位置的形象。更进一步，在旅游背景下，一些有着特殊的气候、风景、文化的地区，就能够形成一种品牌，这些地方可以使旅游者感受到一个地方的鲜明特征，例如大溪地就是太平洋中外来文化的天堂。

2. 住宿业中影响品牌价值的因素

在竞争如此激烈的环境中，了解那些能够影响消费者品牌价值感观的因素是十分必要的。除减小对自然环境潜在威胁的努力外，还有以下体验：

（1）访问体验。事先的服务体验常常能将品牌感知朝积极或消极的方向改变。然而，服务体验中的影响层次可能也会变化，这取决于服务的主题和接受服务的频率。举例来说，当某项服务还没有面临技术灾难时，酒店客户也许不会转而倾向于那些使用替代能源的产品。重要的是，将绿色观念纳入其中的服务应该要突出访问的质量。

（2）声誉。消费者心中积极的品牌观念形成了其品牌价值。在酒店行业中，服务声誉包含了很多方面，从服务的质量到市场策略（例如价格）的部署。一线员工直接掌控着服务质量。因此，在一些情况中，服务人员对待客户的态度以及面对服务失败的反应，也许会对整体的品牌声誉造成极大的损害。而且，酒店所提供的礼仪的质量，是影响品牌声誉的决定性因素。

（3）绿色表现。为了能够建立一种与环境友好实践（受到当地社区的尊重）有关的品牌，就需要公布服务的有关证据。否则的话，就可能被误认为是"漂绿"。由于现阶段在酒店业中，绿色管理并不被看作主要的操作模式，因此向消费者推广那些独一无二的环保行为以及表示对社区和谐的赞赏是至关重要的。

（4）服务创新。酒店公司应建立一种长期的企业形象，通过产品创新争取提供最佳的住宿、餐食及服务体验。尽管在酒店中实施绿色技术和项目被看成是一种创新的操作模式，但是明智的做法是，考虑如何避免绿色项目可能面临的陷阱，使用新的技术和创新性的解决方案能够让消费者按照企业推荐的合理方式参与到减少能源消费和处理垃圾的工作当中来。当然，这种创新与消费者体验也是息息相关的。创新也包括与日常操作相关的后勤项目的创新，例如，员工制服可以用可循环利用的面料制成，这样能够减少对环境的破坏。

（5）忠诚项目。对于熟客的忠诚项目不应该只注重在经济激励上。酒店公司也需要将实施的绿色实践活动推广给现有客户。应该经常性地回顾客户的服务评价，因为绿色消费者群体，即那些欣赏环境管护行为的客户，比大众旅游的消费者们更懂得环保实践的意义。他们对于服务表现的投入是有价值的。总体来说，忠诚项目可以被看作是消解消费者疑虑、表明企业任务的一个至关重要的沟通桥梁。

九、建立绿色酒店品牌

在酒店业中，许多销售主管将品牌问题列为日常工作事项的大事。在绿色品牌领域，所选择的道路不是品牌扩张就是品牌收缩（图10-6）。绿色品牌扩张是将一个新的绿色产品包含进现有的生产线之中。当焦点进一步聚焦时，绿色品牌收缩就变得更强大。以收缩为始，企业能够获得强势品牌。

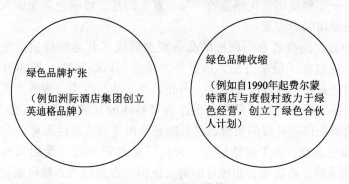

图10-6　绿色品牌策略

　　像其他商业一样，成功进行产品创新，需要一个清晰的愿景。那些试图实现环境友好交付的私人主体应该建立一个相关的行动计划以有效地完成公司任务。由于具有环保意识的酒店服务还处于萌芽阶段，计划周详的品牌策略可以成功地帮助公司解决困境，应对与处理那些会危害到提供给绿色消费者的服务体验的行为。以下阐明了在建立绿色产品与服务品牌过程中的几项重点考虑事项：

　　第一，形象树立。在树立形象的过程中，消费者首先要有组织地被唤起他们的品牌观念。在这个阶段，消费者没有任何关于品牌的已有知识。然而，品牌形象可以很快地改变消费者曾经收集到的品牌信息。广告是予以推广的典型方式，它可以提高消费者的产品/服务概念。口碑也常常被视为建立品牌形象的有效方式。但是这也只能在一小群消费者中予以传播。从传统意义上来说，收音机、电视机、出版物和网络可以影响到大量的消费者，并且将信息传达给核心消费人群，从而提升品牌形象建立过程。最近基于网络的社交网站，例如脸书和谷歌，已经成为品牌建立的可行通道。

　　第二，产品定位。在这样具有竞争性的市场营销环境中，理解某个特定品牌的优势与劣势可以帮助公司对其品牌在市场中进行强有力的定位。当对其在市场中的相对位置进行分析时，公司需要建立一个现有产品与服务的属性列表。接下来，公司应该将所有品牌属性与其竞争对手作比较。这样的分析有助于公司制定最合适的市场策略来达到其目标。例如，XYZ 酒店发现客户对其绿色实践的整体感知相较于其密切的竞争对手来说是处于较高地位的，但是，其房费也比竞争对手高出很多。XYZ 酒店可以将自己定位为第一绿色酒店，同时需要在不损害顾客体验质量的前提下，不断寻找减少能源使用的新方法。

　　第三，市场细分。一般来说，酒店公司需要努力满足不同消费族群的不同需要。事实上，建立起的一家企业是不可能满足所有消费者的需求的。在酒店业中，市场细分的概念是为了吸引核心消费者的需求，他们是有可能购买酒店服务和产品的人群。在部署品牌策略的过程中，预测哪些人群是潜在顾客是十分重要的。他们是否与他们的社会人口学特征相一致？他们是否有相似的生活方式？如果他们不一致，哪个消费群体更可能去购买商品与服务？并且，在忠诚项目中，由于难以分辨的社会人口学特征、生活方式以及心理特质，市场营销人员必须要找出哪些消费群体有购买更多产品或者成为回头客的倾向。

　　第四，品牌联结。在信息技术取得进步的今天，服务类公司已经了解如何更好地为消费者服务。一家公司可以拥有更加至关重要的市场洞察力是与其竞争者不断加强与增加的服务有关的，如果有需要的话，公司会复制这些服务理念。然而，在一定的竞争领域中，消费者将这些服务理念当成这些公司的规范。由于在那个领域中所有的服务都是一样的，但需要做出购买决定时，除了看重服务的质量，消费者可能注重的就是价格，如果消费者以前没有使用或听说过这项服务之前，消费者是不知道其价格的。因此，在没有任何产品忠诚的情况下，价格就成为操纵消费者购买决定的重要因素。为了获得固定的客户群，公司应当花一定的时间与精力来建立客户关系、拓宽客户忠诚。

第五，价值共创。在快速经济时代，酒店客户常常会面临一些新的想法和服务并且可能并不了解这些服务潜在的利益。结果消费者就不会认为这些服务能够完全迎合他们的需求并且毫无顾虑地享受这些服务。从理论上来说，消费者并不倾向于购买那些与营销材料和服务指南并不相关的服务。因此，服务人员与管理者们给消费者提供他们并不熟悉但具有指导作用的信息是至关重要的，这些信息是关于新型服务理念的预期收益的。进一步来说，一家酒店企业应该能够做出安排，使消费者能够得到最佳的服务体验。如果消费者能完全享受到员工所提供的服务带来的利益，他们就会更多地使用这项服务，并且通过口头宣传将这项服务推广出去。确实，服务团队通过提升消费者的体验能使得消费者与服务团队共创品牌价值。

第六，服务评价。并不是所有服务或者产品都能够在每一个时间点满足消费者期望。产品设计人员和提供服务的人员应该找出对品牌发展不利的障碍物。为了满足消费者需求、提升服务质量，公司应该通过系统方法来建立各种服务表现的评价机制。通过客户对服务的评价结果，服务人员就能够了解造成服务失败的原因。并不仅仅是顾客需要对服务做出评价，还有其他服务的利益相关者，如服务人员和设计人员。私人会谈、观察法、小组讨论调查以及问卷调查方法都可以用来收集有关服务表现的必要信息。

十、负责任的营销展望

对于那些生产商品或者提供服务的公司来说，只关注功能性利益是不够的。为了发展负责任的营销，企业必须从全局上思考与行动，并且要从思考下列问题开始：

- 我们做的是什么？
- 我们如何做这样东西？
- 它是否是可持续的？

- 我们与谁一起工作?

下一步就是建立与消费者的关系,并且通过传播热情与宣传公司产品或服务的固有形象来吸引一些支持者。交流是十分必要的,其目的是建立信任以及确保透明度。所传递出来的信息必须是一致的,并且带有真实的光环。企业的主要目标是能够建立忠诚的消费者。通过绿色品牌策略所建立的关系应该从买卖关系发展成为一种平等的、为建立更加优越的环境而努力的关系。

练习题

1. 小组讨论、小组项目或书面任务

对酒店业的绿色倡议进行营销

关于酒店业实施绿色倡议的历史是短暂的。一些消费者可能并不了解酒店企业绿色倡议的实施。

(1) 如果你了解某个酒店所做出的的绿色管理实践行为,请详细描述其所采取的那些使你关注到绿色倡议的营销策略。

(2) 从市场营销的角度为酒店公司如何提高绿色实践的知名度提出意见。

2. 小组讨论或小组项目

做到在线环保

(1) 评价 5 个不同的实施绿色倡议的酒店网站,比较网站上与环保相关的信息的异同点。

(2) 讨论阻碍在线信息交流成功传送的因素。

3. 小组项目

讨论新 4P 概念

写一篇关于新 4P 概念(人、地球、利润、过程)的新闻稿。选择任何你所感兴趣的酒店业存在实体,对其绿色性能做出报告。

4. 小组项目或书面任务

品牌形象和绿色酒店业

了解绿色酒店业管理的建立过程,探究特定服务/产品属性是如何影响品牌形象的。

5. 小组项目与演示

市场分析

对某些特定城市、地区或国家的绿色酒店的主要代表做出市场分析。分析

应该能够揭示其在服务质量和价格构成方面具有哪些优势和劣势。

6. 书面（及研究）任务

忠诚项目

比较 3 家感兴趣的酒店的忠诚项目。在分析中，描述出 3 个项目中有关奖励规定的异同点。

参考文献

1. American Marketing Association. Resource Library：Dictionary（2009）Available at：http：//www. marketingpower. com/_ layouts/Dictionary. aspx？dLetter = G.

2. World Commission on Environment and Development（WCED）（1987）Our Common Future. Available at：http：//www. un – documents. net/wced – ocf. htm.

资料来源

1. Ayuso, S. （2006）'Adoption of voluntary environmental tools for sustainable tourism：analysing the experience of Spanish hotels', Corporate Social Responsibility and Environmental Management, 13（4）：207 – 270.

2. Baker, W. E. and Sinkula, J. M. （2005）'Environmental marketing strategy and firm performance：effects on new product performance and market share', Journal of the Academy of Marketing Science, 33（4）：461 – 475.

3. Bohdanowicz, P. （2005）'European hoteliers' environmental attitudes：greening the business', Cornell Hotel and Restaurant Administration Quarterly, 46（2）：188 – 204.

4. Brown, M. （1996）'Environmental policy in the hotel sector："green" strategy or stratagem', International Journal of Contemporary Hospitality Management, 8（3）：18 – 23.

5. Carmona Moreno, E., Cespedes – Lorente, 3. and Burgos – Jimenez. 3. O. （2004）'Environmental strategies in Spanish hotels：contextual factors and performance', The Service Industries Journal, 24（3）：101 – 130.

6. Chan, E. S. W. and Hawkins, R. （2010）'Attitude towards EMSs in an international hotel：an exploratory case study', International Journal of Hospitality Management, 29（4）：641 – 651.

7. Claver – Cortes, E., Molina – Azorin, J., Jorge, P. and Lopez – Gamero, M. D. （2007）'Environ – mental strategies and their impact on hotel performance', Journal of Sustainable Tourism, 15（6）：663 – 679.

8. Dief, M. and Font, X. （2010）'The determinants of hotels' marketing managers 'green marketing behaviour', Journal of Sustainable Tourism, 18（2）：157 – 174.

9. Dinan, C. and Sargeant, A. （2000）'Social marketing and sustainable tourism：is there a match？', International Journal of Tourism Research, 2：1 – 14.

10. Fuller, D. A. （1999）Sustainable Marketing：Managerial – Ecological Issues, Thousand

Oaks, CA: Sage.

11. Gustin, M. E. and Weaver, P. A. (1996) 'Are hotels prepared for the environmental consumer?', Journal of Hospitality & Tourism Research, 20 (2): 1 – 14.

12. Kasim, A. (2009) 'Managerial attitudes towards environmental management among small and medium hotels in Kuala Lumpur', Journal of Sustainable Tourism, 17 (6): 709 – 725.

13. Kirk, D. (1998) 'Attitudes to environmental management held by a group of hotel managers in Edinburgh', International Journal of Hospitality Management, 17 (1): 33 – 47.

14. Kotler, P., Roberto, N. and Lee, N. (2002) Social Marketing: Improving the Quality of Life 2nd edn, Thousand Oaks, CA: Sage.

15. Kotler, P., Bowen, J. and Makens, J. (2003) Marketing for Hospitality and Tourism, 2nd edn, Englewood Cliffs, NJ: Prentice Hall.

16. MacDonald, C. and Whellams, M. (2007) 'Greenwashing', in Robert W. Kolb (ed.) encyclopedia of Business Ethics and Society, Thousand Oaks, CA: Sage.

17. Middleton, V. T. C. and Hawkins, R. (1998) Sustainable Tourism: A Marketing Perspective, Oxford: Butterworth – Heinemann.

18. Peattie, K. and Crane, A. (2005) 'Environmentally responsible marketing: legend, myth, farce or prophesy?', Quafitative Market Research: An International Journal, 8 (4): 357 – 70.

19. Williams, E. (n. d.) CSR Europe's Sustainable Marketing Guide, Brussels: CSR Europe.

附加材料

请到 http://www.routeledge.com/cw/sloan 查阅书的所有图表、附加案例、问题和可用视频的外部链接。

第 11 章
消费者类型与行为

目标

本章将：

- 辨别与可持续发展有关的消费者行为的变化；
- 区分不同类型的消费者；
- 从外部沟通与负责任的市场营销的角度给出可持续发展的定义；
- 理解一种新的消费模式的发展；
- 理解消费方面的行为差异。

一、消费者与负责任的消费

在负责任的消费中，消费者是主要的行为人。如今的消费者，作为地球上的公民，他们用各种不同的方式影响着公司与政府当局：作为具有购买力的单纯消费者或作为投资者，他们选择投资那些环保性质的公司；作为公民，他们选举出政府，对政策产生影响。越来越多的消费者极其注重与可持续发展有关的议题。消费者对企业的伦理行为更加警惕。新的经营范式已经不仅仅只注重经济效益和追求利润。普通大众，作为公民和消费者，也正越来越对有关社会福利和环境保护的经营策略感兴趣。

在过去 30 年中，消费者行为与态度发生了变化，开始关注那些具有环境可持续性的产品与服务。对企业环境导向具有驱动作用的是消费者，而不是政府。那些忽视消费者态度的公司，将无法满足他们的需求。基本上，连锁酒店的顾客可以分成两类：团队客户和散客。这种基础性分类，其根源在于酒店业的经济模式。两种群体具备明显不同的预订与消费行为特点。但是，最主要的变化并不是在经济领域当中，而是产生于这两个群体的环境和社会公平认知之中。绿色思维的改变，需要酒店业者们相应地改变其需求。

消费者是个人使用产品或服务的个体，一个新的消费时代正在发展中。的确，消费不再是能够自由选择的事情，它是与负责任的公民意识紧密相连的。我们见证了一种新的消费者类型的产生：参与其中的消费者。这类消费者注重国家及经济系统领域尤其是社会公平与环境保护领域中的个体责任。并且，他们想要通过减少分销系统的长度和复杂程度，来推动他们的价值，尤其是尝试确保终端消费者获得更加合理的价格。这类消费者经过发展演化产生出两种不同类型的消费者：积极主义的消费者与知情的消费者。

（一）积极主义的消费者

积极主义消费者们所代表的消费者的声音与力量比生产者与经销商所代表的更为重要。他们强烈拥护和参与可持续发展。垃圾分类，通过简单动作来维护能源，购买生物可降解的产品，乘坐公共或人力交通工具，购买有机的、当地生产的食物，堆化肥，参与生态项目以及自愿加入当地社会环保协会等都是积极消费者们日常会做的事。他们更愿意与当地农民合作，每周组织有机食物的分销，而不是仅仅从超市购买有机食物。一些积极主义的消费者还会在结束营业之后去农民的市场，将那些白天由于一些小瑕疵而卖不出去的水果蔬菜全部买下。最后，这些积极主义的消费者组织大型集会活动以交流经验，提出新想法以促进社区积极主义消费者圈子内的开放交流。积极主义的消费者团体将会组织非消费日。

（二）知情的消费者

尽管积极主义的消费者正在不断壮大之中，我们还是可以看到，首先显现出来的是这项集体运动正在减速。确实，我们看待环境的方式有所改变，因此我们的消费方式也随之变化。这种变化的趋势似乎朝着更少地消费的方向在发展，然而，购买一些有用的产品和服务是一种更佳的选择。消费者们更倾向于花时间搜集资料，而不是采取行动。知情的消费者们需要能够提供特殊需求的个性化服务，即产品标签内容的可理解性与可追溯性。这些知情的消费者支持合理的农业和有机生产，关注产品是在哪里生产以及如何生产出来的。与积极主义的消费者所不同的是，他们很少活动于政治层面，但是他们也致力于在大的圈子中提高社会公平与环境保护意识。

案例分析11.1 酒店经营者对于绿色经营的态度与行为

在整个旅游业中，酒店被认为是最大的能源消费及能源消耗的部门（Bohdanowicz，2005）。因此，在实行绿色管理方面，酒店经营者的态度与消费者是一样重要的。针对欧洲酒店经营者的调查显示，特许经营的酒店经营者更有可能去关注环境问题，而不仅仅是独立经营的酒店企业。进一步来说，政府方面的倡议能够影响到酒店经营者的态度与行为。Bohdanowicz 在对瑞典和波兰酒店经营者的调查中发现，酒店的设备对自然环境也有环境影响。瑞典和波兰的酒店经营者认为"那些对酒店造成的环境影响并不是极其重要的"。然而，几乎很少有研究证明发展中国家的酒店经营者对环境保护和企业社会责任持不同的态度。土耳其安卡拉的一个案例（埃尔多安和巴里斯，2007）表明，酒店经营者的理念与实践常常会忽视环境保护的重要性。并且，酒店管理人员可能缺乏基本的环境管护的知识与意识。在对酒店业小规模企业的调查中，卡西姆（2009）将那些合并绿色实践中的行为障碍称为内生影响（如环保实践中知识的缺乏）和外生影响（例如消费者对绿色服务的需求）。

二、消费者与可持续发展

正如我们所看到的那样，不管是积极主义的消费者还是知情的消费者，都十分注重保护环境特别是可持续发展。确实，一种群体性的觉醒能够真实有效地反映出生活中消费的位置与模式，以及人们需求的重要性。能够区分出诸如吃、喝、穿等日常基本所需与相对更加短暂的、多样的、主观的以及不断变化的需求，是十分重要的。那些零增长或者负增长的情况证明：目前的消费形式并不被视作是令人愉悦的，而是一种令人绝望的行为。确实，在很多发达国家，人们的基本需求显得并不那么重要，反而大部分的消费都是基于那些强迫性的欲望。这些欲望是无止境的，直到它们得到满足，然后再次出现。这是一种无止境的恶性循环，还会带来沮丧感。然而，由于各种原因，包括自然灾害的增加、与环境有关的电影的出现以及自然资源价格的上涨，全球出现了越来越多的积极主义的消费者以及知情的消费者，他们都积极拥护环境的可持续发展。由于自然灾害的频发以及价格的浮动，一些消费者决定小规模地自产自销。这可以保证产品与服务的可靠性，并且使人们对当地土壤的兴趣不断增长。不同方式的能源采购以及购买合适的产品，也是可持续发展需求提高的表现。

现如今，出现了一种新的消费群体，其朝着大众化消费的发展趋势很明显，这类群体就是难以预测的消费者。他们与积极主义的消费者不同，也并不十分了解情况，甚至他们并不知道在购买商品和服务时所做出的选择会带来什么样的影响。这些消费者的想法是不可预知的，并且进而没有任何关联。在这种情况下，预测这类群体的行为就很复杂，主要是依靠消费现状。这种消费者可能戴着昂贵的手表，开名贵的车，但是每周在大众的折扣商店购买食物。有着可持续发展意识的群体是有限的，这样，商家通过运用一些明智的负责任的促销手段和指导性的方式，就能够达到传播与培养的效果。

三、旅游者的绿色化

在过去的几十年中，旅游者对环境的兴趣不断加大，大多数旅游者更愿意选择环境友好型酒店。

（一）生态旅游者

对很多人来说，旅游已经走得太远。过去 10 年中，生态旅游作为一种新的现象，在旅游界逐渐发展起来。尽管生态旅游仅占全球旅游支出的 4% ～ 5%，但它依旧在旅游业中是发展最为迅速的且有利可图的一部分。生态旅游被看作是"高消费的、热爱自然的、负责任的旅游，并且毋庸置疑，是政府赚取外汇的有效方法"。"生态旅游"这一词汇具有一个好的光环。最终，这种旅游形式不仅考虑到了旅游者的需要，也考虑到了环境的需要，并且解决了拥挤问题以及其所带来的环境问题，这些发展起来的新型旅游地范式使社区开始计划设计一种可持续发展的未来发展路径。但是，很快问题也随之出现：人们开始考虑驾驶着四轮机动车到非洲著名的野生动物保护区究竟算不算得上是一种生态旅游。当政府当局在原始森林中修建去往住所的道路时，徒步旅行还能称得上是生态旅游吗？生态旅游究竟是旅游经营商的营销策略，还是一份真正的承诺？当环游世界时，在吸引富裕旅游者的钱财的同时，是否能够保护好当地的环境和文化？或许，生态旅游是旅游业中被过度使用或者滥用最多的词语。

斯沃布鲁克和霍纳（2007）将生态旅游者定义为"具有极大的积极性去了解目的地的自然史，尤其是带有观察野生动物和学习环境知识目的的人"。如今的争论是：每个人的环保意识都是不同的，并且"绿色旅游者的遮蔽物"被看作是大范围的环境问题。此外大家争论的观点还有，旅游者对待环保问题的态度很大程度上取决于他们来自哪里（艾弗森，1998；斯沃布鲁克和霍纳，2007）。进一步来说，酒店在环境问题上的表现很大程度上取决于其主要客户来自什么地方。例如，希腊的酒店经营者们其环境表现取得了很大的提高，这是因为他们的主要消费者来自环保意识十分强烈的德国。在欧洲，斯堪的纳维亚、德国、法国以及荷兰对于环境问题的担忧远远超过东部和南部的其他国家。国际性连锁酒店的客户来自不同国家及不同的文化。这种多样性带来了一个新的问题：不同顾客的环境概念与标准是不一样的。每个顾客都用不同的观点去评价其环境管理是否合理。此外，对于顾客环保意识的程度也有不同的观点。通过鼓励研究尤其是通过定义生态旅游、建立旅游经营商的指导方针以及旅游者规范，希望生态旅游在未来的旅游发展中可以获得其应有的地位。

（二）负责任的旅游者

负责任的旅游这一概念是基于旅游者与包括旅游提供商、酒店员工和当地居民等在内的旅游行为者的关系而言的。旅游者带着自己的文化、行为、态度与经济能力出门旅游，但同时也伴随着好奇与交流的渴望。目的地社区并不仅仅是一个营地、酒店或沙滩，而是一个空间、一个村庄、一片土地及当地居民、社会规则、经济、环境和景观。这种欢迎与被欢迎的相遇——好奇心与尊敬——构成了负责任的旅游的第一步。

除了交通、住宿以及目的地活动这些基本的旅游供给之外，可持续发展为负责任的旅游找到其根基和落脚点。的确，负责任的旅游处在三个区域的交叉点上：经济、社会和环境。按照其设计的方向，负责任的旅游调动了当地居民的积极性，刺激了当地农业以及文化的发展，带来了收入，为社区新项目（例如教育、健康、环境、生产）做出经济上的贡献。负责任的旅游者是社会动态的元素之一，也是开放的文化交流、尊重与倾听的其中一个因素。负责任的旅游者体现了一种新型的不同文化个体间的团结一致。最终，他们对待环境与遗产的方式是继承性质的（向后辈），而非破坏性的。负责任的旅游者已经积极加入了可持续发展的小型实验室之中。

四、负责任的消费动机：一些理论思考

如果一个人认为自己能够对人类和环境平衡的潜在贡献起到作用，那么其绿色消费行为与态度之间的联系就会变得更加紧密。相反，如果这个人并不认为其行为会发挥作用，态度与行为就会相背离。付出与回报的比率在不同的人的观念中是不同的，并且取决于不同的行为。对于绿色行为的理性思考可以推测出，行为态度的影响程度取决于消费者所感知到的效力或者他们对控制的确信程度。个体自我控制的程度以及对活动和生活环境控制的程度都可以使一个人变得杰出。如果人们认为其行为造就了某种特定的环境，这就被称为是一种内部控制机制。另一方面，如果一个人把他的处境归咎于其他社会因素，例如其他人、强势群体或者其他不可控制的环境因素的影响（如机会、运气、命运），这就被称作外部控制机制。现在我们将探讨负责任消费的动机：

- 态度、意图以及实际的消费行为；
- 旅游者意图或者实际的消费行为；
- 成本节约困境；
- 一种新的市场细分；
- 标签作用以及消费者购买行为的认证计划。

（一）态度、意图和实际消费行为

这些理论上的思考让理解态度、意图和消费者实际行为的转变更加容易。消费者越感到自己对社会问题和环境问题是负有责任的，他们就越认为其行为能够得到直接的利益——即使只是一小部分群体，他们的伙伴们也会认同这种行为。然而，消费者越是认为社会会向负责任的方向进化，他们的行为就越会反映其态度。并且，人们会常常试图使他们的行为连贯一致。如果一个人认为外部因素影响其行为，其消费与态度就会不一致。在这条关系链的最终位置，消费态度是受到个体如何看待产品、服务和行为的价值所影响的。

一个内部受到控制的个体能够看到产品属性的更高效用，这明显与他的态度相一致。因此，个人可能会因为环保、相信社会公正或者想要支持当地经济，而喜欢和购买那些具有相应特性的产品。举例来说，为了鼓励与环境保护和社会公正相符合的消费，就需要说服人们，他们的行动能够积极地支持这些方面。对于消费者购买行为的研究能够有效地帮助产业建立起一个分析框架，以提升其在可持续发展三项支柱项目上的表现。

（二）旅游者意图和实际消费行为

旅游业不仅仅是最大的产业，它还在不断发展，其竞争也十分激烈。那些假设他们搭乘了某个自动增长加速器的企业不可避免地都会停滞不前（莱维特，1960）。消费者对于酒店业可持续投资的发展有着越来越重要的影响，其中一小部分原因是由于他们还价的技能不断提高。关于消费者在酒店业的可持续发展方面的购买行为的研究，其结果是相互矛盾的。例如，米勒的研究显示，"消费者在日常生活用品方面，已经根据环境、社会、经济的质量做出评估，而且将这些习惯转移到旅游产品的购买上"（米勒，2003）。米勒的研究显示，78%的受访者常常或者有时会搜集旅游目的地的环境信息。此外，意大利环保机构的报告显示，人们对于生态标识的感知得到了提高，73%的受访者更倾向于选择带有生态标志的旅游住宿酒店（ANPA，2001）。另一方面，赖泽等（2005）近期发布报告表示，生态标识对旅游者决定的影响是微弱的，大部分的旅游者消费行为并不都带有可持续性的特征。显然，消费者购买意图与实际购买行为之间存在很大差异。

（三）节约成本的两难之境

Ford 等（2011）提出了一个颇为敏感的话题，即向酒店住客推广有利于生态环境可持续发展的举措。他们认为住店旅客能够清楚地认识到：类似毛巾再利用或节能技术能等有利于环境可持续发展的举措能够节约大量成本。但是，很多酒店的管理者在推广有利于环境可持续发展的举措时，特别是能够大量降低生产成本的举措时，还是显得非常犹豫。斯第帕纳克（2002）指出："很多酒店经营管理者认为那些有利于环境可持续发展的举措将会降低顾客的消费体验"，但同时他也给这一两难之境提出了建议，即进行相应的市场调查，同时对住店旅客进行有关环境可持续发展方面的教育。斯第帕纳克认为这一建议既能为酒店节约成本，还不会降低旅客的住店体验。

许多住客认为酒店节约成本的举措只让酒店所有者受益，他们自己并没有得到好处。格鲁夫等（1996）就反对酒店向住客推广有利于生态环境可持续发展的举措，他们认为，如果住客感觉酒店的环境友好型节能举措削弱了他们住店期间的舒适度，那么由此造成的顾客满意度的负面影响将更为严重。在这种情况下，这些住客将重新寻找那些能够在同等费用水平下提供更让他们满意服务的供应商。应该如何抉择，对一些提供奢华服务的酒店来说的确非常重要。如果这些酒店推行一些节约成本的举措，那么它们的顾客就会抨击它们的定价策略。

（四）一个新的市场细分

乐活（LOHAS）表示一种健康且具有可持续性的生活方式。乐活仅在美国就有 2270 亿美元的市场。它不仅使那些拥护新时代信念的人们走到了一起，同时还将其理念扩展到了环境友好者运动、补充和替代药品领域。乐活打开了一个新的市场，一个对那些关注个人健康，关注环境，关注社会公益、个人发展和可持续生存的人们具有巨大吸引力的市场。

这一细分市场的顾客可以被称为是文化上具有创意的、有文化意识的消费者或乐活顾客，在美国，这一顾客群体的数量已经达到了庞大的 6800 万人之多，占美国成人人口的 32.3%。由于乐活的理念符合有机食物产业的商业利益，其他国家的乐活顾客也形成了重要的细分市场。尽管现在绿色食物和慢食主义潮流大行其道，但是这一带有后现代色彩的潮流能否代表真正意义上的可持续，仍然值得怀疑。

和乐活相反，乐简（LOVOS）代表的是一种随性简单的生活方式。具有乐简理念的消费者并没有后现代主义取向，他们是后物质主义的忠实拥护者，并与消费主义形成鲜明对比。从市场角度来看，乐简是一种经常被忽视的边际现象，但同时也可能在将来带来社会消费观念的潜在变化。

（五）标签和认证计划对消费者购买行为的影响

和其他产业一样，对于住宿业来说，好的声誉以及代表着传递给目标客户的企业理念与价值观的形象是很重要的。酒店企业的形象可以由 4 个维度构成：财务、商业、社交、社会。

- 财务维度与所有者（股东）有关，它说明了信息的透明度、清晰度和可靠性；
- 商业维度与消费者的钱包息息相关，它代表了商品供给和服务供应在交易和价值方面的公平性；
- 社交维度反映了员工动机，该维度涉及酒店总体状况、薪酬、工作环境等多个方面；
- 社会维度由所有的酒店合作者（供应商、经销商、行业协会、相关政府部门）构成，该维度将为酒店塑造一个专业且负责任的形象，并且随着合作关系的不断发展而成长。

企业形象直接促进了商业的可持续性和活力。一个打算全面投资于环境可持续发展和社会责任事务的企业，能够在形象方面获得大量的回报。同样地，适合的、受到认可的认证或者标识能够促成公司在市场中获得更好的市场表现，赢得顾客的尊重。

然而，经过认证的产品或服务是否自动就比传统的产品或服务质量更优呢？人们意见不一。消费者普遍认为，认证产品是十分昂贵的，部分原因在于产品的认证需要经过一定的过程并产生一定的认证费用。由于食品厂商高覆盖率的广告投放以及近年来人们对食品安全和健康事件的高度关注，消费者更趋向于把更多的注意力放在食品市场的标签和认证项目上。因此，消费者更加关注的是：在本地超市买到的食品是否有认证标签，而不是酒店所有者即将获得的 ISO 14001 认证。造成这种现象的一部分原因是消费者个人在验证认证项目可靠性上颇具难度。因此，消费者必须相信认证项目，相信所购买的有认证标识的产品和服务的质量。

想要对消费者产生预期的影响，环境认证领域需要提供恰当的信息，制定清晰的战略。

案例分析 11.2　面向消费者的绿色战略

目前，面临着一些严峻的、有害人类生命的环境问题和日益加剧的能源浪费现象，因此越来越多的企业开始修改他们的现行战略，使之符合对社会、对环境负责的要求，来确保获得那些环境友好型消费者的关切。研究显示，组织将绿色运营理念展现给大众时一般有三种惯用的策略：战术方法、准战略方法、绿色战略方法。战术方法意味着对现行经营策略最低限度的修改。准战略方法是一种更加具有前瞻性的方法，意味着对现行经营策略、理念的更大程度的修改。而绿色战略方法，则意味着将经营管理的方方面面都广泛且集中地融入环境可持续发展策略中。格瑞弗和萨阿拉（2008）描述了许多有关绿色营销的综合战略，包括绿色设计、绿色市场定位、绿色定价、绿色物流、绿色促销以及绿色联盟。吉斯伯格和布鲁姆（2004）提出了一些其他不同的战术，例如谨慎地培养绿色企业文化，在绿色营销中积累信誉形象等。此外，克罗宁等（2011）在其有关消费者的研究综述中，将主要的绿色战略概括为三类：绿色创新、对组织进行绿色化以及绿色联盟。一项将酒店业环境管理视为竞争力优势的战略研究根据酒店对环境可持续发展的态度，将其分为三种不同的类型：积极主动型、中间型、反应型。该研究表明，就环境可持续发展践行所付出的努力而言，各个酒店还是存在一定程度的差异。有趣的是，三种不同类型的酒店在财务数据（例如入住率）上并没有明显差异。奥特曼，斯塔福和哈特曼（2006）探讨了在绿色营销上的困境。他们认为，绿色营销应当达到两个目的：改善环境质量；提高顾客满意度。超额实现或无法完全实现其中一个目标，将导致绿色营销困境。所以，他们提出了三个方法来避免绿色营销困境的发生：顾客价值定位、消费者知识校准和有关产品可靠性的声明。

五、负责任的消费者行为：消费模式

个人的购买选择取决于各种不同的个体决定因素，包括生理状态、偏好、知识水平、观念以及其他心理因素。然而，尽管个体决定因素是必要的，但是仅仅用它们来解释负责任的购买行为还是不够充分的。集体决定因素指的是在负责任的购买行为、环境、实体环境、经济环境、社会环境以及国家政策方面的人际影响。然而，购买决策中，相互作用和影响关系是相当复杂的。消费者在做出决定时受到众多因素的影响，据此也建立起很多消费分析框架。这些因素可分为个人因素（社会人口的、生物学的、心理上的）、环境因素（文化的、经济的、市场的）以及所购买的产品或服务属性（生理效应、感官知觉）。然而，总体来说，负责任的消费动机包括 4 个因素，如图 11 - 1 所示，即个人健康、生态、道德和生活方式。

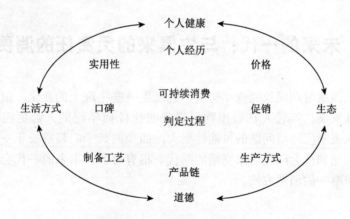

图 11 - 1　具有说服力的负责任的消费者购买行为影响模型

决策过程可被描述为是一种较为直线式的发展，从认清一种需求开始，到搜集资料、再到评估阶段，最后做出选择（特雷尔，1999）。然而，在产生决定的过程之前、之中及之后都有各种各样十分重要的影响因素。图 11 - 1 中列出的这些因素，构成了负责任的消费者选择影响"8P 因素"。个人经历（Personal experience）可以被看作是产品的感官属性，它也许是餐厅里的食物与品尝经历，或者是个人的喜好。尽管个人经历十分重要，但当讨论到价值观的概念时，价格（Price）实际上也起到了一定的影响作用。那些对酒店和餐厅进行等级评定的媒体报道以及有关最新的热门旅游地的新闻等促销手段（Promtion）也是一个具有影响力的因素。从餐厅厨房中食物的生产过程，到所使用的设备类型以及能源的使用，这些生产方式（Production methods）对于负责任的消费者的最终选择发挥了重要作用。从采购开始的产品链（Product chain）也成了可持续发展极其重要的一个方面。在种植食材时所使用的农药和杀虫剂，以及生产、包装和分销的过程——尤其是食物里程——成了负责任的选择过程中关键性的影响因素。

图 11-1 中剩下的 3P 影响模型，即制备工艺（Preparation methods）（烹饪与垃圾管理），口碑（Prestige）（跟随社会趋势和规范）以及实用性（Practicality）（购买便捷性、花费以及其他约束条件）都被视为影响消费选择的重要组成部分。

这种内生的动态结构模型使得可以根据不同的生命阶段以及在不同的时间段影响因素的重要性的变化对决策过程进行建模。

六、未来的一代：与生俱来的负责任的消费者

人们从孩童时期成长到成年初期，会产生一些生理上的变化。由于情感发展和社会性发展，年轻人在做出购买选择时比任何年纪的人都更能够加以控制。年轻人去响应环境问题的可能性更大。如今的孩子们都成长于一个环境问题、经济问题和社会问题纷繁交错的时代。很有可能，未来的一代会将负责任的消费视作唯一的消费方式。

七、消费方面的行为差异

对于消费者来说，做出购买决定的决策过程是复杂且令人困惑的，反映出不同心理特质的影响。一些观点认为：个人的购买行为可以被看成是不理性的。为了能够成功预见消费者对产品和服务的需求，供应商们应该了解消费者购买决定和消费体验的行为结果。在有关消费者行为的文献中，在不同的消费阶段，其心理内涵也是不同的，这些消费阶段包括购买前期和购买后期。例如，购买前期要素，可能被称为动机、观念、态度和决策。相应地，满足感和

再次购买意向是购买后期的心理属性。下面我们就来逐一解释产品创新和服务交付方面这些关键的心理影响要素及其意义。

（一）动机

动机是与个体需求同时产生的一种心理建构。从管理者的角度来看，在产品推广阶段，了解影响消费者购买意向的动机是什么，非常重要。在旅游的背景下，动机就是逃离日常生活或者寻找新事物。当然这些动机也可以扩展到更广泛的层面上，例如与亲朋好友聚会、寻求新奇、社会化等。在住宿业中，所提供的服务常常是紧随潮流的。因此，市场营销人员对评估服务专有购买动机颇有兴趣，这与逗留的一般动机是截然相反的。进一步来说，消费者的购买动机是多层面的、复杂的。然而，一个高效的市场营销佼佼者会吸纳各种具有说服力的信息，调节消费行为，吸引那些有可能被营销沟通所劝服的主流消费者。

（二）感知

在决策过程中，人们会根据对某项产品或服务的观念，将其与其他商品做出比较，从而建立起一个评价平台。产品/服务观念的形成，来源于不同信息来源的影响。它可以来自与其他人的互动交谈。大众纸媒（例如报纸和杂志）与移动媒体（例如电影和电视节目）也是其他的强有力的信息来源，对个人观念产生影响。在消费者心理学中，学者们常常从两个角度来探讨个体感知，第一个是认知领域，第二个属于情感范畴。人们在学习知识的过程中建立起对产品/服务的认知印象。然而，情感印象是与产品或服务在评价过程中情感依附的等级相关联的。例如，对于绿色酒店的情感印象可以是非常兴奋或是不太兴奋的。

（三）态度

在艾奇森（1985）有关有计划的行为理论中，态度被看作是对行为意图（例如动机）有直接影响的三个决定因素之一。从结果上看，在对产品和服务的考虑中如果有积极态度，那么其对于这个产品做出购买决定的可能性就越大。由于态度是一个购买决策的刺激因素，因此，了解什么样的心理属性能够调节这种意向是十分重要的。在对消费者的研究中，有很多研究报告都表明，个人的行为信念能够改变其行为意向。行为信念反映了一个人对其特定行为结果的看法。例如，如果一个消费者相信购买环保型产品能够对其身体健康有极大的好处，那么对于在某个时点上购买环保型产品就起到了积极作用。

（四）决策

当人们在做一项购买决策时，他们也许已经经过了各种不同的评估阶段，也考虑了一系列评估标准。信息搜集被认为是决策过程中一个有价值的因素。当然，在某些情况下，当人们已经对产品拥有足够的信息，他们就不会再去进行搜集，而只需要去回忆他们的已有信息。然而，当人们感觉对于想要购买的产品信息量不足时，就会开始进行信息搜集。人们可能通过各种信息渠道来搜集，包括个人咨询、纸质媒体、网络、电视和收音机。当信息搜集足够，决策者可能会建立起清晰的评价标准。根据研究，在这个过程中，人们会挑选一系列值得考虑的产品，将它们归于"参考组"。当人们对产品作出评估后，他们会将一些不值得购买的产品归于"无效集合"中，同时将感兴趣的产品归于"值得购买集合"中，市场营销人员再通过打广告来达到产品销售目的。

（五）满意

一旦消费者购买了一项产品/服务，对这种产品或服务就会迅速产生一种感觉。这种感觉，可能是积极的或是消极的，可能只持续一段很短的时间，当使用经历、产品特点和一些环境因素（例如天气）改变时，人们的情感方向也会发生变化。所以，不满意/满意是对于所购买的产品/服务暂时性的情感评价。当消费者对于所购买的产品不满意时，若供应商解决了其产品或服务的相应问题，他们的评价看法就会得到改变。因此，在产品或服务存在缺陷的情况下，服务补救被看作是赢得消费者满意度的决定性策略。如果供应商不能够有效解决这些缺陷问题，那些不满意的消费者们可能再也不会购买相同的产品/服务。然而，如果消费者对于其购买的产品/服务十分满意，他们就会再次购买，并向他人推荐这项产品和服务。在消费者研究中，研究人员常常将这些再次购买倾向、购买更多产品的意愿以及向他人推荐该产品的行为等积极反应看作是消费者忠诚度的重要指标。因此，在旅游行业中，消费者对于新奇事物的寻求也包括每次都能够体验新的服务和产品，因此在对旅游产品和服务进行有效评价时，愿意推荐给其他人比起再次购买或者购买更多的产品/服务，更适合作为忠诚度的评价指标。

案例分析11.3　绿色消费者行为

在消费者行为研究文献中，有关酒店和餐厅企业绿色实践的研究相当分散且不太重要。然而，在生态旅游领域中，对于环保实践的行为研究已经相当成熟。最近，由于对可持续发展观念的追求愈演愈烈，一些酒店业研究人员开始对消费者观念、态度、决策及忠诚度进行评估。李等（2010）在其对美国绿色酒店顾客的在线研究中指出，包括价值和质量在内的认知形象对于情感形象（例如振奋人心的、愉悦的、兴奋的和轻松的）和整体形象都有着积极正面的影响作用。因此，所有这三种形象都能够促使酒店顾客的再次到访、获得口碑以及支付更多小费。舒伯特等（2010）从更深层次上探究了绿色酒店中对环保实践的态度、信念、更大的支付意愿以及行为意图。该研究显示，由于消费者十分重视环境友好实践，所以绿色酒店是有市场的。大约85%的受访者表示，他们愿意为减少废物和能源使用而支付一定的费用；使用可循环的产品被视为最重要的绿色实践行为。汉等（2009）调查了消费者对消费者行为的生态友好态度。报告显示，消费者对于绿色行为的态度对于酒店的整体形象来说是十分重要的。他们发现，酒店形象影响着人们再次到访的意图、获得口碑以及支付小费的意愿。汉等（2011）再次确认了酒店顾客的环保态度对于他们是否选择绿色酒店，口口相传以及支付小费的意愿有着重要的影响。在一项跨文化研究中，崔等（2009）调查了希腊和美国两个国家中消费者对于负责任的环保实践的环保态度和他们的行为意图。他们的研究显示，两个国家的受访者都十分愿意为酒店的绿色实践支付更多费用，同时，希腊的酒店顾客似乎比美国的酒店顾客愿意支付的额度更高。在另一项跨文化的研究中，杜塔等（2008）回顾了消费者对于绿色实践的态度及其支付意愿。研究表明，美国的消费者比印度消费者更倾向于绿色实践酒店，并且绿色态度极大地影响了支付意愿，其支付数额比标准菜单上高出10%甚至更高。对于印度绿色酒店的一项研究（马尼托尼和焦哈里，2007）进一步说明了，如果两家酒店所提供的服务质量是同等的，那么愿意参与到环保实践中的那家酒店会更加引人注目。该研究还显示，消费者对待绿色实践的态度与行为之间有着积极的联系。在可再生能源领域，道尔顿（2008）评估了旅游者对于微产能的可再生能源供应的态度。86%的受访者支持可再生能源供应，同时74%的受访者愿意减少他们的能源使用量（例如房间内减少使用空调）。有趣的是，52%的受访者表示他们不愿意由于酒店使用可再生能源供应而支付更多的费用。马尔和伯金－西金斯（2010）调查了关于房间内重复使用毛巾的四种不同提示信息的效果。有关这种房间内部信息，带有请求性质的信息对于重复使用毛巾行为的效果最强，而带有刺激性质的信息（一种捐赠物），其影响效果最低。最终，在研究顾客对于生态标识的反应与其环境价值的关系上，费尔韦瑟等（2005）发现，61%的受访者对于环境持生命中心态度，而39%的受访者感到矛盾。持生命中心观点的旅游者比那些感到矛盾的旅游者拥有更多关于旅游生态标签的回忆，其中包括他们会选择带有生态标签的旅馆。蒋、吉姆和波恩（2011）所做的一项关于决策的研究发现，价值观念/服务可靠性、综合声誉和食物质量对于年轻人是否选择绿色酒店具有影响作用。孟（2011）评估了消费者对于绿色产品的态度，发现饭店产品和服务具有巨大的市场潜力。报告显示价格、产品质量和社会责任对于消费者做出决策的行为具有十分重要的影响作用。根据活动的不同，个体所显现出的环境态度也可能有所不同。例如，在游客中心所做的一项环境意识的调查（安德瑞克，2009）显示，在游客眼中，旅游地综合环境措施的重要性是与风景、自然区域活动、文化/艺术/遗产活动和各种游客参与的冒险活动息息相关的。最近，消费者行为研究者们（陈，徐和林，2011）也发现了社会人口特征（例如教育水平）能够调节旅游者对环境措施的态度。

案例分析 11.4　过夜留宿与最低的二氧化碳足迹：欧洲新型绿色酒店网络"绿色睡眠"

2012 年 4 月，在奥地利的萨尔斯堡，5 个酒店经营者作为酒店业气候保护的先驱，聚集到了一起，来宣传推广其为具有环境意识的顾客们所提供的前沿性措施。这5 家酒店分别坐落于奥地利的维也纳、萨尔斯堡，以及德国的弗赖堡、慕尼黑、巴德艾布林格。它们多年来一直致力于发展对环境影响较低的酒店，争取达到整体上的可持续，这也是酒店业商业策略的基础。

"绿色睡眠"酒店网络创立者们是：

- 维也纳斯塔德尔精品酒店（80 间房）；
- 萨尔斯堡玻斯特酒店（37 间房）；
- 巴德艾布林格坂公园酒店（70 间房）；
- 弗赖堡西方精品酒店（66 间房）；
- 慕尼黑德拉格花园生活酒店（43 间房）。

未来将会有更多的环保型酒店计划加入这个酒店网络。

这种创新型的酒店经营组织为绿色过夜留宿以及成功实现"绿色酒店"提供专业意见。创立者们提供如何实施的明确例证、技术诀窍，并且酒店间专家意见也能够得到传播分享。

资料来源："绿色睡眠酒店网络"，http：//www.sleepgreenhotels.com。

练习题

1. 小组讨论、小组项目或书面任务

绿色消费者类型

本章介绍了绿色消费者的类型，找出社会人口特征是否能够影响其分类。

2. 小组讨论或小组项目

由于"绿色酒店"是一个使人耳目一新的专业术语，从产品/服务供应商和管理策划的角度写下你关于绿色酒店的一些想法。

3. 小组项目

购买绿色产品的动机

访问你的朋友或同事，找出促使他们在实施绿色实践的酒店住宿方面的潜在因素。

4. 小组项目或书面任务

绿色酒店概念

做一项行为研究，访问一些经常旅行的人们，了解他们对于绿色酒店的认识与看法。

5. 小组项目与演示

环保工作交流

浏览三家酒店的网站，网站中需要包含其绿色实践的信息。接着，详细阐述是否这些环保信息对你在酒店的选择上起到影响作用。如果是，为什么它们是有效的？

6. 书面（及研究）任务

如果你是一家绿色酒店的市场营销经理，给出三条创新型的营销想法以提高客房销售量，从而保障顾客忠诚度（例如，如果房间内消费的能源量低于平均每个房间消费的能源量，顾客能够得到打折的优惠价格）。

参考文献

1. Ajzen I. (1985) 'From intentions to actions: a theory of planned behavior', in J. Kuhl and J. Beckmann (eds) Springer Series in Social Psychology, Berlin: Springer Verlag.

2. ANPA (Agenzia Nazionale Per La Protezione Dell'Ambiente) (2001) Tourism Accommodation EU Eco – Label Award Scheme. First Activity Report.

3. Andereck, K. L. (2009) 'Tourists' perceptions of environmentally iesponsible at tourism

businesses', Journal of Sustainable Tourism, 17 (4): 489 – 499.

4. Bohdanowicz, P. (2005) 'European hoteliers' environmental attitudes: greening the business', Comefi Hotel and Restaurant Administration Quarterly, 46 (2): 188 – 204.

5. Bohdanowicz, P. (2006) 'Environmental awareness and initiatives in the Swedish and Polish hotel industries: survey results', International Journal of Hospitality Management, 25 (4): 662 – 682.

6. Chen, F., Hsu, P. and Lin, T. (2011) 'Air travelers' environmental consciousness: a preliminary investigation in Taiwan', International Journal of Business and Management, 6 (12): 78 – 86.

7. Choi, G., Parsa. H. G., Sigala, M. and Putrevu, S. (2009) 'Consumers' environmental concerns and behaviors in the lodging industry: a comparison between Greece and the United States', Journal of Quality Assurance in Hospitality and Tourism, 10 (2): 93 – 112.

8. Claver – Cort6s, E., Molina – Azorfn, J. F., Pereira – Moliner, J. and LOpez – Gamero, M. D. (2007) 'Environmental strategies and their impact on hotel performance', Journal of Sustainable Tourism, 15 (6): 663 – 679.

9. Cronin, J. J., Smith, J. S., Gleim, M. R., Ramirez, E. and Martinez, J. D. (2011) 'Green marketing strategies: an examination of stakeholders and the opportunities they present', Journal of the Academy of Marketing Science, 39 (1): 158 – 174.

10. Dalton, G. J., Lockington, D. A. and Baldock, T. E. (2008) 'A survey of tourist attitudes to renewable energy supply in Australian hotel accommodation', Renewable Energy, 33: 2174 – 2185.

11. Dutta, K., Umashankar, V., Choi, G. and Parsa, H. G. (2008) 'A comparative study of consumers' green practice orientation in India and the United States: a study from the restaurant industry', Journal of Foodservice Business Research, 11 (3): 269 – 285.

12. Erdogan, N. and Baris, E. (2007) 'Environmental protection programmes and conservation practices of hotels in Ankara, Turkey', Tourism Management, 28 (2): 604 – 614.

13. Fairweather, J. R., Maslin, C. and Simmons, D. G. (2005) 'Environmental values and response to ecolabels among international visitors to New Zealand', Journal of Sustainable Tourism, 13 (1): 81 – 98.

14. Ford, M., Fair, M., Govan, J. and Byrd, J. (2001) 'Managing environmental perceptions', Green Hotelier, 21 (1): 16 – 17.

15. Ginsberg, J. M. and Bloom, P. N. (2004) 'Choosing the right green marketing strategy', MIT Sloan Management Review, 46 (1): 79 – 84.

16. Grundey, D. and Zaharia, R. M. (2008) 'Sustainable incentives in marketing and strategic greening: the cases of Lithuania and Romania', Technological and Economic Development of Economy, 14 (2): 130 – 143.

17. Han, H., Hsu, L. and Lee, J. (2009) 'Empirical investigation of the roles of attitudes

toward green behaviors, overall image, gender, and age in hotel customers' eco-friendly decision-making process', International Journal of Hospitality Management, 28, 519 – 528.

18. Han, H. , Hsu, L. J. , Lee, J. S. and Sheu, C. (2011) 'Are lodging customers ready to go green? An examination of attitudes, demographics, and eco – friendly intentions', International Journal of Hospitality Management, 30: 345 – 355.

19. Ivarsson, O. (1998) 'Going green: is it important?', Green Hotelier, 12: 11.

20. Jang, Y. J. , Kim, W. G. and Bonn, M. A. (2011) 'Generation Y consumers' selection attributes and behavioural intentions concerning green restaurants', International Journal of Hospitality Management, 30: 803 – 811.

21. Jensen, S. , Birch, M. and Fredriksen, M. (2004) 'Are tourists aware of tourism ecolabels? Results from a study in the county of Storstrom in Denmark', paper presented at 13th Nordic Symposium in Tourism and Hospitality Research, Aalborg, Denmark, 9 December.

22. Kasim, A. (2009) 'Managerial attitudes towards environmental management among small and medium hotels in Kuala Lumpur', Journal of Sustainable Tourism, 17 (6): 709 – 725.

23. Lee, J. , Hsu, L. , Han, H. and Kim, Y. (2010) 'Understanding how consumers view green hotels: how a hotel's green image can influence behavioural intentions', Journal of Sustainable Tourism, 18 (7): 901 – 914.

24. Mair, J. and Bergin – Seers, S. (2010) 'The effect of interventions on the environmental behaviour of Australian motel guests', Tourism and Hospitality Research, 10 (4): 255 – 268.

25. Manaktola, K. and Jauhari, V. (2007) 'Exploring consumer attitude and behaviour towards green practices in the lodging industry in India', International Journal of Contemporary Hospitality Management, 19 (5): 364 – 377.

26. Meng, N. K. (2011) 'The potential of hotel's green products in Penang: an empirical study', in Proceedings of 2nd International Conference on Business and Economic Research, pp. 741 – 757.

27. Menon, A. and Menon, A. (1997) 'Enviropreneurial marketing strategy: the emergence of corporate environmentalism as market strategy', Journal of Marketing, 61: 51 – 67.

28. Ottman, J. A. , Stafford, E. R. and Hartman, C. L. (2006) 'Avoiding green marketing myopia: ways to improve consumer appeal for environmentally preferable products', Environment, 48 (5): 22 – 36.

29. Schubert, F. , Kandampully, J. , Solnet, D. and Kralj, A. (2010) 'Exploring consumer perceptions of green restaurants in the US', Tourism and Hospitafity Research, 10 (4): 286 – 300.

资料来源

1. Bohdanowicz, P. (2005) 'European hoteliers' environmental attitudes: greening the business', Cornefi Hotel and Restaurant Administration Quarterly, 46 (2): 188 – 204.

2. Dolnicar, S., Crouch, G. I. and Long, P. (2008) 'Environment – friendly tourists: what do we really know about them?', Journal of Sustainable Tourism, 16 (2): 197 – 210.

3. France, L. (1997) Earthscan Reader in Sustainable Tourism, London: Earthscan.

4. Grove, S. J., Fisk, R. P., Pickett, G. M. and Kangun, N. (1996) 'Going green in the service sector', European Journal of Marketing, 30 (5): 56 – 66.

5. Honey, M. (1999) Ecotourism and Sustainable Development: Washington, DC: Island Press.

6. Honey, M. (2008) Ecotourism and Sustainable Development: Who Owns Paradise? 2nd edn, Washington, DC: Island Press.

7. Levitt, T. (1960) 'Marketing myopia', Harvard Business Review, 38: 45 – 56.

8. LOHAS (2009) 'LOHAS background', Louisville, CO: Lifestyle of Health and Sustainability Available at: http://www.lohas.com/.

9. McDonald, S., Oates, C. J., Young, C. and Hwang, K. (2006) 'Towards sustainable consumption: researching voluntary simplifiers', Psychology and Marketing, 23 (6): 515 – 34.

10. McLaren, D. (2003) Rethinking Tourism and Ecotravel, 2nd edn, Sterling, VA: Kumarian Press.

11. Miller, G. (2003) 'Consumerism in sustainable tourism: a survey of UK consumers', Journal of Sustainable Tourism, 11 (1): 17 – 39.

12. Reiser, A. and Simmons, D. G. (2005) 'A quasi – experimental method for testing the effectiveness of ecolabel promotion', Journal of Sustainable Tourism, 13 (6): 590 – 616.

13. Richards, G. (ed.) (2001) Cultural Attractions and European Tourism, Wallingford: CABI Publishing.

14. Stipanuk, D. M. (2002) Hospitality Facilities Management and Design, Lansing, VA: Educational Institute of the American Hotel and Lodging Association.

15. Swarbrooke, J. and Horner, S. (2007) Consumer Behaviour in Tourism, 2nd edn, Oxford: Elsevier.

16. TIES (2002) Definitions and Principles, Washington, DC: The International Ecotourism Society. Available at: http://www.ecotourism.org/webmodules/webarticlesnet/templates/ eco_ template.aspx? articleid = 95andzoneid = 2.

17. Traill, B. W. (1999) 'Prospect for the future: nutritional, environmental and sustainable food production considerations: changes in cultural and consumer habits', Proceedings from the Conference on International Food Trade, Melbourne, 11 – 15 October.

18. Weaver, D. (2005) Sustainable Tourism, Oxford: Butterworth – Heinemann.

附加材料

请到 http://www.routeledge.com/cw/sloan 查阅书的所有图表、附加案例、问题和可用视频的外部链接。

第 12 章
法人社会企业

目标

本章将：

- 确定可持续经营管理的基本原则；
- 定义企业社会责任；
- 确定企业社会责任对于住宿业的重要性。

一、一个可持续发展的企业宪章

对于很多酒店经理来说，日常议程（包括成本控制、最大利益化和股东价值），仍然被看作是比可持续经营管理更重要的事情。但是，在全球化背景下，新出现的可持续发展的考虑和优先性贯穿着管理利益和责任的所有领域。

环境保护、社会责任、道德和教育、可持续发展和全球化思考、本土化行动都结合在一起，从而重定了规则的范例：在 21 世纪从事经营大有不同。企业主、总经理和生产线管理人员不能忽视这些发展。他们需要理解并回应这些变化着的对行业的社会期望。他们必须有效地传递什么样的期望是他们对企业可以做到的。本章中，我们将关注在新世纪从事经营的一个特定方面。企业社会责任（CSR）被认为是一个企业在运营和从事活动时对它所有的利益相关者负责的职责。

世界企业环境一直在变化。过去 50 年，在管理上是一场真正的旋风。过去定义商业成功和竞争力要求的东西，在今天大不相同。的确，各种趋势和力量正在挑战传统的竞争力观点和成功因素。这对于酒店与餐饮运营尤其正确，对它们来说，这依赖于一个复杂的配送网络和一个复杂的供应链。总体而言，以下的趋势和力量在整体上影响了企业：

- 市场全球化；
- 生产链和资金流动全球化；
- 竞争密集化；
- 科技进步的巨大进步；
- 信息技术的提高；
- 人口分布变化；
- 环境挑战；
- 生活方式和价值体系的改变。

在住宿业，大家公认环境保护必须作为首要工作。住宿业总体偏好自我规范系统，而政府通常偏好制定法律。国际商会（the International Chamber of Commerce，ICC）创立了一个包括 16 种环境管理原则的可持续发展企业宪章（表 12 - 1）。

表 12 - 1　国际商会可持续发展企业宪章

原则	说明
1. 公司优先	认识到环境管理是公司首要事务之一，并是实现可持续发展的决定性因素；以对环境友好的方式，为运营制定政策、开展项目和实践。
2. 综合管理	将这些政策、项目和实践作为其所有功能中一个基本的管理元素，将其充分整合进每项业务。
3. 改进过程	考虑到技术的发展、科学的认识、消费者的需求和社会的期望，以法律规定为出发点继续完善公司的政策、项目和环境绩效；在国际范围内，采用同一个环境准则。
4. 员工教育	教育、培训并激励雇员以对环境负责的方式开展活动。
5. 事先评估	在开展新活动或项目之前、在设施停运或离开现场之前评估环境影响。
6. 产品与服务	开发和提供无不良环境影响、用途安全、能有效地消耗自然资源和能源、可被循环或重复利用或安全废弃的产品或服务。
7. 顾客建议	建议并在需要的时候教育客户、经销商来安全使用、运输、处置所提供的产品；服务提供中采用类似的考虑。
8. 设施与运营	开发、设计和运营设施并从事活动，要考虑到能源和材料的有效使用、可再生资源的可持续利用、不利的环境影响和废物产生最小化、对残余废物安全和负责任的处理。
9. 研究	开展或者支持和企业有关的研究，这些研究涉及原材料、产品、生产过程、排放和废物对环境的影响，以及如何将不利影响降到最小。

原则	说明
10. 预防方法	与科技认知保持一致，调节生产、营销、产品使用、服务提供，或从事活动来防止严重的或不可逆转的环境恶化。
11. 承包商和供应商	倡导代表企业的承包商采用这些原则，鼓励并在合适的地方要求他们改进行动，使他们和企业行动保持一致；鼓励供应商更广泛地采用这些原则。
12. 应急准备	在出现明显危险时，和紧急服务、有关部门和当地社区联手，提高并维持应急准备计划，识别潜在的跨边界的影响。
13. 技术转移	在行业和公共部门传递环境友好的技术和管理方法，做出贡献。
14. 为共同努力做出贡献	在如下方面做出贡献：国家政策的制定、进行能够提高环境意识和保护行为的商业活动、政府和政府间项目及教育措施。
15. 对问题保持开放态度	培养开放性，与员工、公众进行对话，预测并回应他们对于运营、产品、废弃物或服务的潜在危险和影响的关注，包括那些跨边界或有全球重要性的问题。
16. 遵守和报告	衡量环境绩效；定期进行环境审计和评估，了解对公司规定、法律规定和这些原则的遵守程度；定期向董事会、股东、雇员、当局和公众提供正确的信息。

资料来源：http：//www.iccwbo.org/policy/environment/。

　　一个打算签署宪章的公司将遵守原则来改善组织内的环境管理，并决定哪些原则应该被归入公司自己的环境管理体系，之后那些原则就被当作一个指导工具。应当在环境管理体系里列出详细的标准并加以说明，并且通常用一个行业标准或行为准则来衡量公司。因此，酒店经理的挑战就是：定期解释和汇报他们的行为和成果。根据表 12 - 1 中的原则 14，一个追求与其员工和社区积极互动的餐厅，需要定义参数，从而来报告所从事的活动在财务方面和社会方面的结果。1991 年，当公司的环境管理体系刚刚开始被重视的时候，国际商会提出了这个宪章。以今天的标准来看，有必要增加可持续发展的社会维度。

二、股东的价值和利益

　　股东价值最大化是公司战略的核心，但也不是排他的。在股东利益和社区利益发生碰撞的时候，公司通常经受极大的压力。的确，很少有公司总是可以把股东的利益置于更广泛的社区利益之上。肯尼斯·鲍尔丁题为《未来地球太空船经济学》的论文大胆地提示了我们，问题来源于我们的行为像一个散漫的牛仔进入了一个无限开放边境的区域，而事实是，我们栖居在一个有着精妙平衡的生命支持系统的宇宙飞船之中。通过通信技术，社区被连在了一起。因此，越来越多的消费者意识到一些行业的散漫态度，也要求提供更多关于产品是被如何制造、食物和饮料业务如何进行或雇员被怎样对待的信息。文明社会发现了一些公司做了错事，后者在声誉和未来销售方面付出了昂贵代价。简而言之，这些公司没有满足社会责任的需求。

（一）供应商

如前所述，公平地对待所有供应商是最重要的，包括公平的付款条件等。下文中会更详细地探讨这些问题。已在之前的章节（例如第 8 章）中讨论过的"公平价格"问题，在此不再赘述。

（二）消费者

根据绿色酒店主（2007a）的定义，社会责任包括诚实透明地对待消费者。另外，消费者需要理解健康的当地经济、吸引人的均衡的环境和食品之间的联系。因此，我们应当给予消费者关于餐厅及其行为的信息、倡议和项目的一些背景知识，尤其是要提供给消费者直接影响客人健康的食物和饮料的信息。顾客教育和菜单上的标识十分重要，这鼓励消费者接受更健康的营养，做出对环境更加友好的选择。可以用餐厅的草本和蔬菜园来向客人教授当地食物和季节性食物的质量、口感以及如何愉快地烹饪它们等方面的知识。举个例子说，可以邀请客人参观花园，导游为他们指出当地植物和调料，说明其用途。如果可以，在草本和蔬菜园里举行当地特产的烹调课。把当地农民和顾客带到一起从而促进当地经济的活动。也可以包含一些"当地市场"节庆活动，在那里，当地农民为餐厅提供农作物。

此类行为提高了客人对当地特产的认识，并提高了对它的需求。也应该用餐厅的网站来提供一些关于餐厅的倡议和政策的信息，从而让客人了解当地特产、当地供应商等。

教育客人最简单的方法是把"可持续性"的信息加入餐厅的整体氛围中。应当利用餐厅周围的装饰、家具和壁画以及食物呈现方式，来加深可持续性的概念。餐厅的目标是让客人感受到当地的与众不同之处和当地的多样化。并且，在自愿的基础上，客人们应能参加一些社区发展项目和一些环境计划。可以用一个捐款箱筹集社区发展项目资金，箱体上标注出所支持项目的信息。也可以选择在菜单中部分菜的旁边写上"这道菜价中的 1 美元将会被捐给一个当地慈善项目"（绿色酒店主，2007b）。

总之，应当注意不要让客人被太多信息湮没，因为这会给他们的餐厅体验带来负面影响。

（三）社区

还需要找到方法，以便让当地社区从公司的行为之中获益。为开发项目提供时间、金钱或其他所需资源上的支持是一种选择（绿色酒店主，2007a）。重新装修而导致的废弃家具和设备，可以被当地慈善和其他企业重新利用，而剩菜可以赠予流浪汉或者慈善机构。保持对当地社区需求的敏感性，也包括尊重他们的文化遗产和传统（绿色酒店主，2007a）。因此，当地的传统技艺，比方说艺术和手工以及钓鱼等，应该被尊重并且被支持。购买当地艺人的手工制品、在餐厅里展示出售它们也是一个选择。花盆和装饰品也应该从当地生产商中选择，它们可以被用来装饰，也可以被用来当作"当地制作"的商品出售（绿色酒店主，2006a）。这样的活动会让餐厅的顾客和广大社区的一部分产生交集，这是社会可持续性很重要的一个方面。

（四）政府

在现代全球经济中，一个公司的角色不仅仅是让利润和股票价值最大化，而且也是对利益相关者负责，为让世界变得更好做出贡献。曾经是政府的那些首要原则如今已成了企业的责任。因为人类不仅生活在一个有限的区域，国家也不仅在一种治理模式之下。所有种类的公司管理都面临着要适应当地状况的全球性挑战。举个例子来说，德国认可的公司社会责任行为很可能与尼日利亚的非常不同。从环境保护到童工、雇佣关系和劳动规范，国家政府通常以基本法形式确定了内容，而每个国土范围内的组织必须遵守。是否有比法律更多的义务？这是过去 10 年间所提出的一个十分重要的问题。

（五）非政府组织

非政府组织（NGO）是一个被广泛接受的术语，用来指称非营利性的、志愿的、以服务或发展为导向的、不是为了成员的利益（基层组织）就是为了其他人的利益（代理机构）的组织。非政府组织可以是一个非营利性的、建立于制度化政治机构之外的群体或者协会，从而达到某种社会目标（比如环境保护）或者来服务某些选民（比如贫民）。非政府组织活动很广泛，从研究、信息发布、培训、当地组织和社区服务到立法倡导、在立法变化和违法方面的游说。一些非政府组织是政府全资或部分赞助的，在此情况下，非政府组织维持了它们非政府的身份，因为它们拒绝政府代表成为组织成员。非政府组织在可持续发展中起到了至关重要的作用，这是很多西方国家福利制度的重组以及全球化的动力所造成的。国际条例和国际组织，例如世界贸易组织，被认为是以资本家公司的利益为中心。成立非政府组织来推动人道问题、发展援助和可持续发展。这个潮流最杰出的一个范例是世界社会论坛（World Social Forum），它是每年1月在瑞士达沃斯举行的世界经济论坛（World Economic Forum）的竞争对手。非政府组织如今经常扮演着一个协商和游说的角色，来推动有关可持续问题的更严格的政府法规和公司责任。

（六）雇员

为了给当地社区带来最大利益，应当优先雇用当地员工。必要时，应该对当地员工进行工作机会培训。关心员工需求、公平对待员工也很重要。这包括了保证一个安全的工作环境，付给合理的薪水等（绿色酒店主，2007a）。

如果员工不了解环境政策的哲理和目标，也不了解怎样达到这些目标，再好的环境政策也没有效果。被期望完成或者执行某些事的员工们，需要拥有恰当的技能、知识、动力和意识（绿色酒店主，2007b）。所以，应当定期组织环境培训来激励员工，从而达到最佳效果。一旦得到关于某些特殊项目的环境数据，就应该为某些特定训练课设立员工目标，并获得反馈。环境培训可以包括垃圾管理和减少、再利用、再循环的重要性之类的话题。为了增强培训效果，应该给每个员工发一份餐厅关于可持续性的政策，或者在员工通知栏里展示信息。餐厅也可以为所有员工建立一个包括了最新环境话题的书、杂志和其他信息的小型图书馆（绿色酒店主，2006c，2007a）。把环境项目中省下来的钱分给某个员工基金，也是激励员工更积极地采取行动的一个选择。应当使用建议箱、竞赛或者特殊奖励等来让员工提供创意（绿色酒店主，2007a）。

（七）工会

所有员工拥有结社自由、劳工谈判和合理投诉的权利。劳工工会是一个员工运营的组织，是为了把拥有同样目标（如工资、工时和工作条件）的员工团结在一起而设立的。这些组织最常见的目的是保持或者改善雇用条件。

在过去的300年里，很多工会发展成为很多种形式，被不同的政体和经济体影响着。工会的短期目标和活动不尽相同，但通常包括为成员提供好处、集体谈判、行业行动和政治活动。

- 好处可能包括失业、病假和退休保险，在很多发达国家，这些职能已经由国家承担，提供职业培训和法律建议是工会成员很重要的一个好处；
- 集体谈判发生在工会和雇主协商薪水和工作条件的时候；
- 当协商失败时，可能以罢工或者停工的形式组织行业行动；
- 政治活动包括为了提倡对成员利益有利的法律而进行的竞选和游说。

（八）合作伙伴和行业联盟

根据千年发展目标（Millennium Development Goals，MDGs），为了得到可持续发展的实际解决方法，提倡跨领域合作（联合国，2008）。跨部门合作意味着政府、非政府组织、公共与私人部门和社区成员一起工作（绿色酒店主，2005）。此外，工业界成员需要一起协作，并和其他利益相关者合作，从而打破壁垒，更好地研究可持续生产方式的问题。就像费尔蒙特维斯勒度假村总经理大卫·罗伯兹陈述的那样，"我们都有力量"、"个人能够搬移大山"、"公司可以做出决定来改变政策，而最终这会产生文化上和行为上的重大变化"。国际的和全国性的认证项目，例如"绿色环球 21"（Green Globe 21），为旅游业提供了工具和对可持续生产方式的支持（绿色酒店主，2007a）。加入类似慢食这样的组织也可以帮助一个餐厅，尤其是建立和当地生产商的联系，获得地域性产品和风味的相关信息。并且，加入协会或者联盟能够获得最新信息和新思想，并促进了对可持续性的辩证看法。因此，研究人员高度推荐参加这种协会或联盟。

三、企业社会责任：定义和维度

企业社会责任（CSR），也指企业道德、企业公民和企业责任，是公司将顾客、员工、生产商、股东、社区和这个星球的利益和需求整合到公司政策中的一个概念。简单来说，公司需要成为好的公司公民。可持续性的社会维度是可持续住宿业的第三个关键因素，而有社会责任的公司管理是其核心。企业社会责任和可持续发展的概念联系在一起。这种互动是公司适应可持续性挑战所使用的主要方法之一。其核心假设是：在没有道德伦理价值的情况下，一个公司无法着手任何一种可持续管理的战略。它的总体思想是：企业社会责任是将社会目标和环境目标整合到管理决策的载体，这意味着战略决策考虑了所有利益相关者的预期。企业社会责任可以让社会和环境产生有意义的改善。

国际标准组织在它的新 ISO 26000 中将企业社会责任定义为：

"组织对其决策和行动给社会和环境带来的影响所承担的责任，这种责任通过如下透明的、有道德的行为实现：

* 为可持续发展（包括社会的健康和福利）做出贡献；
* 考虑利益相关者的预期；
* 遵从相关法律并且和国际行为规范相符；
* 在组织内部整合并付诸其关系之中。"

图 12–1 显示的是，公司在何种环境中承担企业社会责任。企业社会责任就是关于管理这些维度和责任的一切事务。

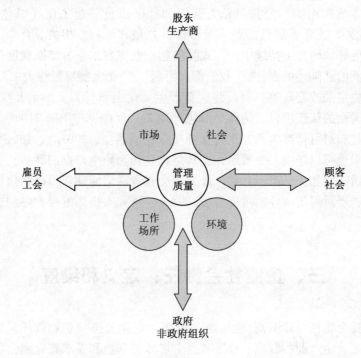

图 12–1 企业的环境、互动关系和责任

和企业社会责任相似的是公司慈善，有时也叫作公司赠予。在这里，酒店集团把它的一些利润或者资源捐献给慈善组织。这些慈善行为或者由高层管理人员管理，或者在大型公司中通过基金会形式进行。现金是最常见的捐献物，但公司也会捐献它们的设备使用权或者赠送广告支持。在一些事例中，员工建立志愿者小组奉献他们的时间。通常公司会对环境、文化和人道支持等方面的组织进行捐献。

企业社会责任提倡给慈善组织捐赠，并且作为酒店承诺减小对环境的影响而制定的可持续战略，幸运地，这些承诺正在逐渐兑现。酒店业的慈善行为或者以企业社会责任为名，或者以公司慈善为名，酒店业借此提升其名誉、形象和地位。长此以往，其竞争地位会因此而提升。

企业社会责任有时是相当模糊的概念，要把它从公司慈善中分离出来十分困难，而后者更容易被人理解。公司以企业社会责任名义进行的捐赠和干预，通常局限于和其核心业务相似的慈善活动。这很容易让人理解，因为它们的知识背景有助于围绕一个它们容易理解的、成本上有效的概念制订方案。举个例子来说，一个度假村酒店捐了钱给当地自然水库，称此为它们的企业社会责任项目，但是实际上，这仍旧和企业慈善十分相似。

酒店业的企业社会责任也意味着公司将自己定位为社会和更大的社区的好邻居和组成部分。因此，在决策中，它必须把社会当作一个整体考虑在内，直接地或间接地为环境利益服务。企业社会责任是一种超越了法律要求的企业行为。企业采取自愿原则，认为对它们的长期利益有用。公司不能把企业社会责任当作它们核心公司活动之外可有可无的附加之物，而应该把它视为公司管理的一个导向性原则。

企业社会责任是完全自愿的。值得注意的是，在英国，不列颠产业联盟和董事学会都费尽心思，反对把企业社会责任变为强制性的，并游说反对英国政府的公司责任提案。公司可自由选择何时以及是否开始或结束企业社会责任。

尽管公司积极宣扬企业社会责任，但是最近，却遭到很多批判。社会和环境是否真的从企业社会责任中获益让人怀疑，看起来主要受益人是获得了品牌收益的公司。不管这是否因为公司和一个案子有关，或者利用一种廉价的宣传方式，或者为了迎合压力集团的指责，这背后总有经济动机，所以公司比非政府组织受益更多。遗憾的是，基于市场的解决方法并不能一直解决社会和环境的危机。企业社会责任甚至能够为那些正在违反《环境法》或者《雇用法》的公司创造一张正直的面纱。随着区域经济的发展，这可以看作是公司运作过程中推诿责任的一种方式。

表 12 - 2　企业社会责任所带来的总体的公司收益

企业社会责任收益	举例/说明
财务绩效改善	多项学术研究已经证明企业社会责任和财务绩效改善之间的联系。
降低运营成本	环境保护项目：高能效可以减少设备开支，再循环可以减少排废成本。 人力资源项目：工作—生活方案减少旷工、增加滞留，从而减少离职成本。
提升品牌形象和名誉	品牌从和企业社会责任活动有关的正面公共关系活动中受益匪浅。
提高销量和顾客忠诚度	顾客日益增加的需求：不是在血汗工厂里生产出来的衣服、没有使用童工制作出来的鞋子和对环境影响小的产品。公司的道德行为和环境社会意识让顾客在做出购买决策时变得不同。
提高生产力和质量	工作条件得以改善，相当于使员工更多地参与到决策过程中来，相当于提高了生产力、减少了错误。
提高吸引留住员工的能力	强有力的企业社会责任承诺募集了更多高度符合条件的候选员工，增强了信念，提高了员工留下来的比率。
减少管理监督	企业社会责任让公司成为一个自律系统，从而在很多方面减少了当地或者国家政府的介入。
接触资产	很大一部分投资组合中的资产都和道德、环境责任、社会责任有关。

资料来源：摘自公司社会责任组织。

简言之，政策应该涵盖以下方面：

- 提出一个囊括所有领域的书面政策陈述；
- 制定一个包含所有领域的书面政策宣言；
- 整合任务宣言；
- 设立实际的可衡量的目标，包括关键绩效目标以及与其交易伙伴（供应商）相互融合的周期性审计。

一个融入了企业社会责任的公司必须改变它关于管理、核心理念、组织调整、审计和会计以及社会责任教育的内部实践。

公司管理涉及计划、组织和指导决策，以及监管长期方针和业务方向。核心理念界定了公司拥护的价值观，阐明了公司远超利润或者将股民财富最大化的目的。日常决策、人力资源政策和物质环境（大楼、布局）是少数几个领域，这些领域在核心理念方面形成联盟。在所有公司部门都理解了并向同一个设想、目标和目的努力时，也就形成了联盟。传统的审计是对公司财政状况和会计情况的正式检查。环境审计和社会审计检测一个公司在某个企业社会责任目标或者行动计划中的表现。

最后，一个关键要素在于社会责任教育。为了把负责任的商业行为融入日常运营中，从总经理到前线服务员，员工的参加度、投入度和了解程度都十分重要。把改变业务进行方式的重要性传播开来，是实施企业社会责任的关键。

四、公司管理的其他模型

遗憾的是，很多紧迫的社会环境问题都源于市场体系，而它们的解决办法在于减少消费或者以反映真实外在成本的价格收取费用。市场的怪异之处体现在碳交易中，公司可以购买碳信用额来为污染埋单。复杂的社会、环境问题的市场化解决方案倾向于注重消费者的力量，来实现朝着更具可持续性的市场方向发展这一转变。在做购买决策时，很少有消费者会站在完全的道德立场上；价格更多是一个控制花销的工具。在任何情况下，宣传的力量如此强大，以至于消费者是否能够毫无偏见地接触正确的信息都成问题。商业评论家诺姆·乔姆斯基写道："消费者的欲望和生活方式在广告宣传中被塑造得对消费者自身有害。"他说，"理想中能让一个人完全和另一个人分离开来……每个人对价值的感觉是'我能满足多少欲望呢'"。企业社会责任证明了有多少公共职能可以变得私有化。公司资助医疗保险、图书馆、学校操场，证明自己"关心"社会的态度，这是常见的做法。这些举动模糊了公司和国家的责任。实际上，通过做慈善，公司在个人没有发声的情况下套上了政府和管理者的角色。弥尔顿·费德曼的格言"公司的职责就是生意"被证明是错误的。逐渐地，公司的职责是权力和控制。问题来了：一个对社会、对环境负责的公司是什么样的呢？以下是负责任的公司放在其商业战略核心的一些主题：

- 通过减少温室气体排放、使用可再生能源、减少能源消耗和减少油与化石燃料依赖，致力于强调气候变化；
- 停止贩卖有害产品：对于一些公司，这个意味着缩减活动，从肥胖和病态健康中受益的速食公司是否应当存在是个问题；
- 内化所有成本：公司把实际环境成本转嫁给社会太常见了，一个负责任的公司应当负责这些成本，而不是外化它们；
- 实施社会责任劳动培训：负责任的公司在其市场周围以合适的薪水雇用当地人，而不是在发展中国家剥削廉价劳动力和穷人；
- 停止游说反对公众利益，不逃税：以大众的利益运营、完成财政透明，对一个真正有社会责任的公司来说至关重要；

● 减少消耗，限制增长：现在的资本家模型要求稳定的经济增长，消费者不应该被操纵超支，以这个星球不能忍受的程度过度消耗。

（一）创造共享价值

公司可持续性的目标已经哺育出了新的公司管理模式，而公司最好用这种模式来整合三重底线的三个支柱。2011 年，迈克尔·波特教授声称已经确定出重建资本主义的公式：创造共享价值。他声称，在很长一段时间里，传统的资本家狭隘地只注重利润。创造共享价值牵涉到公司价值创造，这同时意味着更多的利润和更大的正面社会影响。创造共享价值的概念致力于建立人和经济进步的合伙关系。共享价值给公司提供了一条让其股民开心的方法，同时也保护了环境。在 2011 年 2 月出版的《哈佛商业评论》上，波特与其合作者说道：

"我们在企业里创造经济价值，也创造社会价值，同时对社会需求和挑战作出回应。共享价值的概念可以被定义为：提高了公司竞争力，同时也提高了其经营所在社区的经济社会状况的政策和经营实践。共享价值致力于确定并扩大社会和经济进步之间的联系。"

在 21 世纪第一个 10 年的末期，当经济发展和社会发展出现冲突之时，人们创造了共享价值，来应对金融危机。它起源于资本主义内在的消沉，在资本主义，很多行业的腐败和短期贪婪十分猖獗。

共享价值聚焦在三种创新战略工具上：

● 市场生态系统的创造，尤其是当和发展中国家做生意需要公司和非政府组织以及政府合作时；
● 扩张其价值链来包含非常规的合作伙伴，比如非营利性非政府组织和新企业；
● 创造新的产业集群。

19 世纪 90 年代后期的金融危机，让人们对商界的信心动摇了。在波特看来，多数公司盲目地遵守企业社会责任，但社会福利只是一个志愿性的附加品，而不是公司的焦点。有了共享价值，公司可以通过其管理能力在创造金融财富的同时带动社会进步。共享价值识别到社会和环境成本，而几个世纪以来，公司将这些成本外部化，让社会来为它们埋单。共享价值在公司目标上持长期观点，目的是训练员工，并且在发展中国家把工人当作未来的投资进行培养。

尽管在酒店业尚无共享价值的例子存在，但是在其他地方确实已有先例。沃尔玛通过操作人员解决打包程序，并减少浪费，从而节约了一笔钱。如今，联合利华在印度的 5% 的销售来自于一支地位不高的女性企业家组成的队伍。共享价值和公司打着企业社会责任旗号所做的那些慈善活动相反，它把公平交易组织当作一种慈善组织，因为这个组织的主要目标是利润的再分配，而不是提升市场占有率。一个更好的共享价值例子是雨林联盟在科特迪瓦支持小型可可养殖农户，通过提高产量、产品质量和工艺，让工人的收入提高了超过 300%。

（二）社会企业家精神

从布伦特兰报告对可持续发展定义获得启发，可持续企业被定义为拥有如下公司战略、活动和产品服务的组织——满足公司及其利益相关者的短期需求，同时为下一代保护并改善人类和自然资源。

社会企业家精神的例子在很多行业中都存在，住宿业也不例外。社会企业组织 Le M. A. T. 为想要帮助社会下层获得工作的社会企业家们，开发了一种酒店特许制度。这个组织的成功故事遍布全欧洲。在汉堡，施塔豪斯酒店雇用了不少精神残疾人士。同样地，巴塞罗那伊瑙提酒店的家庭氛围通过有薪雇用疗法帮助了残疾人。意大利蒂利亚斯特 Tritone 奇通莱酒店就是为了给在社会边缘与社会脱节的人提供有意义的工作机会而建立的。这个组织也为前监狱犯、退役老兵和前吸毒者提供工作机会。

现在的理论建议，社会目的组织在政府无法解决问题时出现，而当存在社会需求时，社会企业家有时也能填上这个空隙。举个例子来说，根据管理顾问彼得·德鲁克的说法，企业家会利用技术、消费者偏好、社会规范等方面的变化所带来的机遇。他说，企业家经常在寻找变化，回应它并把它当作机遇。因此，社会企业家也是这样一种人，他们是有着社会使命的企业家，拥有以下特点：

- 创造并巩固社会价值，而不只是回报投资者；
- 利用企业家原则组织并经营一场冒险，从而让社会改变成为可能；
- 用对社会的影响来评判成功与否，而不是用短期利润和财务回报来衡量表现。

社会企业家精神的目的在于保证这些企业的目的从最大化投资者回报变为最大化所有利益相关者回报。尽管在近几年，社会企业家精神的概念已经较为普及，但是对于不同的人来说它有着不同的含义，而这有时会导致误解。社会企业家精神通常只与非营利性组织联系在一起。其他人用它来指代一些把社会责任整合到运营之中的企业主。虽然这也不是完全错误的，但有很多新的混合型企业例子能说明，赢利、可持续产生利润的企业也能有这样一个产生社会价值的结构。

案例分析12.1　坦桑尼亚琼贝岛珊瑚公园有限公司

这个关于琼贝岛珊瑚公园的案例研究聚焦于酒店和海洋研究中心建立的可持续项目。它致力于在坦桑尼亚桑与巴尔岛和当地人一起研究教育、可持续捕鱼、珊瑚礁森林保护以及珊瑚礁问题。

琼贝岛被列为世界保护监测中心监控地，并已超过了它在帮助社区和生物多样性保护方面的预期目标。琼贝珊瑚公园为当地学校组织短途旅行，提供珊瑚礁和森林栖居地的培训项目，教授儿童浮潜和游泳课程。曾经在保护区所有地方捕过鱼的村庄渔民，现在遵守珊瑚公园的边界，只在被保护的区域外捕鱼。曾经，当地人并不珍惜这些珊瑚礁，而度假村开发商和渔民的关系也很紧张。渔民们不想接受这样的事实——这里不再是他们的捕鱼范围。他们同意向曾经是渔民的公园护林员学习，逐渐明白了鱼会慢慢迁徙出边界，而这对渔民有利。

通过给渔民提供当公园护林员的机会，开发出一种社会企业旅游的形式。公园护林员们如今管理着珊瑚礁庇护所。为了支持当地经济，琼贝从调料市场和海鲜市场里购买当地农产品，满足了酒店餐厅90%的需求。购买当地生长的作物支持了当地农民，雇用当地妇女，利用当地传统进行烹饪和准备菜肴。这些妇女也被琼贝酒店聘为工作人员。国际研究机构设立的享有盛誉的海洋研究中心也提供了工作机会。酒店运营带来的利润，被重新投向保护区管理并为当地学校的环境项目提供免费岛屿旅行。

琼贝岛珊瑚公园的环境管护目标是教育当地人、政府、学龄儿童和员工关于森林和珊瑚礁的重要性，它们不仅仅对环境有益，而且对居住也有益。这种保护帮助让当地濒临枯竭的鱼群重新丰富起来。琼贝酒店完全是可持续的，谨慎地采用太阳能热水、太阳能和废物管理协议为当地环境带来好处，达到零碳足迹。归功于最先进的被动太阳能技术和灰水科技，琼贝酒店的厨房是100%可持续的。项目伊始，琼贝酒店在获得环境友好技术和找到懂可持续性原则的当地合作伙伴方面遇到过严重问题。

资料来源：（里德米勒，S.）Riedmiller, S.（2012）.' Can ecotourism support coral reef conservation? Experience of Chumbe Island Coral Park Ltd in Zanibar/Tanzania' in Sloan, Simon - Kaufmann and Legrand（eds），Sustainable Hospitality and Tourism as Motors for Development, Abingdon：Rourlege.

案例分析 12.2　因可特拉案例：秘鲁生态旅游先锋

该案例主要是介绍因可特拉阿玛森尼卡酒店如何在拉丁美洲以一个新社会企业家的形式在环境友好旅游方面常年领先。通过训练员工来建立一个可持续的度假村，该项目给当地文化提供所需要的支持。所有人对周围生态系统和极大的区域生物多样化都拥有专业知识。因可特拉成功地创造了一个高质量、奢侈、可持续的酒店和旅游目的地市场。

因可特拉的所有者兼创始人约瑟·寇西林已在秘鲁热带雨林的丛林中建立了三个可持续酒店群。他先建立了一个小队，为当地那些能够把旅游业的收益和环境管理以及对当地人的好处结合起来的土著社区提供新知识和技能。第一个酒店项目在Ese'eja – Sonene区，当地主要依靠狩猎和采集为生的生活习俗吸引游客。另一个对社区的好处，是对当地受教育的员工进行培训，从而使其能够在当地政府代表因可特拉的利益。因可特拉为当地员工提供类似住宿、饮食、旅行费和保险等方面的优待。这个，连同用来提高生物多样化意识的教育支持、卫生运动、农林间作研究会一起，只是因可特拉和当地社区接触的一部分活动。然而，当地法律阻止没有拥有5年类似经验的当地人被聘为导游，这就带来了一些问题。酒店从亚马孙区域雇用当地人也有一些顾虑，因为其文化不是那么容易适应游客的住宿要求的。

因可特拉致力于达到"真正的自然旅行"，并且支持不少生物多样化、自然资源管理和自然保护区保护方面的研究项目。它们也正在支持一个眼镜熊救援中心。因为当地丰富的生物多样性需要专业知识，一些观光活动由对动物群和植物群有丰富知识的当地土著人来带领。

除了在给所有社会企业家和环境管理做出示范之外，因可特拉如今更是一个赢利组织。它默默无闻地从没有服务存在的亚马孙热带雨林开始，这个组织在获取器材设备和雇用当地人（尽管他们很乐意合作，但是他们需要大量训练）上克服了巨大困难。它们通过这种方式，完成了向可持续旅游和可持续酒店原则的转换，而没有对文化遗产造成威胁。

资料来源：Richter, R. and Sigbjom, T. (2012) 'The case of Inkaterrra: pioneering ecotourism in Peru', in Sloan, Simon – Kaufmann and Legrand (eds), Sustainable Hospitality and Tourism as Motors for Development, Abingdon: Rourlege。

案例分析 12.3　印度克拉拉的贝利亚尔虎保护区——库米利

印度克拉拉的库米利生态旅社是重要的生态系统之家，生长着印度大约30%的植物、动物和活水物种。然而，像这个国家的很多区域一样，这里的环境面临着采伐森林、水田转换、黑水生态系统破坏等问题。

　　库米利项目领导人的社会企业家性任务揭露了如下事实的重要性——将社区发展和在保护区维持生物多样性联系在一起，而不让旅游业伤害当地居民的生活或者让自然环境退化。因为从丰富的动物区系和植物区系反映出的浩瀚自然美景，库米利贝利亚尔虎保护区跻身主要旅游目的地的边缘。社区的可持续旅游业和住宿业领导者面临的挑战是：防止这个地方的环境退化和社会动乱。

　　这种负责任的旅游方式如今已被成功地用来保持环境和使环境再生，并且也为当地人和部落提供营生。贝利亚尔虎保护区最初得到印度生态发展组织项目的资助，它不仅为环境提供利益、为当地人提供福利，而且也为当地经济提供税收，资助了道路、学校等当地基础建设。

　　最关键的好处之一是通过介绍观光客参加传统当地活动，把他们融入到当地村庄的生活之中。游客在所谓的"民宿"（村民为游客开放他们的家，游客得到了对当地珍贵文化的了解，也为传统生活提供了经济帮助）和当地人住在一起。当地人也当导游、人力车夫和农民，农民为游客提供食物。他们也拥有在当地酒店工作的机会，在那里他们可以无保留地学习，梦想有一天他们也有自己的酒店。幸运的是，当地部落有着一个非常紧密团结的团体精神和强烈的文化，能够经受有时十分明显的西化的消费者行为。

　　资料来源：Sebastian, L. M. and Rajagopalan, P. （2012）'Tourist destinations with planned interventions：the success of Kumily in Kerala, India', Sloan, Simon - Kaufmann and Legrand （eds）, Sustainable Hospitality and Tourism as Motors for Development, Abingdon：Rourlege。

案例分析 12.4　丽兹卡尔顿社区足迹项目

THE RITZ-CARLTON®

　　参与、贡献、激励，这些是丽兹卡尔顿社会责任项目"社区足迹"的首要原则。自1983年，当丽兹卡尔顿签署第一个任务宣言并许诺所有的丽兹卡尔顿酒店会是"社区积极的、支持的成员并且对环境敏感"起，丽兹卡尔顿就一直坚持着这个哲学。为了把社会和环境责任融入到企业运营模式中，丽兹卡尔顿开发了全面的流程来支持创造，部署和衡量社区参与策略。为了达到影响的最大化，丽兹卡尔顿遍布全世界的资产项目都把精力集中在如下三个方面：

- 饥饿和贫穷；
- 儿童生活水平；
- 环境保护。

通过提供食物、建造房屋和提供教育以及培训服务，丽兹卡尔顿无法保住多人竞争的岗位的人打破贫穷循环，从而减少贫困。

丽兹卡尔顿资助生活条件差的儿童，这些儿童缺少获得机会和教育的途径，并且有被剥削的危险。丽兹卡尔顿宣誓：通过保护、保存自然资源并在企业运营中融入环境责任，来向着一个更可持续的未来努力。

为了支持这些努力，丽兹卡尔顿在社区足迹项目中加入了丽兹卡尔顿服务价值和关键业务成功要素，这成为公司长期计划的第二条策略性路径。

每年，酒店、度假村、公寓和目的地俱乐部都会完成一项综合性的社区足迹年度计划，该计划列出了非营利性和非政府组织的战略合作伙伴、安排的志愿服务时间、现金和实物捐赠、顾客志愿者旅游供给、"从服务中实现成功"项目的年轻人参与模式和总体社区影响规划。每年都会对每个资产的社区足迹年度计划进行评估，确保完全执行，而计划的评分被纳入丽兹卡尔顿品牌的总体业务优先标准（图 12-2）。

图 12-2　让员工参与大社区活动

1. "从服务中实现成功"项目

丽兹卡尔顿酒店集团社会责任承诺的事例可从丽兹卡尔顿"从服务中实现成功"项目中看出来。通过这个社区足迹年轻人项目，丽兹卡尔顿在全世界的 77 家丽兹卡尔顿资产中与当地为低收入群体服务的学校和儿童组织合作。

这些课程计划由丽兹卡尔顿员工教授，在职业探索、生活技能培训和社区项目中，让年轻学生参与其中，并鼓励他们。"从服务中实现成功"项目是为了帮助年轻人释放潜能、克服生活挑战而设计的（图 12-3）。它的目标很简单，就是为了鼓舞人心。

图 12-3　"从服务中实现成功"：一个社区足迹青年参与项目

"从服务中实现成功"项目的目的是支持美国全国领袖毕业生联盟运动，该运动旨在解决美国辍学危机，并帮助所有美国高中毕业生为大学、工作和人生做好准备。这个项目同样也在丽兹卡尔顿位于环亚太平洋、欧洲和中东地区的酒店中展开。令人伤心的是，在全世界，低收入环境里的儿童通常无法接触到正面角色的榜样，无法设想出职业路径，也感受不到和社会团体之间的联系。这种潜在缺失的规模之大，令人痛心。在美国，"从服务中实现成功"项目主要在（低收入）中学一年级（学生平均年龄11～13岁）中展开，而丽兹卡尔顿在其他国家的酒店则在更广泛的儿童组织（包括SOS儿童村）中展开，SOS儿童村是儿童学习障碍中心和流浪儿童以及流动工人儿童的组织。这个项目和面临经济与社会挑战的儿童紧密工作，如今已有三年，全世界超过8000名年轻学生从这个项目中受益。"从服务中实现成功"项目已经得到美国领袖联盟创始人——科林·鲍威尔将军的认可。他在项目启动之时曾说："我们十分感谢你，因为你不仅是为儿童投资，而且是在为这个国家和其他贵企业所在的国家的未来投资。"就像这个名字所揭示的那样，"从服务中成功"就是帮助年轻人茁壮成长、兴旺发达。

2. "从服务中实现成功"项目回顾

"从服务中实现成功"是基于2008～2010年在多个地点（包括纽约、雅加达、凤凰城、圣托马斯、柏林、亚特兰大和新加坡）所做的多个社区足迹实验项目研究成果而开发出来的。这些实验项目成功地为年轻学生提供接触正面导师的途径，为他们介绍基础生活技能，并且让他们参加到社区足迹项目之中。

"从服务中实现成功"概念很直接，包括三个组成部分：职业探索、生活技能培训和社区服务学习。所有的设计都用来帮助年轻学生蓬勃发展：

第一，通过职业探索参与其中：在"从服务中实现成功"的第一阶段，学生会拜访他们在丽兹卡尔顿酒店的合作伙伴，参观前台和"屋之心"区域，和女士们、先生们在他们的工作环境中交流，总经理和当地团队会就酒店业做一个演讲介绍。不同部门的员工们给年轻学生们介绍职位、职责以及如果他们上完学毕业所能够拥有的广阔就业机会。

第二，通过生活技能训练激发学生：上学期间，丽兹卡尔顿员工在教室中、酒店里给学生传授生活技能。全面的、多语言课程计划的目标是提高自信，向儿童介绍必要的节能措施，包括以下几种：

- "怎样做一个成功的展示"是为了给学生介绍基础的演讲技能、教育他们克服焦虑的一些方法、练习做报告的基本方法（眼神交流、面部表情、手势、动作、外观和声音）而设计的。
- "安全食品处理技能"教授学生如何安全处理和储藏生食与熟食；砧板或者加工面的合理使用能避免交叉感染；怎样合理使用厨具；合理的厨房、冰箱和橱柜消毒技能，也教授学生食物储藏技能。

- "健康饮食"是为了给学生介绍健康饮食习惯而设计的，教授他们关于谷物、蔬菜、水果和蛋白的知识，讨论保持水分的重要性，向他们演示怎样做简单有营养的菜肴。这是丽兹卡尔顿对美国第一夫人米切尔·奥巴马"行动起来"运动的部分承诺。

- "环境保护教育"向学生传授有关他们的"环境足迹"的知识。孩子们学习如何评估他们的部分日常行为，知道为了减轻他们的环境足迹，他们可以做到哪些简单小事（包括再循环）。

- "团队的力量"向学生介绍为什么团队对于成功而言是必需的，以及什么成就了一个成功的团队。涉及的概念包括：合作伙伴、冲突解决、为他人鼓励打气和输赢的态度。

- "社交技能和餐桌礼仪"为学生提供关于建立良好第一印象以及熟练和他人交流等个人技能和礼仪的基本理解。

第三，通过社区项目做出贡献："从服务中实现成功"的社区服务成分是通过让学生一起努力辨别并帮助实现其社区的需求来教授学生市民责任。第一学期，学生和老师以及丽兹卡尔顿的员工一起开发一个社区足迹项目。在"从服务中实现成功"这个环节中，学生们选择一个有意义的关于饥饿和流浪、儿童认字或者环境保护的社区项目。这个项目在春季进行（服务学期）。2011 年项目的例子包括：

- 丽兹卡尔顿合作办公室和他们的"从服务中实现成功"合作学校——哈特中学的学生们一起，建立了一个蔬菜园来让当地第一菲尔比希望小学的学生和学生家长们受益（图 12-4）。

图 12-4 哈特中学的蔬菜园

- 费南迪那海滩的男生女生俱乐部的年长学生和艾美利亚岛丽兹卡尔顿合作，通过和当地二年级学生一对一上阅读写作课以及就难理解的语言技能和阅读理解提供帮助等方式，提高他们的认字水平。

- 在广州丽兹卡尔顿，员工和学生一起建立了一个蔬菜园，把作物捐献给一个当地救济饥饿的组织。
- 在新加坡，北光学校的年轻学生和新加坡千禧丽兹卡尔顿的员工合作，将入侵的野葛从当地公园中移除，并为当地儿童和家庭提供了一个干净的玩耍环境。
- 弗吉尼亚州阿灵顿市肯莫中学的学生，和五角城丽兹卡尔顿合作，创建了一个服务项目来支持阿灵顿食物救助中心。这40名学生每人把23千克重的米袋重新打包成0.5千克重的小包用来捐赠，并为接收者把空米袋剪好、缝好并组装成超市购物袋。
- 世界青年服务日：每年4月，世界上所有丽兹卡尔顿酒店会举行一个年度职业探索和服务学习庆祝日作为对世界青年服务日的响应。年轻学生们会参加各种职业探索和工作观察项目，并庆祝其服务学习项目的成果。世界青年服务日庆祝会每年表彰丽兹卡尔顿员工指导过的学生以及那些激励他们为学校、为未来而拼搏的无数时光。这个全球性的庆典把丽兹卡尔顿在全世界的酒店和度假村进行过的活动聚集在一起，缝成一块内容丰富的挂毯，讲述着全球的故事，强化着丽兹卡尔顿酒店集团在"从服务中实现成功"项目中对社会责任的承诺。

3. "在服务中实现成功"项目的影响

年轻人参加了学习，从酒店导师那里倾听了生活技能讨论会，带着从这场志愿运动中所得到的鼓励开发潜能，而丽兹卡尔顿"从服务中实现成功"项目的记载可从无数学生们的评论中看到。不仅学生，而且老师们和校长们都赞赏"从服务中实现成功"这个项目给他们和学生所带来的影响。

4. 总结

为了褒奖"从服务中实现成功"项目所获得的成就，2011年，丽兹卡尔顿总裁兼首席运营官赫夫·亨木勒和一群资深私人与公共部门主管们一道参加了奥巴马举行的白宫圆桌会。亨木勒先生荣幸地获得机会，与参宴人士分享"从服务中实现成功"项目以及它对全世界儿童生活所带来的影响。

丽兹卡尔顿酒店集团对于通过"从服务中实现成功"项目来帮助儿童塑造并定义企业的未来而感到骄傲。

资料来源：丽兹卡尔顿，http：//www.ritzcarlton.com。

案例分析 12.5　凯宾斯基集团和"消灭肺结核"项目的伙伴关系

Kempinski
HOTELIERS SINCE 1897

2010 年，880 万人患有肺结核（TB），其中有 140 万人因此而死亡。每一分钟就有三个人因肺结核而去世。仅仅一天之内，肺结核引起的死亡人数等于 15 架喷气式飞机撞击事故死亡的人数。肺结核病人经常遭受歧视和侮辱、被拒和社会孤立。这个病也是贫困的一大主因，因为肺结核病人经常病得无法工作，而他们及其家庭可能不得不付费治疗。根据"消灭肺结核"项目提供的数据，就世界范围而言，肺结核是妇女死亡的第四大原因（图 12 - 5）。

凯宾斯基酒店在 25 个国家中聘用约 2 万名员工，每年平均招待超过 300 万名客人。公司在长期管理合同的管理下，向酒店拥有者推广酒店管理方法。

1. 愿景

酒店以提供奢华欧洲艺术风格闻名，深受期望卓越和注重独特性的人士青睐。

2. 任务

通过聚集最豪华的酒店，将它们与凯宾斯基旗下的、通过管理传递出的独一无二的服务相匹配，同时也向我们的酒店拥有者们确保财务绩效。

图 12 - 5　世界肺结核日，德国柏林阿顿凯宾斯基酒店举行的活动

3. "消灭肺结核"项目的总体宗旨和目标

流动性是酒店业的一个基础成分，因为酒店主要是为人服务的行业，而这种流动性会通过各种方式带来影响顾客、员工和当地社区的感染性疾病。健康无疑是公司和当地社区共享的价值。为此，凯宾斯基集团对其客人和员工的健康负有责任，并通过成为"消灭肺结核"项目中活跃的一员，承诺与肺结核作斗争。

凯宾斯基重视以上内容，决定在它所有的酒店进行一个"草根意识"运动，将以下内容作为目标：

- 改变认知，教育全世界的员工不歧视肺结核同时提高意识，并且鼓励酒店客人进行募捐。鼓励员工为他们的健康负责，如果他们感到担心要寻求诊断治疗，公司会在他们的治疗和恢复期以公司的承诺支持他们，并且如果可能，重新聘请他们。
- 为"消灭肺结核"伙伴关系找到很可能存在捐助者的国际市场。

目标人群被定义为：

- 在全球拥有的 2 万名员工（欧洲、非洲、中东和亚洲）。
- 全球范围内的酒店客人（大约每年 300 万人）。

4. 项目活动

为了提高意识教育员工并接触顾客，通过以下几种方法，凯宾斯基开启了它的交流运动，来推进 2008 年和 2009 年在所有凯宾斯基酒店进行的路易斯·菲戈"消灭肺结核"运动（图 12 - 6）：

- 在每个客房的每个枕头上分发路易斯·菲戈卡；卡片上有肺结核的信息和事实，肺结核怎样能被治愈以及"消灭肺结核"运动怎样消除肺结核，另外还有关于怎样捐赠的信息。
- 通过一个针对全世界所有员工的室内培训项目，教育所有酒店员工肺结核是什么；在他们国家它有多普遍；肺结核早期症状是什么；如果他们担心他们被感染了该怎么做（项目所使用的工具是为凯宾斯基和"停止肺结核"项目特别设计的，比方说路易斯·菲戈影片和海报，海报标语，员工、他们家庭的情况，以及当地商业社区肺结核测试日）；
- 内部信息运动包括纸质版杂志和电子报。

图 12 - 6　迪拜阿联酋皇宫大酒店的世界肺结核日活动

- 外部信息运动包括在英国发布的一篇关于路易斯·菲戈的新闻稿,在全球所有凯宾斯基客房发布的一篇关于路易斯·菲戈的主题报道。
- 全球所有酒店以各种形式(运动,员工野餐,绘画比赛,肺结核培训和测试等)积极地参与2009年、2010年、2011年、2012年世界肺结核日(图12-7和图12-8)。
- 管理层人员对整个项目的个人支持,使得在很多酒店肺结核第一次被提上议事日程。

图12-7 在阿吉曼酋长国的世界   图12-8 在德国柏林阿顿凯宾斯基
肺结核日活动   酒店举办的世界肺结核日活动

5. 为项目成功做出贡献的外部合作

(1) 提供路易斯·菲戈抗原体(现在是克雷格大卫抗原体)给"消灭肺结核"组织。

(2) 阿里·莉莉在2008年和2009年两次赞助路易斯·菲戈卡片的生产和分发。

6. 项目资金来源

凯宾斯基活动成本以及支持路易斯·菲戈运动的时间已上升到酒店层面和集团层面上,以人力资源和捐献时间的有效性计算。集团和地区办公室负责旅行花费。

7. 测量和评估项目履行程度

(1) 没有特殊工具能够衡量顾客为"消灭肺结核"活动捐赠的钱中多少已被使用;因此,通过凯宾斯基客人的捐赠总数没有确切数字。

(2) 没有进行开始和结束调查来衡量员工对肺结核知识了解程度的变化,因此对此运动的影响的测量被限制了。不过,员工和客人的反馈都是正面的。在肺结核发病率高的国家的酒店继续和克雷格大卫一起积极地支持"停止肺结核"的新交流运动。

(3) 附带的证据显示了"新"接触到的曾待过集团酒店并且以前从未接触过肺结核宣传的"高度可能"人群带来的力量之大。"停止肺结核"运动的新名誉大使克雷格·大卫在下榻一家凯宾斯基酒店时通过阅读一张路易斯·菲戈卡片了解了肺结核。他如今已把他的许多时间贡献出来，并作为一名全球大使，共享了他的名字和形象来提高人们对"停止肺结核"的注意力。他仅仅是我们通过运动接触到的新的"高度可能"人群之一。

8. 项目带来的改变

- 一家五星级酒店并不是进行肺结核认知运动的通常场所，而且，客人也许对于在枕头上发现一张肺结核宣传卡片感到惊讶。
- 在过去三年中，超过13044间客房用于肺结核认知和捐赠。
- 给2万名员工及他们的家庭，尤其是那些家庭成员通常无法接触到预防保健服务的国家直接地或者间接地提供教育。
- 信息传播为年轻员工填补了肺结核信息的漏洞，尤其是在肺结核通常被认为已被根除的欧洲。年轻员工因此不仅感到惊讶而更好奇地学习肺结核知识，而且也了解了肺结核的协同传染。

9. 目前学习到的关键课程以及无法预知的挑战

关键课程：

- 公共卫生部门和私营部门的合作非常有效。
- 每个工作场所提供教学工具从而给员工传递信息十分容易。
- 站在一个全球化集团的角度，这种交流运动引发了员工间的大讨论，并显示员工对学习肺结核很有兴趣，尤其在肺结核是公共健康问题的国家里。因为我们员工主体都小于30岁，很多年轻欧洲裔员工对肺结核这个词汇并不熟悉，而且是第一次发现它的重要性（它也和HIV有关联）。
- 无法预知的挑战：在中东的员工中发现一例肺结核病例；作为一名非洲公民，并且根据当地移民法，我们的员工不得不在恢复到能旅行的身体条件后的7天内离开酒店所在的国家。凯宾斯基在这名员工的祖国照顾了他的治疗直至痊愈，尽管再次因为当地移民法，这名员工不能回到他原先酒店的岗位，但他如今在巴林凯宾斯基工作。

10. 对全球健康和发展做出的创新性贡献

（1）把工作场所当作传播肺结核的信息的平台，并且信息容易被复制从而最终传播到家庭和当地社区里，这加倍了活动的影响。

（2）这个运动是和不同的伙伴合作（凯宾斯基和"停止肺结核"及其他组织合作），每个合作伙伴可以带来他们特别的竞争力和长处，从而让这个项目走得更远。尽管我们的工作是建立在一个已存在的活动（路易斯·菲戈）之上的，这却是互补的并带来了巨大的杠杆作用。它打开了一个新的支持频道（豪华酒店客人），而他们曾经多数不了解肺结核所带来的负担。

（3）一个认知运动同时接触到了不同种类的受众：雇主认识到了肺结核带来的负担以及为直接或间接面临肺结核的员工提供支持和关心，并且在豪华酒店为肺结核募捐时不退缩；在培训之后，员工能够对直接或间接面临肺结核的同事/当地居民，并对他们展现同等的理解和尊重；酒店客人对肺结核有所认识，并且更好地理解了为让世界摆脱肺结核我们还应该做哪些事。

11. 凯宾斯基支持"停止肺结核"运动的直接影响

即使凯宾斯基给发展中国家的员工们在他们在职期间提供了基础健康保险，他们的家庭成员和孩子通常没有保障，因为他们的社区经常无法接触到医保服务。这场交流运动说明了工作场所是一个理想的踏板，通过防止、检测和治疗感染性疾病，不仅能接触到我们的员工，而且能接触到他们的家人以及当地社区。

这就是为什么凯宾斯基在瑞士共同创立了一个叫作 BE 的司法独立、自筹资金的非营利性组织（为什么叫 BE？没有健康，我们不能"be（存在）"。健康给予人们力量。它让我们成长并达到人生目标：它让他们存在）。

BE 组织的任务是通过在工作场所和在当地社区建立医疗保险支持和服务，实施预防措施让员工和他们的家人以及当地社区预防感染性疾病（肺结核、疟疾和 HIV/艾滋病）。

BE 组织下一步致力于通过邀请中等企业的加入，动员公司们加入。BE 组织会帮助他们在他们的工作场所和当地社区实施预防活动，为他们的员工和当地社区居民提供医保支持和服务。

BE 组织的主要目标是做以下几件事：

- 通过培训和动员员工建立起同事培训师的网络，从而在他们的当地社区和工作场所传播健康生活的理念。
- 在员工、他们的家人和当地社区中促进感染性疾病的检查和治疗。
- 指导、促进和管理支持感染性疾病预防、检查和治疗的项目。
- BE 组织的志愿者也会学到重要的技能，比方说自我管理和人际技能来帮助他们适应新角色。

凯宾斯基共享了 BE 组织的价值观和可持续方式。它给 BE 组织带来了管理专家、传媒技术，让 BE 组织接触资金募集，并且酒店是一个教育和接触大量人的优秀平台。最重要的是，它带来了这个团队与毁灭性的感染性疾病（如 HIV/艾滋、肺结核和疟疾）作斗争的坚定的承诺。

所有凯宾斯基的客人通过每晚捐赠 1 欧元（或者当地等同价值），拥有了支持 BE 组织的机会。

练习题

1. 小组讨论、小组项目或者写作任务

酒店利益相关人

列出谁是酒店或者餐厅关键的内部和外部利益相关人，并确定这对公司以及周边社区可能造成的影响。

2. 小组讨论或小组项目

非政府组织和酒店业

找出非政府组织对酒店可持续性策略缺少的指导意见。一个酒店应参与非政府组织的活动到一个什么程度？这样的参与对酒店集团来说传递了什么？对于非政府组织来说传递了什么？

3. 小组项目

信奉酒店业的企业社会责任

确定、分类并描述一个酒店或者餐厅信奉企业社会责任时的关键责任。

4. 小组讨论

在酒店业的未来将绿色旅行者当作主要相关人

讨论酒店业如何可以更好地和其他消费者服务以及产品供应商合作来促进可持续性，并适应其他可持续旅行者。

5. 小组讨论

可持续酒店业的多种涉众途径

确定公共部门和私营部门合作的例子，以及酒店业可持续挑战和机遇的多种涉众途径的例子。讨论从可持续的角度看，这些方式是否成功。

参考文献

1. Boulding, K. E. (1966) 'The economics of the coming Spaceship Earth', in H. Jarrett (ed.) Environmental Quality in a Growing Economy, Baltimore, MD: Johns Hopkins University Press, 3 – 14. Available at: http://www.eoearth.org/article/The_ Economics_ of_ the_ Coming_ Spaceship_ Earth_ % 28h istorical % 29.

2. Porter, M. and Kramer, M. R. (2011) 'Creating shared value', Harvard Business Review, 89 (1/2): 62 – 77.

3. Richter, U. and Sigbjorn, T. (2012) 'The case of Inkaterra: pioneering ecotourism in Peru', in P. Sloan, C. Simons – Kaufmann and W. Legrand (eds), Sustainable Hospitality and Tourism as Motors for Development: Case Studies from Developing Regions of the World, Abingdon:

Routledge, pp. 24 – 36.

4. Riedmiller, S. (2012) 'Can ecotourism support coral reef conservation? Experiences of Chumbe Island Coral Park Ltd in Zanzibar/Tanzania', in P. Sloan, C. Simons – Kaufmann and W. Legrand (eds), Sustainable Hospitality and Tourism as Motors for Development: Case Studies from Developing Regions of the World, Abingdon: Routledge, pp. 176 – 197.

5. Sebastian, L. M. and Rajagopalan, P. (2012) 'Tourist destinations with planned interventions: the success of Kumily in Kerala, India', in P. Sloan, C. Simons – Kaufmann and W. Legrand (eds), Sustainable Hospitality and Tourism as Motors for Development: Case Studies from Developing Regions of the World, Abingdon: Routledge, pp. 402 – 421.

6. World Commission on Environment and Development (WCED) (1987) Our Common Future. Available at: http://www.un – documents.net/wced – ocf, htm.

资料来源

1. Chomsky, N. (1999) Profit Over People: Neoliberalism and Global Order, Westminster, MD: Seven Stories Press.

2. Green Hotelier (2005) 'Tourism today: how the agenda has evolved', Green Hotelier, 36: 6 – 15.

3. Green Hotelier (2006a) 'Sustainable supply chains', Green Hotelier, 38: 1 – 4.

4. Green Hotelier (2006b) 'The power of partnerships', Green Hotelier, 41: 12 – 19.

5. Green Hotelier (2006c) 'Environmental awareness and training', Green Hotelier, 41: 1 – 4.

6. Green Hotelier (2007a) 'What does it mean to be a sustainable hotel?', Green Hotelier, 44: 24 – 26.

7. Green Hotelier (2007b) 'Greening the urban jungle', Green Hotelier, 43: 12 – 18.

8. Harris, R., Griffin, T. and Williams, P. (2002) Sustainable Tourism: A Global Perspective, Oxford: Butterworth – Heinemann.

9. Sloan, P., Simons – Kaufmann, C. and Legrand, W. (eds) (2012) Sustainable Hospitality and Tourism as Motors for Development: Case Studies from Developing Regions of the World, Abingdon: Routledge.

10. United Nations (2008) The Millennium Development Goals Report, New York: United Nations. Available at: http://www.un.org/millenniumgoals/pdf/The% 20Millennium% 20 Development % 20Goals % 20Report % 202008. pdf.

附加材料

请到 http://www.routeledge.com/cw/sloan 查阅书的所有图表、附加案例、问题和可用视频的外部链接。

第 13 章
住宿业环境管理体系

目标

本章将：

- 定义环境管理体系；
- 回顾国际管理标准（ISO）与欧盟生态管理和审计计划；
- 了解环境管理体系方法论；
- 识别在创建环境管理体系过程中的重要益处；
- 讨论在住宿业中环境管理体系的执行；
- 成功执行环境管理体系的建议方案。

一、环境管理体系

企业的环境管理体系包含技术和组织管理两类行为，致力于减少因企业运营而带来的负面影响。环境管理体系是一种管理工具，帮助企业运营过程中以特定形式控制并减少对环境的影响。环境管理体系也是对持续环境改善的一种约定，其五项原则目标如下：

- 发现并控制企业各类活动、其产品或服务对环境的影响；
- 尊重法律法规，并超越最初依据企业环境政策而设定的目标；
- 使用综合系统法去设立环境目标与指标；
- 持续性地提高环境执行绩效；
- 确保向雇员、社区和消费者进行透明的沟通。

（一）环境管理体系实例

国际管理标准（the International Organization for Standardization，ISO）、欧盟生态管理和审计计划（European Union Eco‐Management and Audit Scheme，EMAS）是为了帮助经营酒店的企业去评估、报告并提高其环境执行绩效而建立的两种管理工具。

（二）国际管理标准 14000 系列（ISO 14000）

国际管理标准是按照家族系列和数字来划分的一种体系。例如，ISO 9000 是有关企业质量管理的系列标准，而 ISO 14000 是环境管理的不同方面的系列标准。在此系列标准中，最早设立的 ISO 14001 与 ISO 14004 是特别关注环境管理体系的标准。国际管理标准第一版 ISO 14001 发布于 1996 年，它为企业的环境政策、计划和行动方案的方针策略提供了一个框架，而并非为某个单独企业设立环境执行绩效等级。ISO 14004 关注于常规性的环境管理体系指南。而 ISO 14001 被认为是全部 14000 "家族"系列的基础文件。第二版 ISO 14001 发布于 2004 年，其全称为 ISO 14001：2004。在本书表 13‐1 中可以找到 14000 "家族"中的不同标准，每一个标准都有其特定领域，无论从标识到沟通，从执行评估到审计。

随着公众对气候变化相关问题越来越多的关注，ISO 在 14000 "家族"系列中又发展了一套标准，专门针对温室气体效应（GHG）会计，认证和排放贸易，以及产品碳足迹测评，相关信息可参考表 13‐2。

（三）"计划—实施—检查—后续行动"循环

14000 家族遵循"计划—实施—检查—后续行动"的循环（简称 PDCA，表 13‐3）通过 20 世纪一位美国统计学家威廉·爱德华兹·戴明的工作，PDCA 方法在许多产业领域中有了更广泛的拥护者，戴明被普遍认为对制造业和商业的现代质量管理有着巨大的影响。PDCA 循环就是参考了戴明循环。

- 计划：循环始于"计划"，通过建立目标和设计流程，与预期产出或目的达成一致；
- 实施：实施是有关执行计划和完成流程，这个阶段也包括收集信息用于后序分析；
- 检查：检查包括分析信息的传递，建立在前一步骤中被采集或测量的信息基础上，此步骤也包括实际结果与 PDCA 循环"计划"步骤中的预期产出进行比较，并检查其变量；

- 后续行动：后续行动针对实际和计划的结果出现的巨大差异，它也意味着去发现此差异产生的根源，以及建立修正方案。

表 13 – 1　国际标准中的 ISO 14000 系列

ISO 14000 "家族" 系列	一般性关注内容	标准细节
ISO 14001：2004	环境管理体系执行	环境管理体系—使用指南
ISO 14004：2004	环境管理体系执行	环境管理体系—针对原则、系统和技术支持的指南
ISO/DIS 14005	环境管理体系执行	环境管理体系—环境管理体系的定向执行指南，包括用于环境执行绩效评估的指南
ISO 14050：2009	环境管理体系执行	环境管理词汇表
ISO 14040：2006	产品生命周期评估指导/管理环境面貌	环境管理—产品生命周期评估：原则和框架
ISO 14044：2006	产品生命周期评估指导/管理环境面貌	环境管理—产品生命周期评估：需要和指南
ISO/TR 14047：2003	产品生命周期评估指导/管理环境面貌	环境管理—产品生命周期影响评估：应用 ISO 14042 案例
ISO/TS 14048：2002	产品生命周期评估指导/管理环境面貌	环境管理—产品生命周期评估：数据记录归档模式
ISO 14015：2001	审计指导/评估执行绩效	环境管理—地方和机构的环境评估
ISO 14015：2001	审计指导/评估执行绩效	环境管理—环境执行绩效评估：指南
ISO 19011：2002	审计指导/评估执行绩效	质量指南与/或环境管理体系审计
ISO 14020：2000	沟通/声明	环境标识和声明——一般性原则
ISO 14021：1999	沟通/声明	环境标识和声明—自我声明的环境主张：第二型环境标识
ISO 14024：1999	沟通/声明	环境标识和声明—第一型环境标识：原则与程序
ISO 14025：2006	沟通/声明	环境标识和声明—第三型环境标识：原则和程序
ISO/AWI 14033	沟通/声明	环境标识和声明—定量的环境信息：指南与案例
ISO 14063：2006	沟通/声明	环境管理—环境沟通：指南与案例

　　资料来源：摘自 Environmental Management：The ISO 14000 family of International Standards，http：//www. iso. org/iso/theiso14000family_ 2009. pdf。

　　注：1. 技术报告；2. 技术详述；3. 经核准的工作项目。

表 13 - 2　ISO 14000 系列中关于温室效应和碳足迹的国际标准

ISO 14000 家族系列	一般性关注内容	标准细节
ISO 14064 - 3：2006	评估温室效应执行绩效	温室气体排放—第三部分：针对温室效应声明的确认和认证的指南详解
ISO 14065：2007	评估温室效应执行绩效	温室气体排放—温室效应确认和认证机构所要求的必需事项，以便合格或获得其他形式认可的应用
ISO/CD 14066	评估温室效应执行绩效	温室气体排放—针对获得温室效应效力性和认证文件的需要的技能
ISO 14064 - 1：2006	管理温室效应	温室气体排放放—第一部分：针对企业的温室气体排放与消除的报告及数量化的具体指南详解
ISO 14064 - 2：2006	管理温室效应	温室气体排放—第二部分：针对项目的温室气体减少排放与强化消除的报告、监测及数量化的具体指南详解
ISO/WD 14067 - 1	管理温室效应	温室气体排放—第二部分：针对项目的温室气体减少排放与强化消除的报告、监测及数量化的具体指南详解
ISO/WD 14067 - 2	管理温室效应	温室气体排放—第二部分：针对项目的温室气体减少排放与强化消除的报告、监测及数量化的具体指南详解

资料来源：摘自 Environmental Management：The ISO 14000 family of International Standards，http：//www. iso. org/iso/theiso14000family_ 2009. pdf。

注：1. 委员会草案；2. 工作草案。

表 13 - 3　比较 PDCA 环和 ISO 14001 国际标准

PDCA 环	ISO 14001 标准
计划	4. 2　环境政策
	4. 3　计划
	4. 3. 1　环境面貌
	4. 3. 2　法律法规及其他要求
	4. 3. 3　目标、指标和各类项目

PDCA 环	ISO 14001 标准
实施	4.4 执行和营运
	4.4.1 资源、角色、职责和权威
	4.4.2 能力、培训和觉悟
	4.4.3 沟通
	4.4.4 记录文件
	4.4.5 文件控制
	4.4.6 营运控制
	4.4.7 应急准备和回应
检查	4.5 检查
	4.5.1 监督和测量
	4.5.2 遵守执行评估
	4.5.3 不相符、修订方案和预防方案
	4.5.4 记录控制
	4.5.5 内部审计
后续行动	管理评估

由于 PDCA 是以一个持续提高的体系和一种循环为基础，一旦完成了四个步骤，就会有所改善，这个循环以自我重复去改善其他的流程、产品或者服务。

（四）欧盟生态管理和审计计划

欧盟生态管理和审计计划（EMAS）产生于欧洲法规之下，但是与 ISO 国际标准很相似，是全球适用的。与 ISO 相似，欧盟生态管理和审计计划（EMAS）是建立在公司或组织自愿参加的基础上，对持续改善有类似的关注。

ISO 14001 中环境管理体系所要求的是欧盟生态管理和审计计划中的必需部分。因此，一个决定注册欧盟生态管理和审计计划的公司可以另外申请从环境认证机构获得 ISO 14001 的认证书。当然，欧盟生态管理和审计计划与 ISO 14001 的确存在着不同，主要包括初期的环境评估程序和环境报告公布，请参考图 13 - 1；两者也同时包括对公司或组织为期三年的全面审计。

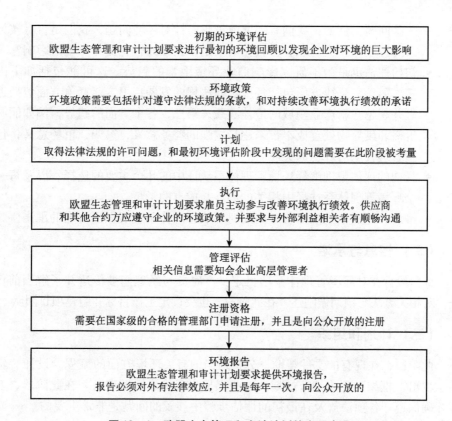

图 13 - 1　欧盟生态管理和审计计划的主要步骤

资料来源：　"欧盟生态管理和审计计划事实清单"，http：//ec. europa. eu/environment/emaspdf/factsheet/EMASiso14001_ high. pdf。

二、环境管理体系：一个方法论

欧盟生态管理和审计计划与 ISO 的方法论很相似。环境管理体系通常由三个阶段组成：准备、执行和跟进。更细节的区分，三个步骤又包括八个步骤，把环境管理体系的发展分为更具体化的小步骤，使得企业可以使用递进的方式将环境管理体系融进主流管理程序。

（一）最初的评估

● 初始评估目的是为了确认环境管理体系现状和企业的承诺。应该问如下一些问题，例如：我们有环境政策吗？针对环境问题，我们是否有被记录的程序和相应的职责？相关活动是否正在减轻企业对环境的影响？

- 初始评估也是为了研究影响商业环境因素的趋势。这可能包括如下因素：第一，法律方面包括环境法律法规的发展；第二，竞争方面包括追赶并超越在新产业领域的最佳实践；第三，各个方面的趋势，例如能源价格和废弃物处置成本带来逐步增强的财务意义；第四，市场意义，包括管理公众对环境的关注。
- 最初的评估帮助解释环境管理体系认证中的几个主要的选择，以及每一个环境管理体系选择中相关的利益与成本的考量。
- 最后，此评估是确保管理高层对环境管理体系发展做出恰当的承诺。

（二）信息与承诺

此阶段旨在对环境管理体系项目定义。雇员与经理们被传达并了解当前任务，对相关方法与预期做阐述。在此阶段，也要设定工作目标并组建项目团队。

（三）计划和组织

此阶段，在现有的文件帮助下分析适当的有关环境方面的流程。设计"输入与输出"框架，列出细节规划。这些都是为现状分析做准备。在此阶段，发现并确保遵守各项法规及在最初的评估步骤中涉及的问题是非常重要的。

（四）数据反馈

此阶段也被当作一个小型的审计阶段，针对上一步骤中收集的数据，即企业现状背景，检验并分析项目目标。此阶段包括文件检查、评估工作清单和定性采访。这些为企业在运营中的相关环境问题提供了一份全面的诊断。

（五）分析与培养

在上一步骤有所发现的基础上，研究不足，并开展"输出与输入"分析。随着成本收益分析，呈现出可节约成本及最优化潜力。此步骤还包括了发展出一个环境项目，针对雇员及审计员进行培训，并整理出审计报告。总之，此步骤总体目标是证实数据、完成优劣分析并制订出行动方案。

（六）管理体系与文件记录档案

此步骤重点在于有关环境管理体系的文件管理，以确保不断减少企业对环境的负面影响。此阶段也为企业的环境问题声明设置了前提，并建立控制体系。

（七）管理评估

此步骤重点评估前面步骤中制订的行动方案在多大程度上被执行，并且可能致力于企业的相关注册或认证。

（八）认证/注册

企业可以请外部机构核实企业的环境管理体系达到了相关标准的要求，例如 ISO 14001 或者欧盟生态管理和审计计划。此过程即我们熟知的认证或注册。认证一般由环境认证机构（常被称作独立或第三方认证机构）负责开展，并且涉及对企业的实地考察、文件或记录检测，和对个人的调查。目标是为了确保企业的环境管理体系建立：符合特定的要求；有能力达成目标；有执行影响力，配合以持续改善实施的系统。

三、环境管理体系的益处

企业执行环境管理体系获得很多益处，包括：
- 明确的企业形象；
- 无论公众是否监督，展示有责任感的契约精神可以帮助提高企业形象，也可以用于企业在竞争中确立自己的特异性；
- 对话工具；
- 通过透明和积极的双向沟通，开展环境管理体系可以巩固合作方信心，强化与利益相关者的良好关系（例如顾客、投资者、社区、社会团体、环保组织和公众权威机构）；
- 预防；
- 避免不可再生资源的浪费，企业可以确保在产品设计、开展环境管理体系，以及长期日运营中获得投资收益；
- 内部激励；
- 雇员加入项目对其职业生活有直接影响，尤其是从健康与安全的角度讲，同时也提高了雇员"感觉良好"度；
- 预测环境和可持续性发展趋势；

- 无论全球旅游接待市场的竞争多么激烈，随着可持续发展意识的增强，企业提前一步考虑环境保护问题的发展，也使企业作为环境保护先行者而获益。

四、环境管理体系：欧盟生态管理和审计计划与 ISO 14001

任何对环境有益的企业管理活动或者是成套的管理方案都可称为环境管理体系。然而，酒店的管理不像是具备丰富知识或是不受任何时间及资源限制的奢侈品行业，可以设置一整套评估方法，去综合处理其发展建设中所有的环境问题，因此，大多数的企业更愿意转向一个被认可的环境标准机构。被大多数企业使用的标准就是全球通用环境标准 ISO 14000 系列，还有欧盟的生态管理和审计计划。

使用任何一种上述标准，都可以帮助酒店经营企业去达成内部或外部目标。

（一）内部目标

- 确保管理可以控制组织流程，开展的活动对环境有影响；
- 确保员工服务于有环境责任感的企业。

（二）外部目标

- 向外部利益相关者提供保证（例如顾客、当地社区或政府相关管理部门）；
- 符合环境管理条例；
- 支持企业的主张，以及就自身环境政策、计划和行动方案进行沟通；
- 由第三方机构提供的认证工作框架。

五、在住宿业中执行环境管理体系

谈到环境问题，酒店行业中大型企业的环境管理策略有非常显著的不同。个体酒店业主或酒店连锁业者执行环境管理绩效良好，通过减少使用能源、水及减少浪费所节约的成本为企业赢得了真正的竞争优势。然而，随着大量国家和国际型酒店企业者开始采取减少环境影响的措施，这方面的竞争优势开始慢慢消减。现在开始从事环境管理体系已经被列入了不利的竞争位置。

　　企业执行环境管理体系需要一套综合的方法达成环境目标。环境管理的原则性观念是以相同方式管理企业的环境影响，餐厅的食物、酒店住宿质量，以及办理入住和离开都是在相应的管理模式下进行的：有清晰的目标、既定流程和可衡量的结果。表 13 – 4 是执行环境管理体系的 9 个工作阶段。

表 13 – 4　执行环境管理体系的 9 个工作阶段

阶段一：员工的参与和调集团队
执行委员会成员（财务、销售和市场、会计、总经理）和营运成员（总务、食物和酒水、前台办公室、采购、工程）都应该成为环境管理体系团队的代表。这也是在团队中分派责任（分析、执行、控制）的首要条件。

阶段二：分析现状
这是针对现阶段状况所收集信息进行的初始评估。信息应该包含以下三个部分：遵守相关法律法规的现状；评价环境影响；评估当前的环境管理实践。

阶段三：制定环境政策
环境政策是必不可少的文件，应该传达给所有团队成员，并且向公众开放。环境政策的核心应该包含在对承诺的阐述，包括：遵守相关法律；减少污染；提升酒店内所有营运环节的环境管理执行绩效。

阶段四：评价环境影响
直接与间接影响全部需要被评价和评估。这些包括碳排放；固体与其他废弃物；水资源使用；能源使用；酒店周边土地使用；噪声、气味、灰尘和可视污染的影响；其他间接影响（例如客人或员工交通往来）；主动的影响。

阶段五：设定环境目标和指标
一旦信息被采集记录，就要设定减轻环境影响的具体指标。此过程应该按照 SMARTER 指南中的标准而行，包括 Specific（明确的）和 Significant（重要的），Measurable（可测量的）和 Motivational（有激励性的），Attainable（可实现的）和 Agreed（达成一致的），Relevant（相关的）和 Realistic（现实的），Traceable（有迹可寻的）和 Tangible（有形可见的），Engaging（紧密联系的）和 Enjoyable（乐在其中的），Rewarded（有奖励的）和 Recordable（可记录的）。

阶段六：维护档案
以指标为基础对流程进行记录归档是非常重要的，但是同等重要的还有一份即时更新的关键角色和职责的清单。档案整理还应该包括环境政策和其他任何与建立环境管理体系统有关的文件。

阶段七：开展教育培训
对于环境管理体系目的与运营责任改变的培训是必不可少的，以确保成功开展环境管理体系工作并不断改进。培训不是对营运员工的限制，而是针对中高层管理团队的。这些信息也应该提供给供应商及顾客。

阶段八：持续的记录和设立审计
持续记录实际操作是非常重要的。一旦信息被采集，就可以比较指标完成情况。审计团队就可以据此判定环境管理活动是否与计划的项目相一致、环境政策系统应用体系是否有影响力。

阶段九：安排回顾和开展注册/认证
管理团队与环境管理体系团队应该一起复查审计的结果，并决定是否继续现行的工作目标，或者需要在特定环节有一些改变。管理团队可以决定开展由第三方认证机构进行的评估，它认为可为管理环境影响而付出的努力。

非常重要的是，无论酒店规模如何，成功执行环境管理体系需要的都是参与、承诺、雇员的动力及管理层的支持。因此，以下四个方面是对成功开展环境管理体系工作的总结。

（一）员工参与"绿色"活动

"绿色"活动始于高层，如经理人和首席执行官，他们懂得生态和经济将不再是一种平衡关系，他们可以为激发企业成为"绿色"企业而努力。首席执行官们将会遇到来自于利益相关者的挑战，应对利益相关者在可持续发展方面不断增长的需求，他们期待有针对问题的现成答案。各层级的员工需要被鼓励在可持续发展过程中担当率先角色。策略性的抉择需要整个企业的支持。酒店业执行官们一项重要的日程，就是让员工们确信执行"绿色"流程，可节约能源并保护环境。培养员工意识是首要工作。"绿色"的问题并非总是并必然的要求技术的参与和资金的投入。很小的改变也会引发资源的高效性利用和成本节约。成为"绿色"是关乎思维的，当思维方式改变了，积极的结果必然会发生。有关地球面临的困境，媒体聚集于改变的势头，执行官们被建议跟随这种势头。一旦有激励性的领导力点燃了热情，就需要建立环境培训的程序。目前只有一些常规的正在进行的培训课程内容涉及了"成为更绿色"的程序。

一个负责可持续性问题的"绿色团队"或者经理人应该关注运营环节中可以改善的部分。部门带头人应该被赋予责任，关注于流程改善的执行和积极鼓励员工的反馈。对环境观念的评价应成为人力资源部门招聘流程的一部分。一位对环境问题敏感的员工更愿意去应用新的环境标准。业内的调查分析显示，为关注环境问题的雇用工作，更让雇员感到满意。雇员对环境问题的主动性提高了企业士气、减少了员工流动性，其结果也提升了顾客的满意度。雇员渴望参与到环境问题增加了企业高效性和高财务收益的可能性。

（二）考虑技术类型与倡导

在实际思考关于强化对可持续发展进行的努力前，为了保证其承诺，企业必须确保拥有相关绿色技术和主动性。有一种类型被戏称为"刷绿漆"，这会损害其有价值的品牌形象。很多新技术要求大量资金投入，而对应的真实成本/收益还没有充分的调研结论。

（三）了解你的顾客

住宿企业并非总是有充分的准备，以吸引那些对环境问题很敏锐的顾客。酒店业者将会进一步被忠告，要从顾客对环境问题积极性而引发的举止行为中获得反馈。最起码，这种方式会帮助顾客倾向于选择那些对环境问题有责任感的市场活动及"绿色"品牌。尽管，酒店的可持续性形象可能不会获得独特的销售地位，但它的确增加了某些部分的附加值。类似的方式也影响着顾客度假决定的选择。现在的游客比之以往更加复杂不可捉摸，具有可持续性的假期目的地正成为一种时尚的事物。然而，对环境的关注仍是一个个体的权利，整个社会并没有预备好大量接受可持续性的概念和方式。当所有业内专家仍把满足顾客期待作为首要工作时，请记得舒适度与满意度从来是不能放弃的。幸运的是，环境关注已经不再是一个边缘化的事情，使顾客成为制定环境政策的合作者是必须要考虑的。酒店从业者作为教育者的角色不能被低估，一旦酒店业者清楚了解了顾客的诉求，管理层就可以开始去满足他们的好奇心，如同在传统领域中所做的那样。

（四）建立中心控制行动

随着连锁酒店内大量必需原材料的耗费，酒店有能力进行任何巨大数量上的改变。强大的连锁加盟与中心控制体系确保了这一成功。如果酒店个体独立地去应对这些环境问题，缺少特殊的关注点，短期内可以获得财务上的回报，但将会失去推广连锁品牌的机会。为了改善内部和外部人们的知觉，行动必须要由一个中心来统一控制，并且连续不断地从一个单元到下一个单元。

另外，中心控制的方法可以减少官僚与重复浪费。最后，一旦项目开始执行，中心控制的行动方案使策略调整变得容易进行。

案例分析 13.1　宜必思酒店与 ISO 14001

宜必思是雅高集团投资的经济型酒店品牌。自从 1974 年第一家酒店开业起，宜必思已经发展成为经济型酒店业内欧洲市场的领导品牌及全球范围内的大型企业，截至 2012 年年初，在全球 51 个国家拥有 900 多家酒店，107000 套客房。

宜必思有意识地选择实施环境管理体系，在 2004 年成为全球第一家执行 ISO 14001 标准的大型连锁酒店品牌。截至 2012 年，宜必思旗下 1/3 的酒店已经取得了 ISO 14001 的认证。

1. 为什么实施环境管理体系

根据雅高集团的研究，全球住宿业已经开始越来越意识到它们对环境的影响，并且开始设法减少这种影响。原因有如下两点。

（1）顾客观念的改变要求企业展开主动性作为，去展现对我们所居住的地球的尊重。那些非常关注全球顾客趋势的连锁品牌已经注意到了这类新兴顾客。这些走在前沿的顾客（甚至是激进分子），作为"负责任"的顾客，借助无所不在的互联网，寻找在价格、质量和服务各方面最有价值的酒店。他们首选的是有道德良善的品牌，尤其是对环境的关注，不再只是一个形象，而成为一个实在的销售卖点。这些负责任的顾客是真实存在的。

（2）酒店业的商业模式要求必须考虑顾客的新期望，但却不要期待顾客会为此付额外的费用。然而，这个受环境主义影响的增长市场，仍然受限于只有优质的客户愿意去购买。当然，酒店业内的环保项目也会产生竞争优势，如：降低运营成本，提高顾客和员工的满意度，作为对环境有责任的公司帮助提升品牌美誉度。

因此，对酒店业者的挑战是执行力，在扩充期间，真正的环保项目可以带来精确的、可度量的生态改善。

为了推动和加速环境策略的发展建立，宜必思决定为旗下酒店启动一个漫长的认证过程。到 2004 年，在法国的 19 家酒店已经取得了由必维国际检验集团（Bureau Veritas Certification）核发的 ISO 14001 的认证。基于宜必思标准化模式的影响力，使得项目被加速推进，截至 2010 年 1 月，全球的宜必思酒店开始执行 ISO 14001 标准，占宜必思连锁酒店的 33%。

2. 获得并开始执行 ISO 14001

ISO 14001 的获得需要经历一个长时间的过程，并伴随着大量的工作。必维国际检验集团（Bureau Veritas Certification）是世界领先的认证机构，它核发的认证是经过审核每一家酒店的环境承诺，并且根据酒店所在国家环境法律的要求，跟进更新后授予的。

经过 ISO 14001 认证过的酒店采用一系列行动减少对环境的影响，持续监督并分析执行绩效。它们还需要获得相关权威管理机构的认可，其实施符合当地政府、地区国家甚至欧盟的环境法律法规对相关酒店业、餐饮业的要求。

因此，对宜必思而言，取得 ISO 14001 认证不是一个结束，而是为每天开展环境管理体系工作而服务的工具。宜必思四个核心承诺如下：

- 减少用水；
- 减少能源消耗和推广可再生能源；
- 进行垃圾分类；
- 教育并知会员工和供应商有关环境的问题，以及酒店每日经营中需要做的事情，提升客人在酒店停留期间的环境意识。

通过遵守 ISO 14001 标准，每家宜必思酒店成为"生态城市居民"这个长期计划流程中的一分子，成为一个大目标。对于顾客而言，这也是一个受欢迎的进程，确保了他们所花的钱支持了一家负责任的企业。

资料来源：Ibis Hotel，http：//www.ibishotel.com。

练习题

1. 团队项目

在住宿业务中开展和执行环境管理体系

询问当地酒店和餐饮企业是否有兴趣邀请学生团队帮助其发展环境管理体系。这将为学生团队（每个团队 5 ~ 6 名学生）提供一个现实的实践项目，可以帮助当地企业改善环境执行绩效。

第一组学生团队会考察企业，采访企业主和员工，然后进行以下几个步骤：

- 准备并安排环境问题初评（包括各个层级的法律法规、各类罚款）；
- 评估各类费用、资源使用和废物的处理成本；
- 分析评估中的发现；
- 建立一套环境政策；
- 设立环境管理的目标和指标；
- 发展一套环境管理项目的基准点。

第二组学生团队来自下一学期，他们可以：

- 帮助企业进一步发展环境管理项目；
- 执行项目；
- 建立在执行中的定期监测；
- 分析环境项目实践流程。

第三组学生团队来自再下一学期，他们可以：

- 开展环境审计；
- 评价审计中发现的问题；
- 为日后的改善提供建议，修订目标与指标以持续改善，调研结合业务如何保持人们对环境项目的热情。

2. 团队项目

开展环境管理体系培训项目

（1）为当地的小型酒店或餐厅建立发展环境管理体系培训项目。其实际练习部分应该涉及实地考察、简短的环境问题评估、对管理人员及员工的采访。

（2）陈述项目报告。该业务的管理人员可以参加此报告的陈述。

3. 团队讨论和团队项目

（1）思考环境管理的概念和工具、清洁生产、生态效率、产业形态和生命周期分析。

（2）在酒店业内，设计上述各概念的应用案例。

（3）案例陈述报告。

4. 撰写任务报告

批判性地讨论下列问题，并撰写1500字左右的报告。

（1）谁来对环境质量负责？旅游行业、酒店业、游客、供应商或者每个人？

（2）旅游与酒店贸易协会可以对改善业内执行环境管理体系有很强的影响力。

（3）环境管理体系对于中小型企业和大型企业是同等重要的。

5. 团队项目

开展对环境现状的审查

开展和执行对酒店学校、酒店或旅游接待系环境现状的评估。此评估要以以下目标为基础：

（1）为学校或院系创立环境政策。

（2）确立环境工作目标和对象。

（3）列出环境管理检查清单。

6. 团队讨论或者撰写任务报告

选择一篇有关酒店地产或者旅游业讨论其环境管理体系的文章。批判性地评估这篇文章，思考此问题：什么样的环境管理体系步骤和更广泛的可持续性旅游方案可以作为一个整体，在酒店地产或者旅游业中改善维护状况，并强化环境保护？

致谢

本章的引用部分摘自文章"Sowing the Seeds of change：An Environmental Teaching Pack for Hospitality Industry 2001 年出版和 2008 年更新"，来自国际酒店学校协会（EUHOFA）、国际酒店和餐饮协会（IH&RA）和联合国环境项目（UNEP）共同编写的文章。感谢 EUHOFA（http：//www. euhofa. org/），IH&RA（http：//www. ih‐ra. com/），UNEP（http：//www. unep. org），the Francois‐Tourisme‐consultants（http：//www. francoistourismeconsultants. com）

资料来源

1. 有关环境管理体系

Eco‐Management and Audit Scheme（EMAS）Guidance documents，Brussels：European Commission Environment. Available at http：//ec. europa. eu/environment/emas/documents/guidance_ en. htm

International Standard Organization（ISO）ISO and the Environment. Geneva：International Standard Organization. Available at：http：//www. iso. org/iso/iso _ catalogue/managment _ standards/iso_ 9000_ iso_ 14000/iso_ and_ the_ environment. htm.

2. 有关酒店业环境和可持续性政策

Accor：Sustainable Development. Available at：http：//www. accor. com/en/sustainabale‐development. html.

Fairmont Hotels & Resorts：Environmental Policy. Available at：http：//www. fairmont. com/EN‐FA/AboutFairmont/environment/Environmental/Policy/.

Hilton Worldwide：Travel with Purpose. Available at：http：//www. hiltonworldwide. com/corporate‐responsibility/.

InterContinental hotels Group：Corporate Social Responsibility Approach. Available at：http：//www. ihgpic. com/indew. asp？pageid = 740.

Marriott Hotels：Marriott Social Responsibility Report. Available at：http：//www. marriott. com/Images/Text% 20Images/US/MarriottSocialResponsibilityandCommunityengagement. pdf.

Scandic hotels：sustainableility and the Environment. Available at：http：//www. scandic-hotels. com/settings/Side‐foot/About‐us‐Container/Responsible‐living/.

Six Senses Resorts & spas：Sustainability Policy. Available at：http：//www. sixsenses. com/

environment/six – senses – sustainability – policy. php.

附加材料

请到 http：//www. routledge. com/cw/sloan 查阅书的所有图表、附加案例、问题和可用视频的外部链接。

第 14 章
认证过程和生态标识

目标

本章将：

- 界定认证；
- 界定、讨论并复习生态标识的发展；
- 区分和住宿业有关的不同种类的生态标识；
- 介绍一个住宿业相关生态标识的分类系统；
- 讨论生态标识的趋势；
- 理解有关生态标识的主要收益；
- 介绍"绿色钥匙"和"绿色环球"标准；
- 讨论酒店怎样交流绩效；
- 介绍全球汇报倡议和道德责任标准。

一、认证和生态标识

（一）定义认证

认证是由第三方认证者提供一个书面担保，说明一个系统、一个过程、一个人、一个产品或者一个服务已遵守某个标准或者参考系中所列出的要求。认证是一项自愿的行为。它是竞争和分化的工具，能够建立消费者信心。

（二）认证和质量

认证和质量通常被认为是互补的。这部分是因为认证承认一个公司已经或者正在向更高质量水平做努力。值得注意的是向更高质量努力的过程实施经常并不和寻求认证相关。同样地，获得认证并不是完全地对公司提供的产品或服务质量做出许诺。认证是一个认可标志，告诉大家一个公司是符合认证者宣布的要求的。

（三）生态标识的定义和概念

清楚地聚焦于环境管理和可持续问题的认证叫作生态标识。根据全球生态标识网络：

> "进行生态标识是环境绩效认证和标识的一种志愿方法，全世界都已实践。生态标识确定特定产品/服务分类中的一个产品或服务在总体上被证明是利于环境发展的。"

生态标识主要是附在一个产品、服务或者组织上的一个标牌。生态标识的特征包括：

- 能够衡量一个产品或服务的环境绩效；
- 用鉴定机构设定的基准与标准检测评估一个产品或服务的环境绩效；
- 是介绍和扩散环境信息及环境绩效的产品/服务的标识和符号。

生态标识是向所有公司开放的自愿申请的体系。某些生态标识体系允许一个公司自我审计并提供自我认证生态标识。这种方法叫作一类认证。在一些行业板块里，二类认证允许批发商拥有它们自己的审计体系来认证供应商的产品和服务，像旅游业里的住宿设施和交通工具。三类认证需要一个独立的认证人来测量、评估与评价关于生态标识归属的结果和决定。三类组织是典型的政府性或者非营利性组织、行业协会、私营企业和其他非政府组织。为了确保生态标识的可信度以及测量评估的透明度，认证过程应该由一个独立的第三方进行担保，保证已达到某个生态标识的标准。

二、生态标识的目标

生态标识有四个目标：

- 鉴定一个产品或服务的环境绩效；
- 推广一个产品或服务的环境绩效信息，让消费者在了解情况后做出购买决策；

- 相比其他没有认证的公司而言，在市场中占据竞争优势；
- 保证减轻环境影响。

三、生态标识的历史和发展

政府法规更加严格，公众对环境问题的关注度日益提高，共同推动了诸多行业中生态标识的发展。生态标识项目起源于欧洲，而后在全球展开。这种快速的发展是因为：企业认为可以把环境意识转化为市场优势。生态标识的介入强化了企业的声明和宣言。

德国"蓝天使"（Der Blaue Engel）是世界上第一个生态标识，诞生于 20 世纪 70 年代末，用于推广环境友好型产品和服务。由一个通过环境保护和消费者保护团体、行业、联盟、工会、媒体和教会组成的陪审团颁发这个标识。这个生态标识的基本标准是：有效使用化石燃料；对气候影响较小的产品；减少温室气体排放；节约资源。如今，这个生态标识覆盖了 80 个产品分类中的 1 万个产品。

在住宿业和旅游业，第一批生态标识之一是"蓝旗标识"（Blue Flag），1985 年在法国创立。蓝旗标识颁发给海滨城市，以表彰它们为保护海滩和海岸脆弱的环境所做的努力。如今，蓝旗生态标识是一个国际认可的生态标识，由一个独立的非营利性组织——环境教育组织管理。

欧盟生态标识（European Union Eco – Label）于 1992 年启动，是一个自愿性的产品标识。和大部分生态标识类似，其主要目的是鼓励企业开发某个环境绩效和质量标准的产品和服务。根据欧盟成员国设立的环保标准以及行业、消费者和环境非政府组织的介入，这个标识被颁发给相应企业。这个标识的一个特殊的优点在于它的欧洲裔维度。换言之，一旦被一个成员国认可，这个标识就可以在其他欧盟国家中使用，从而减少了费钱又重复的申请。

生态标识从那以后迅速增长。在美国，美国环境保护局于 20 世纪 90 年代早期提出了"能源之星"（Energy Star）标识用来估计和比较类似产品所使用的能源。20 世纪 90 年代中期，能源之星项目通过引进工业、商业用楼和新房的加热冷却系统的标识，得以显著扩张。如今，能源之星被当作是一个能效消费品和建筑的国际标准。

能源和环境设计领导者（LEED）项目在 1998 年被美国绿色建筑委员会推出，这是另一个信誉卓著的生态标识的例子。它包含绿色建筑和家庭设计、建造和运行的打分系统。

这些标识共同的目标是告知消费者环境友好型产品，从而提供与产品相关的全球性的环境保护支持。尽管现有很多生态标识能够吸引到顾客，但是各种产品和服务标志的宣传也造成了一些误解和质疑。没有独立的第三方指导标准和调研，消费者可能并不确信一个贴了标识的产品或服务是否是一个真的环境友好型的替代品。这种对可信度和偏见的顾虑引发提供第三方标识的私立和公共组织的建立。

全球生态标识网络（GEN）成立于1994年，以提高、推广和发展产品和服务生态标识为目标。它是一个受第三方非营利性协会和环境保护组织认可、认证及标识过的组织。

四、住宿业和旅游业的生态标识

根据联合国环境署的说法，生态标识是为了改善旅游业的环境绩效而设计的。很多住宿业和旅游业的项目与环境问题有关，也与社会问题有关。

（一）自设认可奖项

一个公司可能会为其运营拟定一个环境章程并设计行为准则，证明它对管理环境和社会影响的承诺。同样地，在这之后，一个公司可能决定使用它自己的"认可奖项"，宣传其优越的环境绩效。这种策略在旅游业和住宿业相当常见。垂直整合的全球旅游业领军者途易（TUI）推出了"途易环境冠军奖"。途易的酒店合作伙伴通过检测环境和社会表现以及顾客对个别楼盘环保措施的满意度来竞争这个奖项。参加比赛的先决条件之一，是要在Travelife检查表上达到一个最低分数。Travelife是英国旅行社协会的附属机构，成立于2007年，得到了托马斯·库克、途易和库尼等旅行社的支持。

类似于途易环境冠军奖，希尔顿集团旗下的逸林酒店于2007年颁布了它的第一个环境关爱奖。逸林环境关爱奖颁发给从酒店品牌中选出的一个酒店，证明它在实施、示范可持续性和环境推广方面做出努力的承诺。

自设奖项、认证或者生态标识的主要缺陷之一是在颁奖过程中缺乏独立性，这直接影响了认证或标识的可信度。

（二）第三方奖项

企业和消费者对环境奖项的兴趣日益增加。住宿业和旅游业的可持续实践在世界上得到越来越多的赞赏，很多组织和目的地提高了最佳实践的门槛。奖项基本的想法是为了表彰一个公司或者组织为了提高环境管理、寻找创新解决办法而做出的尝试。奖励项目可由同行、行业协会、消费者、非政府组织、政府权威部门或者出版商使用和颁发。颁发机构寻求想要参与并被提为最佳实践范例的申请者。在这个过程中，行业或者独立组织的专家也许会被询问，证实裁判的品性并参与颁奖过程。今天，住宿业和旅游业有大量颁奖盛事和庆典，这里是一些值得注意的例子：

- 明日旅游奖（Tourism for Tomorrow Awards）：世界旅行和旅游委员会（WTTC）提出了明日旅游奖。这个奖项代表了同行对可持续旅游业成就的赞誉。
- 世界酒店奖（Worldwide Hospitality Awards）：由 MKG 集团和《酒店、旅游和餐厅》杂志社联合推出，是一项单体酒店和酒店集团围绕各种奖项竞争的年度盛事。其中一个奖项是最佳可持续发展奖项，颁给积极参与可持续发展的单体酒店或酒店集团。
- 世界旅行奖（World Travel Awards）：设立于 1993 年，分类别认可了全球旅行和旅游业中的卓越表现，例如世界第一企业社会责任项目、世界第一生态旅馆、世界第一绿色度假村和世界责任旅游奖。裁判由国际同行组成，包括来自旅行社、酒店集团、交通运输公司和旅游组织的专家。
- EcoTrophea：一个由德国旅行协会组织的第三方奖项。EcoTrophea 设立于 1987 年，颁发给那些兑现了对环境保护和目的地社会责任承诺的模范国际旅游业项目。
- 行业优秀地球保护之星奖（Good Earthkeeping Stars of the Industry Award）：一个由美国饭店业协会（AH&LA）颁发的奖项。
- 消费者和贸易出版奖：一些行业奖背后也有专业行业出版物的支持。活跃在加拿大食品服务和酒店业的 Kostuch 出版社和 Hotelier 杂志社赞助了绿色领导奖（The Green Leadership Award）。自然母亲网（the Mother Nature Network，MNN）出版了《美国年度十大绿色酒店》。也有一些网上评论网站，像 TripAdvisor 定期在生态友好型酒店榜单上设有最受旅行者欢迎奖。

（三）第三方认证和生态标识

类似自设认可奖项和第三方奖项，第三方认可的生态标识是帮助消费者在知情情况下做出购买决策的工具。同样地，世界上有大量旅游业和住宿业的生态标识项目和认证体系，更不用说其他消费者商品和服务了。这些生态标识通常是为了推广那些降低了环境影响的活动、服务、产品或某一系列运行。然而，这些生态标识中有许多，通常都是在当地、地区或者可能是全国层面的封闭环境中设计出来的。旅游业和住宿业的国际性本质意味着：一个生态标识所讲述的信息应该对全球所有旅行者适用，从而保证无论哪里的旅行者都在知情的情况下做出决定。然而，这在住宿业并不成立。住宿业有不少自愿的地区性、国家性和国际性的生态标识项目可供选择（表 14 - 1）。

表 14 - 1　住宿业相关生态标识分类

生态标识 ＼ 评估分类	环境管理	社会文化因素	施工和建筑	能效	二氧化碳排放	资源保护	防止污染	来源和供应链管理	饮料食品管理	社区参与	生命周期评估
奥杜邦绿叶（Audubon Green Leaf）	×			×		×	×	×			
B 公司（B Corporation）	×	×		×		×	×	×		×	×
建筑物研究建立环境评估法（BREEAM）（Building Research Establishment Environmental Assessment Method）	×		×	×		×					
碳中立认证（Carbon Neutral Certification）	×			×	×						
碳减少标识（Carbon Reduction Label）	×			×	×	×	×				
认证绿色餐厅（Certified Green Restaurant）	×			×		×	×	×	×		
德国可持续建筑委员会（GSBC）（German Sustainable Building Council）	×	×	×	×	×	×	×	×			×
地球检查（EarthCheck）	×	×		×	×	×	×	×		×	
生态酒店认证（EHC）（Eco Hotels Certified）	×			×	×	×	×	×			
欧盟生态标识旅游者住宿（EU Eco-label Tourist Accommodation）	×	×		×	×	×	×	×			

续表

生态标识 ＼ 评估分类	环境管理	社会文化因素	施工和建筑	能效	二氧化碳排放	资源保护	防止污染	来源和供应链管理	饮料食品管理	社区参与	生命周期评估
绿色全球认证（Green Globe Certification）	×	×	×	×	×	×	×	×	×	×	
绿色钥匙（Green Key）	×	×		×		×	×	×	×	×	
绿色钥匙环保评级项目（Green Key Eco-Rating Program）	×	×		×		×	×	×	×	×	
绿色印章（Green Seal）	×			×	×	×	×	×			
绿色旅游商业体系（Green Tourism Business Scheme）	×	×		×		×	×	×		×	
高端质量环境（HQE）（Haute Qualite Environmentale）	×		×	×	×	×	×				×
国际生态认证项目（International Eco Certification Program）	×	×				×	×	×	×	×	
克里·马豪斯（Klima Haus）	×		×	×	×	×					×
能源和环境设计领导者（LEED）（Leadership in Energy and Environmental Design）	×		×	×	×	×	×				×
国家绿页认可奖项（National Green Pages Seal of Approval）	×	×		×		×	×		×	×	
北欧生态标识/天鹅（Nordic Ecolabel/Swan）	×			×	×	×	×	×	×		
新加坡绿色标识体系（SGLS）酒店认证（Singapore Green Label Scheme Hotel Certification）	×			×	×	×	×	×			

续表

生态标识 ＼ 评估分类	环境管理	社会文化因素	施工和建筑	能效	二氧化碳排放	资源保护	防止污染	来源和供应链管理	饮料食品管理	社区参与	生命周期评估
斯丁博克（Steinbock）	×	×		×		×	×	×	×	×	
可持续旅游教育项目（STEP）（Sustainable Tourism Education Program）	×	×		×	×	×	×	×			
韦艾波诺（Viabono）	×	×		×	×	×	×	×	×	×	

注释：1. 列出的标识评估分类可能发生变化。

一个生态标识的建立需要满足清晰的设计标准，换言之，要满足一个产品或服务必要的绩效才能获得生态标识。理想的生态标识，其标准比现有政府法规更加严苛，并且许多旅游攻击方和机构都可以衡量、比较和检测其绩效。作为常规，标准越严厉，生态标识体系越是精挑细选。这个标准应当引导申请者及其设施降低环境影响。

生态标识可被分为两大类：基于过程的与基于绩效的。

- 基于过程的：这个分类基于环境管理体系（第 13 章），比如 ISO 14000 家族标准和欧洲联盟生态管理和审计计划。基于过程的方法倾向于注重运行过程，而且不能直接保证环境绩效得到改善。
- 基于绩效的：基于绩效类由必须达到才能获得认证的标准、基准和目标组成。想要获得这种生态标识的公司，必须像所有其他申请这种生态标识的公司一样，满足完全相同的标准。绩效的排行和对比能够激励公司持续地提升其绩效。

目前的趋势是，存在同时以基于表现类和基于过程类为基础的环保标准。这种生态标识的认证从实施环境管理体系开始，然后设定绩效测度指标。

从传统意义上看，住宿业并没有生产、制造或者培植任何产品。然而，住宿业公司大规模地消费自然资源和产品。酒店消费具体包括：

- 土地；
- 建筑材料；

- 固定装置和装修材料;
- 清洁用品;
- 食物和饮料;
- 技术设备;
- 能源和水。

生态标识根据酒店在上述领域的环境友好型绩效对其做出评估。在满足所有要求的基准之后,生态标识组织授予酒店特别的标识,用它来宣传其环境成就。

生态标识可以有一个内置评分或者排行结构,表明不同的绩效水平。举个例子来说,某一生态标识把不同认证水准分为铜、银和金,能源和环境设计领导者认证体系(LEED)就是这样。

(四) 生态标识的趋势

像大家所知道的那样,在过去 20 年中,环境认证或者生态标识的趋势已经增加了很多。这主要是因为它是可持续旅游和住宿业一个重要的推广工具。对组织来说,生态标识有三个关键功能:环境标准设定;第三方认证那些标准;营销或传播其价值。然而,在市场上,各种生态标识数量极大,酒店或餐厅顾客也许很难辨别哪些标识是有价值和可信的。现在,全球旅游部门可以从上百种不同的生态标识中做出选择,光欧洲就有 60 种标识可供酒店和餐厅老板选择。就理想状态而言,当地或者地区性认证项目应该和一个国际认证系统相关联。2004 年创立的旅游业可持续性自主倡议(VISIT)就是这样一个例子,只有生态标识满足某一要求时才能通过 VISIT 得到推广。VISIT 是在"欧盟生活(EU LIFE)"项目中建立的。该项目是欧盟赞助的环境工具。VISIT 的主要目的是,促进为实现旅游业可持续性而努力的不同项目之间成功合作。其目标表述为:

> "通过国际、国内和地区性认证体系和其他国际性可持续旅游业自主项目的展现,推广、相互合作推广和支持可持续旅游业发展。"

如今,VISIT 旗下有 7 个标识参与国(挪威、意大利、丹麦、立陶宛、英国、瑞士和卢森堡),代表着 2000 个参与的旅游业企业。VISIT 在形式上很特别,然而其成功度却是有限的。

如表 14-2 中总结的一样,对于单体酒店来说,生态标识通常被认为太昂贵,尤其是当成本利润率没有得到恰当理解时。它们也倾向于吸引只对生态旅游感兴趣的顾客,营销力量却有限。另外,现在存在一个风险,那就是存在如此之多的认证，公司可能会选择那些要求最为宽松的认证。

在一些令人叹息的案例中，一些企业利用一些生态标识的宽松控制机制做出虚假声明。最终结果是消费者再次受苦。然而，在过去 10 年中，一些生态标识持续更新标准，提高行业认可度，在住宿业中获得了更大的国际美誉，比如绿色环球和绿色钥匙标准。

表 14 - 2　生态标识优缺点总结

缺点：

- 很多生态标识互相重复，让人难以选择；
- 生态标识的过度繁殖让消费者迷惑；
- 不道德酒店主滥用生态标识；
- 申请、实施和评估的成本。

优点：

- 实行生态标识的指南和标准可以节约成本；
- 生态标识提高知名度和营销机会；
- 生态标识代表行业基准和认可；
- 实行生态标识指南和标准能提高员工的士气和积极性；
- 实施生态标识指南和标准让一个酒店的经济、环境和社会表现变佳。

案例分析 14.1　"绿色钥匙"酒店基本标准 2012 ~ 2015

1. 宗旨

此项目是为一个休闲组织建立和管理一个生态标识。

"绿色钥匙"通过一个认证项目展开，旨在提高所有者、员工、利益相关者和顾客对环境与可持续问题的潜在关注。

The Green Key

2. 目标

绿色钥匙追求四个目标：

- 对所有者、员工、利益相关者（供应商等）和顾客进行关于可持续发展的环境教育；
- 降低设施的影响；
- 把经济性管理作为降低消耗的一种方式，来降低成本；
- 以推广标识和奖励活动为形式的市场营销策略。

3. 标准

标准分为两大类：

- 每个"绿色钥匙"酒店都要实施一个必备要求；
- 指南：设计为分数制的一部分。

4. 提议的分数制

企业每年必须符合某些指导准则（除了新入企业的第一年外）（表 14 - 3）。

表 14 - 3 年份和绿色钥匙奖指导准则

年份	指导准则条数	整体指导准则百分比
1	0	0
2	3	5
3	6	10
4	9	15
5	12	20
10 以及 10 以上	30	50

国际准则每三年会修正一次。以下为 2012 ~ 2015 年间的准则（表 14 - 4）。

表 14 - 4 绿色钥匙奖国际准则

1. 环境管理

1.1 管理人员必须介入，且应在企业员工中指定一个环境经理。

1.2 企业必须有一个环境政策，并在申请时提交。

1.3 企业必须设定目标和一个持续改进的行动计划，并在申请时提交。

1.4 涉及绿色钥匙的所有文件必须保留，且放置在一个活页夹中候查。

1.5 企业必须符合国家环境法规。

1.6 环境经理必须保证每年复查"绿色钥匙"准则。

1.7 企业周边必须没有被污染，或者该污染没有对客人的健康和安全造成很大风险。

1.8 已和有关利益相关者建立起积极的合作。

2. 员工参与

2.1 管理人员必须和员工召开会议，向他们介绍现存的和新环境项目的问题的基本情况。

2.2 环境经理必须和管理人员参加会议，以期展示企业的环境发展。

2.3 环境经理和其他被委以环境职责的员工必须接受环境问题方面的培训。

2.4 环境经理必须保证员工明白企业的环境事务。

2.5 管家服务必须知晓并接受毛巾和床单重复使用的程序。

2.6 企业拥有企业社会责任政策，涵盖人权、劳动权益、环境教育和反腐方面。

3. 客人信息

3.1 "绿色钥匙" 奖必须摆放在显著的位置。

3.2 企业必须让客人参与并告知其企业的环境政策和目标，鼓励客人参加环境项目。

3.3 "绿色钥匙" 信息资料必须能让客人看得见并容易得到，包括在企业网站上展示（不强制使用 "绿色钥匙" 标识）。

3.4 前台工作人员必须能够告知客人目前的环保活动和企业的事务。

3.5 企业必须能够告知客人当地公共交通系统及其他备选方式。

3.6 能源和水节约的标志应当让客人和员工可见（比如房间里的电视机、灯、暖气、水龙头、淋浴等）。

3.7 企业为其客人提供评估企业环保事务的机会（调查表、主页链接等）。

4. 水

4.1 总用水量必须至少一个月登记一次。

4.2 新购马桶每次冲水不超过 6 升。

4.3 员工和清洁工必须定期检查水龙头和马桶，杜绝滴漏。

4.4 每个浴室必须配备一个垃圾桶。

4.5 至少有一半淋浴用水不超过每分钟 9 升。

4.6 至少有一半水龙头用水不超过每分钟 8 升。

4.7 便池不允许使用超过必要的冲水。

4.8 新购被套或者洗碗机不允许使用超过每篮 3.5 升的水量。

4.9 洗碗机运行时，必须将节约水和能源的说明放置在机器附近。

4.10 所有废水必须治理，废水治理要符合国家或者当地法规。

4.11 危险液体化学制品必须储藏起来，避免渗漏破坏环境。

4.12 新购洗碗机不能成为惯用的家用电器。

4.13 在用水比较集中的地方，必须分别安装水表。

4.14 公共区域水龙头和马桶水流不能超过每分钟 6 升。

4.15 重复利用废水（治理之后）。

4.16 马桶用雨水冲洗。

4.17 新购马桶有两种冲洗模式 3/6 升。

4.18 为客人提供净化自来水。

4.19 游泳池在室内，从而减少蒸发。

4.20 定期检查显示游泳池不渗漏。

5. 清洗和清洁

5.1 浴室和洗手间必须有告知客人床单和毛巾只有在要求时才会更换的标示（例如，写有 "如果你需要一块新毛巾，就把旧的放在浴缸内" 的标牌）。

5.2 新购化学清洁用品和清洗用品有国家或者国际认可生态标识，不能包含绿色钥匙项目在"关于在绿色钥匙企业中清洁和清洗物品的要求"中禁止使用的制剂。

5.3 在欧洲国家，纸巾和厕纸必须由无氯漂白纸制成，或者必须有生态标识。这个标准必须在酒店下次购买纸巾和厕纸时生效。

5.4 使用纤维布清洁来节约水和化学制剂。

5.5 在非欧洲国家，纸巾和厕纸由无氯漂白纸制成或者有生态标识。

6. 垃圾

6.1 企业必须进行垃圾分类，能让当地或者国家垃圾管理中心分别处理。

6.2 如果当地垃圾管理处不在企业或者企业附近回收垃圾，那么企业必须保证其垃圾能安全运输到最近的合适的垃圾处理场。

6.3 必须让员工和客人容易得到怎样分离和处理垃圾的说明，并且用简单易懂的方式制成。

6.4 只能在游泳池区域、音乐活动中、可移动晚餐有关的场合使用一次性杯子、盘子和餐具。

6.5 危险垃圾（例如电池、荧光灯泡、颜料、化学制剂等）应该在分开的容器中保存，并送到许可的接收站。

6.6 不能把沐浴露、肥皂、浴帽等梳洗用具打包放在一个单独剂量的容器里。如果放了，必须是在可回收或者可生物降解的材料中打包。

6.7 客人能进行垃圾分类，并且像6.1中提到的，使垃圾可以在垃圾管理中心得到处理。

6.8 减少对奶油、黄油、果酱等进行单独打包，如果必须打包的话，也是在可回收材料中打包。

6.9 企业必须对收集和废弃包装材料做出安排，使用合适的供应商。

6.10 使用可生物降解一次性杯子、盘子和餐具。

7. 能源

7.1 必须至少一个月登记一次能源使用量。

7.2 必须应用暖气和空调控制系统。从颁发"绿色钥匙"开始，有一年宽限期来遵从此标准。

7.3 至少50%的灯泡是高能效的。必须清楚地说明不使用高能效灯泡的原因。

7.4 必须定期清洁通风设备的冷/热交换器表面。

7.5 至少一年清理一次排气装置的脂肪过滤器。

7.6 至少一年管理一次通风系统，如果有必要就修理，确保其一直保持高能效。

7.7 冰箱、冷藏柜、加热橱柜和烤箱必须配备完整的防风条。

7.8 新购水泵和制冷设备不能使用 CFC 或者 HCFC 制冷剂。所有设备必须一直符合"逐步淘汰制冷剂"的国家法规。

7.9 新购迷你吧每天使用能源不超过 1 千瓦时。

7.10 空置房间的电器要有基于时间表的书面程序：告知当酒店卧室、假期公寓和假期房屋无人居住时，冰箱、电视机应该怎样被关闭。

7.11 所有窗户适应当地气候，高度隔热。

7.12 企业安装灯泡的 90% 是节能灯泡。

7.13 每五年进行一次能源审计。

7.14 企业展示节约水或能源使用的努力：例如桑拿、澡堂、游泳池、水疗、日光浴室等。

7.15 不允许使用配电板加热或者其他直接的电器加热方式。

7.16 企业使用可再生能源。

7.17 通风装置配备能量优化通风机和一个能源节约引擎。

7.18 安装自动感应关灯系统。

7.19 不必要的室外灯光装有自动关闭感应器。

7.20 在策略性上重要的地方安装分离的电表监控能源。

7.21 开窗时空调自动关闭。

7.22 大楼以最低国家标准隔热，从而明显减少能源使用。

7.23 在冰箱系统、通风机、游泳池或者卫生废水处理位置安装热回收系统。

7.24 热水管完整隔热。

7.25 公共区域的高能照明安装有自动系统。

7.26 住宿有房卡系统，保证在客人离开时，房间电器被关闭。

7.27 计算机和复印机不使用时最多 1 小时就会自动关闭。

8. 食物和饮料

8.1 如有可能，企业必须购买登记带有标识的（有机或者其他认可的生态标识）食物的数量，并且在当地作物对环境有更小影响时，主要购买当地作物。

8.2 带标识的食物比例必须每年保持或者增加。如果不这样，原因必须向"绿色钥匙"国家经营者汇报。

8.3 在餐厅中有一份素食菜单。

8.4 会议室中，饮水质量如果符合标准，那么自来水将替代矿泉水使用。

9. 室内环境

9.1 企业必须尊重关于污染的法规。

9.2 餐厅中必须有无烟区。

9.3 多数房间为无烟房间。

9.4 当企业改变室内时，必须保证考虑室内环境。

9.5 企业关于在工作时吸烟有人事政策。

9.6 发生重新装修或者新建大楼的情况时，企业使用环保程序。

10. 公园和公园区

10.1 化学杀虫剂和肥料一年不能使用超过一次，除非没有有机或者自然的替代品。

10.2 新购除草剂必须不是电驱，应使用无铅汽油、安装催化剂、有生态标识，要不就是使用人工除草。

10.3 花和花园必须在清晨或者日落之后浇水。

10.4 花园废料是混合肥料。

10.5 收集雨水并用来浇灌花和花园。

10.6 使用滴灌系统浇灌花园。

10.7 种植新绿色区域时，优先种植当地或者国内品种。

11. 绿色活动

11.1 关于附近公园、景观和自然保护区的宣传资料必须让客人可以看到。

11.2 企业必须提供租借自行车的最近地点信息。

11.3 客人能够租借自行车。

11.4 企业在金钱上资助当地绿色活动。

11.5 企业提供提高意识的活动，主要关于可持续发展、企业周围的环境和自然。

11.6 企业提供客人关于附近蓝旗船坞和海滩的信息。

12. 管理

12.1 所有员工区域必须和客人区域一样满足同样的标准。

12.2 企业生产或订购的文具、册子等必须有生态标识，或者由一个拥有环境管理系统的公司制造。

12.3 在企业建筑内的发廊、水疗区及类似的地方必须被告知企业的环境倡议和"绿色钥匙"项目，并且鼓励以绿色钥匙精神管理该区域的活动。

12.4 新购耐用品有生态标识或者必须由一个拥有环境管理系统的公司制造。

12.5 鼓励客人或员工使用环境友好交通方式。

12.6 管理人员鼓励在会议室使用更少纸张。

资料来源：绿色钥匙国际/环境教育组织（FEE），http：//www.gree - key.org/。

案例分析 14.2　绿色环球认证标准

绿色环球认证标准（Green Globe Certification Standards）是对旅行和旅游业企业及其供应链合作伙伴的可持续绩效所做的结构性的评估。企业可以监控其改善情况，并将促进其可持续运营和管理认证的绩效进行存档。

绿色环球认证标准是包括 41 项可持续标准、337 条遵从指标的一套可持续标准。所使用的指标根据认证的类型、地理位置和当地因素的不同而不同。绿色环球标准每年复审，并更新两次。

绿色环球认证积极与世界上其他已有的可持续认证项目协调。协调的流程大概是保持核心标准不变，同时通过采用当地提出的标准来强调地区性问题。

绿色环球标准基于以下几条国际标准和协议：

- 环球可持续旅游业标准（Global Sustainable Tourism Criteria）；
- 环球可持续旅游业标准合作伙伴（Global Partnership for Sustainable Tourism Criteria，STC 合作伙伴）；
- 美国可持续旅游业认证网基准标准（Baseline Criteria of the Sustainable Tourism Certification Network of the Americas）；
- 可持续发展 21 日程和原则，在 1992 年联合国里约热内卢地球峰会由 182 个政府签署；
- ISO 9001/14001/国际标准组织（19011）。

为了保证和最高国际标准相符，一个三方独立审计师被指定在现场和顾客一起合作。国际标准 ISO 19011 为审计项目的管理、内外部管理系统和审计师评估能力提供指南。绿色环球认证将 ISO 19011：2002 收入它的审计项目开发中（见本章附录）。

五、传播绩效

导致酒店和餐厅分化的一个因素是它们表达其环境承诺的方式。对于很多住宿业企业家来说，降低环境影响和提高社会投入是成功企业管理的信条。然而，这种新型企业管理方法的实施程度依赖于酒店品牌和所有制种类。的确，环境宪章的实施通常是单体酒店或者酒店负责人的责任，他们可能心中有其他需要优先考虑的事情。实施环境和社会项目所探索的主要目标之一是，除了遵守法规外，是不是能够降低运营成本。另外，好的环境传播可以成为一个有利的分化因素，并创造一个正面的品牌形象。

利益相关者的需求正变得清晰，住宿业需要在展示其经济成功之外，有效地表达其环境责任和社会承诺。只有财务信息是被强制要求报道的，然而可持续成果或绩效的表达却不是可受调控的。环境和社会公正信息的传播方式和发布的原因能够导致巨大的分化。然而，想要从有特殊投资方向的区域投资者那里吸引资产，环境可持续结果报告是十分重要的。

本章讲述三种传播方式：

- 认证；
- 基准化分析；
- 报告。

（一）认证

认证，就像在本章第一节讲的那样，通常被认为是公司的一种传播努力，目的是向潜在客户自主地宣传公司所坚持的某个标准。

（二）标杆化

标杆化是越来越多地被纳入到环境认证之中的一个过程。标杆化的主要目标是在拥有类似投资组合的公司之间比较运营效率和环境影响，并通过建立更高效的运行标准来指出企业在活动、流程和管理等方面可能做出的改善。标杆化要么是在不同部门或区域内部，要么就是在外部不同的水平上，与其他组织比较表现数据。这种对比可以是在环境选项（例如能源、垃圾和用水量）之间，也可以在社会倡议（例如员工满意度或者当地慈善活动参与度）之间。标杆化通常需要对比一个公司内部的流程以及其他公司的流程。然后为了减少绩效差距而研发出测定方法，并付诸实施。

案例分析 14.3　可持续性表现运营工具

可持续性表现运营工具（Sustainability Performance Operation Tool，SPOT）由国际旅游业合作伙伴研发，是一个为方便公司运营开发使用的可持续性检验工具。可持续性表现运营工具通过图来说明一个运营的可持续性，这可被用作管理信息工具，也可被用作培训流程的一部分。可持续性表现运营工具将关键原则和可持续性指标纳入一个强大的框架之中，根据它可以进行绩效鉴定评估并提供报告。这个工具也包括一个全面的资源库，帮助企业评估并对未来学习有所帮助。

可持续性表现运营工具使得一个运营的可持续性能够被测量，并且能阐述所有阶段。该工具被分为 15 种可持续性指标或者亚分类：

- 环境管理；
- 能源使用；
- 水资源使用；
- 垃圾管理；
- 防污；
- 栖息地保护；
- 购买和销售；
- 当地社区；
- 教育/培训；
- 文化和遗产；
- 健康和安全；
- 企业道德；
- 监控和评估；
- 供应链；
- 工作和就业。

这个评估让可持续性的关键元素达到最优化：环境、社会和经济（图 14－1）。这种简单的、逻辑性强的和透明的方法，适用于所有种类的项目。可持续性表现运营工具的特色还包括：拥有一个实用信息、最佳实践和其他教育材料的资料库，能够提供连续的教育和进步。

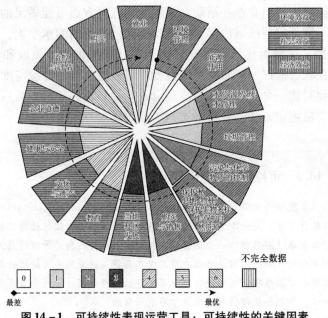

图 14－1　可持续性表现运营工具：可持续性的关键因素

> 可以把可持续性表现运营工具当作一个有效的选择比较器加以使用，帮助选择策略管理。该评估也可被用来向内部（行政管理层、员工等）和外部（规划机构、保险公司、公众等）阐述运营在可持续性上的总体表现。
>
> 资料来源：International Tourism Partnership, http：// www.tourismpartnership, org/。

（三）报告

报告更多地涉及说明公司为了更广泛的利益相关者所做努力的详细信息。传统上，企业尤其是住宿业，很少公布"非财务"方面的报告。近年来，面临环境游说团体和其他利益相关者要求更多透明度的压力，很多公司开始提供一些环境和社会信息。由 178 个联合国成员国签署的 21 世纪议程（Agenda 21），也要求公司报告其环境绩效记录。

随着人们对可持续发展、碳足迹和三重底线等概念的更多认识，环境报告开始演变为企业社会责任报告，不过以可持续性报告、责任报告或者三重底线报告等名义进行。不过，目标仍然保持相同："对传统上只有财经维度的报告进行扩展，来同时提供环境维度和社会维度的报告，为人们提供更平衡的涉及公司总体表现的看法。"

目前，所有行业（包括住宿业）的很多公司都公布独立的可持续性报告，并且开始出现关于可持续性报告的标准，尽管这方面的法规不多。对可持续性报告的一个重要贡献归功于环球报告项目（Global Reporting Initiative，GRI）。该项目于 2002 年开始，发布了全球适用的可持续性报告指南。该项目的报告指南包含 84 个不同指标，用以评估一个公司的可持续性表现。这些指标被分为三种标准：经济、环境和社会。社会标准披露又进一步分为劳动力行为、体面劳动、人权、社会和产品责任。指南的最新版本 G3.1 版于 2011 年 3 月发布。目前，环球报告项目正在研发指南的第四个版本——G4，在 2013 年 5 月发布。这个指南免费向大众开放。

根据环球报告项目，一个可持续性报告是："一个组织的报告，提供经济、环境、社会和管理等方面表现的信息……一个可持续性报告是传递正面和负面可持续性影响的关键平台"（https：//www. globalreporting. org/information/sustainability – reporting/Pages/default. aspx，2012 年 4 月 11 日）。

公司需要让广大利益相关者了解其表现的最新信息。为了给这些利益相关者传递信息，一个可持续性报告应该提供一个平衡的、合理的、关于被报告组织正面和负面可持续性表现的陈述。

首要利益相关者（包括股东、顾客、人事和供应商）在公司生存方面扮演重要角色。次要利益相关者影响公司也被公司所影响，但对公司生存而言却不是非常重要。然而，这些利益相关者（例如传媒和非政府组织）对于可持续性报告的内容和陈述有相当大的影响。

举个例子来说，必须将公司表现和收入等信息告知股东，将税收等信息告知政府机构。基于法律原因，公司以资产负债表、利润表和现金流量表等方式公布财经数据。除了这个外部功能外，报告也被视为内部传播和管理的工具。公布可持续性报告而不公布财务报告的最重要的原因，依然是公共关系和声誉管理。

案例分析14.4　环球报告项目

环球报告项目是一个倡导经济、环境和社会可持续发展的非营利性组织。该项目为所有公司和组织提供一个全面的可持续性报告框架，在全世界得到广泛应用（图14－2）。

环球报告项目通过提供组织性的报告指南，为全球经济的可持续发展而努力。全球经济的可持续发展应该把长期利润、社会公正和环境关怀结合在一起。这意味着，对于组织来说，可持续性包括经济、环境、社会和管理绩效等关键领域。

环球报告项目的可持续性报告框架让所有公司和组织能够衡量并报告其可持续性表现。通过透明的、负责任的报告，组织可以提高利益相关者对公司/组织以及对全球经济的信任度。

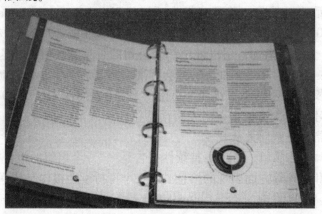

图14－2　环球报告项目的指导手册可以从公开地点免费获得

环球报告项目是一个全球性的网络型组织，由大约3万人组成，其中很多人是可持续方面的专家，为这项事业做出贡献。环球报告项目的治理机构和秘书处作为中心，指导其网络合作伙伴开展活动。

> - 愿景：一个可持续的全球经济，在该经济中，组织负责地管理其经济、环境、社会和管理表现以及所带来的影响，并做出透明性报告。
> - 任务：通过向组织提供指南和支持，让可持续性报告成为标准化的实践。
>
> 资料来源：环球报告项目（GRI）（2012）。摘抄自：https：//www.globalreporting.org/information/about – gri/Pages/defaut.aspx，2012 年 2 月 15 日。

在 GRI 系统内，几个不同的行业部门可以获得部门附录；遗憾的是，住宿业运营没有单独的部门附录。社会道德责任研究所创造了 AA1000 系列。这套企业责任标准是通过多利益相关者磋商和审查程序建立组织性责任的一个公开的资源框架。通过设计，使得这些标准和其他可持续发展方面的关键标准（包括环球项目报告指南）相融合。与财政报告的验证方式不同，可持续性报告的验证是非强制性的，因此管理层在验证程序、选择审计师、实际内容和审计报告的真实性方面都拥有较大掌控权。

案例分析 14.5　AccountAbility 的 AA1000 系列标准

AccountAbility 的 AA1000 系列是基于原则的标准，帮助组织变得更加负责任、更具可持续性。它们强调影响管理、商业模式和组织性策略等方面的问题，同时也在可持续性保障和利益相关者参与方面提供经营指南。AA1000 标准是为低碳和绿色经济要求的集成思想而设计的，也帮助进行综合报告和担保。

经过多利益相关者磋商后提出 AA1000 标准，这样保证了它是为那些它所影响到的人、而不仅仅是为那些可能从中受益的人而写的。它得到了广泛应用，很多领域的组织（跨国企业、小中企业、政府和民间团体）都采用。

AA1000 标准是：

- AccountAbility 的 AA1000 问责原则标准（AA1000APS）为组织提供了一个框架，令其确认、优先处理并回应它所面临的可持续方面的挑战。
- AA1000 保险标准（AA1000AS）为保险从业者提供了一套方法论，来评估组织符合 AccountAbility 原则的特点和程度。
- AA1000 利益受众参与标准（AA1000SES）提供了一个框架，来帮助组织确保利益相关者参与过程是以目的为导向的、充满活力的，并正确地传递了结果。

AA1000 原则

- 包容性：对于一个知道自己对影响别人和影响自己都负有责任的组织来说，包容性是利益相关者参与做出和完成一个针对可持续而做出的可衡量的、战略性的回应。

- 物质性：物质性决定了一个问题对于组织及其利益相关者的相关性和重要性。一个物质问题是一个会影响组织及其利益相关者决定、行动和绩效的问题。
- 响应性：响应性是一个组织对于影响其可持续性绩效的利益相关者问题所做出的回应，它是通过决策、行动和绩效以及与利益相关者沟通等来实现的。

这些原则的价值在它们全面的覆盖度和应用的灵活度上。它们要求一个组织及其利益相关者保持积极交流，充分识别和理解会影响其经济、环境、社会和长期财务绩效等可持续性的那些问题，然后利用这种理解，提出负责任的商业策略和绩效目标。作为原则而不是法定规则，它们促使组织聚焦于那些对其愿景而言是物质性的问题，并为识别和抓住真实的机会、管理非财务风险和承诺提供了框架。

资料来源：AccountAbility，www. accountability. org.

（四）可持续性报告的"4 个 C"

所有可持续性报告应该融入可靠报告的"4 个 C"：

- 清晰表达（Clear presentation）：报告应该方便用户，用表格、图形和图表来阐述项目和结果。
- 全面覆盖（Comprehensive coverage）：报告应该讲述所有和公司相关的问题。只讲一些问题会给与这些问题相关的利益相关者以正面的信号，但是也会给与其他讲述的问题不相关的利益相关者以负面的信号。
- 持续包含（Consistent inclusion）：为了能够比较结果，报告应该一直讲述相同的问题。
- 可较衡量和报告技巧（Comparable measurement and reporting techniques）：提高报告流程的可靠性。

案例分析 14.6　费尔蒙特酒店度假村扩张"绿色钥匙"环保评级计划到全世界

"绿色钥匙"环保评级计划是此类项目中第一个基于北美酒店和度假村对可持续绿色运营的承诺所进行的排名、认证和调查项目。该计划一开始是由一家有名的环境工程公司在加拿大政府资助下为加拿大酒店协会研发的。"绿色钥匙"环保评级计划特别为酒店运营而设计，是一个全面的环境自我评估，让每个参与其中的资产项目在各方面受益——节约成本以及来自有环境意识的消费者、会议策划人和有责任的企业公民的预订。在美国,"绿色钥匙"是加拿大酒店协会和 LRA 世界有限公司的共同合伙企业;需要更多信息请访问 http://www.GreenKeyGlobal.com。

2010 年 9 月 21 日,多伦多费尔蒙特酒店度假村荣幸地宣布,用其全球范围内的资产作为承诺,成了"绿色钥匙"环保评级计划中的一员。作为豪华型酒店对于环境管护、可持续性和负责任的旅游 20 年承诺的一部分,该计划受到高度尊敬,并延伸到它在北美洲之外的资产项目上。该计划会为客人提供一个不偏不倚的保证,无论他们在世界的哪个角落,他们在费尔蒙特的停留都会尽可能地绿色。

费尔蒙特和"绿色钥匙"的合作可以追溯到 20 世纪 90 年代中期该计划创立之初。2009 年,该品牌的全部北美产业组合都致力于"绿色钥匙"系统,而它的成功带来了品牌范围的扩张,从苏格兰到上海的酒店都纷纷加入了绿色钥匙。

"全世界的客人在旅行时都在不断地提出对环境灵敏度的需求,所以当'绿色钥匙'项目从其加拿大老家扩张到全世界时,我们所有酒店都加入就变得理所当然了",费尔蒙特酒店度假村总裁克里斯卡·希尔说道。"我们酒店在过去 20 年间已经完成了相当多的绿色计划,而这个评级系统是酒店审计、评估甚至更多减少其环境足迹的一个很好的方式。"

"绿色钥匙"评估是一个由 150 个问题组成的全面的自我评估,由参与资产的员工管理,囊括范围很广的运行区域和可持续实践。完成评估时,结果会被制成表格,对酒店资产做出 1~5 个"绿色钥匙"的评级,并有一个相应的显示板。酒店也会收到一个全面的报告,包括建议、最佳实践和可能改善节约方面以及在 www.greenkeyglobal.com 网站上的一个列表。不像类似的其他项目,"绿色钥匙"包含随机性的实地自我评估结果,从而减轻了分数膨胀的风险。

该计划的奠基石是它注重住宿业健康的可持续实践。"绿色钥匙"是一个重要的环境工程公司在加拿大政府的资助下建立的,经受了诸多环境专家的仔细检查。计划也得到美国联邦环境行政办公室(OFEE)、全球可持续旅游业标准合作伙伴和雨林联盟的赞扬,也是美国饭店业协会(AH&LA)项目的选择。

绿色合作伙伴项目是一个聚焦于关键领域(例如减少垃圾、能源管理、水保护和创新社区远程项目)的综合平台。近 20 年间,通过屡获殊荣的绿色合作伙伴项目,费尔蒙特致力于将它对地球的影响降到最低。作为领军性企业,公司也鼓励其他公司跟随它的脚步,并研发了绿色合作伙伴指南,这是一本任何公司都可以得到的、用于开设或者发展其环境项目的教科书。关于费尔蒙特绿色合作伙伴项目的更多信息,请访问 www.fairmont.com.environment。

案例分析 14.7 "绿色钥匙"环保评级计划：帮助酒店改善绩效

"绿色钥匙"环保评级计划是一个分等级的评级系统，用于表彰承诺改善其环境绩效和财务绩效的酒店、汽车旅馆和度假村。

基于一个全面的环境自我评估结果，会给酒店评上 1～5 个绿色钥匙评级，酒店会收到一份指南，该指南会告诉企业如何抓住机会，通过减少能源消耗、员工培训和供应链管理来降低环境影响和运营成本。

计划评估酒店 5 个主要的运营领域，并包括可持续实践的 9 个领域：

1. 运营领域

- 公司环境管理；
- 内务；
- 食品饮料运营；
- 会议设施；
- 工程。

2. 可持续实践

- 能源节约；
- 水资源保护；
- 固体垃圾管理；
- 危险垃圾管理；
- 室内空气质量；
- 社区拓展；
- 建筑基础设施；
- 土地利用；
- 环境管理。

在计划完成和被奖励绿色钥匙评级时，可能会进行实地调查来验证评级。

截至 2012 年 3 月，有 2849 家酒店参与"绿色钥匙"项目。在完成并提交评估的成员中，钥匙评级分布如下：

绿色钥匙评级	酒店
1 把绿色钥匙	23
2 把绿色钥匙	413
3 把绿色钥匙	1444
4 把绿色钥匙	745
5 把绿色钥匙	52

续表

备注：绿色钥匙项目中活跃酒店的数量几乎每天都在发生变化，因为新产业会加入并完成自我评估。

3. 评级如何确定

"绿色钥匙"自我评估由关于可持续酒店运营不同领域的大约160个问题组成。每个问题基于一个行为的环境社会影响及其对客人、员工、管理和当地社区的影响，每个问题被赋予一个特定分值。

当酒店完成自我评估时，对其结果进行评分，最终分数被转化成百分比，然后做出如下绿色钥匙评级。

最终分数	百分比（%）	绿色钥匙评级
1	19.9	1 把绿色钥匙
20	39.9	2 把绿色钥匙
40	59.9	3 把绿色钥匙
60	79.9	4 把绿色钥匙
80	100	5 把绿色钥匙

基于以百分比给予评级的现实，在一个评级水平上的每一家酒店不会做一模一样的事。举个例子，一个3把钥匙的酒店可能会在每个客房中循环使用垃圾箱；而另一家3把钥匙的酒店可能不会循环使用垃圾箱，但员工会在后台区从垃圾中分离可回收物。

"绿色钥匙"环保评级计划如今在加拿大、美国和世界上其他15个国家生效。

资料来源：绿色钥匙环保评级计划，http：//www.greenkeyglobal.com/。

练习题

1. 小组项目和讨论

住宿业的生态标识：最佳选择

可持续发展需要很多诱因和牢靠的法规。自愿的自律项目如今成为住宿业可持续性相关改善的一个很普遍的推动力。生态标识是自愿的倡议，而可持续性则是基于自愿的协议和自愿的标准。

（1）以小组形式做调查并定义以下的生态标识，为每个生态标识提供一个行业例子（最好是住宿业）。

（2）每个小组应讨论住宿业是否应致力于获得这个生态标识。结果需要在全班面前陈述：

- 碳中立认证；
- 认证的绿色餐厅；
- 气候中立标签；
- 绿色钥匙；
- 绿色环球；
- 能源和环境设计领导人。

2. 小组项目和讨论

与受到认证的供应商合作

住宿业可持续性要求一个全面的管理方式，往上看到供应链，往下看到分销途径。

（1）以小组形式做调查并定义以下的生态标识，为每个生态标识提供一个行业例子。

（2）每个小组应当讨论住宿业是否应该致力于获得这个生态标识。结果需要在全班面前陈述：

- 能源之星；
- 邮寄认证；
- 森林管护委员会；
- 海洋管护委员会；
- 蓝色天使；
- 德拉特认证。

3. 书面写作

批判性地讨论以下几个结论。完成一篇1500字左右的报告。

（1）酒店和餐厅应该使用带有碳排放和其他具有影响力的生态标识。

（2）一个获得认证的酒店应该向过夜客人提供它的碳足迹信息。

（3）一个获得认证的酒店应该在房间中装有水表和电表，记录酒店客人的用量，且房费中应该反映用量。

4. 小组讨论或者书面写作

（1）阅读一篇关于一个酒店产业讨论它们对可持续性的承诺以及它们近期获得生态标识的文章。

（2）批判性地评论这篇文章，然后思考问题：作为一名消费者，你是否会依赖于这个生态标识来做出购买决策？

附录：绿色环球可持续管理审计

一、可持续管理

（一）实施可持续性管理系统

标准：企业已实施一个契合它的实际和规模，并考虑环境、社会文化、质量、健康和安全问题的长期可持续性管理系统。

迈向可持续企业实践的第一步是设计创建一个包括透明的、有存档的政策和过程，实施和传播方案的可持续性管理系统（SMS）。一个完善的可持续性政策会定义并清晰地传递组织的目标和任务，因为它们和商业、环境、社会文化和经济绩效相关。可持续性管理计划的主要目的是以一种可持续的方式引导决策，管理和企业日常运营。

（二）符合法律规范

标准：企业遵从所有相关的国际或者当地法律法规（包括健康、安全、劳工和环境方面）。

国际和当地法律法规强调很多与旅游运营有关的社会和环境实践。这些包括国际劳工组织（ILO）的主要劳工惯例，包括结社自由，禁止雇用童工，禁止强制劳工或抵债劳动，禁止歧视，健康安全，工作时长和最低薪水。这个标准不是政府法规和国家劳动法的替代，而是一个在应用、坚持和实行重要社会和环境保护中填补空隙的补充说明。

（三）员工培训

标准：所有员工接受定期环境、社会文化、健康和安全实践惯例中的角色培训。

企业的可持续性管理系统的成功取决于所有员工对系统的有效整合和内化。一个针对所有员工的关于可持续管理系统的清晰培训项目会让员工理解企业的目标和任务，为什么他们很重要，他们怎样能以个人角色正面地为企业的努力做出贡献。

（四）客户满意度

标准：客户满意度被评估，合适时进行矫正。

旅游体验中客户是中心焦点。应该热情地追求他们的满意度，从而通过重访和口碑相传引发游人不断地去一个目的地旅游。并且，客户能提供管理人员和企业员工所无法提供的企业运营独特的视角。用来监控客户对内部运营、社区关系和其他利益受众关系以及可持续项目的有效度的满意度的企业工具让企业定期改进问题。

（五）推广材料的准确性

标准：推广材料准确、完善，并不承诺超过企业能力的内容。

市场道德要求所有推广工具应该提供一个企业所提供的服务的真实的代表。并且，它反映了企业采用的负责的可持续的策略。准确的信息通过保证满足客户的期望，提高了客户满意度。

（六）本地规划，设计和建设

1. 设计和建设——遵守法律要求

标准：与当地土地征收和土地使用权法以及本地规划、遗产保护区要求相吻合。

获得用于建筑和运营的土地应当遵守传统权利和当地法规。本地规划定义了在一个社区里怎样进行活动可以反映这个社区的社会、经济和环境需求，和长期可持续性相均衡。改造遗产保护区应在当地规划和法律要求（当地，国家以及国际惯例）下进行。旅游业运营必须考虑这些规划和区域要求，从而在最小化影响时，最优化社区发展计划。

2. 可持续设计和建筑物施工以及基建——新建筑和已建建筑

标准：尊重自然文化周边，使用当地合适的可持续施工和设计原则。

当地环境和经济友好设计和发展技巧应该加入旅游业运营的设计和施工阶段，最小化自然资源影响，考虑潜在社会文化和经济利益。这包括：

- 当地合适的最小化环境影响的工具和材料；
- 当地合适的用于建筑内以及施工的技艺，包括土著材料和技术；
- 发展当地才能——教育、知识和经验——用材料、技术、工具进行可持续施工；
- 本地所有相关利益受众参与到采纳和实行可持续施工原则的过程中。

提高目的地的美学、文化、历史和自然资产，并保证建筑的结构和运营不负面影响邻近区域，人在可持续设计中也是一个重要的因素。企业也必须保证有特殊需求的人群能够通用它们的设施和服务。

（七）诠释

标准：向顾客提供自然环境、当地文化和文化遗产的信息和诠释，以及在参观自然区域、生活文化和文化遗产区时，解释恰当的行为。

　　自然文化环境的诠释不仅对于教育游客、保护遗产很重要，对于以高满意度为标准的高质量的游客体验也是一个关键因素。向游客提供信息，告知他们周边环境对于旅游业是一个关键的因素。

　　（八）传播策略

　　标准：企业必须实行一个全面的传播策略，告知游客和客人它的可持续政策、项目和倡议。

　　一个完善的传播策略会清晰地传递组织性的目标和任务，因为它们和企业的环境、社会文化和经济绩效相关。所有利益受众包括管理层、员工、顾客和当地社区理解企业的目标和任务，以及为什么他们很重要，他们如何以个人角色对企业的成果做出正面贡献十分重要。

　　（九）健康和安全

　　标准：企业和所有相关的健康和安全措施相符，保证了它的顾客、员工和当地社区的幸福。

　　国际和当地法律法规讲述了与旅游业运营有关的许多健康和安全义务。这个标准不是政府法规和国家健康安全法律的替代品，而是在应用、坚持、实行重要健康安全保护时填补空隙的补充说明。所有利益受众的健康和幸福是旅游业的主要责任。

二、社会/经济

　　（一）社区开发

　　标准：企业积极支持社会和基建社区发展包括教育、健康和卫生的倡议。

　　和当地社区的关联应该不只是雇用。应该定期准备机会提供资源、教育、培训、财政帮助，或者实物支持倡议，与社区优先改善当地生活相一致，从而引发社区对运营的支持，创造更佳的客户体验。

　　（二）雇用当地人

　　标准：聘用当地居民，包括在管理层岗位上。提供必要的培训。

　　雇用当地人和培训是最大化社区经济利益及促进企业的社区参与度与整合度的关键。并且，旅游业运营建立了长期稳定的劳工关系，提高了旅游服务和产品的真正的本地特色。提供管理层所有可能的职位保证了当地居民没有觉得被剥夺权利，并提供了企业主和社区间充分的对话。企业应该支持内部或者外部的项目，允许员工提升益于向上努力的技能。

（三）公平交易

标准：企业尽可能购买当地公平交易的产品和服务。

使用当地的或者用"公平交易"原则生产的产品和服务有着许多社会、经济和环境效益：

- 支持当地企业并提供工作机会；
- 付款价格以一个更高的百分比直接转给产品和服务的提供者，然后在社区内数次循环；
- 因为在商品运输过程中温室气体燃烧减少了，生态足迹减少了；
- 生产商收到公平价格和薪水；
- 游客体验提高了；
- 当地商品和服务可以在本质上通过减少中间商和运输成本降低成本。

（四）支持当地企业家

标准：企业给当地小企业家提供发展并销售基于地区的自然、历史和文化（包括食品饮料、手工制品、表演艺术、农产品等）的可持续产品。

让顾客接触当地文化，鼓励购买当地手工制品、产品和服务的项目有助于正面增加社区经济效益，引发文化继承的自豪感。和当地小企业家合作有助于产品的多样化，从而提高客户的开销和增加停留时间。在一些事例中，企业向当地公众开放它们的文化活动场所。

（五）尊重当地社区

标准：必须在社区的同意下或者和社区合作制定当地社区活动行为准则。

尊重保留传统和当地居民的产业对全球化来说是很重要的一个方面。为了与当地社区相协调而提出的旅游活动行为准则应该尊重优先知情原则和社区对旅游活动说"不"的权利，两者是社区和它的环境长期生存能力和可持续性的关键。旅游业应该研发计划，保持和社区官员定期的公开的谈话，建立合作协议，允许游客在社区中与当地人进行交流。

（六）剥削

标准：企业必须实行反商业剥削的政策，尤其是对于儿童和青少年的剥削，包括性剥削。

劳动虐待，包括性剥削，尤其易伤害儿童、青少年、女人和少数群体。腐败、网络和贫困创造了一个地下产业，它对社区在疾病、妊娠、创伤、放逐甚至死亡方面造成了直接的、长期的破坏性影响。很多旅游业准则和国际倡议因为这种增长的威胁，在近年来逐渐涌现。旅游业通过不购买童工生产的产品，不允许使用性剥削，和向当地政府揭发这些行为，在保证保护目的地当地居民中起了关键角色。

（七）公平雇用

标准：企业公平地雇用妇女和当地少数群体，包括在管理层职位方面，同时禁止童工。

主流国际劳工管理和规范强调不准歧视和雇用童工，妇女和当地少数群体通常拥有不公平的工作机会，尤其是在管理层，并且童工在很多区域仍旧十分普遍。公平雇用政策鼓励财富平等地分布，减小性别和种族造成的收入差。坚持反对雇用儿童的国际指南保证了孩子的教育，让他们成为他们社区未来的生产者，并提高了他们的生活质量。

（八）保护员工

标准：尊重国际或者国内员工法律保护，使员工得到基本生活工资。

人道地、公平地对待工人通过建立稳定的劳工关系，在建立好企业方面是有意义的。国际和国内的法规和惯例（包括 ILO）建立了对待工人权利的最低基准线。让员工负担得起——以最低消费——基础需求的供给，比如食物、医保、居住和教育。薪水对于减少当地居民贫困、提高生活质量，以及提高生产力和员工停留期至关重要。

（九）基础服务

标准：企业的活动必须不危及基础服务，如水、能源或者卫生对邻近社区的供给。

旅游业可以改变、中断或者伤到社区基建和基础服务，负面影响当地用户和社区。在一些事例中，服务供应商，比方说供电商相较于当地居民更青睐企业。定期和当地社区交流是必要的，保证正常的企业运营提高目的地的社会经济和环境特色，并且不减少社区的服务或者提高它们的成本。

三、文化遗产

（一）行为准则

标准：企业观光文化或历史敏感景点应遵守现有指南或者行为准则，从而最小化观光客影响，最大化快乐。

必须注意尊重当地文化和历史景点。企业也必须理解并积极寻求由于增长的游客活动对建筑和自然环境影响最小化。当地人文化习俗、风俗和信仰以及适当口头和非口头行为的教育会对景点和当地社区自豪感的综合欣赏做出贡献。

（二）历史文物

标准：不贩卖、交易或者展览历史和考古文物，法律允许的除外。

可持续旅游业旨在保护并接受目的地的独特性。标准、规定和惯例的存在是为了保护历史和考古文物不受国际贸易开发。在无直接法律条款以及市场的推动下，旅游企业在推广地区的遗产同时保护文物方面至关重要。

（三）遗址保护

标准：企业对当地历史、考古、文化和精神上关键的产业和遗址做出贡献，并且不阻碍当地居民接近它们。

文化和历史遗产是一个目的地吸引力的重要组成部分，应该被保护起来，保证它们能被下一代享受。和当地居民以及保护机构合作保证了旅游相关的活动不对遗址造成损害或者妨碍当地居民拜访或者使用它们。当地文化和历史资产的保存和改善提高了旅游体验，让旅游产品更加强大。

（四）文化融入

标准：企业在它的运营、设计、装饰、食物或者商店里使用当地艺术、建筑或者文化遗产的元素；同时尊重当地社区的智慧产权。

尽可能利用当地文化使和邻近社区的联系更加紧密，而推广目的地独有的特征为保存可能消失的独特技能提供了一个动机。社区领导人和公司之间的交流是保证礼貌地使用当地文化（比方说神圣的元素），避免潜在的误解、冲突和不想要的商业化的关键点。

四、环境

（一）节约资源

1. 采购政策

标准：采购政策青睐环境友好的建筑材料、资本商品、食物和消耗品。

旅游企业采购的经济影响力通过鼓励可持续生产的产品和服务，可以产生正面影响。负责的采购是减少负面环境影响的强大途径。通过支持认证环境友好产品和定期评估寻求节约能源、利用可回收材料、负责管理垃圾、最小化温室气体排放的提供商可以做到这些。

2. 消耗品

标准：评估一次性商品和消耗品的采购，企业积极寻找减少使用它们的方式。

负责任的消耗以及经常监控垃圾可以帮助企业达到节约成本以及最小化垃圾流生产的环境影响的目标。

3. 能源消耗

标准：应该测量能源消耗量，表示来源，并且应该采用减少整体消耗的度量，同时鼓励使用可再生能源。

能源使用是这个地球上最具破坏性的活动，对空气、水、土壤质量、人类和生态健康有负面影响。通过可持续技术和有效废物管理的能源效率是减少负面影响的关键。通过频繁监控电费、有效的培训和为员工实行能效项目以及定期机械安装保护性维修提供动机，达到和企业运营有关的最大的环境和财政利益。通过对运营应用能效实践以及在可再生能源技术进行投资（比方说太阳能、风能、微型水能、生物物质团源），企业有助于节约自然资源，提高能源独立性，并减少温室气体排放。

4. 水耗量

标准：应该测量水耗量，标出来源，并应该采用减少总体消耗的度量。

水是珍贵的，在很多地区，很多国家面临着中等或严重的水资源短缺，它是越来越稀缺的资源。随着气候变化，预期中年度或者季节性缺水逐渐变得严重。总体水消耗应该减少到恰当运营所需的最低水平。减少水耗量对于旅游企业也有财政和环境效益。

（二）减少污染

1. 温室气体

标准：测量企业排放的来自所有源头的温室气体排放，实行减少和抵消它的程序，最小化气候变化。

旅游企业最主要的排放是来自运输（尤其是通过飞机）、加热、制冷、用电与下水道和有机废弃物的甲烷排放。除了航空运输外，这些排放的大部分可以通过企业的行动直接减少。那些没有被减少的排放可以用正确监管的项目抵消掉。适当排放管理实践会帮助减少全球变暖、提高能源独立性、不依赖国外非可再生能源，并可能在本质上减少运营成本。

2. 废水

标准：有效地治理并在可能时再次利用废水，包括灰水。

废水管理能减少水污染，保护水生态系统，并减少对人类健康的危险。再次利用废水提高了人类可消耗的饮用水比例，也减少了企业的污水和治理成本。

3. 垃圾管理计划

垃圾已成为影响环境（土地退化、水质量）和社会文化因素，如健康的主要污染源。减少潜在废水，重新利用无法避免废弃的，循环使用不能被重新利用的是可持续旅游业运营的关键因素。最小化进行垃圾掩埋和焚化的固体垃圾数量有助于减少负面环境影响。并且，最小化垃圾减少了对原生材料的需求，限制了在产品的生命周期（萃取、生产、分销、使用和废弃）中产生的温室气体数量。垃圾管理的生命周期路径从购买开始，到和当地政府合作进行合理废弃时结束。

（1）计划并减少：实行一个固体垃圾管理计划，量化目标来最小化不能被再使用或循环利用的垃圾。

（2）再使用：一个全面的再使用策略以减少用来掩埋的垃圾。

（3）循环利用：一个全面的循环利用策略，可以减少用来掩埋的垃圾。

4. 有害物质

标准：有害物质包括杀虫剂、颜料、游泳池消菌剂，使清洁物质的使用最少化；当可能时，用无害产品替代；恰当地管理所有化学制品的使用。

化学制品和其他非有机材料在应用和储藏时会通过蒸发、径流、洒出、渗漏和过度应用进入自然环境中。这些做法导致空气、土壤和水污染，负面影响当地环境，伤害动物群落和植物群落，污染当地社区的水资源供给，最终严重影响健康。强有毒物质的误用和不恰当处理制造了对环境和人类健康额外的威胁。很多"自然"的替代品存在着，不仅对环境和人类健康有着较小影响，而且通常来说更便宜。科技也研发出不少替代品。当没有替代品时，化学制品的正确储存、处理和使用会减少可能的影响。

5. 其他污染物

标准：企业实施减少噪声、光、径流、磨损、臭氧层破坏化合物和空气土壤污染物的行动。

环境污染可以由数个来源引发，并对当地生态系统和人类人口有着长期的、破坏性的影响。企业应该定期进行景点审计来确定潜在的污染源，同时教育并准许员工在日常活动中确定潜在污染。应该对一些特别的当地条件以特别注意，比方说沉淀物对珊瑚礁的破坏，径流对河流湖泊造成的富营养化，冻土融化，海洋筑巢点的光污染，等等。

（三）保护生物多样性，生态系统和景观美化

1. 野生物种

标准：只有将野生的、消耗的、展出的、卖出的或者国际交易作为周期活动的一部分，才能得到野生物种，要保证它们的用途是可持续的。

旅游企业有时候将珍稀的木头、棕榈茅草或者珊瑚用于建筑、家具或者展出。商店通常销售从野外获得的物品，比方说黑珊瑚或者龟壳（从濒危海龟中

得到)。餐厅可能提供从野外获得的食物。这些和其他用途可能是可持续的，也可能不是。非可持续的消耗应该被避开，而其他用途应该和当地法规和保护实践方法相一致。

2. 野生物种被捕

标准：不持有被捕野生物种，除非是正确管理的活动，而只有那些被认证的机构才能保有受保护野生物种的活样本，并适宜地关在室内照顾它们。

总体来说，旅游企业不应该保有被捕野生物种——将其当成宠物或者关在笼子里——除非这些活动对保护有利。这样的话，这个活动应该和当地法规和国际保护准则相符。

3. 景观美化

标准：企业使用原生种进行景观美化和修复，并采取措施避免侵略性的外来物种介入。

本地植物群适应本地条件（干旱、温度等）和本地害虫，减少了灌溉（减少水消耗）和化学制品的需求。自然环境的特色可以通过利用可持续的景观美化技巧——加入当地植物群——而留存。使用非本地物种应当先进行检查，避免介入潜在的侵略性的植物和动物，否则对生物多样性和本地生态系统有负面影响。

4. 生物多样性保护

标准：企业对支持生物多样性保护做出贡献，包括支持自然保护区和高生物多样性价值的区域。

市区外的旅游活动总体上说直接或间接地依赖于自然资源。甚至那些在市区进行的旅游活动可以通过间接支持它们国家的自然区域或者市区公园来让它们的社会受益。贡献的范围可以从积极参与项目到财政贡献。

5. 和野生动物互动

标准：和野生动物互动必须不对野生动物群的生存力产生负面影响；最小化并恢复任何对自然生态系统的干扰，并且对保护管理有着补偿性的贡献。

市区外的旅游活动经常影响野生植物和动物。这些活动可以是被动的，比方说建筑施工或者小路使用，也可以是主动的，比方说打猎和钓鱼。在任何情况下，产生的干扰应该最小化。另外，应该支持补偿性的保护活动。

资料来源：http://greenglobe.com/register/standard/，绿色环球认证保有所有权利。

资料来源

1. Building Research Establishment Environmental Assessment Method（BREEAM）：What is BREEAM? Available at：http：//www. breeam. org/page. jsp? id = 66.

2. Ecolabel Index：http：//www. ecolabelindex. com/.

3. ECOTRANS：The VISIT Initiative：Tourism eco – labelling in Europe – moving the market towards sustainability. Available at：http：//www. ecotrans. org/visit/docs/pdf/visit_ en. pdf.

4. Green Globe：Green Globe Certification Standard. Available at：http：//greenglobe. com/ register/green – globe – certification – standard/.

5. Green Key Eco – Rating Program：About The Green Key Eco – Rating Program. Available at：htt p：//www. greenkeyglobal. com/about_ the_ program. asp.

6. The Green Key：Criteria Hotels. Available at：http：//www. green – key. org/Menu/Criteria/ Hotels.

7. United States Green Building Council：What LEED Is. Available at：http：//www. usgbc. org/DisplayPage. aspx? CMSPageID = 1988.

附加材料

请到 http：//www. routeledge. com/cw/sloan 查阅书的所有图表、附加案例、问题和可用视频的外部链接。

第 15 章
可持续住宿业中的融资、投资、计量和会计

目标

本章将：

- 理解落实可持续策略相关的壁垒和激励因素；
- 回顾对酒店经营者具有可行性的绿色融资概念和绿色投资计划；
- 回顾绿色会计的概念；
- 理解外部性的含义；
- 确定计量和核算外部性的方法；
- 确定和讨论环境绩效指标；
- 定义和分析可持续绩效指标的概念；
- 回顾环境措施投资回报率的基本计算方式；
- 建立和讨论持续性绩效框架；
- 讨论审计和环保审计；
- 重视自我审计的价值；
- 介绍前沿的在线环保自我审计工具；
- 讨论生态创新的重要性。

一、投资于可持续住宿业

（一）壁垒因素

五大壁垒是：

- 要求高投资成本；

- 投资利润率不确定；
- 没时间；
- 要求管理的项目太多；
- 兴趣/知识有限。

一般认为，投资成本高、实施环境管理系统所带来的营利性提高而产生的预订顾虑、对环境问题缺乏一般性知识是酒店经营者在可持续性投资方面的传统壁垒。实际上，企业主管人员认为，他们需要在可持续性的社会、环境利益与实施这些项目的成本之间权衡。只有少数的酒店所有者和管理者意识到经济收益与实施环境方案有关。社会上对可持续性的概念存在广泛而深刻的误解。尽管一般观念认为：建成可持续的建筑和设施要求高投资，但是事实已经证明，在规划过程中采用综合全面的建筑设计策略，不用过多增加成本就能使结构的可持续性达到最大化。而且，如果投资成本增加，一个可持续性建筑可以降低初始成本，在开始运营几年后，投资一般可以获得不错的效果。另外，可以通过建筑生命周期来节约运营成本。而且，某些可持续性特征可被吸收到最小化或者前期零投入成本的设计之中，并因此带来显著的成本节约。

除融资方面外，时间投资和管理同样要求贯彻一种可持续性策略，而且时间投资让酒店业主颇感头疼。最后，缺乏与业务相关性相匹配的可持续性方面的兴趣和知识则是更大的壁垒。

（二）激励因素

另一方面，最强的五个激励因素是：
- 潜在的成本节约；
- 提高市场份额并改善形象；
- 获得竞争优势；
- 内在动机；
- 提高员工士气。

一般看法认为，融资约束是可持续性投资最大的壁垒之一，潜在的长期成本节约与公司在环保技术方面的投资动机一样，都被视为是强有力的激励因素。酒店业主貌似陷入了典型的因果困境，即通过投资金钱来实现成本节约。过去10年中，酒店能源成本日益增加，这可能证明了，作为投资动机而言，"能源效率"因素变得越来越重要。

企业也相信，通过利用潜在的形象提升能够实现可持续。伴随着越来越多的公众监督，通过积极的行动来获得同行业和消费者的认可变得稀松平常。当酒店进入环保产品和服务的壁龛市场时，实施可持续性政策可以从提升竞争地位中获益。企业决定选择可持续的或负责任的管理，同样可能是受到了道德动机、制度压力或者利好因素的推动。由于所有的积极的工作满意度和员工道德的提高，都可以使公司在贯彻可持续性策略方面获得短期收益，所以这些也被视为激励因素。

二、融资和投资计划

融资计划特别地提升了更加环保的、可持续的建筑实践。可持续性融资工具包括由政府发起的用于降低利率的绿色融资和绿色投资计划。

（一）绿色融资

绿色融资包括所有的投资或贷款计划，这些融资主要用于降低环境影响或者确保将环境影响纳入风险评估。绿色融资同时发生在消费者市场和生产者市场之中。

在消费者市场中，放贷公司竭力提供其他一些方便易行的商业融资方法，并以各种激励减少污染物排放、改装现有酒店设施实现最优能源效率和成本节约，这种融资被认为是绿色融资的案例。

在生产者市场中，绿色融资就是银行或者政府机构有区别地向可持续发展企业或者反对危害环境项目的投资或者贷款。

银行实施绿色融资计划能够为注重可持续发展原则的项目提供贷款，或者希望为这些设施安装环保系统（例如改善能源效率或者合并可再生能源）。

大多数工业化国家已经设立专项融资计划，用于鼓励发展与当地自然环境和社会文化环境相兼容的建筑，它们不仅在自己的国家，也在发展中国家和经济转型的国家设立专项融资计划。

提供资金用于具体的措施来减少水污染、空气污染并降低不可再生资源使用量，是广泛易行的做法。近年来，控制污染的法律已经逐步增多，而且企业有义务改变自身的行为。然而，在强制个人和企业使用可替代能源资源方面，法律规条还是很少。一些欧洲国家已经引入生态税来惩戒那些大量使用化石燃料的企业。

在德国和法国，有许多补贴用来鼓励企业使用可替代形式的能源。在德国，这些政府奖励和税赋减免主要来自地方政府，在法国则来自能源管理环境署。欧盟国家也可以从"欧盟生活"（EU LIFE）项目中获得融资。该项目是欧盟用于支持环保和自然保护区项目的一个融资工具。自 1992 年开始，该项目已经合作融资了几千个环境保护方面的项目。它的竞争力与创新框架计划（Competitiveness and Innovation Framework Programme，CIFP）对住宿业特别感兴趣。竞争力与创新框架计划的目的是鼓励欧洲企业通过竞争帮扶中小企业，该计划还用于支持创新活动（包括生态创新），提供更简便易行的融资和业务支持服务。该计划的特别目的是提升可再生能源的使用比例和利用效率。生态创新试点计划可能有资格获得创业和创新计划（Entrepreneurship and Innovation Programme，EIP）的资金，创业和创新计划是竞争力与创新框架计划的一个子计划。创业和创新计划子计划通过风险资本投资和贷款保证工具确保中小企业更容易获得融资。同样也支持生态创新相关的创业和创新改进。拨款优先次序依次是建筑物、食品饮料、绿色商业和智能采购。

有人推荐酒店经营者在当地、区域内以及全国范围内公布他们自己目前的融资需求。酒店经营者全国交易协会一般是开始搜寻信息的好地方。

案例分析 15.1　德国复兴信贷银行提供新的可持续性融资

德国复兴信贷银行（KFW）正为可再生能源、能源节约以及德国私人和公共部门通过创新手段实现能源转变提供新的融资工具。

能源和环保方面的融资范围越来越广，有关企业的"复兴信贷银行能源转变行动计划"在 2012 年 1 月 1 日启动，将会为企业、市政甚至是个人提供广泛的融资。

为了加快德国能源供应系统的改革，该计划已经提供了大量的融资。早先，已经为节能建筑、可再生能源（如风电厂）提供了投资，也为提高市政能源效率提供了大量投资。

复兴信贷银行将会为另外一个重要的部门提供融资。这些融资会在很大程度上扩大可用于改善企业能源效率的产品范围，利用可再生能源和金融创新计划进一步发展节能技术、高效能源以及能量储存和运送。

根据网站登载：

能源转变对于整个社会而言是一个巨大的挑战，但也是对子孙后代负责。随着"能源转变行动计划"的进行，复兴信贷银行正在为满足德国能源供应系统改革所需的大量融资提供强力支持。

企业能源效率提升策略将会与复兴信贷银行的能源效率项目结合。在单个案例中，营业额达到 30 亿英镑的大企业也能获得支持。

在可再生能源项目框架中，最大的贷款额度将增加到 25 亿英镑。在这方面，可再生能源（例如滨海风电厂）可能会受益更多。

> 较大的能源节约、生产、储存和传送创新计划可以通过"ERP 创新项目"得到改善，该项目计划在未来通过贷款和附属资本融资 2500 万英镑。
>
> 在一个试验性模型框架中，复兴信贷银行开发了主要针对大企业的"复兴信贷银行能源转变融资创新"项目。在银行要求之下，复兴信贷银行在财团融资的框架下可以提供直接贷款。主要为较大型企业提升使用能源效率以及在能源节约、生产、储存和传送领域的创新项目（研发支出）提供融资，同样也为投资利用可再生能源提供融资。
>
> 普通公司的环保措施也可以从复兴信贷银行新环境保护项目中获得融资。这个适应于任何规模的企业。将来这个项目将会推进资源效率或者原材料节约措施的落实，例如，减少废料或者最大化利用生产工艺。
>
> 资料来源：2011 年能源节约协会（2011 The Energy Saving Association）。

（二）绿色投资

从传统意义上讲，绿色投资是诸如股票或者基金这类的投资工具，而且这些股票或基金涉及实施环境改善行动的潜在公司或业务。经营这些业务的公司可以开发可再生能源技术或者做一个完美的环保跟踪记录。

当然，股票市场中公司涉及环保业务的代表比比皆是。投资者不仅跟踪太阳能技术领域的前沿企业，也会留意许多传统企业，这些企业扩大其投资组合以引起环保人士的兴趣并获得新的市场份额。

（三）可持续发展基金指南

已经成立了聚焦于负责任的或者绿色企业的基金。并不存在严格或公认的典型的绿色或可持续发展基金的定义。然而，绿色基金可以视为共有基金，主要投资于社会和环境领域的负责任公司。

我们能够识别五种可持续发展或者绿色基金的策略（每种策略同样适用于旅游企业）：

- 环保领导者：企业的核心产品是环境友好型的；
- 环保先驱者：研发环保和社会友好型产品的小型创新企业；
- 道德公司：拥有强大有力的伦理政策的公司；
- 环保技术公司：涉及污水和垃圾处理以及风能的公司；
- 可持续发展公司：在运营周期的各个阶段体现可持续发展原则的公司。

许多银行为投资者提供可持续发展投资基金，而且向希望通过环保方式储蓄的个人提供绿色债券。遗憾的是，一些银行提供的绿色基金没有任何信息可以体现这些基金为什么叫"绿色"基金，也没有体现出它们所依赖的可持续发展原则。在弄清楚基金成立的根本目的以及其达到申请相关的资质之前，消费者可经常深入研究基金信息。

案例分析 15.2 可持续投资计划

木星投资管理集团有限公司（Jupiter Investment Management Group Limited）等机构在全世界范围内为公司提供绿色融资。木星集团已经管理环境解决方案基金 20 多年，并且于 1988 年在英国成立了第一批经官方批准的社会责任单位信托基金——木星生态基金（Jupiter Ecology Fund）。自此以后，木星集团建立起环保投资方面的领先知识，涉及三个独特的基金下各种各样的产品：

1. 木星生态基金

木星生态基金的目标是实现长期资本增值以及符合环保政策的收入持续增长。生态基金的投资政策是投资于那些已经证明是长期保护环境的企业。

2. 木星绿色投资信托

木星绿色投资信托的投资目标是通过投资各种提供环保解决方案的企业的投资组合来实现长期资本增值。

木星绿色投资信托公共有限公司的资产组合主要是中小型规模的企业。主要是投资交易所中公开报价、上市交易的股票。

3. 木星稳健收益基金

木星稳健收益基金相比木星生态基金更受到英国人青睐，所以道德约束更少。基金主要投资于英国那些主动管理自身对环境和社会影响的公司，即有良好治理的公司。该基金将特别注意回避投资于武器、烟草以及与核能源相关的公司。

该基金的目标是通过投资英国的股票产生收益和长期的资本增值。

资料来源：木星投资管理集团有限公司，http://www.jupiteronline.co.uk/。

三、绿色会计

绿色会计，更为熟知的名称是环境会计。这是一种用于计量企业经营活动的环境影响成本的方法。这些成本一旦明确，就会包含在公司每年的会计报表中，并向股东披露。这个理念主要将外部的环境和社会成本内部化。

（一）外部性

外部成本也被称为外部性，指一个企业的社会或经济行为对另外一个企业或者集体有影响，但是这种影响不能完全计量，或者最终不能得到补偿。住宿业会在以下方面产生消极的社会环境外部性：水、能源、废物管理、空气污染以及社会文化环境。

1. 水的外部性
- 使用不当造成水资源浪费；
- 产生需要处理的灰黑色污水；
- 水质降低；
- 水使用量；
- 对动物区系和植物区系的影响。

2. 能源的外部性
- 使用不可再生能源所产生的温室气体；
- 由于经营活动导致能源需求的增加以及带来能源与资源的压力；
- 由于使用化石燃料所引起的呼吸道和其他健康问题；
- 对动物区系和植物区系的影响。

3. 废弃物的外部性
- 废物填埋厂积累的固体废弃物，增加土壤和水污染；
- 液体废物会增加水传播的疾病；
- 液体废物会对水生环境造成不利影响；
- 对生态系统、植物区系和动物区系的整体影响。

4. 空气污染的外部性
- 往返酒店所产生的排放物会增加温室效应；
- 燃烧化石燃料会对空气质量产生不利影响；
- 会影响健康问题、植物区系和动物区系。

5. 社会文化的外部性
- 对于当地居民来说，旅游目的地酒店建筑的增加反而减少了改变土地所有制和所有权的机会；
- 酒店以及旅游基础设施集中化造成公共空间过度拥挤和道路拥堵；
- 据报道，旅游给当地居民带来了越来越多的酗酒、卖淫、吸毒等直接与犯罪和健康相关的问题；

- 住宿业和旅游业鼓励发展伪文艺形式和商业化传统仪式，来迎合旅游者和顾客的需求，但贬低了目的地的传统和文化。

在许多案例中，酒店一般建在未开发的目的地上，并且经营住宿业的所有者、投资人或者管理者能够免费获取高品质的自然资源。只要保持外部性最小化，企业和旅游目的地一般都会从免费的资源中获益。然而，旅游目的地游客量的迅速增加一般会造成旅游目的地品质的下降。目的地品质的下降，换言之，就是自然资源的减少，每个附加的游客来访给自然资源如水和能源带来压力，从而对目的地产生不利影响，随之造成空气污染和废弃物增加。环境和社会成本是外部成本，虽然它们对于所有社会成员（指所有的目的地原住民）来说是真实的成本，但是酒店和旅游业务经营者在做融资预算或者为自身业务的未来发展做决定的时候，并没有把这些外部成本考虑在内。换句话说，如果没有将对环境和社会文化影响计入住宿业产品和服务的价格中，就称之为住宿业的外部性。

（二）外部成本的计量与核算

计量并试图降低环境成本的方法有若干种。对于酒店来说，企业是否根据活动、过程或者简单记录所有成本来合并所有的环保成本——不管这些成本是内部的、外部的还是考虑产品和服务的生命周期的，所采取的办法各种各样，通常是由企业所有者和会计人员掌握的，而不是通过标准化来实现的。

实践中，外部性的核算需要政府主管部门通过法规和环境税的组合手段来干预市场。在酒店和旅游业中，情况则更为复杂，因为许多利益相关者都从旅游活动中获益。因此，经常会抛出这样的问题：如果许多参与者从酒店旅游业中获益，那么谁应该为环境以及社会文化影响埋单呢？

旅游者和顾客是产品和服务的使用者，同样是废物的制造者和资源的使用者。这就是说，他们所支付的价格应该反映顾客停留过程中对环境的影响，这些影响是因为他们消费相关产品和服务而造成的。显然，在住宿业中还不存在这样的案例，即便市场上提供的任何产品和服务都已经进行了详细的生命周期评估。酒店从业者是产品和服务的提供者，当然负有责任，因为其商业模型的基本就依赖于负责任的环境管理，并且应该对企业所带来的外部性做出贡献。许多其他的企业（供应商和经销商）可以明显地从酒店住宿业中获益，并且承担与外部成本同等的责任。最后，对于社区相关公共健康问题和其他的全国和国际协议的环境法规问题，政府主管部门应负有同等责任；同样地，对于两者的外部性也负有同等责任。旅游业作为一个整体，在业务创新方面无疑可以带来一系列非直接性收益。

外部成本内部化的三个概念如下：

1. 污染者付费原则

该原则意味着造成污染或者引起环境破坏的主体应当承担避免环境恶化的成本或者对其进行补偿。政府已经使用此原则设立了各种形式的生态税。例如，在有限的公共融资约束条件下，为了缓解旅游业对环境的影响，一些地方政府部门已经基于住宿过夜天数设立生态税。过夜的用户、顾客作为纳税人，而酒店老板则扮演收税人的角色。

2. 生产责任延伸制度

和污染者付费原则相类似，生产责任延伸制度试图将外部性的责任从政府转到那些产生外部性的企业（供应商、生产商、分销商）上。这要求企业完成一个产品的生命周期评估，估算从原材料的选择到最终产品处置的整个过程对环境所造成的影响。理论上，在污染者付费原则下，外部成本应该包含在产品和服务成本中。因为企业在竞争的环境中运营，所以价格往往在市场份额中起决定性作用，为了保持竞争力，将外部成本内部化对于企业在产品和服务可持续发展的相关各方面将起到推动作用。例如，应该减少废物，并尽可能多地再利用和再循环，因此能够在产品生命周期中提高成本节约并帮助企业在价格方面保持竞争力。

3. 碳信用额：将空气污染的成本内部化

碳信用额背后的一个基本概念是计算温室排放成本并建立以碳信用额的形式的市场来降低此类排放。实践中，温室气体排放成为企业的内部成本。这会体现在企业的资产负债表中的原材料和其他资产或负债中。企业采购的碳信用额可以用于抵消自身过量的排放物或者通过这种方式实现零排放，没有必要进行排放效率计量。

当各个公司计量和核算外部性的方法不大相同时，在公司之间或者行业内进行任何形式的比较，都是不可靠的，也不值得推荐，所以有必要将外部成本内部化从而获得认可。

最近，世界银行建立了最新的一个环境会计创新——财富会计以及生态服务（Wealth Accounting and Valuation of Ecosystem Services，WAVEs）。WAVEs的基本理念是将环境会计原则应用于公司战略之中。尽管该项目目前尚处于为国家生态会计制定一个公认方法的第一阶段，但是全球许多其他国家都已开始为该系统的发展阶段提供支持。该系统同样基于这样的理念，即依靠增加自然资源（土地、森林、海洋和空气）的经济附加值，能够实现系统的变化，并负责任地处理稀缺资源。一个合理的会计系统不仅将外部成本纳入运营成本之中，有利于促进新产品、服务或者建设新酒店设计的决策过程，而且还可以帮助企业评估已有负债，并降低运营成本。

环境绩效指标（environmental performance indicators）概念的引入，是环境会计被普遍接受的另一个佐证。环境会计的范围不再只限于大企业，也包括一些增长迅速的中小型企业。

四、环境绩效指标

一旦私人酒店或者酒店集团的所有经营活动对环境的破坏可以被计量，就有必要明确哪些活动对环境造成明显的影响。为了监督公司的绩效，常规性的关键监测指标参数（如废弃物产出、消耗的水资源量等）也是非常必要的。这就要求确定业务指标和环境条件。在 ISO 14000 系列标准下，ISO 14031 提供设计和使用环境绩效评估的指南，并且甄选环境绩效指标。那些环境指标在环境管理系统、生产活动以及环境状态方面，为企业提供了清晰的绩效指标。不同类型的指标被用于计量公司的绩效，如表 15-1 所示。

表 15-1 环境绩效指标举例

环境影响	指标
垃圾产出	每年垃圾总量以吨计量
	每名员工的垃圾产量
	每位留宿旅客的垃圾产量
	每一餐产生的垃圾数量
	垃圾再循环的比例
温室气体排放	每年特殊污染物排放量（如二氧化碳、二氧化氮、二氧化硫）
	每位顾客二氧化碳排放量
	每位留宿旅客二氧化碳排放量
水的使用量	每年水使用量以立方米为单位计算
	每位留宿旅客废水排放量以立方米为单位计算
能源	酒店全部能源绩效以千瓦时/平方米/年为单位年计算
	依据能源种类核算二氧化碳排放量
交通	每年顾客出行往来消费的化石燃料总量
	使用汽车通勤的员工比例

续表

环境影响	指标
交通	员工出差的里程数
	每千米二氧化碳排放量
	顾客从一个目的地来往的里程
有害废弃物	有害废弃物产生的数量
	每位留宿旅客产生的有害废弃物数量
意外事件	每年与环境相关的意外事故数量
	每年起诉数量

五、可持续性绩效指标

可持续性由三大支柱构建，即环境支柱、社会支柱、经济支柱，因此用于衡量环境绩效的指标或者传统的投资回报率，仅仅只能提供可持续的局部画面。每个支柱都有自己的一套指标，确保在酒店或者酒店价值链中能够清晰、标准地衡量其在可持续性方面所做的努力。酒店经营者所面临的最大挑战是，减少收集关键指标信息和数据的数量，将其限定在一个可控范围之内。与环境绩效指标类似，可持续性绩效指标是一个对覆盖经济、环境、社会三个不同领域的可持续性数据进行汇总和分类的工具。第 14 章中的环球报告项目提出了可持续性绩效指标的框架和这些指标的报告指南。在报告中，简洁地描述了可持续性绩效指标的三个分组。

（一）环境支柱

如第 14 章所阐述的，一个组织对于生态系统、陆地、空气和水的影响可以用环境绩效指标来计量。下面是环球报告项目中的一些指标：
全部直接或间接的温室气体排放量；
- 能源消耗的主要来源；
- 通过保护和提升能源效率来节能；
- 主动节约能源；
- 消耗水总量；
- 水的再循环和再利用总量；
- 垃圾产量。

（二）社会支柱

社会绩效指标衡量一个组织对于社会系统的影响。在环球报告项目框架下，有关社会绩效的指标被分为劳动力实践和人权问题。专门的指标包括：

- 歧视事件和采取的措施；
- 所有劳动力的就业类型、雇用合同和地区；
- 根据不同地区或多样性指标划分员工离职率；
- 在健康和安全委员会中员工的代表情况及受伤率；
- 员工培训、项目管理技能和终身学习；
- 员工中参与定期绩效考核和职业发展评定的比例；
- 通过参与国际组织和当地社区合作来改善人类生存条件。

（三）经济支柱

经济绩效指标衡量企业运营与经济绩效相关的所有结果。这些指标包括：

- 企业收入；
- 营业成本；
- 企业利润；
- 职工薪酬；
- 捐赠和其他社区参与；
- 未分配利润；
- 偿付资金的提供者和政府；
- 在本地供应商所花费的比例。

六、评估可持续性绩效

道琼斯可持续发展指数（Dow Jones Sustainability Index, DJSI）用于评估计入道琼斯指数的大型公司的可持续性绩效。对于符合条件的公司定义一个标准和权重，评估其在经济、环境和社会活动方面的机会和风险。通过公司和第三方提供的文件、分析师和公司之间的私下接触完成进一步的筛选工作。一个外部评审确保可以根据已经明确的规则来完成对企业的可持续性评估。三个支柱在企业可持续性评估中所占的比例相同。在经济支柱之下，通过公司治理、风险和危机管理、反腐败和特定的行业标准等来监督企业。在环境支柱之下，环境报告和行业特定环境标准被用于绩效评估。最后，在社会支柱之下，诸如人力资源开发、人才吸引和留用、劳动力实践、企业慈善、社会报道和特定行业标准被用于评估社会绩效。

　　然而，在许多洲里，作为酒店业核心的中小型酒店企业（尤其是在欧洲和亚洲），并不是用道琼斯可持续发展指数来计量的，而是参照其他评估方法。大部分酒店经营者对于计算计划的可持续性项目投资回报率很感兴趣，这将有利于做出更好的、更明智的决定。

七、投资回报率

　　投资回报率是一项用于评估投资效率的指标。投资回报率的计算是利润，即一项投资的回报除以投资的成本。最后的结果用百分比或者比率来表示。

　　计算投资回报率能帮助我们评估每个可持续性方案中可供选择的投资的可行性。因为投资回报率的功能具有多样性和简单性的特点，所以很快成为颇受欢迎的计量指标。换言之，如果一个投资项目没有正的投资回报率，或者如果有其他的机会去实现更高的投资回报率，那么酒店经营者就不会投资这个项目。

　　什么是一个特定项目的最优回报率，是一年、两年、五年、十年还是更长时间？这个问题的答案，很大程度上是由投资的类别、酒店的种类、所有权状况（租赁的还是自有的）以及宏观经济形势中的当地、地区和全球性等因素决定的。然而，根据投资的种类会有一些非常广泛和通用的方法来确定可接受投资回报率的周期：

- 两年期的投资回报率：当参数设置与可持续性措施相关时，一个两年期的投资回报率投资的重点将会对运营活动有一个清晰的预判，并且投资于一般性的维修。这些投资将会用于培训、预防性维修和翻新（例如水管理：培训员工节约用水，检查和维修水管泄漏，重装流量小的水龙头）。

- 五年期的投资回报率：这些投资包含更新一些设备（压缩机、冷却装置、水泵和发动机）以及照明技术的改变、安装传感设施或者使用热交换来确保热量回收。

- 10 ~ 15 年的投资回报率：在较长期的时间段内，投资的重点在于改变设施来提高能源效率（例如空调系统），安装利用可再生能源技术的设施（例如太阳能板），重新翻修建筑物内部和外部（例如保温改造）。

太阳能板通过两层的硅电池收集阳光转换成电力。一个太阳能板由 20 个电池组成，平均能够产生 12 伏特的电压。因此，电力能源的强度在很大程度上取决于阳光的强度。长时间的阳光意味着太阳能板可以生产更多的电力，这是最好的情况。然而，太阳能电力很大程度上受天气情况以及季节更替的影响。初始投资规模的大小，主要由设备的使用和能源需求决定。

当计算太阳能板的投资回报率时，可以通过如下五步实现：

- 建立购置成本：成本包括太阳能板的采购、安装及维修费用。
- 计算抵税额：全球各国政府都对购置可再生能源设备的贸易给予税收优惠，也在提高能源效率措施方面有税收优惠，如窗户、墙壁和天花板保温层；最终，采购的总成本应扣除地区提供的税收优惠额度。
- 估算生产的能源：根据所处地理环境以及太阳能板的位置，估算每天生产多少千瓦的电力。太阳能板的制造商和经销商可以帮助其估算所产出的能源。
- 找到当前的电力价格：在计算每千瓦时的价格时，电力提供商最近的税单和收据是最好的数据来源。
- 计算投资回报率：利用以上的信息，就可以计算出投资回报率。已知每千瓦时的价格以及每天的发电量是多少，能估计出每天的节约额。利用节约额可以推算出一个月的数据。为了计算出投资回报率，减去税收优惠后的全部购置成本要除以每个月的节约额。所获得的数据是每月分摊偿还的投资额。

在一些国家，已经正在实施全国性的方案：个人或者企业通过太阳能板生产的电力可以以高于国家电网的采购价格销售给电力公司。如果存在这种情况，投资回报周期将会大大缩短。在一些国家方案中，卖电给电力公司的收益应该扣掉所得税。一些政府还提供税收优惠和津贴用于鼓励使用可再生能源。

案例分析 15.3　计算太阳能板的投资回报率

根据上文关于计算太阳能板投资回报率的五个步骤，下面有个简单的计算。提供的数据是基于北欧的情况，但是并不代表任何特定的国家，也不可转换。

- 计算购置成本。每平方米太阳能板的原材料、安装、维修、连接以及租金大约 1000 英镑。安装 6 平方米太阳能板大约需要 6000 英镑的投资。
- 计算抵税额。政府对采购太阳能板企业主的价格有 30% 的税收优惠政策，6000 英镑按照 30% 的税收优惠计算抵税额为 1800 英镑，那么投资成本就降低为 4200 英镑。

- 估算生产的能源。150 瓦的太阳能光伏发电板每天每平方米大约能发电 1 千瓦。因此，太阳能板每天能收集 6 千瓦的电量。
- 确定当前每千瓦电力价格。现在每千瓦电力价格为 0.2 英镑。
- 计算投资回报率。按照每天可以生产 6 千瓦的电力，那么每天可以节约 1.2 英镑，一个月可以节约 36 英镑。太阳能板全部的成本（减去抵税额），4200 英镑除以一个月节约的全部成本 36 英镑。结果约等于 117 个月（大约 9 年 11 个月），这意味着 117 个月的周期原始投资额可以收支相抵。
- 附加步骤：将电力销售给电力公司。如果发电销售给电力公司，而且平日从国家电网采购的电价较低，我们还需要计算额外的节约额。在本案例中，假设未来 20 年电力公司购买太阳能发电的价格是当前电价的 3 倍。例如，电力公司购买太阳能发电的价格是 0.6 英镑每千瓦，而企业从国家电网购电价格是 0.2 英镑每千瓦。之间的差额，0.4 英镑每千瓦代表节约额。将电力销售给电力公司的收入是免除所得税的。光伏太阳能发电板每天发电 6 千瓦，因此每天赚取电力公司的差价是 2.4 英镑，一个月就是 72 英镑。太阳能板的全部成本（减去抵税额）4200 英镑除以每月节约额 72 英镑。结果是约等于 58 个月，代表 4 年 10 个月的周期投资额可以收支平衡。

1. 光伏太阳能预期寿命

众所周知，太阳能板预期寿命在 25～35 年，9 年 11 个月后所产生的电力就是免费的。一些太阳能发电板在安装 40 年之后仍然可以发电。然而，一般观点认为太阳能发电板产能在使用 20 年之后会降为额定容量的 80%。

2. 投资回报率的一般考虑

目前，光伏发电的投资回报周期是 15 年。然而，投资回报周期的长短还主要取决于优惠、赠予、援助以及税收减免的数量。计算投资回报率应该考虑到每一种特殊的情况。

3. 可持续性太阳能发电板的一般考虑

值得注意的是，一块太阳能发电板生产等同于其自身制造成本的电量需要 10～15 年。因此长期的策略是兼顾盈利能力以及减少对环境的影响。

八、可持续性绩效框架

在传统的投资回报率计算之外，还需要一个框架来评估在可持续性三个支柱之下所有活动的成本、利润和回报（图 15 - 1）。换言之，虽然过去 10 年已经在这方面做出了努力，但是依然很难将一些行为量化为货币或者金钱收益（例如减少二氧化碳排放量或者保护生物多样性），住宿业企业所有者和经营者要求一个更加全面的方法，通过计量其行为带来的影响来分析企业的运营。企业在大的生态、环境和社会层面的决策效果有着更加清晰的认识，能够确保将"在最短的时间内赚最多的钱"的范例转变为长期的方法，这是基于可持续性的考虑。

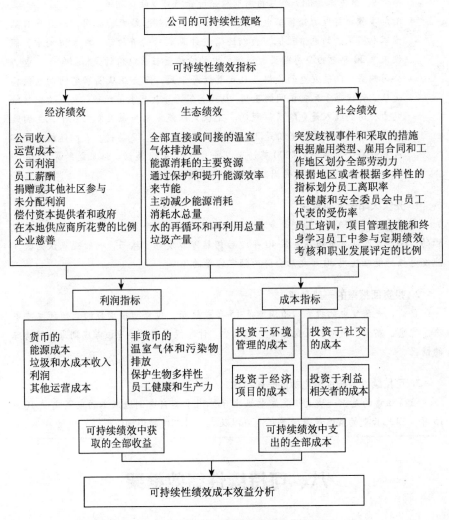

图 15－1　可持续性绩效成本效益分析框架

九、审计

存在不同种类的审计。财务审计可能是企业中最普通的一种审计，通过执行审计来确认披露信息的有效性和可靠性。审计也包括对非财务信息如环境审计，质量审计以及安全和健康审计。

（一）环境审计

环境审计，也称为绿色审计和生态审计。国际商会（International Chamber of Commerce，ICC）将环境审计定义为：

> "一个由系统的、有据可依的、周期性、客观性的评估所组成的管理工具，其目的在于评估环境组织、管理和设备在实现保护环境方面做得符合以下要求：有利于管理和控制环保实践；符合公司的政策，也可能包括监管的要求。"

换言之，环境审计是一种管理环境实践、目标和实现这些目标的工具，支持公司实现其环境保护的总体目标。对于审计而言，做到无偏见的、系统的和有书面要求的是很必要的。审计是由独立自主的审计员完成。审计过程要求审计人员对环保绩效是否符合公司环保政策和目标做出客观陈述。

（二）环境审计的收益

环境审计为组织提供清晰独立的分析，并且能够确定其目前的环境效率，使其能够评估所设定目标的完成进度。可提升的空间是要使之公开，要全面记录违反环境立法的问题。公司能够基于该信息采取行动。而且，审计是由官方批准的，为同业者和消费者所认可，也是为了进一步实现更好环境绩效的一种激励性工具。

（三）自我审计

自主进行的、自我管理的审计是传统第三方审计的替代物，通过一方提供的信息对一些审计标准进行证实。换言之，正在审计的公司收集、分析数据，使用各种指标并计算出结果用于评估。为了确保基本的可信度，特定项目的审计是由独立于该项目的人员完成的。一旦自我审计完成，结果将会披露，并采取一些纠正措施持续性地改进现状。

（四）自我审计的收益

相比由监管者执行的传统第三方审计而言，自我审计成本更低，而且所带来的收益与传统审计相同，包括更加清晰地认识经营活动对环境的影响，以及企业改善公司环境绩效的机会。

（五）在线自我环境审计

使用信息技术能够在很大程度上减少酒店经营者对环境的整体影响。除了一般的优点外，例如使酒店所有程序更加高效（如预订、入住和退房、家政和维修管理安排）之外，住宿业还能够在长期可持续发展方面上使用在线内容获取收益。在这条崎岖的道路上，自助在线工具支持酒店经营者审计经营活动，并形成正式的决策。最新的在线工具是免费的酒店能源解决方案（Hotel Energy Solution, HES）在线工具包。酒店能源解决方案工具包是由联合国世界旅游组织（UNWTO）、联合国环境署（UNEP）、国际饭店和餐饮协会（IH&RA）、法国环境和能源管理协会（ADEME）以及欧洲可再生能源协会（EREC）合作开发的。该工具包能帮助中小型企业主去计量、分析和减少自身运营中能源的使用以及二氧化碳排放。酒店能源解决方案和其他的在线工具背后的基本理念是：将酒店的具体细节输入在线工具，例如入住率、能源使用、能源成本、用于维修建筑物的资源以及提升可持续性所做出的努力。这个工具用来估算能源效率以及各个酒店所产生的碳足迹。此外，还附有估算投资回报的意见和建议，帮助酒店的经理和所有者实现更高水平的能源效率。在线自我报告软件是这个行业工具中的标杆工具。

很少有在线工具能够帮助酒店经营者实现集计量、标记以及管理财产和运营于一体的自我审计。酒店经营者可以使用的最优秀的关注能源效率在线工具有：

- 酒店能源方案（http：//hes. e – benchmarking. org/）；
- 酒店能源检查（http：//www. hotelenergycheck. ch）；
- 能源之星（http：//www. energystar. gov）；
- 我的绿色追求（http：//www. mygreenquest. com/app. php）；
- 精明的能源分析者（http：//www. pge. com/energysurvey/）；
- 能源矿石项目（http：//www. energyiekampagne – gastgewerbe. de）。

这些在线工具是最新的创新，能够为酒店经营者在缓解环境对其财产影响方面提供指导，其中许多还是免费的。

十、融资、投资、计量、会计和生态创新

对于今天的经理来说，在产品、服务以及程序上的创新成为长期商业成功的关键因素已经不足为奇。在住宿业，其中核心的改革是通过员工主动发展新型服务。然而，在过去 10 年内，酒店已经处于大量创新和测试设计、建筑结构和技术实现的阶段，这其中的大多数项目与生态创新相关。酒店运营者通过高效的程序确保可行的商业运作，而其设备却被用于试验。一个酒店就是一个社会生态系统的综合，酒店可以提供大量的产品和服务，全年全天候都在产生消费，酒店的程序完全不是静态的，酒店的成功案例很快会被发掘扩散到其他企业或者个人家庭中。

创新是酒店行业增长的关键。伴随着原始资源成本的不断增加，并考虑到这些资源的稀缺性，一些酒店经营者决定面对开展生态创新、整合生态创新的挑战。然而，因为住宿业需要依靠许多其他的部门来经营，例如农业、交通和科技，所以生态创新必须包含整个产业。

发达国家的许多企业考虑到当前使用限制性资源或者原生资源增多，因此期望能源价格成为生态创新的关键驱动力。这同样被证明是住宿业中经常使用生态创新的主要动机。

住宿业发展依赖资本密集型策略，所以要与金融市场的所有行动者主动合作。政府职能部门扮演采用生态创新的角色。像经济约束和缺乏外部融资的障碍被视为实施生态创新的减震器。因此，项目融资的问题与开发和采用生态创新一样，是住宿业发展的重要方面之一。

进一步说，金融市场上主要的决策者，例如公司经营者、投资者和分析师、银行家、保险从业者和会计人员所理解的可持续性有着明显的差异。所有利益相关者和媒体滥用"可持续性"一词的现象一定程度上要归咎于词义的混淆。

如果将"可持续性"一词用于如下语境中会有明显的不同：
这家公司显示持续赢利。
相比下面的语境：
这家公司参与可持续发展。
在许多案例中，分离不同利益相关者之间的设备所有权、经营权和管理权

对落实生态创新和可持续性商业实践是个附加的障碍。当一名住宿业经营者签订了每月固定租金的建筑租赁合同，不考虑水费和电费，建筑物所有者可能不希望在节能和节水方面增加额外的投资。当合同期限既定，经营者可能不会期望一个投资带来潜在的风险。所有利益相关者之间的密切合作最终都是希望找到多方共赢的方案。

练习题

1. 小组问题回顾和讨论

支付环境和可持续性账户

在小组中，学生应该发现如下问题并准备好讨论结果。

（1）如何通过货币化估算与环保相关的事情？

（2）如何通过货币化估算社会相关事件？

（3）社会和企业是否应该偿付外部成本？

2. 小组作业和讨论

小型企业的绿色融资机会

学生们按照 3~5 人分组。每组将开发餐厅或者酒店理念。这个理念应该包括绿色技术。每组应该确认：

（1）对于想在运营中实施环保技术的创业公司是否有专项补助金？

（2）对于想投资于环保技术或者提升效率的小型企业是否有专项贷款项目？

（3）运营中的环保投资税收优惠是否有成本收益分析？

（4）公司是否为企业员工提供公共交通优势的财务激励？

3. 书面作业

批判性地讨论以下陈述。不少于 1500 字。

（1）为了将整个住宿业的可持续性绩效向利益相关者报告，住宿业需要一个全球积分系统。也允许与个人资产进行比较分析。

（2）在新建的酒店投资和实施环保技术比在一个已建成的酒店中提升能源效率更容易。

（3）在线自我审计工具对于计量和审计一个酒店的环境绩效有用，但是专家顾问应该认真再三地检查在线工具所提供的结果。

4. 小组讨论和书面作业

选择一篇与酒店地产相关的文章，文章中应有讨论环保技术和关于提高能源效率投资的内容。

　　批判性地阅读这篇文章并且考虑如下问题：如何估算酒店投资的回报？

资料来源

Green investment, financing, funding and accounting

　　1. Jupiter: Environmental and Responsible Investing. Available at: http://www. jupiteronline. co. u k/PI/Our_ Products/Environmental/Environmental. htm.

　　2. KfW Banking Group: Domestic Loan Programmes. Available at: http://nachhaltigkeit. kfw. de/EN_ Home/Programmes_ and_ products/Domestic_ loan_ programmes/index. jsp.

　　3. KfW Banking Group: Sustainability Programmes and Products. Available at: http:// nachhaltig keit. kfw. de/EN_ Home/Programmes_ and_ products/index. jsp.

　　4. Organization for Economic Co – operation and Development (OECD): Environmental Indicators, Modelling and Outlooks. Available at: http://www. oecd. org/topic/0, 3699, en_ 2649_ 34283 1 1 1 1 37425, 00. html.

　　5. The Sigma Project: The Sigma Guidelines Toolkit: Sustainability Accounting Guide. Available at: http://www. projectsigma. co. u k/Toolkit/SIG MASustainabilityAccounting. pdf.

　　6. United Nations Department of Economic and Social Affairs: Integrated Environmental and Economic Accounting: An Operational Manual. Available at: http://unstats. un. org/unsd/ publication/SeriesF/SeriesF_ 78E. pdf.

　　7. U. S. Small Business Administration (SBA): The Green Financing Guide for Small Businesses, Available at: Ilttp://www. sba. gov/community/blogs/community – blogs/small – business. cents/green – financing – guide – small – businesses.

Online self – auditing tools

　　1. Energie – Sparprogramm: http://energiekampagne – gastgewerbe. de.

　　2. Energy Star: http://www. energystar. gov.

　　3. GreenQuest: http://www. mygreenquest. com/app. php.

　　4. Hotel Energy Check: http://www. hotelenergycheck. ch.

　　5. Hotel Energy Solutions: http://hes. e – benchmarking. org/.

　　6. Smart Energy Analyzer: http://www. pge. com/energysurvey/.

附加材料

　　请到 http://www. routeledge. com/cw/sloan 查阅书的所有图表、附加案例、问题和可用视频的外部链接。

后记：住宿业的可持续性教育
——住宿业课程中对提供可持续性所面临的问题和挑战

可持续发展的需要已经成为全球住宿业的前沿问题，因此对于学生来说，正确地做好准备，来迎接他们在商业世界中可能遇到的各种挑战，就是非常必要的了。遗憾的是，社会上还是有些人依然对可持续性的概念不屑一顾，因为对于企业来说，这是个非传统的方式。可持续性涉及利益和价值观的竞争，需要所有利益相关者沿着同一个目标通力合作。可持续性的特征就是一体化的，并不是聚焦在短期收益上。它需要长期的方法来赢利，需要意识到对资源的过度开发会限制未来的经济可靠性，并在此过程中给人类造成不可修复的损害。很坦率地说，在所有只寻求支出最小、短期赢利的机构、教育项目、企业或者其他地方，都不存在可持续性。可持续性要求在思考方式、价值观、志向和行动方面产生根本性转变，不仅仅是普通大众，也包括企业领导者和教育机构。由于它和传统商业系统内已有的价值观相反，因此会给教育者和学生带来挑战，需要带着愿意变化的心态去迎接一个不同的价值体系。

我们生活在一个文化消融的时代，根植于已被认可的价值观之中的学术共识文化正在消亡。大众媒体塑造了角色榜样，人们通过大众媒体觊觎那些少数有特权者的生活方式。便捷的通信系统、快速而容易的旅行使得追寻真实文化的意义变得很少了。在一个越来越世俗、社区日益脆弱的社会，对于很多人来说，对错之间的区别已经混淆了。年轻人需要学习其行为的意义和后果，商业伦理在可持续性课程方面扮演着基础性角色。

对于促进可持续、提高人们解决与环境和社会有关的企业问题的能力而言，教育的作用举足轻重。对于改变人们的态度、使其有能力了解和解决可持续发展问题而言，正式教育和非正式教育都很重要。要提高环境和伦理意识、引导人的行为符合可持续企业发展、负责任的决策而言，教育也很重要。教育在带动变革方面的重要角色已经得到了广泛认可。举个例子来说，联合国启动了可持续发展十年教育项目（2005～2014），试图通过提高公众意识、使教育面向可持续发展来进一步推动可持续发展。与可持续的概念类似，教育的概念也很宽泛，人们看法不一。本科和研究生课程中有关可持续发展问题的教育学讨论日益增多，引发了一些专业期刊的诞生，例如《可持续高等教育国际期刊》（*International Journal of Sustainability in Higher Education*）和《住宿业可持续国际期刊》（*International Journal of Sustainable Hospitality*）。

尽管住宿业行业和大学对可持续问题的兴趣都很大，但是在知识的供需方面还存在差距。2011 年巴本所做的一项研究显示，三个利益相关者群体（学生、教育者和业界人士）对环境可持续问题确实很感兴趣，但是三者对问题重要性的认识有所不同。住宿业教育者对环境态度的重视程度比业界人士和学生高，而企业人士很有可能是为了省钱而参与环境友好的行为。尽管不同利益相关者存在差异，但是他们一致认为，在住宿业课程中教授可持续方面的知识很有必要。

2011 年波克针对来自德国的 250 名旅游和住宿业专业学生进行的调查研究显示，在其大学教育中，可持续是一个越来越重要的话题。住宿业和旅游专业学生的观点很普遍，那就是大学在可持续发展方面能够扮演榜样的角色：超过一半以上的受访者（52.9%）"完全同意"这一观点，另有 1/3（36.9%）的受访者"同意"，说明大学愿意实现这一目标。同样，大部分学生认为这个问题对他们的学习而言是重要的或者非常重要的，不管是对个人发展（70.9%）还是对未来职业（78.4%）而言。该研究的结果和之前在其他专业中进行的研究相类似。当问及是否认为可持续在其所在大学教育安排中得到了足够的重视这个问题时，46% 的受访者认为，目前可持续还只是一个很小的焦点，其他人则认为还很不够。蒂伦于 2009 年完成的一项研究显示，72% 的住宿业教育者声称，他们认为对于学生而言，在课堂上传授可持续方面的知识非常重要，但实际上，他们中只有不到 12% 的人在课堂上实际地教授可持续课程。这种矛盾是由于缺乏一致性的方法将可持续发展整合到住宿业课程中。

在某些方面，有关可持续教学的争论和商业伦理教学类似，后者纳入课程的时间已经很久了。有关伦理和可持续的讨论，其核心问题是：到底是将其局限于某一门课程中，还是贯穿在所有课程之中。由于可持续本身具有整体性特征，作为单一课程来教授的话，很难给学生带来最大化的收益。在所有课程中强调可持续问题，能让研究生更好地、更综合地了解该课程。让他们在进入住宿业之初就能很自信，毕竟住宿业包含了三个底线。事实上，由于住宿业正在逐步朝着可持续的方向发展，可能也应该遵照同样方向。然而，正如蒂伦

（2009）的研究所显示的，迄今为止课程总体上都没有做到这一点。

在很多人看来，大学的"绿色化"是"践其所倡"的一种手段。对于大学来说，建立类似温室气体清单和综合性的能源、垃圾和水处理项目是很普遍的。这些校园项目不仅能够教会学生关于可持续发展的知识、促进大学与社区的关系，而且能够大幅节约大学的运营预算。然而，为了实现"绿色化"，大学需要接纳新的思考方式。节约能源、减少垃圾要求机构的所有成员都做出承诺，需要强有力的领导和清晰的愿景。需要进行财务上的考虑，在实施新的环境友好项目时需要做出努力。现金不足的高等教育机构可能会和管理部门斗争，来证明投资是值得的。

住宿业给环境和社会带来的很多积极和消极影响使所有者和管理者负有重要责任去尽最大能力管理好资产。学生是未来变化的代理人，有潜力可以预示住宿业可持续管理新时代的来临。可持续应该成为争论的中心话题，要求我们每个人都从根本上重新思考高等教育的特点及其更广泛的责任。在一个"刷绿漆"的年代，可持续成为一个没有任何知识重要性的销售热词。如果学校不能承担起道德责任，来揭穿媒体夸夸其谈、政治粉饰、企业不道德的做法所形成的重重迷雾，那是很危险的。

将可持续问题纳入住宿业教育之中，能够为学生提供学习复杂世界各种问题的机会。在传统的住宿业课程里，应不断鼓励学生了解住宿业和气候变化、食品安全、世界经济危机等问题之间的联系，这就引发了环境政治学习，环境问题成为政治议程中的头等大事，最终引申为环境教育。

教授可持续发展的另一个好处是，它使得辩论变得更加方便，允许学生根据自己的观点提出批评。毕竟，大学是一个学习的地方，涉及对信息的评估。教授可持续发展需要学生超越已有的知识，要求学生将概念和观念应用于复杂问题，找到可持续性的解决方案。对某些人来说，财富在增加，但全球贫困、不安全、不平等现象依然存在，经济发展还远远不均衡、不公平。在所有这些发展中，高等教育是很复杂的，因为它不再仅仅拥有观察、批评、评估校园象牙塔之外所发生的一切的特权；相反，它越来越多地服务于全球经济在知识和财富的生产，且在维持贫困和不安全方面，大学也都是一个全球化的主角。因此高等教育有助于塑造我们生于其中的物质现实，能够引导当代和后代努力去理解、反思甚至改变它。

蒂伦于2009年所作的关于住宿业教育中的可持续问题调查显示：42%的学校教授可持续发展，决定是否将其纳入其中的人是老师。32%的学校在课程中设置有专门的可持续发展课程，而只有13%的住宿业课程完全将可持续发展问题纳入其中。尽管这是个最不常见的方法，但是涉及高等教育中可持续发展教学的学术研究文献依然呼吁要实现完全的一体化。

当一个住宿管理系决定教授可持续课程很重要时，决定如何将其纳入课程的决策将基于若干因素。在如何教授可持续发展课程方面存在不同观点，但是庆幸的是，大部分老师如今都遵循"三重底线"的信条。大学最主要的挑战不是大学将其变革为可持续机构的能力，而是变革的意愿和时间安排。当然，一些大学比其他大学面临的挑战更大，这取决于很多因素，例如大学是由私人资助的还是国家资助的、领导力、企业文化等。其中一个关键挑战是不熟悉以及对可持续概念非物质性的认知，即使很多课程都覆盖了这个问题。学术界对可持续问题不熟悉，会给可持续的一体化带来很多严峻困难。在课程开发中，不同学科间的合作非常必要。不仅生态设计建筑师和工程师们需要技术支持，而且精通对外部性进行国际化准则的会计师、对搜索美食最新潮流的大厨也需要技术支持。可持续的住宿业还需要经济学家、食品学家、城市规划师和社会学家的通力合作。

在未来几年，住宿业可持续教育的需求很可能会增加，不仅因为环境和社会问题越来越严峻，也由于消费者需要住宿业的经营更具有可持续性。那些实现这一范式转变的大学将毫无疑问地受到嘉奖，学生将更多，业界也能从可将知识应用于可持续发展各个方面的全才学生那里受益良多。

练习题

小组研究、演示和讨论

在研究和业界之间架起桥梁：以住宿业为基础的研究通常都不会进入住宿业企业的会议室。但是，研究者和实践者更多进行合作将加速住宿业朝着更加可持续的方向发展。

讨论研究性知识如何更好地为业界实践提供信息，支持可持续管理和运营战略、实践，帮助住宿业形成创新性的解决方案。

资料来源

1. Barber, N., Deale, C. and Goodman, R. (2011) 'Sustainability in the hospitality business curriculum: a pilot study of perspectives from three groups of stakeholders', Journal of Hospitality

and Tourism Education. Forthcoming 2011.

2. Birk, A. (2011) 'The role of higher education in the transition to sustainable development', unpublished Diploma dissertation. Bad Honnef, Germany: International University of Applied Sciences, Bad Honnef, Bonn.

3. Deale, C. S., Nicholas, J. and Jacques, P. A. (2009) 'Descriptive study of sustainability education in the hospitality curriculum', Journal of Hospitality and Tourism Education. 22 (4): 34 – 42.

附加材料

请到 http://www.routeledge.com/cw/sloan 查阅书的所有图表、附加案例、问题和可用视频的外部链接。

词汇表

Accreditation 认证：在满足特定管理和运营标准情况下，建立一个旅游企业的程序。

Active solar design 主动式太阳能设计：一项由能够搜集太阳能并将其转化为热能或电能的太阳能采集设备所组成的技术。

Adventure tourism 探险旅游：在自然区域进行的、包含了冒险成分和更高水平的体能消耗、需要专门技能的一种旅游活动。

Agenda 21 21 世纪议程：1992 年联合国环境与发展大会所通过的行动方案。

Air Pollutants 空气污染物：微粒、二氧化硫、二氧化氮、对流层臭氧、一氧化碳。

Alternative tourism 可替代旅游：根本上，是被视为非传统性的旅游活动或者发展。通常也定义为与大规模旅游相反的小规模可持续旅游发展。可替代旅游同样代表着一种"理想类型"，也就是说，是旅游发展的高级形式，能够纠正传统的大规模旅游所带来的各种弊端。

Assets 资产：有价值、能够带来未来收益或者效用、可用来产生收入的东西，通常都是自己所有的，因此被简单地描述为"所拥有的东西"。

Auditing 审计：测度和核查企业经营的一种过程。

Benchmarks 标杆：参照点或对比点，可能包括标准、关键成功要素、指标或度量。

Best Practice 最佳实践：包含在实现特定结果方面最有效率、最有效益的手段在内的运营标准。

Biodiversity 生物多样性：生物体的多样性，包括物种内部、物种之间和生态系统内的多样性。

Biodynamic agriculture 生物动力农业：强调一体化发展的农业发展方法，强调土壤、植物和动物作为自我维持系统而言的内在关系。

Biomass 生物量：来源于木材或者垃圾等生物物质的一种可更新能源。

BRIC 金砖四国：巴西、俄罗斯、印度和中国。

Capacity Management 容量管理：试图在确保组织按照最大容量运转的同时又能维持一定消费者满意度水平的一个程序。

Capital expenditure 资本支出：长期资产的成本，例如计算机设备、设施、经营场地。重要的是，购买这些东西一般都会使用多年并不会转卖。

Carbon credits 碳信用额：碳信用额背后的一个基本概念是计算温室排放成本并

建立以碳信用额的形式建立一个市场来降低此类排放（参见碳资产）。

Carbon dioxide 二氧化硫：一种温室气体，主要来自于呼吸和有机物质分解。化石燃料的燃烧是空气中二氧化硫浓度提高的主要原因。

Carbon footprint 碳足迹：带着人类活动对气候所产生的影响，根据所产生的总的温室气体二氧化硫的单位总量来衡量。

Carbon neutrality 碳中性：通过实现所释放出的碳与等量的扣除、抵消或者购买碳信用额之间的平衡（见碳信用额）来弥补差额，从而实现净零碳排放。

Carbon offset 碳抵消：减少二氧化硫排放来补偿或者抵消其他地方的排放。碳抵消是靠释放的可测度的二氧化硫等价物的吨数来测度的。碳抵消基本上是通过向那些短期或者长期减少温室气体排放的项目提供资金支持来实现的。

Carrying capacity 承载力：旅游领域中是指一个指定区域在一定自然资源限度内，在不破坏自然、社会、文化或经济环境的情况下，所能够承载的游客数量。

Cause-related marketing 事业关联营销：企业将自己和特定的事业联系在一起，为一个机构或者一个事件做出经济、时间或专业知识上的贡献，以期通过参与此事业获得公众认知或者商业价值。

Certification 认证：认证是这样一个程序：通过第三方的认证机构提供一个书面的保证，说明一个系统、一个程序、一个人、一个产品或者一项服务满足了特定的一个标准或者参照框架。认证是自愿的。

Code of conduct 行为规范：一套指南，用以指导旅游利益相关者（包括游客）什么样的行为方式是对环境负责任的。

Code of ethics/practice 伦理/实践规范：基于旨在促进环境和/或社会文化可持续性行为的自我规范体系而推荐出的实践。

Composting 堆肥化：用来处理有机废物（绿色垃圾，市政垃圾中可发酵的成分、城市处理厂的沉淀物等）的生物过程，一般是通过加速的方式来进行降解。

Concentrated animal feeding operation，CAFO：一种产业化的农业模式，其基础是将家畜集中在尽可能小的空间里，确保其在最低成本条件下实现最快增重。

Conservation 保护：可以广义地解释为保护和保持自然世界免受旅游所带来的伤害，包括污染和对资源的过度开发。

Conventional agriculture 传统农业：也叫作"产业化种植"，是一种现代化的农业方式，高度依赖于农用化学品，也指产业化的牲畜、家禽、鱼和谷物产品。

Corporate social responsibility，CSR 企业社会责任：企业将消费者、员工、供应商、利益相关者、社区以及地球的利益、需求纳入企业战略进行考虑。

Creating shared value，CSV 创造共享价值：根据迈克尔·波特的研究，企业社会责任是涉及提高企业竞争力，同时自动改善企业所在社区的经济和社会条件的一整套政策和实践。

Cultural tourism 文化旅游：旅游的目的是为了学习文化或了解文化的某些方面。

Deforestation：森林砍伐：为了其他目的而移除或者永久破坏当地森林。

Degradation 退化：人类直接或者间接所造成的自然或文化资源质量，或者生态系统可靠性的任何降低。

Demographic profile 人口统计情况：研究中使用的诸如年龄、性别、职业、收入、婚姻状况、居住地等特征。

Direct impact 直接影响：一项活动（比如旅游）给环境、社区和经济所带来的直接结果，在这里，因果关系基本上是清晰的。

Direct spending 直接支出：从消费者那里直接进入当地经济的金额。

Discrimination 歧视：基于某些不具有法律正当性的理由而不公平地对待人，例如在英国，根据性别或者种族进行歧视。

Dow Jones Sustainability Index, DJSI：道琼斯可持续发展指数：第一个跟踪那些强调经济、社会和环境容量等方面可持续性的一流企业的财务表现的全球指数。

Eco - architecture 生态建筑：也称为"可持续性建筑"（sustainable architecture），指那些具有环境意识的设计和建筑技术。

Eco - label 生态标识：通常贴在产品上的一个标签，告知潜在消费者有关产品特征、生产过程或者生产中所使用的处理方法等方面的信息。

Eco - procurement 生态采购：选择那些对环境负面影响最小、产生垃圾最少的产品或者服务。

Eco - technology 生态技术：试图通过生态准则一体化来帮助保护和修复环境的工程实践。

Ecological monitoring 生态监测：建立并使用指标来监测生态资源的状态。

Ecologically sustainable 生态可持续：使用、保护和改善社区的资源，从而维持生态发展，维持当前和未来的总体生活质量。

Ecosystem 生态系统：植物、动物、真菌、微生物群以及相关的非生命的物理和化学因素。

Ecotourism 生态旅游：生态可持续的旅游，首要重点是体验自然，培养对环境和文化的理解、欣赏和保护。

Embodied energy 内涵能源：制造、供给产品、物质或服务等所需要的能源的数量。

Energy conservation 能源节约：采取积极措施将所需要的能源降低到最低水平。

Energy management 能源管理：对住宿业而言，能源管理是涉及控制酒店中所使用能源方面的程序、操作和设备的做法。

Energy security 能源安全：国家或者地区拥有充足的、支付得起的能源与资源。

Energy - plus building 增能建筑：在一年的某些时候能够产生能源盈余的建筑。

Environment 环境：有机体或物种生存其中的生态系统，包括物质环境和与之相联系的其他有机体。

Environmental auditing 环境审计：审查旅游组织，评估其活动对环境产生的影响。

Environmental communication 环境传播：企业或者组织围绕环境问题所做的传播。

Environmental deterioration 环境恶化：通过资源消耗而形成的环境退化。

Environmental Education 环境教育：正式和非正式的学习过程，旨在提高环境意识，学习新的价值观、知识和技能来鼓励更具有可持续性的行为。

Environmental impact 环境影响：社区因其活动而给环境带来的影响。

Environmental impact assessment, EIA 环境影响评估：针对一个行为给特定环境或者社区社会或文化完整性所带来的影响而进行的研究。

Environmental impact statement 环境影响报告：环境影响评估所形成的报告。

Environmental management programme 环

境管理项目：也叫环境管理计划，指将环境管理体系和政策付诸实施的过程。

Environmental management system, EMS 环境管理体系：是指旅游组织可以用来实施其环境政策、达到相关目标、控制那些对其活动而言具有重要性的环境影响、尊重相关规范要求的体系。

Environmental performance indicators, EPI 环境绩效指标：环境绩效指标能够简化、量化、传播复杂的、关于环境状态或者数量的环境数据，使得监测环境趋势、跟踪实现目标和政策目的的整个进程变得更加便利。

Environmental stewardship 环境管护：旨在维持和改善环境质量的长期管理。

European Union Eco - Management and Audit Scheme, EMAS 欧盟生态管理和审计计划：这是一个企业和其他组织能够评估、报告、改善其环境绩效的管理工具。

Extended producer responsibility, EPR 延伸生产者责任：和消费者支付相类似，试图将外部性的责任从政府那里转到那些产生外部性的企业（供应商、生产商、分销商）。

Externalities 外部性：一个企业的社会或经济活动对其他企业或者人群产生影响，而该影响不能完全记账或者最终得到补偿，从而导致外部成本增加。

Fauna 动物区系：一个地区或者特定环境中的动物特征和生命。

Flora 植物区系：一个地区或者特定环境中的植物特征和生命。

Food miles 食物里程：计算食物经过完整的生产程序之后送到消费者手中的运输距离和方式的方法。

Food security 食品安全：所有人任何时候都能够获取充足、安全、有营养的食品来维持健康、积极的生活。

Footprint（ecological）生态足迹：为了维持一定规模的人口所需要的在生态意义上具有生产力的区域面积。

Global reporting initiative, GRI 环球报告项目：一个私人项目，提供计算环境、社会和经济绩效的可持续性报告纲领。

Global warming 全球变暖：由于人类活动产生的温室气体日益集中所造成的地球平均温度上升。

Globalization 全球化：一般定义为跨越国家、地理和文化边界与界限的组织和人的联系网络，这些全球网络使得地球变小，地方差异和国家边界被归入全球认同之中。在旅游领域，全球化也被看作是电子通信、金融和交通的变革。目前这些都是影响发展中国家旅游增长特点和速度的重要因素。

Green globe/Green Globe 21 绿色环球、绿色环球21：一个全球性的标杆和认证项目，旨在向消费者、企业和社区推广旅游和旅游的可持续发展。其基础是21世纪议程和182个国家政府在1992年召开的联合国里约热内卢地球峰会上通过的可持续发展原则。

Green marketing 绿色营销：环境友好同时又能满足消费者需求的一体化的企业实践和产品。

Greenwashing 刷绿漆：企业、产业、政府、政客甚至非政府组织通过不公正的方式给自己贴上环保的标签，创造一个亲环境的形象，来推销产品或者政策。

Gross Domestic Product, GDP：国内生产总值，衡量国内经济在一段时期（通常是一年）所生产的所有产品和服务的总价值。

Heritage 遗产：那些遗留下来的、人们想要持有的有价值的东西。遗产可以是自然的、文化的、有形的、无形的、个人的或集体的。自然遗产通常都是通过保护区和国家公园等方式进行保护的。文化遗产通过传承传统和实践得到保护。

Hospitality industry 住宿业：由提供住宿、餐饮和娱乐的企业所组成的行业。

HOTREC：欧洲酒店和餐饮协会，在欧洲层面代表酒店、餐厅和咖啡馆的机构。

IH&RA：国际酒店和餐饮协会。

Impacts 影响：与旅游活动有关的影响，包括积极或者消极的。游客至少对目的地带来三种影响：经济、社会文化和环境。旅游也会影响到旅游者，包括可能的态度和行为的变化。

Indicator 指标：提供有关系统状态或者变化的信息的综合性测度。

Indirect impact 间接影响：活动（例如旅游）给环境、社区、经济带来的第二层次的影响，不过其关系通常被误解或者难以建立。

Industrial agriculture 产业化农业：通过农业产业化来获得生产上的规模经济。

Integrated agriculture 一体化农业：农民按照一体化的方式工作，试图将农业外部输出（如肥料、杀虫剂等）降到最低，充分利用不同牲畜和种植生产体系之间的协同效应。

International Chamber of Commerce ICC 国际商会：国际商会建立了一个《可持续发展企业宪章》，包括 16 条环境管理准则。

Kyoto Protocol 京都议定书：2005 年开始生效的协议，是联合国气候变化协议纲领的延伸，对工业化国家的温室气体排放做出了限制。

Life cycle 生命周期：目的地发展演变的特定方式。

Life cycle assessment，LCA 生命周期评估：调查和评估产品或服务的环境、经济和社会影响。产品生命周期始于从地球上萃取原材料，经过加工、运输、使用、再利用、循环或者处置。在每个阶段，都对资源使用和所带来的环境影响进行测度。

LOHAS 乐活：健康和持续的生活方式，是一种人口统计方面的分类，特指和可持续生活有关的细分市场。

Lifestyle 生活方式：通过个人的活动、兴趣和观点所表达出来的生活类型。

Mass tourism 大众旅游：传统的、通常是大规模的旅游，一般都宽泛地用来指称 20 世纪六七十年代首先在南欧、加勒比和北美地区流行的休闲旅游。

Millennium Development Goals，MDGs 千年发展目标：联合国 2000 年启动的消除贫困和其他问题的计划。

Minimal impact practice 影响最小化实践：能够把人或者物体对环境的影响降到最低的谨慎的人类行为。

Monitoring 监测：对一个地方自然和文化完整性所进行的评估，其目的在于监测与本底条件相比而出现的变化。

Nature tourism（nature－based tourism）自然旅游：在生态上具有可持续性的、首要重点是体验自然的旅游。

NGO：以服务为导向或者以发展为导向的非营利性机构，或者是为了成员的利益，或者是为了其他群体的利益。

Organic agriculture 有机农业：维持土壤、生态系统和人的健康的生产体系，依赖于适用于当地条件的生态过程、生物多样性和周期，不使用会带来负面影响的东西。

Organic farming 有机务农：基于旨在维持土壤生产力而不使用（或者有限度地使用）肥料、杀虫剂、除草剂或者其他非天然添加物的农业技术。

Passive solar design 消极太阳能设计：使用太阳能来加热或者冷却生活空间。

Photovoltaic（solar）cell 光电电池：一般而言，是指一个暴露在太阳光下就能产生电能的设备。该技术被进一步划分为晶体的、多晶体的、薄膜的和集成的。

Polluter pays principle, PPP：对产生污染或者带来环境破坏的主体应该承担避免损害或者补偿的成本。

Pollution 污染：旅游活动给环境带来的有害影响，这是一种副产品，其类型包括空气、噪声、水和审美污染。

Public policy 公共政策：政府选择做或者不做。该定义包括政府在面对不同选择时做出的行为、不作为、决定和不决定的审慎决策。

Public relations 公共关系：企业或者组织为了提高声誉、维持一种特定的公众形象而从事的一系列活动。

Rainwater harvesting, RWH：收集和储存雨水用作商业、运营或者个人用途。

Recycling 循环：对废弃物进行收集、分类、处理、转化能在新产品生产中使用的原材料。

Renewable energy 可再生能源：能够在几十年时间内通过自然过程或自身再生产而消解的资源。

Responsible purchasing 负责任的购买：对社会负责且有利于环境可持续发展的购买行为。

Responsible tourism 负责任的旅游：旅游者在度假时做出负责任的选择，其选择反映了他们的负责任态度——将其度假所带来的社会、环境影响降到一定限度。

Restoration 恢复：将现有栖息地恢复到历史上的已知状态。

Retrofit 改型：给现有混合物或设备增加东西或者新的特征。

Return on profit 投资回报率：衡量投资效率的指标，用投资收益除以投资成本。

Scarcity 稀缺性：该概念源于资源有限而欲望无限。

Self - auditing 自我审计：自我执行或者管理的审计，是替代传统第三方审计的一种方法，由根据提供信息的一方根据某些审计标准来核实信息，换言之，企业搜集数据、使用各种指标分析数据、提供结果，做出评估，所有这一切审计环节都由企业自己完成。

SMEs：中小规模企业。

Social 社会的：与人类社会及其成员之间的互动关系。

Stack effect 烟囱效应：气体进出建筑的运动。

Stakeholder 利益相关者：任何与另一个组织的活动有利益的、或者会受到其影响的个人、群体或者组织。

Subsidies 资助：向企业或者经济部门支付的经济激励。资助一般都由政府提供，要么用于维持那些处于衰落中的产业，要么鼓励新兴产业或既有产业的扩张。

Sustainability 可持续性：可持续性实际上是可持续发展的目标。是我们必须立志追求的理想的终极状态。

Sustainability performance indicators, SPI：和环境绩效指标相类似，SPI 是搜集信息、将其划分为经济、环境和社会可持续性等三个明显领域的工具。

Sustainable 可持续的：某些在未来能够保持相同或者更好条件的东西。

Sustainable architectural design 可持续建筑设计：确保福祉以及社会、环境和利润共存的建筑解决方案。

Sustainable development 可持续发展：能够满足当代人的需求而不损害后代满足其需求的能力的发展形式。

Sustainable food 可持续食物：安全、健康、有营养的食物，在其生产和处理过程中，充分尊重生物物理和环境限度，为农民、供给和分配链上的其他利益相关者以及农业经济提供可靠的生活来源。

Sustainable tourism 可持续旅游：因其结果给所在地的社会、经济、自然和文化环境能够带来净收益，因此能够长期维持的旅游。

Thermal mass 热质量：建筑能够储藏和调节内部热度的方式。

Tourist 游客：不论其目的为何、离开家至少一晚的人。

Triple bottom line 三重底线：从传统货币标杆延伸出来的、增加了社会和环境维度的用以衡量绩效的基准。

UNCED 联合国环境开发大会：推动全球发展中国家和工业化国家之间围绕对环境负责任的开发而进行全球性合作。

UNEP 联合国环境署：协调联合国的各种环境活动。

UNWTO：联合国世界旅游组织，是联合国专门处理与旅游有关的问题的一个组织。

Value added 增加值：经过不同生产阶段所获得的产品增加值。

VISIT 旅游可持续性志愿项目：通过代表、推广国际的、国家的和地区的认证项目以及促进其相互合作来推动和支持可持续旅游发展。

Waste management 垃圾管理：垃圾收集、运输、处理、再循环或者处置、监测。

Water management 水管理：水资源的规划、开发、分配和管理。

WBCSD 全球可持续发展企业理事会：一个由 200 个左右专门从事可持续发展的跨国企业组成的全球性协会。

Western diet 西式饮食：以大量摄入红肉、甜品、高脂肪和精细化食物为特征的饮食习惯。

Willingness to pay 支付意愿：一个人为了获得某个产品或服务而愿意支付的额度，该额度可通过个人陈述的或者展示的偏好总结得出。

WWF 世界自然基金会：致力于通过保护生物多样性、确保自然资源的可持续利用、推广降低污染资源和资源、能源浪费等实现保护自然和生态过程。

Zero - energy building 零能建筑：每年净能耗和净碳排放为零的建筑。

可持续发展：不只是口号
——译者后记

对可持续发展问题的关注，始于 13 年前。当时导师给我指派了"生态旅游"作为博士论文的选题。坦率地说，以产业经济为研究志向的我，最初对这一选题不仅所知甚少，而且兴趣不大。然而当我开始阅读文献，尤其是大量英文文献，并与所观察到的中国现实境况进行比较时，才惊觉这是一个怎样重要而又被忽视的研究命题啊！此后 13 年中，虽有各种研究任务压身，然而可持续发展却始终是我的情感所系和心头所好。因此，当中国旅游出版社邀请我翻译《住宿业的可持续发展：运营原则》一书时，我欣然应允。

不怕自卖自夸地说，这本书的确视野开阔、结构严谨、体系完整、内容丰富、案例众多。全书不仅对可持续发展的一般原则及其在住宿业中的具体应用进行了系统介绍，而且通过大量数据、案例展示了具有可操作性的方法和技术。全书不仅涉及气候变化、全球变暖、空气和水污染、沙漠化、生物多样性消失、全球贫困等宏观问题，也介绍了住宿业环境管理系统的构成，以及适用于不同规模、类型的住宿企业和住宿设施的环保措施。全书不仅介绍了住宿业的能源效率、垃圾管理、水资源管理、食品采购等管理问题，也引入了金融、投资、计量与会计等方面的专业知识。

作为译者，我从本书的翻译中获益良多，不仅重温了当年撰写博士论文时熟知的理论、术语，也了解了该领域的一些新技术、新方法。对于曾有过数年技术工作经历的我而言，书中所举案例不仅实用，而且颇为有趣。

1962 年，出生于美国宾夕法尼亚州的雷切尔·路易丝·卡森出版了《寂静的春天》一书，开启了人类对环境问题的反思。在当下的中国，生态文明更是被放在了突出位置，被"融入经济建设、政治建设、文化建设、社会建设各方面和全过程"之中。正如李克强总理在为 2014 年生态文明贵阳国际论坛年会所致的贺信中提到的，"强调生态文明源于对发展的反思，也是对发展的提升，事关当代人的民生福祉和后代人的发展空间"，"中国把生态文明建设放在国家现代化建设更加突出的位置，坚持在发展中保护，在保护中发展，坚持生态文明体制机制，下大力气防治空气雾霾和水、土壤污染"。

对于人口规模巨大、生态环境脆弱、污染问题严峻的中国而言，可持续不应该是一个空洞口号，而是关乎所有行业、所有企业、所有人的现实命题，也应该成为全社会的共同责任。旅游业正在成为国民经济战略性支柱产业。作为旅游业传统的三大行业之一，住宿业吸纳了越来越多的资本、技术和人才。在建设生态文明过程中，住宿业应担当重任，从理念、制度、管理、设施、技术、人才等各个方面贯彻可持续发展的原则。而如何让可持续发展不再只是口号，阅读此书，将大有裨益。

宋瑞

2015 年 1 月 16 日

项目策划与统筹：付　蓉
责任编辑：李冉冉
责任印制：冯冬青
封面设计：中文天地

图书在版编目（CIP）数据

住宿业的可持续发展：运营原则／（英）斯隆，
（英）罗格朗，（英）陈著；宋瑞译．--北京：中国旅
游出版社，2015.3
书名原文：Sustainability in the hospitality
industry：principles of sustainable operations
ISBN 978 – 7 – 5032 – 5299 – 0

Ⅰ.①住…　Ⅱ.①斯…②罗…③陈…④宋…　Ⅲ.
①旅馆 – 服务业 – 可持续性发展 – 中国 – 教材　Ⅳ.
①F719.2

中国版本图书馆 CIP 数据核字（2015）第 040216 号

北京市版权局著作权合同登记号：图字 01 – 2014 – 5981

Sustainability in the Hospitality Industry：Principles of Sustainable Operations，2nd Edition／by Philip Sloan，
Willy Legrand and Joseph S. Chen
ISBN：978 – 0 – 415 – 53124 – 5

书　　名：住宿业的可持续发展：运营原则

译　　者：宋　瑞
出版发行：中国旅游出版社
　　　　　（北京建国门内大街甲 9 号　邮编：100005）
　　　　　http：//www.cttp.net.cn　E-mail：cttp@cnta.gov.cn
　　　　　发行部电话：010 – 85166503
排　　版：北京旅教文化传播有限公司
经　　销：全国各地新华书店
印　　刷：河北省三河市灵山红旗印刷厂
版　　次：2015 年 3 月第 1 版　2015 年 3 月第 1 次印刷
开　　本：720 毫米×970 毫米　1/16
印　　张：22
字　　数：386 千
定　　价：79.00 元
ISBN　978 – 7 – 5032 – 5299 – 0